中小企業のための
トラブルリスクと対応策
Q&A

弁護士法人
ALG & Associates 著

弁護士
家永　勲 編

労働調査会

はしがき

　本書は、中小企業などを中心に法務に特化した人材がいない場合など
に参照してもらうことを目指して、企業の活動の様々な場面において直
面する法律上の規制やトラブルについて解説を加えています。

　いわゆる「企業法務」という言葉からは、紛争が生じる前に回避する
予防法務的な要素が意識されることが多いのですが、中小企業をはじめ
とする多くの企業においては、予防しきれない紛争に対する課題を抱え
る場面も少なくありません。そのため、予防法務的な設問に偏ることな
く、紛争やトラブルへの対応に関する設問も多く設定しています。

　できる限り、現実に生じる問題を捉えた内容にするために、実際に相
談された事例などを踏まえて各設問を設定し、その時々に直面する企業
の課題を解決するためのアドバイスを提示できるように心掛けました。

　幅広く企業活動に付随して生じたトラブル等を取り扱う方針から、結
果として、民法、商法、消費者関連法令、破産法、独占禁止法、不正競
争防止法、景品表示法、知的財産関連法令、資金決済法、個人情報保護
法、労働関連法令、公益通報者保護法、会社法など幅広い法令を対象と
することになり、それに伴い多様な裁判例を紹介する形になりました
が、各種法律や裁判例の詳細な解説は専門書に委ねることとして、解決
に役立つ要素を抽出することを意図しています。

　本書に触れることで、企業活動において生じ得るトラブルに対するイ
メージを掴んでいただき、解決の糸口を見つけていただければ幸いです。

　　令和元年11月

　　　　　　　　　　　　　　　　弁護士法人 ALG & Associates
　　　　　　　企業法務事業部長　執行役員・弁護士　家永　勲

凡　例

法令名等の略称

特定商取引に関する法律……特定商取引法
特定商取引に関する法律施行令……特定商取引法施行令
消費生活用製品安全法……消安法
不当景品類及び不当表示防止法……景品表示法
暴力団員による不当な行為の防止等に関する法律……暴力団対策法
私的独占の禁止及び公正取引の確保に関する法律……独占禁止法
資金決済に関する法律……資金決済法
資金決済に関する法律施行令……資金決済法施行令
個人情報の保護に関する法律……個人情報保護法
労働施策の総合的な推進並びに労働者の雇用の安定及び
職業生活の充実等に関する法律（旧雇用対策法）……労働施策総合推進法

裁判所等の略称 （例）

最高裁判所第一小法廷……最一小　　　判決……判
最高裁判所大法廷……最大　　　　　　決定……決
東京高等裁判所……東京高
知的財産高等裁判所……知高
大阪地方裁判所……大阪地

判例・裁判例資料の略称

最高裁判所民事判例集……民集　　　　最高裁判所裁判集民事……集民
判例タイムズ……判タ　　　　　　　　金融・商事判例……金判
判例時報……判時　　　　　　　　　　労働経済判例速報……労経速
労働判例……労判
労働関係民事裁判例集……労民

判例表記の読み方 （例）

　　最　　　　判　　　　昭47.1.25　　　　　判時662号85頁
最高裁判所　判決　昭和47年1月25日　判例時報662号85頁に掲載

　　東京地　　　判　　　　平23.1.20　　　　判時2111号28頁
東京地方裁判所　判決　平成23年1月20日　判例時報2111号28頁に掲載

iii

中小企業のためのトラブルリスクと対応策Q&A

目　次

はじめに

第1章　契約、契約の履行に関するトラブル ………… 1

Q1　納品物に欠陥がある場合における買主の権利と義務　　2
Q2　代表者以外の押印による契約　　7
Q3　従業員が無断で行った契約の効力　　13
Q4　インターネット上で契約を締結する場合　　18
Q5　債権回収の手続き　23
Q6　不当廉売にあたる行為　28
Q7　売掛金債権の消滅時効と時効期間　　32
Q8　金銭債権を免除した場合の課税　37
Q9　取引先からの不当要求への対処　42
Q10　契約に向けた準備行為に関する損害賠償請求　　48
Q11　外国の企業や個人との取引　52
Q12　外国企業との契約における「仲裁条項」　56

第2章　顧客、取引先等とのトラブル ……………… 61

Q13　顧客からの過度なクレーム行為に対する法的措置　　62
Q14　インターネット上での誹謗中傷行為への対処　　66
Q15　クーリング・オフ制度の適用　72
Q16　継続的契約における過量取引　75
Q17　消費者契約法に基づく消費者の契約取消権　79
Q18　適格消費者団体からの警告・請求への対応　85
Q19　食中毒が発生した飲食店の責任　89
Q20　製品の欠陥とリコール制度　94
Q21　オフィスの賃貸借契約において注意すべき事項　　99
Q22　賃貸人からの立退き要求　105
Q23　無断駐車車両への対応　109
Q24　会計検査院の検査対象となる企業　113
Q25　手形の裏書とそのリスク　116
Q26　反社会的勢力からの不当な要求への対応　120
Q27　破産手続きに対し債権者がとり得る措置　124

iv

第3章 知的財産に関するトラブル ················· 129

Q28 著作権と著作物の使用　　*130*

Q29 従業員作成のマスコット・キャラの著作権と商標権の活用　　*135*

Q30 商標権を理由に警告する他社への対応　　*140*

Q31 ライバル企業による営業妨害行為　　*146*

Q32 職務発明による特許権の取得　　*149*

Q33 特許を受ける権利を有しない者による特許出願　　*153*

Q34 特許出願中の企業による差止請求・損害賠償請求　　*157*

Q35 特許権の範囲　　*161*

Q36 外国の特許権　　*166*

第4章 景品広告に関する問題 ····················· 171

Q37 比較広告に関する注意点　　*172*

Q38 景品規制の概要　　*176*

Q39 不当な顧客誘引・取引強制にあたる行為　　*180*

Q40 二重価格表示をする場合の注意点　　*186*

Q41 有利誤認表示にあたる行為　　*190*

第5章 消費者保護規制、業法による規制 に関する問題 ································· 193

Q42 個人事業主への消費者契約法の適用　　*194*

Q43 資金決済法によるポイント制度の規制　　*198*

Q44 フランチャイズ契約　　*203*

Q45 販路拡大する場合の手続きと注意点　　*209*

Q46 取引業者に対する通信販売の制限　　*214*

Q47 インターネット通信販売を行う際の注意点　　*219*

Q48 営業権の譲渡をめぐる問題点　　*224*

Q49 「旅館業」にあたる保養施設　　*228*

Q50 海外特許製品の輸入・販売　　*231*

Q51 並行輸入品の取扱い　　*236*

第6章 個人情報、マイナンバーの取扱いに関する問題 ········· 241

Q52	防犯カメラと個人情報の保護	242
Q53	防犯カメラの映像の共有	246
Q54	改正個人情報保護法と個人情報管理	250
Q55	個人情報の漏洩と会社の責任	255
Q56	マイナンバーの取扱方法	259
Q57	マネーロンダリング防止のための本人確認	264

第7章 従業員の労務管理に関する問題 ·········· 271

Q58	使用者の転勤命令権	272
Q59	兼業禁止規定の効力	276
Q60	ハラスメント事案において会社がとるべき措置	280
Q61	休日の会社主催イベントの労働時間該当性	286
Q62	社内宴会中の怪我と労働災害の範囲	291
Q63	社内の不正アクセス行為への対応	295
Q64	退職の申入れ実務と退職前の有休取得	300
Q65	元従業員による引抜き・競業行為	304
Q66	退職後の競業避止義務と営業秘密の保護	310
Q67	退職後の競業避止義務と退職金の返還請求	314
Q68	団体交渉の申入れと誠実交渉義務	318
Q69	団体交渉における使用者としての対応方法	323
Q70	再雇用による賃金の減額の適法性	328
Q71	社有車・自家用車の業務使用と使用者の責任	332
Q72	過労運転による交通事故による会社の責任	337
Q73	交通事故を起こした従業員への損害賠償請求	341
Q74	過労自殺事案における会社側の責任と労災認定	346
Q75	労働時間の範囲	351
Q76	従業員の降格・降職と賃金減額	356
Q77	割増賃金と管理監督者の範囲	360
Q78	公益通報した従業員の懲戒解雇の可否	364
Q79	社内PCの調査・モニタリングと従業員のプライバシー	370
Q80	職務専念義務と会社用電子メールのモニタリング	373
Q81	外国人を雇用する場合の注意点	377

Q82	賃金債権差押えの実務	*382*
Q83	代替休暇制度 *386*	

第8章 会社法と会社の組織運用等に関する問題 …………………………… 389

Q84	定款の紛失 *390*	
Q85	取締役会・株主総会の開催 *392*	
Q86	利害関係を有する取締役の取締役会への参加	*398*
Q87	行方不明の株主への通知 *401*	
Q88	株主総会における議決権の委任 *404*	
Q89	株主総会で議長をするときのポイント	*409*
Q90	株主総会における取締役の説明義務	*413*
Q91	総会屋対策 *417*	
Q92	株式の相続と会社ができる対応 *421*	
Q93	株券発行の廃止 *426*	
Q94	株主からの譲渡制限株式の譲渡承認・買取請求	*429*
Q95	取締役が不在になった場合の対応 *433*	
Q96	役員報酬の減額 *438*	
Q97	経営判断に関して取締役が負う責任	*443*
Q98	他の取締役に対する監視・監督義務	*447*
Q99	取締役の解任 *452*	
Q100	取締役解任における「正当の理由」	*456*
Q101	退任後の取締役の競業 *460*	
Q102	取締役に対する退職慰労金 *466*	
Q103	グループ会社の法的性格と整理 *471*	
Q104	M&A（合併と買収） *476*	
Q105	株主代表訴訟 *481*	
Q106	種類株式を活用して株主ごとに異なる取扱いをする場合	*485*
Q107	株式会社をたたむときに必要な手続き *489*	

判例・裁判例索引　*495*

vii

第1章

契約、契約の履行 に関するトラブル

おもな法令
民法
商法
会社法
独占禁止法　ほか

《納品物に欠陥がある場合における買主の権利と義務》
企業間取引において、売買取引の納品物に欠陥があったのですが、法的な観点からはどのように対応すべきでしょうか。また、納品時の検査で気付くことができなかった場合には、問題があるでしょうか。

買主は、納品物に欠陥があることを発見したときには、直ちに売主に対してその通知を発しなければなりません。納品時の検査で気付くことができなかった場合で、買主が6カ月以内にこれを発見したときも、同様に通知をしなければなりません。これらの通知をしなかった買主は売主から、納品物の欠陥について補償が受けられなくなります。なお、実務上は、当事者間で上記検査について特約を設けることが多いので注意が必要です。

1 目的物の検査および通知義務

商人間の売買において、買主は、その売買の目的物を受領したときは、遅滞なく、その物を検査しなければなりません（商法526条1項）。商法上の商人とはいかなる存在であるかについては、正確に理解することは難しいところがあるので、最低限の理解として、会社は商人として扱われるということだけ理解して読み進めていただければ十分です。

商人間の売買において、買主は、目的物に瑕疵または数量不足（以下合わせて「欠陥」といいます）があることを発見したときは、直ちに売主に対してその通知を発しなければなりません（同条2項前段）。納品時に欠陥をすぐに発見することが難しいようなものであった場合でも、買主は目的物の引渡しを受けてから6カ月以内に欠陥を発見したときは、同様に通知しなければなりません（同条2項後段）。

本条が適用される前提として、商人間の売買である必要がありますが、これは例えば、会社間の売買や会社と個人事業主間の売買などを意

第1章 ● 契約、契約の履行に関するトラブル

味し、当事者の一方または双方が商人でない売買においては本条の適用
はなく、買主は、目的物の検査および通知義務を負いません。

　売主に適切な善後策を講ずる機会を速やかに与えるという制度の趣旨
から考えて、通知すべき内容は、欠陥の種類および大体の範囲を明らか
にすることで足りますが、通知内容や発信日を後日立証できるよう、内
容証明郵便による通知をするべきでしょう。

2　買主が求め得る救済

　買主が上記通知をしなかったときは、買主は、売主に対し契約解除、
代金減額、損害賠償の請求ができなくなるのみならず、代物請求、瑕疵
修補請求、不足分追加請求といった契約で定めたとおりに履行を請求す
る権利をも喪失します（商法526条2項）。

　このような規定が置かれた理由は、商取引の迅速性の要請と、買主が
商人であれば、専門的知識を有するため、このような義務を課しても負
担とならないという考え方に基づき、買主がこの期間内に欠陥を発見で
きなければ、過失の有無を問わず買主は売主に対して権利を行使できな
くなると解されています（最三小判昭47.1.25判時662号85頁）。

　ただし、目的物の欠陥を売主が知っていた場合にはこのルールは適用
されません（同条3項）。

　他方、買主が当該通知を適法に行った場合にも、上記不利益を受けな
いというだけであって、買主がいつまでにいかなる請求をできるかは、
民法の一般原則により定まります。

　目的物の欠陥につき買主が得られる救済については次頁**図表1**のとお
りです。

3

図表 1　欠陥に基づく請求の種類

欠陥の種類	請求内容	行使期間
瑕疵	完全履行の請求	買主が事実を知ったときから1年（民法566条3項類推）
	契約解除（民法570条・566条1項前段）	
	損害賠償請求（民法570条・566条1項後段）	
数量不足	追給付の請求	買主が事実を知ったときから1年（民法564条類推）
	代金減額請求（民法565条・563条1項）	
	契約解除（民法565条・563条2項）	

　なお、民法の改正により、上記の欠陥に関する責任の規定が改められることになり、契約不適合責任と名称が変更され、数量不足の場合を除いて、不適合を知った時から1年以内の権利行使が求められることになりました。民法においては明記されていなかった追完請求なども明記されるほか、数量不足の権利行使の期間制限は、1年間ではなく、通常の債務不履行と同様に5年間とされることになります。

3　実務上の留意点

　商法526条は任意規定ですので、売買契約書の契約条項の書き方によっては、同条が適用されず、6カ月を超えても売主が目的物の欠陥についての責任（いわゆる瑕疵担保責任）を負担することになる場合があります。契約書においては、「検収」や「検査」といったタイトルで定められることが多く、検査をした後に、商品に対して合格を出すという例が一般的でしょう。

　前述のとおり、同条は、買主に義務を設けるものであり、売主にとっては有利な規定になっていますので、売買契約書をチェックするにあたっては、買主・売主どちらの立場でチェックするかを特に意識する必要があります。

　具体例を挙げて説明しますと、大量の目的物の売買契約を締結する場合、買主の立場からすれば、すべてを検品できない場合にどの程度検査

第1章 ● 契約、契約の履行に関するトラブル

すれば買主としての検査義務を果たしたことになるのかを記載する必要があります。これは例えば、100個に1個しか抜き取り検査をしておらず、あとで不良品が出てきた場合に、売主から同条を主張されれば代金の減額や損害賠償の請求に応じてもらえなくなる可能性があるからです。

このような事態を回避するための方策としては、検査の時期と検査方法について具体的に定め、直ちに発見できない欠陥であったということを主張し、6カ月以内に通知するということが考えられ、もっと根本的には、「この取引について商法526条は適用しない」と規定することが考えられます。

逆に、売主の立場からすれば、3カ月以内に通知する必要があるというように定め、買主が納品後検査すべき時期をとっくに過ぎているのに、後からクレームを付けてきた場合などに、同条を指摘して交渉を有利に進めるということが考えられます。

ただし、商人間の売買であっても**図表2**の場合は、同条や当事者間の特約にかかわらず以下の法律を適用して事案の処理にあたります。

なお、商人間の売買でなく、企業と消費者との売買においては、隠れたる瑕疵（契約の時点で買主が通常の注意をもってしても知ることができなかった欠陥）により消費者に生じた損害を賠償する事業者の責任の全部を免除する条項は、無効となりますので、注意が必要です（消費者契約法8条1項5号）。

図表2　主な特別法の定めとその内容

法律	内容
住宅の品質確保の促進等に関する法律（95条1項、2項）	住宅の新築工事の請負人や新築住宅の売主は、別途の特約があったとしても、基本構造部分の瑕疵について、最低でも10年間瑕疵担保責任を負う。
製造物責任法（PL法）	製造業者は、別途の特約があったとしても、瑕疵担保責任が免責されない。

5

4 裁判例

　それでは、実際に商法526条の適用の有無を争った裁判例がありますので、以下紹介します。

　この事案は、土地の売買契約を行ったのですが、不動産業者（売主）が株式会社（買主）に対して土地を引き渡した後、約11カ月経ってから土地に土壌汚染が見つかり、その除去費用として買主が売主に対し、約1500万円を損害賠償請求したというものです。

　売主側は、同条により引渡し後6カ月以上経った請求は認められないと反論しましたが、買主側は売買契約書には以下の契約条項（以下、「本件条項」といいます）があり、同条は適用されず、売主は引渡し後6カ月以上経った後に発見された瑕疵についても責任を負うと再反論しました。

　裁判所は、この再反論を認め、売主に約1500万円の賠償を命じました（東京地判平23.1.20判時2111号48頁）。

　この事案では、売主側が売買契約書の本件条項についてどこまでリーガルチェックを行っていたかは不明ですが、本来売主が受けられる商法同条による保護が受けられなくなる可能性があることに気付かずに契約していたのであれば、売買契約書のリーガルチェックが不十分であったといえるでしょう。

【契約条項】

「本件土地引渡し後といえども、廃材等の地中障害や土壌汚染等が発見され、買主が本件土地上において行う事業に基づく建築請負契約等の範囲を超える障害（30万円以上）及びそれに伴う工事期間の延長等による損害（30万円以上）が生じた場合は、売主の責任と負担において速やかに対処しなければならない」

「本件土地引渡し後といえども、隠れたる瑕疵が発見された場合は、民法の規定に基づき、売主の負担において速やかに対処しなければならない」

第1章●契約、契約の履行に関するトラブル

《代表者以外の押印による契約》
取引先の会社Xと契約書を締結する際に、代表取締役Aではなく、営業統括部長Bという肩書の方の押印がなされていました。契約書を締結する際には、代表取締役が押印するべきだと思うのですが、このまま契約を締結してもよいのでしょうか。

まず、営業統括部長Bが、会社Xからどのような包括的代理権を与えられているかを確認し、当該契約の締結がその包括的な代理権の範囲に含まれるかを確認する必要があります。これが確認できるのであれば、Bの記名押印であっても基本的には問題がないものといえます。

しかし、これが確認できない場合は、例えば営業統括部長といいながら全くの無権限であったり、当該契約とは全く関連のないような包括的代理権を与えられているだけであるような場合は、後から会社Xに契約の無効を主張された場合、それが認められてしまう可能性があります。

1　Bが、会社Xから当該契約の締結をその範囲に含むような包括的代理権を与えられていることが確認できる場合

通常、営業統括部長という肩書であれば、営業に関する一定の範囲の業務について、個々別々の代理権の付与がなくとも代理できる、包括的な代理権が与えられているものと考えられます。

実際に、このような代理権が会社Xから営業統括部長Bへ付与されており、当該契約の締結がその範囲に含まれるのであれば、Bの記名押印によっても当該契約は有効に成立するものといえます。

もっとも、会社Xから個別に当該契約やそれに類する契約の締結が禁止されているなど、Bの包括的代理権に対する会社Xからの制限によって、当該契約については実際には無権限であった場合、契約が無効とな

7

らないかが問題となります。

　この点に関しては、会社法は14条1項で「事業に関するある種類又は特定の事項の委任を受けた使用人は、当該事項に関する一切の裁判外の行為をする権限を有する」と定め、同条2項で「前項に規定する使用人の代理権に加えた制限は、善意の第三者に対抗することができない」と定めています。

　この規定により、Bの包括的代理権に対する内部的な制限は、こちらが過失なくその制限を知らなかったのであれば、会社XはBの無権限を主張できなくなり、当該契約は有効であると主張できます。

2　Bが、会社Xから当該契約の締結をその範囲に含むような包括的代理権を与えられていることが確認できない場合

　まず、Bには、会社Xから、当該契約を締結できるような代理権が与えられていないことが確認できた場合には、当然ですが、代表取締役Aの記名押印を求めるべきです。

　一方で、こちらと、会社XやBとの関係、また、当該契約に至る交渉経過から、このような確認をすることが難しい場合に、そのままBの記名押印のみで契約を締結してしまったときのリスクについて場合分けしてご説明します。

（1）Bが、会社Xから当該契約の締結をその範囲に含むような包括的代理権を与えられていた場合

　この場合、法律上、当該契約は有効に成立します。仮に、Bの代理権に対する内部的な制限によって、当該契約については実際には無権限であった場合でも、先に述べたように、その内部的制限をこちらが過失なく知らなかったのであれば、会社Xに対し、当該契約は有効であると主張することができます。

　もっとも、万が一後になって会社Xが真実に反して、Bには当該契約

第1章 ● 契約、契約の履行に関するトラブル

の締結をその範囲に含むような包括的代理権を与えていなかったと主張
した場合に、包括的代理権が与えられていたことを立証できるのかとい
う問題はあります。

（2） Bが、会社Xから当該契約の締結をその範囲に含む包括的代理権
は与えられていないが、それ以外の事項についての代理権は与えら
れていた場合

この場合、Bには、当該契約を締結する権限がないわけですから、B
の記名押印のみでなされた当該契約は無効となるのが原則です。

しかし、こちらとしてはBには権限があると信じて契約したわけです
ので、何らかの方法で当該契約の成立を主張できないか検討してみま
しょう。

検討すべき法律構成としては、①会社法13条の表見支配人が成立し
ないか、②表見部長という法律構成をとれないか、③民法110条の表見
代理による契約成立を主張できないかの三点が考えられますので、以下
で検討します。

① 表見支配人にあたるか

まず①は、結論からいえば、認められない可能性が高いといえます。

支配人とは、会社法11条1項で、「会社に代わってその事業に関する
一切の裁判上又は裁判外の行為をする権限を有する」とされています。
そして、同法13条では「会社の本店又は支店の事業の主任者であるこ
とを示す名称を付した使用人は、当該本店又は支店の事業に関し、一切
の裁判外の行為をする権限を有するものとみなす」とされており、支配
人と同視できるような、「会社の本店又は支店の事業の主任者であるこ
とを示す名称」が付与されている場合には、実際には権限がなかったと
しても、権限があったものとみなされます。これを表見支配人といいます。

しかし、営業統括部長が「会社の本店又は支店の事業の主任者である
ことを示す名称」といえるかを検討すると、この肩書は、会社Xの営業

9

に関する行為に関しては全般的な権限があるように見ることができるとしても、会社Xの本店ないし支店の事業全般についての権限があるように見ることはできないものと考えられます。実際に、裁判例でも、「東京通信システム営業本部長」（東京地判平8.3.25判タ938号226頁）が表見支配人たる名称には当たらないと判断したものがあります。

② 表見部長にあたるか

次に②についても、結論からいえば、認められない可能性が高いといえます。

まず、②の法律構成がどのようなものかをご説明すると、会社の部長や課長といった肩書を付与された者が行った行為については、先の表見支配人の場合と同じく、その肩書を信じた相手方を保護しようという理論で、いわば表見部長というべきものです。

この考え方は、かつては学説上かなり有力になっていたのですが、裁判例（東京地判昭58.6.10判タ517号142頁）では否定されています。この裁判例は会社法制定前の裁判例であり、今後、裁判上で認められる可能性がないとはいえませんが、現時点では認められないものとしてリスク管理すべきといえるでしょう。

③ 表見代理が成立するか

最後に③についてですが、これは、民法上、代理人が、本来与えられた権限外の行為をした場合、その相手方が、代理人にはその行為をする権限もあると信じ、信じたことに正当な理由があるときには、無権限の代理行為についても、権限があるときと同じように代理権を与えた本人に責任を負わせるものです。これを権限外の行為の表見代理といいます。

そのため、今回の場合も、そのような正当な理由があるといえれば、会社Xに対して当該契約が有効であると主張することができます。

もっとも、正当な理由があるといえるかどうかは、当該契約の交渉経緯その他の事情によって総合的に判断され、ご質問内容のみからでは判断することができません。また、仮に客観的には正当な理由があると認められるべき事情が存在するとしても、それを立証できるのかという問

第1章 ● 契約、契約の履行に関するトラブル

題があります。

　権限外の行為の表見代理が認められるかについて事前に確定的に判断することは容易ではないため、リスク管理の面からは権限外の表見代理が認められるのを見越してBの記名押印のみで契約書を締結するのは適切ではないといえるでしょう。

（3）Bが全くの無権限であった場合

　あまり考えにくいことですが、仮にBが全くの無権限であった場合、やはり、Bの記名押印のみでなされた当該契約は無効となるのが原則です。

　この場合に、会社Xに対し、当該契約が有効であることを主張するための法律構成としては、先に述べた、表見支配人や表見部長の議論を除けば、民法109条の代理権授与の表示による表見代理が考えられます。

　これは、実際には代理人ではない者に代理権を与えたかのような表示をした者は、その与えたと表示した代理権の範囲内においてその代理人ではない者が第三者とした行為については、当該第三者がその代理人ではない者が代理人であると信じ、信じたことに過失がないのであれば、代理権があったものとして責任を負うというものです。

　これが認められるかどうかは、会社XがBに営業統括部長との肩書を与えたことやその他の事情、および当該契約が、会社Xが授与したと表示した代理権の範囲であるか否かなどの事情によって判断されることになります。

　よって、ご質問内容だけでは判断することはできませんが、（2）の権限外の表見代理の場合と同じく、事前に確定的に判断するのは容易ではなく、リスク管理の面からは代理権授与の表示による表見代理が認められるのを見越してBの記名押印のみで契約書を締結するのは適切ではないといえるでしょう。

11

3 まとめ

　以上のことからすれば、Bが、会社Xから当該契約の締結をその範囲に含むような包括的代理権を与えられていることが確認できる場合には、Bの記名押印で当該契約を締結してもそれほどリスクは大きくないものといえます。

　一方で、Bが、会社Xから当該契約の締結をその範囲に含むような包括的代理権を与えられていることが確認できない場合、それでも、実際に営業統括部長Bに当該契約の締結をその範囲に含むような包括的代理権が与えられていれば、それほど問題は生じないものと考えられますが、そのような代理権が与えられていなかったり、全くの無権限である場合には、事情によっては、契約が無効となる可能性があります。

　よって、少なくとも、Bが、会社Xから当該契約の締結をその範囲に含むような包括的代理権を与えられていることが確認できない場合には、代表取締役Aの記名押印を求めるのが安全といえます。

第1章 ● 契約、契約の履行に関するトラブル

《従業員が無断で行った契約の効力》

 当社の従業員が、会社の決裁を経ず、勝手に他社と契約をしてしまったのですが、このような契約は有効でしょうか。

 契約をしてしまった従業員が、その契約について「会社の事業に関するある種類または特定の事項の委任を受けた使用人」であった場合には、契約は有効であり、会社は契約上の責任を負います。「会社の事業に関するある種類または特定の事項の委任を受けた使用人」であるかの判断は、客観的に見て「この従業員がすべて任されているのだろう」と認められるような事情がある否かによって判断されることになります。

1 会社との契約

契約とは、当事者間の意思の合致により成立します。

例えば、AとBがある本の売買契約をする場合、Aの「この本を1000円で売りたい」という意思と、Bの「この本を1000円で買いたい」という意思が合致したときに、売買契約が成立します。

会社（法人）が契約の当事者になることもあります。会社には人間のような特定の意思は想定しづらいですが、実社会では会社との間で契約が成立することや、会社同士で契約が成立することはある種の常識となっています。

会社との契約がどのように成立しているかというと、法律上は、会社のような団体・組織に人格があるものとみなした上で、会社の代表権を有している人物が、会社の代表者として意思を表示しているものと解釈されています。正当な代表権のある人物がした契約は会社自身に効力が及ぶことになりますので、会社の代表者がした契約は、会社の契約として効力を生じます。したがって、会社と契約をする場合には、会社の代表者との間で意思が合致すれば、会社との間で契約が成立するものとさ

れています。このことは、代表権を有するものが、特定の権限について、他の人物へ契約締結の代理権を委ねていた場合にも同様になります。

もし、契約をした人物が、実は会社の代表権や代理権を有していなかった場合（無権代理人といいます）、そのような者とした契約は、会社との関係では原則として無効にされます。

2 会社の代理人

では、会社の代表者や代理人とは、どのような者をいうのでしょうか。会社の代表者や代理人としては、商法や会社法にて次のように定められています。

（1）代表取締役、取締役、支配人（会社法349条および11条）

代表取締役、代表取締役がいない場合の取締役および支配人については、その役職に就くことにより、会社の代表権や代理権が発生します。

これらの者は対外的にも会社の代表権や代理権を有すると考えられることが一般的ですので、代理権に制限を付した（例えば、「1億円以上の取引については取締役会の承認を要する」等）としても、その制限を知らない取引相手には無効を主張することはできません（会社法349条5項、会社法11条3項）。

（2）本店又は支店の事業の主任者（会社法13条）

「会社の本店又は支店の事業の主任者」であることを示す名称を付された使用人（従業員）は、当該営業所の営業に関し、代理権があるものとみなされます。具体的には、実際に行っている事業の内容等にもよりますが、従業員に「支店長」、「営業所長」などの名称が付されている場合は、当該「支店」、「営業所」での営業に関し、代理権があると判断される可能性があります。取引相手からすれば、これらの名称が付されていれば、「この人が営業所の責任者なのだ」と考え、会社の代理権を有

第1章 ● 契約、契約の履行に関するトラブル

していると判断するのが通常ですので、それを保護するための規定になります。

（3）物品の販売等を目的とする店舗の使用人（会社法15条）

「物品の販売等を目的とする店舗の使用人」については、その店舗にある物品の販売等をする代理権があります。店舗にある物品の売買等をするために、その都度店舗の代表取締役等の決裁を得なければならないとすると、円滑な取引が妨げられますので、そのような事態を防ぐための規定です。

（4）委任を受けた使用人（会社法14条）

会社の事業に関するある種類または特定の事項の委任を受けた使用人は、当該事項に関する代理権を有します。例えば、会社の営業担当者は、自社商品を販売するに際し、契約相手を選択し、契約内容をある程度調整した上で、自己の判断で契約を締結することができますが、これは、営業担当者が特定の商品を販売することについて、会社から委任を受けているからと考えられます。

---

3 従業員とした契約

繰り返しになりますが、会社の代理権を有しない者とした契約は会社との関係では原則として無効になります。そして、会社の従業員については、必ずしも会社の代理権を有しているわけではありません。したがって、契約相手からすれば、契約締結を行う担当者が会社から代理権を授与されているか否かは重要な要素であり、この点をよく確認する必要があります。

しかし、実務上は、会社の担当者に対し、「あなたが会社の正当な代理人であるか確認するために、会社から代理権を与えられていることを示す書類を見せてください」などというシーンはほとんどありません。

15

「この人は今回の契約についてやりとりを任されているのだから、この人と契約をしても大丈夫だろう」と信頼して、担当者との間で契約締結をしている場面も多いのではないでしょうか。

裁判例上も、このような信頼を保護すべきであるとしています。最一小判平2.2.22集民159号169頁においては、「当該使用人が営業主からその営業に関するある種類又は特定の事項の委任を受けた使用人」に該当するか否かの判断について、「客観的にみて受任事項の範囲内に属する」かにより判断され、実際に会社から委任を受けたことまでを証明する必要はないと判示しています。

つまり、取引相手から見て、客観的に「この事項はこの担当者が任されているのだろう」と判断できるような事情があれば、実際には会社から委任を受けたことを示さなくとも、会社の代理人として認められることになります。

同判例においては、当該取引に関する業務をしていた担当者（係長）について会社の代理権を認めています。

4　本件について

本件については、会社の決裁を経ずに契約を締結してしまった従業員が、会社の代理人と認められるのであれば、契約は有効と判断され、会社は契約上の義務を負うことになります。

会社の代理人となる者については、前述した(1)〜(4)のパターンがあります。まず、当該従業員が「支配人」であった場合には、代理権が認められる可能性が高いです。また、「支店長」、「営業所長」などの役職者であり、当該支店または営業所における取引を行っていた場合にも、代理人と認められる可能性が高いと考えられます。

そうでない場合、従業員が、その取引について「会社の事業に関するある種類又は特定の事項の委任を受けた使用人」であったかが問題になります。前述の裁判例によれば、この判断は、「この従業員がすべて任

16

第1章 ● 契約、契約の履行に関するトラブル

されているのだろう」と認められる客観的事情があるかによってなされることになります。

　例えば、当該従業員が部長等の上級役職者である場合には、代理人として認められる可能性が高くなります。また、取引に関するやりとりを専ら当該従業員とのみ行っていた場合や、取引に関する事務処理をほとんど当該従業員が行っていたような場合にも、代理人として認められる可能性は高くなると考えられます。

5　会社の対策

　結局、会社としては、従業員が会社の決裁を経ずに契約をしてしまった場合でも、具体的な状況によっては、契約上の責任を負ってしまう可能性があります。

　価格が大きな取引を行う場合など、このようなリスクを軽減する必要があるときには、会社は、その取引について担当者にやりとりを任せる際には、取引相手に対して「担当者は契約締結の代理権を有しておらず、実際に契約を締結する場合には会社の決裁が必要になります」などとあらかじめ連絡をしておくことが望ましいでしょう。

17

《インターネット上で契約を締結する場合》

これまで契約については、すべて書面によって締結し、当社と取引先の記名押印を必須としてきましたが、今後は、インターネット上での申込み等を受け付けたいと考えています。どのような点に留意する必要があるでしょうか。

　インターネット上で契約を締結する場合、電子契約法という特別法が適用されるため、契約の成立時期や錯誤無効に関する民法の規定が修正されています。また、インターネットという電子商取引の特性から、民法等の現行法が具体的にどのように適用されるのかが分かりにくいケースも少なくありません。経済産業省が公開している「電子商取引及び情報財取引等に関する準則」を参照して、インターネット上で契約を締結する場合の手続き等を把握しておくべきでしょう。

1　インターネット上の契約

　契約の方法については、法律上、特に限定されているわけではありませんので、口頭でも構いませんし、書面ではなく、インターネット上で契約を締結することも可能です。その場合でも、基本的に民法や消費者契約法といった法律が適用されることは、実際に契約書を交わす場合と変わりありません。

　インターネット上で契約を締結する場合には、書面で契約を締結する場合に比べると、非対面であることや匿名性が高いこと、また、インターネット上の販売サイトには基本的に誰でも簡単にアクセスすることができるなどといった特徴があります。

　しかし、日本の民法は明治時代に成立したものであり、現代の情報技術を前提とした内容になっていません。また、民法を中心とした各種規

第1章 ● 契約、契約の履行に関するトラブル

制に関する法律も民法の規定を前提として定められている部分も多く、どのように適用されるのか分かりにくくなっています。

　現在は、インターネットという電子商取引の特性に鑑みて、一定のケースについてのみ民法を特別法によって一部の規定を修正している状態です。

　以下、インターネット上で契約を締結する際に留意しておきたい事項について、ご説明します。

2　契約の成立時期

　契約がいつの時点で成立するのかについて、あまり関心を持っていない方がほとんどでしょうし、契約書を交わしていれば、契約がいつ成立したのかということをいちいち問題にする必要もないでしょう。しかし、あるトラブルが生じたとき、契約が既に成立しているのか否かは、その後の法律関係を確定するために非常に大切で、我々のような弁護士にとっては重要な関心事です。例えば、契約した相手方が代金を支払わないため代金を請求したいと考えたとき、その時点で契約が成立していれば、その契約に基づいて代金を請求することができますが、契約がいまだ成立していなければ、当然ながら契約に基づいて代金を請求することはできません。

　通常、契約の申込者と承諾者が対面していない場合には、承諾の通知を「発した」時点で契約が成立するとされています（民法526条1項）。これは、昔の郵便事情などから、相手の手元に承諾の通知が届かない場合に備えた規定でした。インターネット上で契約を締結する場合には、承諾の通知は、即時に到達するため、相手方に「到達した」時点で契約が成立するとされています（電子契約法4条、民法97条1項）。

　なお、民法の改正に伴い、民法526条1項が削除され、電子商取引に限らず、承諾の通知は相手方に到達した時に契約が成立するよう変更されます。

　どのような状態になれば「到達した」といえるかについて法律上の規

19

定は特にありませんが、例えば、ウェブ画面上で契約をする場合には、申込者のモニター画面上に承諾通知が表示された時点で「到達した」（契約が成立した）と考えてよいでしょう。

また、電子メールで申込みと承諾の通知を送信し合う場合には、承諾通知が申込者のメールサーバー中のメールボックスに記録された時点で「到達した」ものと考えてよいと思われます。

3 消費者の操作ミスによる注文があった場合

インターネット上で商品等を販売する際、消費者である購入者が商品の個数の指定を誤って操作してしまい、そのまま契約が成立してしまうといったケースがあります。

例えば、ある商品を「1個」購入するつもりが「11個」と指定して購入してしまったような場合です。この場合でも、契約は有効とされるのでしょうか。

この場合、民法の規定によれば、購入者の申込みの意思表示は錯誤により無効とされ（民法95条本文）、契約は成立しないことになるのが原則ですが、購入者に「重大な過失」がある場合には、例外的に、購入者は申込みの意思表示が無効であることを主張できず（民法95条ただし書）、契約は有効という扱いになります。したがって、注文する消費者がうっかり操作してしまった場合も、重大な過失があるものとして、錯誤による無効が認められないおそれがあります。

そこで、インターネット上の契約の場合には、消費者保護のために、特別法による修正がなされており、事業者側が、購入者が商品を購入する際に購入者に対して申込みの内容について「確認を求める措置」（確認措置）を講じる等の対応をしていない限りは、民法95条ただし書の例外規定は適用されません（電子契約法3条）。その結果、原則どおり、購入者の申込みの意思表示は錯誤により無効とされ（民法95条本文）、契約は無効ということになります。

20

第1章 ●契約、契約の履行に関するトラブル

　なお、改正民法では錯誤の規定（民法95条）は「無効」ではなく「取消し」という扱いになる等の変更がありますが、上記のような基本的なルールに変更はないと思われます。

　事業者側としては、消費者とインターネット上で契約を締結する場合、消費者から錯誤による無効を主張されてしまうリスクを軽減させるためにも、適切な確認措置を講じておくべきでしょう。例えば、確定的な申込みとなる送信ボタンを押す前に、申込みの内容を表示し、そこで訂正する機会を与える画面を設定するなどの対応が考えられます。

　本書では、紙幅の都合上、一部しかご紹介することができませんでしたが、経済産業省が、電子商取引等における様々なケースについて、具体例を基に分かりやすく解説した「電子商取引及び情報財取引等に関する準則」を公開していますので、ぜひこちらもご参照ください。

4　証拠としての契約書

　日本において、契約書が重要視されている理由としては、訴訟における証拠としての価値が高いという点も関係しています。

　民事訴訟法では、本人の署名または押印がある場合に、真正に成立したものと推定する（民事訴訟法228条4項）と定められており、押印の印影が本人の名義人のものである限りは、この規定が適用され、契約書は、契約成立の重要な証拠として認められることになっています（最三小判昭39.5.12民集18巻4号597頁）。

　ただし電磁的方法で契約を締結した場合に、この規定が適用されません。そのため、電磁的記録によって作成された場合には、「電子署名法」という別の法律に定める方式に従う必要があります。この法律によって、一定の要件を満たした電子署名であれば、書面による契約書作成と同視されます。

　とはいえ、この一定の要件が曲者で、「当該情報が当該措置を行った者の作成に係るもの」（電子署名法2条1項1号）で、「当該情報につい

21

て改変が行われていないかどうかを確認することができるもの」（同項
2号）である必要がある上、「これを行うために必要な符号及び物件を
適正に管理することにより、本人だけが行うことができることとなるも
のに限」られるとされており（同法3条）、要件を眺めても、契約書へ
の署名または押印と比べて非常に複雑で理解しがたい定め方になってい
ます。

　最近は、電子署名法の要件を充足するシステムを提供する企業も現れ
るなど普及の土台ができつつありますが、このような点にも留意して、
電磁的方法による契約の導入を進める必要があります。

5　各種規制に基づく書類保存義務と電子契約

　電子契約によって、契約当事者間での契約が成立したといえるか否か
という問題のほか、行政庁（例えば都道府県や市町村の長など）による
許認可等が必要な事業者では、作成した書類やそれに付随する書類の保
存義務などが定められていることがあります。また、税務関係書類につ
いても一定の帳簿や契約書が保存義務の対象となっています。

　これまで紹介した電子契約法や電子署名法は、民法や民事訴訟法の特
別法に過ぎないため、各種業法による規制や税務関係書類の保存義務と
は関係がありません。したがって、これらの保存義務との関係も整理し
ておく必要があります。

　まず、「民間事業者等が行う書面の保存等における情報通信の技術の
利用に関する法律」によって各種業法における書類保存義務と電磁的方
法による保存の可否が定められています。かなり幅広い内容となってい
るため、詳細は、内閣官房IT総合戦略室において、対象文書の一覧表
が公表されています。

　また、税務関係書類については、電子帳簿保存法が定められており、
国税庁のホームページでは解説や活用法の案内などが行われています。

第1章●契約、契約の履行に関するトラブル

《債権回収の手続き》

 取引先の未払金が嵩んでいます。少しでも多く債権回収するために何をしたらよいか教えてください。

 まずは、連絡をとり支払いを促してみるべきでしょう。訴訟を提起して、強制執行手続きをとることもできますが、取引先の財産が把握できていない場合には、実効性に欠ける場合があります。
　なお、取引開始当初に預り金を受領しておいたり、財産状況の情報提供を求めるなどの方法でリスクヘッジしておくことも重要です。

1　債権回収の手段について

　取引先が支払時期までに支払ってくれない場合、失念や手続きの手違いなどであれば、連絡をとることで簡単に解決できる場合もありますが、何度も繰り返される場合や、支払いが滞ってしまったのち、連絡がとれなくなるケースもあるでしょう。
　このような未払金があまり生じないような会社の場合、そもそも、誰に任せるべきなのか、どうすれば回収に近づくことができるのか、明確に判断できないこともあるかと思います。
　そこで、法的な手続きによる回収方法がどういったものであるのか、また未回収のリスクを低くするためにはどのような方法があるのかをご説明します。

2　債権の回収に関する法的手続き

　最も典型的な法的手続きとして思いつくのは訴訟だと思います。訴訟を提起することで債権回収を試みるという方法は一般的ですが、これまでに訴訟経験がない場合には、とっつきにくい場合もあるでしょう。
　そもそも、訴訟とはどういった手続きなのでしょうか。話題になるよ

23

うな訴訟であれば、訴訟提起されたときに報道されることなどもありますが、そのような有名な事件ばかりではなく、小さな訴訟も数多く提起されており、平成29年度の司法統計によれば、訴訟事件として約54万件が提起されています。

　日本では、訴訟の提起に弁護士の受任が強制されていませんので、広く本人訴訟も利用されているようにも思われるかもしれませんが、民事訴訟の手続きについては弁護士に依頼しなければ自身にとって有利に進めていくことは難しいでしょう。

　そもそも、訴訟とはどういった目的で利用するのでしょうか。債権回収をしたいと思い、訴訟を提起するのですから、訴訟の中で回収を手伝ってくれるのであればよいのですが、必ずしもそうとも限りません。

　訴訟手続きの中で和解することができれば、債権の回収が約束されたり、実際に和解の席で受領したりすることで解決することもあります。しかしながら、そうでない場合は、裁判所が自身に代わって債権を支払うように説得してくれるわけでもなく、回収してくれるわけでもありません。

　訴訟を提起して、勝訴判決を得ることの意味は、自身の権利の正当性を認めてもらうという意味もありますが、手続き的に重要なのは、強制執行が可能な状態に整えることにあります。

　債権を任意で回収することができないのであれば、相手の財産から強制的に回収するほかないわけですが、相手の財産を勝手に持って行ってしまったり、それを売却して代金に充当したりするといった行為は、違法な行為とされています。

　したがって、強制的な債権回収の手段としては、民事執行法に基づいた強制執行手続きによることになるわけですが、そのためには、裁判所で勝訴判決を得ることなどが必要なのです。

　ただし、日本では、三審制が採用されており、第一審で勝訴しても、控訴審、上告審と争い続けることができますので、最終的に裁判所の結論が確定しなければ強制執行することはできません。とはいえ、控訴や

第1章 ●契約、契約の履行に関するトラブル

上告の手続きがとられる確率は低く、仮執行宣言と呼ばれる判決確定前に強制執行ができる判決をしてくれることもあり、第一審の判決が出た後に、強制執行手続きを申し立てることも多いです。

　勝訴判決のほかにも、金銭債務であれば公正証書を作成しておく方法もあります。この場合、強制執行受諾文言と呼ばれる、債務の支払いを怠った場合には直ちに強制執行に従う旨の記載が必要です。そのほか、裁判所で成立した和解や調停などに基づく場合も強制執行が可能ですが、和解条項の記載方法によって、強制執行の可否が左右されるため、専門家に任せた方がよいでしょう。

3　強制執行手続き

　勝訴判決を得たのちは、強制執行を試みることになります。日本の強制執行制度では、債務者の財産を強制的に開示させる手続きが十分ではありません。一応、財産開示という制度はあるものの、実効性が乏しく、ほとんど利用されていません。

　そのため、債務者の財産をあらかじめ把握しておかなければ、強制執行の対象となる財産を決めることができる、判決が画餅に帰すことになってしまいます。しかしながら、民事執行法においても財産を開示させる制度が十分ではないほどなのですから、債務者の財産の詳細を把握することは容易ではありません。

　例えば、帝国データバンクや東京商工リサーチなどの企業情報を得ることでメインバンクなどを知ることはできるかもしれません。銀行口座が分かれば、その口座に預けられている金員を差し押さえることで強制的な回収を目指すことができます。しかしながら、メインバンクからは借入れも同時に行っていることが多く、メインバンクからの借入れが残っている場合に差し押さえしたとしても、銀行との約定によって、銀行の借入金と先に相殺されてしまい、借入金を上回る金員が預けられていない限り、回収が叶わないこともあります。

25

そのため、メインバンク以外の銀行口座などを把握することが重要となるわけですが、確定した勝訴判決を得た後であれば、弁護士は、弁護士法23条の2に基づく照会制度を利用することで、銀行に預金口座などが存在するか、その残額がいくらであるか照会をかけて回答を得られる場合があります。最近では、三菱UFJ銀行、三井住友銀行、みずほ銀行などが、弁護士会照会による全店舗の預金口座への照会に応じる傾向にあり、その他の地方銀行についても応じるケースが増えています。これは、強制執行に向けた財産調査の数少ない方法の一つです。

強制執行の対象となるのは、銀行口座だけではなく、一般の会社の店舗に所在する動産類（現金を含みます）や不動産、自動車、取引先が有している債権など様々な財産が対象になります。不動産については、本店所在地や登記簿などから所有している不動産が把握できる場合がありますので、調査してみる価値はあります。しかしながら、銀行などの担保や役所などの差し押さえが先に行われている旨が登記されている場合は、そこから回収できる可能性は低くなってしまいます。

4　回収不能を回避するための方策

未回収となった場合、訴訟までして回収をしたいわけではない、強制執行したいけれども財産が把握できないというのが多いのではないでしょうか。

そのようなことにならないためには、取引当初に担保となる財産を把握しておくことが重要です。銀行が貸付け前に、自らの銀行口座を開設させた上で、不動産を担保にとっておくのは、ほかの債権者に先んじて回収を行うことができるように準備している上、訴訟などの手続きを行うことなく回収を実現できるようにしているのです。

賃貸借契約における敷金や保証金なども担保の一種です。取引開始当初から担保を要求することは難しいかもしれませんが、一定の預り金（デポジット）を求めておくことで、未回収金が生じた場合には、相殺

第1章 ● 契約、契約の履行に関するトラブル

処理できるような契約書に整えておくことでリスクヘッジしておくことは可能です。

　また、未回収金が生じた後に財産状況を把握することは困難であるため、契約締結や取引開始当初に財産に関する情報提供を義務付ける内容を契約書に盛り込んでおいたり、取引を行う中で把握できるようにしたりしておくことは、いざというときに備えた準備として非常に重要といえるでしょう。

《不当廉売にあたる行為》

 在庫商品を一掃するために原価割れ覚悟の価格を付けて商品を販売したいのですが問題はありませんか。

 取得原価を下回る価格で販売することは不当廉売行為に該当し、課徴金納付命令などの行政処分が下される可能性もあります。

　もっとも、このような販売方法がすべて違法というわけではなく、例外的に不当廉売に該当しない場合もあります。

　いわゆる"季節もの"商品を原価割れで販売するなど、商習慣上、想定される販売方法の場合には、期間や対象商品が一定であり、公正な競争への影響が小さいといった総合的な事情も考慮し、廉売ではあるが「不当」な廉売ではない、として許容される場合があります。

1　なぜ安売りが問題となるのか

　値段が安い、ということは、同業者間の価格競争を活発化させることで企業が活性化し、税収も増えれば国民の全体的な利益に貢献しますし、普通に考えて同じ商品が「安く売られている」ということは消費者にとってメリットしかありません。

　したがって、企業にとっては、とやかく文句を言われる筋合いはありませんし、課徴金を支払わなければならないなんてもってのほかです。

　しかしながら、まず、次の事例ような状況を考えてみたいと思います。

【事例】
　カップラーメン業界では、A社（中堅）、B社（大手）、C社（中堅）が競争しています。
　ある時、資金力に余裕があるB社は、赤字覚悟でカップラーメンの原価割れ販売を続けました。
　通常であれば、価格競争が発生し、A社もC社も追従して価格を下げることもありますが、B社の原価割れ価格があまりにも安く、

第1章 ● 契約、契約の履行に関するトラブル

> この業界で競争する気がなくなった（競争し続けると赤字覚悟が続き倒産してしまう）A社とC社は、ついにカップラーメン業界から撤退してしまいました。

　この後、カップラーメン業界の独占企業となったB社は、当然のことながら価格の設定が好き放題となりました。

　このような状況になると、価格を自由にいつでも値上げできるという以外にも、「どうせ、我が社の商品しかないわけだから欲しけりゃ買うだろう」という発想から良い商品を開発し供給しようという意欲もなくなり、業界は閉塞してしまいます。

　結局、「資本力を背景に"体力勝負"の原価割れの販売を続け、一人勝ち残った企業」は、いよいよ、商品の値上げに乗り出し、原価割れの販売によって発生していた一時的な損失を簡単に取り戻すことができてしまいます。

　このように、他社より価格を安くして競争する、という資本主義・自由競争社会における当然の発想と行動自体は良いのですが、度を越えた「安売り」は、独占禁止法が求めている「効率性に基づく競争」ではなく、"資本力による勝負"を招来してしまいます。

　このような状況を未然に防止し、国民の全体的な利益を守るため、公正取引委員会は、「正当な理由がないのに、商品又は役務をその供給に要する費用を著しく下回る対価で継続して供給することであつて、他の事業者の事業活動を困難にさせるおそれがある（独占禁止法2条9項3号）行為（不当廉売）」を「不公正な取引方法」として類型化し（昭和57年公正取引委員会告示15号、一般指定6項）、様々な行政指導や行政処分を行っているわけです。

【公正取引委員会】
　公正取引委員会とは、内閣府の外局として、内閣総理大臣の所轄の下に設置される合議制の行政機関です。

29

この行政機関は、企業などに対し強い指導権限などを持っていることから、一部の団体からの圧力や政治的な意向といった影響力を受けることを避けるため、他の省庁や国家機関などから指揮監督を受けることなく独立して職務を行う体制が整っているところに特徴があります。

2　不当廉売

　原則として、「総販売原価」、つまり、「商品の供給に要するすべての費用」、もう少し具体的に言うと、通常の製造業なら、「製造原価に販売費および一般管理費を加えた額」、通常の販売業なら、「仕入原価に販売費および一般管理費を加えた額」を下回る価格で販売することにより、不当廉売の条件を満たすことになります。

　また、相当期間にわたって繰り返して原価割れの販売を行うこと、または、毎週末など特定の日を決めて原価割れの販売を行うことにより、不当廉売の条件を満たすことになります。

　最後に、他のライバル業者の実際の状況や、廉売している業者の事業の規模や態様、商品の数量、期間、広告宣伝の状況、商品の特徴、業者の意図や目的などを総合的に考慮して個別具体的に「他の事業者の事業活動を困難にさせるおそれ」があるとされる場合、不当廉売の条件を満たすことになります。

3　不当廉売の例外

　このように、一定の期間、取得原価を下回る価格で販売することでライバル業者の活動が困難になるような場合には、不当廉売行為に該当し、課徴金納付命令などの行政処分が下される可能性もあります。

　もっとも、このような販売方法がすべて違法というわけではなく、例

30

第1章●契約、契約の履行に関するトラブル

外的に不当廉売に該当しない場合もあります。

　要するに、原価割れの販売を行う「正当な理由」があれば、許される場合もあるわけです。

　例えば、野菜や鮮魚などの生鮮食料品などは、時間や期間が過ぎればその品質が格段に落ちるので、"見切り商品"として販売することもあるでしょうし、いわゆる"季節もの"商品を在庫処分（翌年には新しいデザインが出てくるし、保管していても費用がかかるだけ）する目的で販売することなどが考えられます。

　また、いわゆる「Ｂ級品」といわれるようなキズが付いた商品や、需要以上の商品を仕入れてしまい、資金繰りの関係で早く現金化するために販売しなければならないような商品も、実際の小売の現場ではよくあることです（アウトレットセールに並んでいるような商品を思い浮かべてみてください）。

　このような、通常の商習慣上、想定される販売方法の場合には、期間や対象商品が一定であり、公正な競争への影響が小さいといった総合的な事情も考慮し、廉売ではあるが「不当」な廉売ではない、として許容される場合があります。

　したがって、原価割れの販売を行う場合には、その目的や必要性をしっかり考える必要があります。

31

《売掛金債権の消滅時効と時効期間》

 請求を忘れて数年間経ってしまった売掛金があります。売掛金の種類は、運送代金、売買代金、賃料などなのですが、請求してもよろしいでしょうか。

 請求してもよいですが、消滅時効に注意が必要です。消滅時効の期間があと少しで満了してしまう場合には、時効完成を阻止する必要があります。

　消滅時効で注意すべき点は、いつの時点から消滅時効がスタートするのか、いつの時点で時効期間が満了するのかです。そして、債権の種類によっては、時効期間が満了する年数が異なってきます。そこで、請求する債権の性質に注意しておく必要があります。

　また、民法改正によって、消滅時効制度も大幅に変更されますので、改正法についてもご確認ください。

1　時効制度

　消滅時効とは、一定期間権利行使しないことにより、その権利が消滅してしまい、相手方に売掛金等を請求することができなくなる制度のことをいいます。なぜ時効の制度が必要なのかについては様々な意見がありますが、一定期間権利行使されないことにより「もう支払わなくてもよい」という債務者の期待を尊重するためであるとか、証拠が散逸して訴訟において真実が見極めがたくなるからなどの理由が挙げられています。

2　現行法における取扱い

　消滅時効における原則は、①「権利を行使することができる時」が起算点となり（民法166条1項）、債権は②10年間権利行使しないこと（同法167条1項）、および③時効の援用（同法145条）をすることによって消滅します。そして、上記原則規定に加えて、特別な時効期間について

第1章●契約、契約の履行に関するトラブル

の諸規定が定められています。

（1）運送代金

貨物運送、宅配便、タクシー代、引越トラック料金、旅客バス代等、旅客や貨物の運送契約に基づく代金債権については、支払いがないまま運送代金支払期限の日の翌日から1年が経過してしまうと消滅時効の期間が満了します（民法174条3号、商法589条、567条）。

（2）売買代金

売買代金については、民法上においては特別の規定は定められていません。そのため、通常の10年の消滅時効に服します。

しかし、商行為、すなわち営利を目的とする行為の場合には、代金支払期限の日の翌日から5年が経過してしまうと消滅時効の期間が満了します（商法522条）。

（3）賃料

賃料は、通常月単位で期間を定めた金銭ですので、定期給付債権としてそれぞれの支払期限の日の翌日から5年が経過すると消滅時効の期間が満了します（民法169条）。つまり、2019年1月分の賃料（2018年12月31日が支払期限とします）は、2023年12月31日に消滅時効の期間が満了します。このとき、支払期限が2019年1月31日の2019年2月分の賃料は、期間が満了しません。すべての賃料債権の消滅時効が成立するのではなく、あくまでも支払期限から5年が経過した部分ごとに順次消滅していくことになります。

3　改正法における取扱い

（1）総論

債権の消滅時効における原則的な時効期間や起算点について、単純化

33

および単一化するという方向で法改正がなされました。従前からの
「（客観的に）権利を行使することができる時から10年」という規定の
ほかに、「（主観的に）権利を行使することができることを知った時から
5年」という規定が新設されました。そして、いずれか早く期間が到達
するときに時効期間が満了することになりました。

　一般的に、債権者は、権利発生時にその権利の行使が可能であること
認識しているはずです。例えば、代金の支払日を定めることなく売買契
約を締結したとしても、売主は、商品を渡しさえしていれば、契約締結
と同時に買主に代金を請求できると認識するはずです。

　そのため、通常、主観的起算点から5年で消滅時効が成立することが
多くなることが予想されます。

（2）運賃代金

　現行法は、運送代金等職業区分に応じた短期消滅時効を定めていまし
た（現民法170条〜174条）。その趣旨は、取引慣行上速やかに請求と弁
済がなされる蓋然性が高く、弁済等に関する証拠の長期保存がなされな
い可能性が高いからだとされています。しかし、この趣旨は、なにも特
別な職業に限ったわけではなく、広く一般にも妥当します。

　そこで、改正民法においては、職業別の短期消滅時効に関する現民法
170条〜174条は、削除されることになりました。

　したがって、改正民法においては、運送代金債権も、一般債権と同様
に客観的起算点から10年、主観的起算点から5年で時効期間が満了す
ることになります。

（3）売買代金

　改正法では、主観的起算点から5年間で消滅時効に服することになり
ます。そのため、商行為によって生じた債権に関する5年間の短期消滅
時効を定めた商法522条の存在意義が失われてしまいます。

　そこで、改正法では、商事消滅時効に関する同条は削除され、一般債

第1章 ● 契約、契約の履行に関するトラブル

権と同様に客観的起算点から10年、主観的起算点から5年で時効期間が満了することになります。

（4）賃料

改正法では、主観的起算点から5年間で消滅時効に服することになります。そのため、現民法169条の存在意義が失われてしまいます。

そこで、改正法では、現同法169条は削除され、一般債権と同様に客観的起算点から10年、主観的起算点から5年で時効期間が満了することになります。

---

4 時効完成を阻止するには

（1）現行法における取扱い

時効の進行を阻止する手段としては、「時効の中断」という制度が定められています。

時効の中断とは、それまで進行していた時効の期間がリセットされ、その時点から新たな時効期間がスタートする制度をいいます。

時効の中断事由としては、裁判上の請求・支払督促・催告・承認等があります（民法149条〜153条参照）。ですが、裁判外での請求としての「催告」には完全な時効中断効が認められていないことに注意が必要です。すなわち、催告後6カ月以内に裁判上の請求等を行わない場合、時効中断としての効力は生じないとされています（民法153条）。

個人で裁判を行うとその準備に手間がかかりますし、弁護士に依頼すると弁護士費用がかかるため、債権額との兼ね合いでは費用倒れのおそれもあります。まずは、内容証明郵便を利用して催告書を債務者に郵送する方法が現実的かと思います。しかし、上記のとおり、催告では6カ月間以内に裁判上の請求等を行わなければ事項が中断しないことに注意が必要です。

また、債務者に当該債権を承認させる方法も有益です。もっとも、口

35

頭で債務を承認したとしても、後々になって債務を承認したことはないと翻されてしまう可能性もあります。そこで、金銭債務であれば、債務を認識しながらその一部を弁済してもらうことで債務承認の効果が認められることから、債務者に一部だけでも弁済してもらうという方法も有益です。

（2）改正法における取扱い

時効の完成阻止に関しては、用語の整理がなされるのみで、内容には大きな改正はありません。

ただし、新たに「協議を行う旨の合意による時効の完成猶予」（改正民法151条）という規定が新設されました。従前より、当事者間で債権額について争いがあり協議が継続している場合でも、時効完成を阻止するためだけに訴訟提起をするといった事態が生じていました。このような事態を避けるため、改正法では、協議を行っている旨の合意書面を作成すれば、その合意があった時から1年間、時効は完成しないという制度です（同条1項）。また、協議中に、再度の協議を行うことを書面によって合意をすれば、通算で5年間を限度に時効完成を猶予することができます（同条2項）。

第1章●契約、契約の履行に関するトラブル

《金銭債権を免除した場合の課税》

Q8 自然災害を受けた取引先を助けるべく売掛金を免除したら税金がかかると言われました。納得いかないのですが、どうしてこんなことになるのでしょうか。

A 個人や法人への「金銭債権の免除」は、債務者の資産状況や支払能力等から見てその全額を回収することが不可能であることが明らかな場合などを除き、「損金」への算入が制限されますが、政策的な観点から、①震災や台風などの災害を受けた得意先等の取引先に対し、②その復旧を支援することを目的として、③災害発生後相当の期間内に、④売掛金などを免除した場合には、その免除した額について、「寄附金」とは認定せずに、「損金」として算入することが認められています。

1　法人税の考え方

例えば、以下のような事例を考えてみてください。

【事例】
　A社は倉庫業を営むB社から空調設備のメンテナンス業務を請け負っており、長年の付き合いがありました。昨年、大型台風が日本列島に上陸した際、B社は雨風の被害を受け、倉庫の修理に費用がかかり、さらに、その間、倉庫営業ができませんでした。
　A社は、長年の付き合いを考えて、B社の復旧のためにメンテナンス費用の一部を免除することとしました。

　企業が儲かったのか損したのかを判断するためには、通常の場合、1年間という期間を区切り、この間にどれだけの収益（売上げなど）があり、これらの収益を得るためにどれだけの費用（取得原価や販売管理費

37

用など）がかかったのかを計算することになります。

　つまり、費用の額が収益の額を上回れば「赤字」となりますし、収益の額が費用の額を上回れば「黒字」となるわけです。

　もとより企業（株式会社）は、投資家（株主）から資金を募り、その資金で様々な活動を行い、その結果として生じる利益を還元するための社会的存在であることから、ある一定の期間において儲かったのか損したのかをはっきりと判断するため、会計という作業を行って、利害関係者などに対し企業の状況を適切に伝える必要があるわけです。

　したがって、投資家（株主）などの利害関係者との関係において、「株主に怒られないように黒字にしておこう」、「心配してもらうために赤字にしよう」といったような政策的な考えが働く余地はないことになります。

　これに対し、憲法によって国民が公平に負担することが義務付けられている（憲法30条）税金については、収益から費用を差し引いた額に税率をかける、という単純な話ではなく、課税目的や様々な政策を考慮した各種の調整を行うことになります。

　なぜなら、仮に、「収益から費用を差し引いた額に税率をかけた額」を支払うべき税金としてしまうと、何でもかんでも費用として計上すれば、いつまでも税金を支払わなくてよい結果となってしまう可能性もあり、多くの企業がこのような考えを実行してしまうと、国家財政はすぐに破綻してしまいます。

　そこで、様々な調整を行う必要が生じるわけですが、税法上、このような調整を行った後の「収益」のことを「益金」といい、調整を行った後の「費用」のことを「損金」と定義しています。

　そして、企業に課せられる法人税は、極めてざっくりと説明すると、「益金」から「損金」を差し引いた「所得金額」に税率をかけることで算出されます。

第1章 ● 契約、契約の履行に関するトラブル

2 法人間の贈与や債務免除に対する基本的な考え方

まず、個人間の贈与に関する税金について説明します。

個人が個人に対し金銭や財産的価値があるものを贈与する場合、これらの金銭などの贈与を受けた人（受贈者）は、贈与税という税金を支払わなければなりません（ただし、原則として、1月1日から12月31日までの間に、110万円以上の贈与があった場合）。

これに対し、贈与を行った人（贈与者）に対しては、特に税金はかかりません。

次に、法人間の贈与に関する税金について説明します。

企業などの法人が法人に対し金銭や財産的価値があるものを贈与する場合、これらの金銭などの贈与を受けた法人（受贈者）は、法人の財産が増加します。

この法人の財産が増加した分について、税法は「益金」と判断し、法人税を算定するための対象としています。

これに対し、金銭などの贈与を行った法人（贈与者）ですが、実は、個人の場合と異なり、税金がかかります。

正確にいうと、贈与した金銭などを「損金」として計上することで税金を低くすることが制限されています。つまり、「損金」として計上できなければ「所得金額」が増加する（控除できない）結果、税金の額が増えるわけです。

なぜ、贈与した金銭などを「損金」として計上することが制限されるかというと、例えば、ある年、儲かっているA株式会社が税金を払いたくないがために、親しい親族が経営しているB株式会社（「損金」がたくさんたまっていて、贈与を受けて「益金」が発生しても、税金が増加しない企業）に金銭を贈与する場合を考えてみてください。

次の年、今度は、その親族が経営しているB株式会社が儲かっているので、税金を払いたくないために、金銭をA株式会社に贈与します。

この場合に、儲かっている企業が贈与した金銭などをすべて「損金」

39

として認めてしまっては、金銭などを贈与し合って"ドッジボール"することで、税金逃れができてしまうわけです。

　そこで、法人税法は、このような贈与を「寄附金」と判定し、「損金」として算入することに一定の制限を設けることとしています（法人税法37条以下）。

【法人税法】
（寄附金の損金不算入）
　第三十七条　内国法人が各事業年度において支出した寄附金の額（次項の規定の適用を受ける寄附金の額を除く。）の合計額のうち、その内国法人の当該事業年度終了の時の資本金等の額又は当該事業年度の所得の金額を基礎として政令で定めるところにより計算した金額を超える部分の金額は、当該内国法人の各事業年度の所得の金額の計算上、損金の額に算入しない。
2～12　〈略〉

　なお、「金銭債権を免除する」という行為も、

① **金銭を貸し付ける**

② **この貸付金を免除する**

という行為を計画された一連の行為とみなせば「贈与」ととらえることもできるので、前述と同じ考え方から、債務者の資産状況や支払能力等から見てその全額を回収することが不可能であることが明らかな場合などを除き、「損金」への算入が制限されています（法人税基本通達9－6－1、同通達9－6－2）。

　法人税法は、このような税金逃れに使われそうな方法を先回りして禁止しているわけです。

第1章 ● 契約、契約の履行に関するトラブル

3　政策的考慮

　もっとも、政策的な観点から、

① 　台風などの自然災害を受けた得意先などに対し

② 　その復旧を支援することを目的として

③ 　災害発生後相当の期間内に

④ 　売掛金などを免除した場合

　その免除した額について、「寄附金」とは認定せずに、「損金」として算入することも認められています。

【法人税基本通達９－４－６の２】

（災害の場合の取引先に対する売掛債権の免除等）

　法人が、災害を受けた得意先等の取引先（……）に対してその復旧を支援することを目的として災害発生後相当の期間（……）内に売掛金、未収請負金、貸付金その他これらに準ずる債権の全部又は一部を免除した場合には、その免除したことによる損失の額は、寄附金の額に該当しないものとする。……

　事例のような場合には、Ｂ株式会社は得意先とのことですので、「損金」として認めてもらえる可能性があります。

41

《取引先からの不当要求への対処》

 当社は、大口の取引先から最近、商品を発注する前に大幅な値引きや従業員の派遣を要請されたりしています。多少無理をしてでも従ってきたのですが、何とかならないでしょうか。

 取引相手が自社との関係で「優越的地位」にある場合、取引相手が自社に対して不当に不利益を与えるような要求をすることは、「優越的地位の濫用」として違法と判断される可能性があります。本件のような場合は「優越的地位の濫用」にあたる可能性がありますので、弁護士や公正取引委員会に相談し、不当要求の停止を求めることを検討すべきでしょう。

1　独占禁止法

企業活動を規制する法律には様々なものがありますが、多くの会社に適用される可能性があるにもかかわらず、比較的意識されていない法律として、「独占禁止法」が挙げられます。

独占禁止法は、事業活動の不当な拘束を排除することにより、公正かつ自由な競争を促進し、我が国の国民経済の健全な発達を促進することを目的としています。

2　優越的地位の濫用

独占禁止法により規制されている行為の一つとして「優越的地位の濫用」があります。

「優越的地位の濫用」とは、自己の取引上の地位が相手方に優越している一方の当事者が、取引の相手方に対し、その地位を利用して、正常な商慣習に照らし不当に不利益を与える行為のことです。

第1章 ● 契約、契約の履行に関するトラブル

　会社にはそれぞれ「大口の取引先」があるものですが、特に中小企業においては、大企業との取引を打ち切られると事業が成り立たなくなることもあります。そのため、中小企業は取引先である大企業から無茶な要求をされても、これを承諾せざるを得ず、企業間で不公正な取引が行われる場合があります。このような状況を防止し、企業間の公正な競争を確保するため、「優越的地位の濫用」を禁止する規定が設けられています。

　これに違反すると、行政から排除措置命令や課徴金の支払命令が出される可能性があります。

3　「優越的地位」にあるか否か

　ある取引行為が「優越的地位の濫用」にあたるためには、当該取引関係にある会社が「優越的地位」にある必要があります。

　仮に大企業であるＡ社と、中小企業であるＢ社があると仮定して、両社の取引において、Ｂ社がＡ社から無茶な要求をされて困っているとします。このときＡ社がＢ社にとって「優越的地位」にあたるかについては、「Ｂ社にとってＡ社と取引を継続できなければ、事業経営上大きな支障を来す」といえる関係があるか否かにより判断されます。この判断においては、次の四つの要素が総合考慮されます。

① 　**取引依存度**（Ｂ社の売上げにおけるＡ社との取引の割合等）
② 　**Ａ社の市場における地位**（Ａ社の市場における順位やシェアの大きさ等）
③ 　**Ｂ社が取引先を変更できる可能性**（Ｂ社が他事業者と取引を開始できる可能性等）
④ 　**その他、Ａ社と取引をすることのＢ社における必要性を示す事実**

　また、優越的地位にあたると判断された過去の事例としては、次のようなものがあります。

43

【事例】

　X社は、チェーン店を全国に6649店展開しており、その店舗数は我が国におけるコンビニエンス・ストア・チェーン業界において第2位の地位にある。X社のチェーン店の年間売上高の合計は約1兆1000億円であり、これは、コンビニエンス・ストア・チェーン業界においては第2位、小売業界全体においては第5位の地位を占めている。X社チェーン店の店舗数および売上高は、毎年増加している。また、X社のチェーン店は、消費者から需要の多い商品をそろえているものとして高い信用を得ている。X社は、全国的に店舗を展開し、それらの売上高が多く、X社チェーン店が取り扱う日用雑貨品の製造販売業者または卸売業者（以下、「日用品納入業者」という）にとって極めて有力な取引先であるとともに、日用品納入業者は、自己の販売する商品がチェーン店において取り扱われることにより当該商品に対する消費者の信用度が高まること等から、X社との納入取引の継続を強く望んでいる状況にある。

　このため、X社と継続的な取引関係にある日用品納入業者の大部分は、X社との納入取引を継続する上で、納入する商品の品質、納入価格等の取引条件とは別に、X社からの種々の要請に従わざるを得ない立場にある。

（平成10年7月30日勧告審決・平成10年（勧）第18号）

4　「優越的地位の濫用」の行為類型

　「優越的地位の濫用」にあたり得るものとして、公正取引委員会のガイドラインにおいては、次のような行為類型が定められています。

① **購入・利用強制**（「購入しなければ取引を打ち切る」、「取引数量を削減する」など、今後の取引に影響すると受け取られるような要請を

第1章 ●契約、契約の履行に関するトラブル

することにより、取引の相手方に購入させること等）

② **協賛金等の負担要請**（取引の相手方の販売促進に直接寄与しない催事、売場の改装、広告等のための協賛金等を要請し、これを負担させること等）

③ **従業員等の派遣要請**（自己の利益にしかならない業務のために、派遣費用を負担することなく、当該業務を行うよう取引の相手方に要請し、その従業員等を派遣させること等）

④ **その他経済上の利益の提供の要請**（設計図面を提供することが発注内容に含まれていないにもかかわらず、取引の相手方に対し、設計図面を無償で提供させること等）

⑤ **受領拒否**（取引の相手方が発注に基づき商品を納入しようとしたところ、売行き不振または売り場の改装や棚替えに伴い当該商品が不要になったことを理由に、当該商品の受領を拒否すること等）

⑥ **返品**（展示用に用いたため汚損した商品を返品すること、セール後に売れ残ったことを理由に返品すること等）

⑦ **支払遅延**（社内の支払手続きの遅延などを理由として、自己の一方的な都合により、契約で定めた支払期日に対価を支払わないこと等）

⑧ **減額**（商品または役務の提供を受けた後であるにもかかわらず、業績悪化、予算不足、顧客からのキャンセルなど自己の一方的な都合により、契約で定めた対価の減額を行うこと等）

⑨ **取引の対価の一方的決定**（多量の発注を前提として取引の相手方から提示された単価を少量しか発注しない場合の単価として一方的に定めること等）

⑩ **やり直しの要請**（あらかじめ定められた検査基準をわざと厳しくして、発注内容と異なることまたは瑕疵があることを理由に、やり直しをさせること等）

⑪ **その他、上記に記載がなくとも、相手方に正常な商慣習に照らして不当に不利益を与えることになるとき**

45

例えば、大手食料品スーパーが、セールに供する商品について、取引先納入業者と協議することなく、取引先納入業者の仕入価格を下回る納入価格を定め、その価格で納入するよう一方的に指示して、自己の通常の納入価格に比べて著しく低い価格をもって納入させること等が⑨の取引の対価の一方的決定の例として考えられます。

一方で、同じような納入価格の一方的な決定であっても、正当な目的、合理的な理由のある場合には、「優越的地位の濫用」にはあたりません。例えば、災害時に食品等を一時的に廉価で販売するにあたり、納入業者にも値引きを求める場合について、「社会公益的な目的に基づくものであり、品目、値段等が限定されている場合は、直ちに法に違反するものではない」との公正取引委員会の見解が示されています。

ある取引が「優越的地位の濫用」にあたるか否かは、判断が困難な場合があります。そのため、大企業の場合は、規模に格差のある取引先との間で、相手方に一方的な負担を求める態様の取引をする場合には、一度、弁護士等の専門家の見解を確認すべきでしょう。また、大口の取引先から一方的に負担を押し付けられて苦悩している企業は、違法な取引を強制されている可能性があります。不公正な取引の解消のためにも、やはり専門家に相談することをお勧めします。

5　本件について

本件のような事案においても、まず、取引相手が自社との関係で優越的地位にあたるかが問題になります。この点を判断するには、より具体的な事情が必要となりますが、自社の事業の大部分について、取引相手から仕事をもらうことで成り立っており、取引相手が大企業であれば、取引相手が優越的地位にあると認められる可能性は十分にあると考えられます。

その上で、取引相手が大幅な値引きを要求することは、当該要求が合理的な理由のない、取引相手の一方的な都合に基づくものであれば、優

第1章 ● 契約、契約の履行に関するトラブル

越的地位の濫用に該当する可能性があると考えられます。また、従業員の派遣要請も、これが正当な派遣料を支払わずに行われるような場合には、優越的地位の濫用に該当することになるでしょう。

優越的地位の濫用に該当するような行為をされた場合は、当該要求は違法である旨通知し、要求を止めるよう請求すべきでしょう。または、弁護士や公正取引委員会に相談することにより具体的な解決方法を模索していくことも検討すべきと考えられます。

47

《契約に向けた準備行為に関する損害賠償請求》

大手企業から業務提携の誘いがありましたが、突然、反故にされました。これまで多くの労力や資金を費やしてきたので、当社にとって大きな損失です。相手方へ法的な責任を追及することはできるのでしょうか。

　商法512条を主張し、相当な報酬を請求することができる場合があります。また、契約締結に至らない交渉段階であっても、契約締結の見通しがなくなった段階で相手方に告知する義務があり、これに違反した場合には相手方の損害を賠償しなければならない旨の「契約締結上の過失」という判例法理を主張し、契約の締結を信頼して支払っていた費用などを損害と算定して賠償請求をすることが考えられます。

1　大量発注や業務提携という不確かな誘い

　職業柄、いわゆるベンチャー企業の経営者と話をする機会がよくあります。彼らは、様々な経歴と経験を持っており、また、例外なく、普通の人が思いもつかないような素晴らしいアイディアを持っています。

　このようなベンチャー企業には、時として、仲良くなった大手企業の担当者などから「ウチと業務提携しませんか」という甘い誘いがかけられることがあります。

　創業したての多くのベンチャー企業は、アイディアはあるがカネはない、という状況が続きますので、「この商品・サービスだったら当社で扱えますよ」、「どんどん買いますからどんどん供給してください」、「ウチと組めば大きくなれますよ」といった甘い誘いは魅力的です（「この決算書なら融資できますよ」と甘い言葉をかける銀行の担当者にも似ているところがありますね）。

　このような誘いを真に受けたベンチャー企業は、大量発注や業務提携

第1章●契約、契約の履行に関するトラブル

を期待し、無理な要求をハイハイと聞き、サービスのテストランをしたり、商品のサンプルを作ったり、初期在庫を準備したりします。

しかしながら、このような甘い話には注意が必要です。さんざん、バラ色の話を聞かされた上でベンチャー企業側も「これはイケる！」と考え、大量発注を期待して通常供給量を超える仕入れをしたり、人的・物的投資にかけた結果、いつしか、「あ、あの話、会社の判断でなかったことになったので……」と打ち切りになってしまうことが少なからずあります。

ここに至って、立場の弱いベンチャー企業側が、「発注してくれるって言ったから、もう仕入れをしてしまったんですよ」、「業務提携を見越して人員を増やしたんですよ」、「工場だっておさえたんですよ」、「どうしてくれるんですか！」と騒いだところで、大企業側は、「じゃ、当社の発注書や契約書あるんですか？」と冷たい態度に徹するだけで、その頃には、甘い言葉をささやいていた担当者もどこかに異動になっていたり、もちろん、"責任者"が出てくる可能性もほぼありません。

このような状況に至って、発注や業務提携が成立したことの「証拠」として、担当者との間のこれまでのメールのやりとりを 遡 ってみたりもするのですが、後から精査してみると、肝心な話は一つもなく、はぐらかす内容のメールしかないことに気付くことが多くあります。

では、このような場合、弱い立場のベンチャー企業は泣き寝入りをするしかないのでしょうか。

2　商法512条に基づく報酬請求権

こうした問題について、商法512条は「商人がその営業の範囲内において他人のために行為をしたときは、相当な報酬を請求することができる。」と規定し、甘い話に踊らされ、翻弄されたベンチャー企業を救済する場合があることとしました。

この規定は、「申込み（発注）と承諾（受注）」という契約成立の必須

49

条件を少しだけ修正し、申込み（発注）があったのかなかったのか微妙な状況であっても、「相当な報酬」を請求できるとしています。

【商法512条に関する判例】
　商法512条は、商人がその営業の範囲内の行為をすることを委託されてその行為をした場合において、その委託契約に報酬についての定めがないときは、商人は委託者に対し相当の報酬を請求できる趣旨のみならず、委託がない場合であっても、商人がその営業の範囲内の行為を客観的にみて第三者のためにする意思でした場合には、第三者に対してその報酬を請求できるという趣旨に解されるが、後者の場合には、その行為の反射的利益が第三者に及ぶというだけでは足りず、上記意思の認められることが要件とされるというべきである（最三小判昭43.4.2民集22巻4号803頁、最一小判昭44.6.26民集23巻7号1264頁、最二小判昭50.12.26民集29巻11号1890頁参照）。

3　契約締結上の過失

　また、「契約締結上の過失」という法理論により救済される場合もあります。

　この「契約締結上の過失」とは、契約の締結に至るまでの段階において、当事者の一方の責に帰すべき原因があったために相手方が不測の損害をこうむった場合には、当該損害を賠償しなければならないとする法理論であり、後述の判例によっても確立されています。

　この法理論によれば、発注するつもりもないにもかかわらず、客観的に見て発注があったかのような態度をとっていたような場合や、当初は発注の見込みがあったが、その後、その見込みがなくなったにもかかわらずあえてこれを黙っていたような場合に、「発注があったと信頼して

支払っていた費用」などを損害として請求できることになります。

【契約締結上の過失に関する判例】
　マンションの購入希望者が売却予定者と売買交渉に入り、その交渉過程でマンションを歯科医院として利用するためのスペースについて注文を出したり、レイアウト図を交付するなどしたうえで、自ら電気容量の不足を指摘するなどして売却予定者が容量増加のための設計変更及び施工をすることを容認していながら、交渉開始6か月後に自らの都合により契約を結ぶに至らなかったという事情があるときは、購入希望者は、当該契約の準備段階における信義則上の注意義務に違反したものとして、売却予定者が右設計変更及び施工をしたために被った損害を賠償する責任を負う（最三小判昭59.9.18集民142号311頁参照）。

　このように、立場の弱いベンチャー企業を救済するいくつかの法理論がありますが、そもそもにおいて、大手企業からの甘い話は"眉唾"と考え、地にしっかりと足をつけ、交渉が進む都度、念書や覚書を作成する努力を惜しんではなりません。

《外国の企業や個人との取引》

契約の相手方がアメリカの会社なのですが、英語の契約書を作成する必要があるのでしょうか。国内での取引と相違する点や注意する点を教えてください。外国の個人消費者と取引する場合に気を付けることはありますか。

　契約書の言語は自由に設定することができます。交渉上の立場が強ければ日本語の契約書を作成することも可能です。そのほか、外国の企業との契約では、最低限、どの国の法律を適用するのか（準拠法）、紛争が起こったときにどの国の裁判所で審理をするのか（裁判管轄）を決めておく必要があります。日本固有の契約文化である「契約書に書いてない出来事が起きたときには、お互い誠実に協議する」旨の条項は禁物です。また、外国の個人消費者と取引する際は準拠法について特例があるので注意が必要です。

1　契約自由の原則

　外国の企業と契約を締結する際に、もちろん、取引内容によりますが、売買契約であれば何をいくらで買う、リース契約であれば何をいくらで借りる、ライセンス関連であればどんな権利をいくらで許諾してもらう、といった「法律行為の種類」と「経済条件」が必要となることは国内企業同士の契約と同じです。

　さらに、契約の期間や解除の条件などの一般的な条件も同じことです。

　ところで、国内企業同士の契約の解釈が問題になったり、どちらかに義務違反があったりした場合に、この問題をどう解決するかは、民法や商法などの日本の法律を適用することになります。

　また、これらの法律を適用して解決する場所は、日本の裁判所であることが通常です。

第 1 章 ● 契約、契約の履行に関するトラブル

　しかしながら、外国の企業と契約を締結する場合には、

① 　どの国の法律を適用するのか

② 　どの国の裁判所で解決するのか

を決めなければなりません。

　なぜなら、問題が起こってから①と②を決めようとすると、言語の問題や弁護士への依頼の問題もあるので、どちらも自国の法律や裁判所で解決してもらった方が有利に働きます。したがって、なかなか①と②が決まらず、いつまでも問題を解決できないといったジレンマが発生してしまうからです。

　そして、これらの点は、原則として、契約の当事者が自由に決めることができるということが重要です。

　すなわち、「いくらで買うか」、「いくらでライセンスを許諾してもらえるか」といった経済条件などを契約当事者の自由な話し合いで決まるのと同様に、①と②についても、交渉によって決めることができるわけです。

　もっとも、これを裏返すと、大抵の場合、交渉上の立場が強い側、例えば、いわゆるキラーコンテンツを販売したりライセンスしたりしている企業、ある業界において独占状態にある企業など、取引を要望される側が属する国の法律や裁判所が指定されるということになります。

　このように、契約内容は当事者が自由に決めることができる（実際には、交渉上の立場が強い側が決めることができる）という原則を「契約自由の原則」といいます。

2　契約言語の選択の自由

　「契約自由の原則」というルールには、「契約言語選択の自由」という考え方も含まれます。

　すなわち、契約書をどの言語で作成するかについても、当事者が自由に決めることができるというわけですが、これも、裏を返せば"力関係"

53

で決まるということです。

　したがって、外国の企業だからといって英語の契約書にしなければならない理由はないのです。

　なお、当事者いずれかの言語で契約書を作成した上で、他方の言語に翻訳した契約書も作成することがよくあります。そして、翻訳の解釈に疑義が生じたときに揉めないように「正文は○○言語の契約書とし、翻訳された契約書は参考程度である」旨の条項を設置することがあります。

3　契約自由の例外

　前述のとおり、国際間の契約にどの法律を適用するかについては当事者が自由に決めることができるのですが、外国の個人消費者と取引をする場合は注意が必要です。

　実は、日本には「法の適用に関する通則法」という法律があり、特に、国際間の契約においてどの国の法律を適用するかについて、「当事者が自由に決められる」という原則の例外などを規定しています。

　この例外の一つに「消費者契約の特例」というものがあり、企業などの事業者と個人消費者との間の契約（消費者契約）については、消費者保護の観点から、「たとえ、契約などで、どの法律を適用するかを決めていたとしても、個人消費者が、自分の『常居所地』の法律の中の強行規定（契約当事者同士が、この法律の規定を適用しないと合意しても強制的に適用されてしまう規定）も適用するよう要求した場合」には、その規定が強制的に適用されることになります（例外もあります）。

　例えば、日本の企業がアメリカの個人消費者との間で、準拠法を日本法とした契約を締結したとしても、個人消費者が「商品を10個購入した場合には、1個おまけをしなければならない」というアメリカの強行規定の法律[※]の適用を要求した場合はこの規定に従わなければなりません。

　　※　なお、実際にこのような法律があるわけではありません。

54

第1章 ● 契約、契約の履行に関するトラブル

【法の適用に関する通則法】

第十一条　消費者（……）と事業者（……）との間で締結される契約（……）の成立及び効力について第七条又は第九条の規定による選択又は変更により適用すべき法が消費者の常居所地法以外の法である場合であっても、消費者がその常居所地法中の特定の強行規定を適用すべき旨の意思を事業者に対し表示したときは、当該消費者契約の成立及び効力に関しその強行規定の定める事項については、その強行規定をも適用する。

2〜6 〈略〉

第七条　法律行為の成立及び効力は、当事者が当該法律行為の当時に選択した地の法による。

第九条　当事者は、法律行為の成立及び効力について適用すべき法を変更することができる。

4　まとめ

　以上、まとめると、外国の企業と契約をする場合は、話合いによって、最低限、準拠法と裁判管轄を決めておく必要があります。取決めがない場合であっても、法の適用に関する通則法などで一定の方向性を見出すことはできますが、「お互い誠実に協議する」という取決めでは、何も決めていないのと同じであり、紛争などを迅速に解決することは困難になります。

　また、外国の個人消費者と取引する際は、いくら交渉上の立場が強い場合であっても、排除できない外国の法律の規定が適用される場合もあります。

　なお、「裁判管轄」ではなく「仲裁」による解決方法もありますので、**Q12**にて解説します。

55

《外国企業との契約における「仲裁条項」》

 外国の取引先から提示された契約書に規定されている「仲裁条項」とは何ですか。

 法的紛争を、裁判官以外の「仲裁人」によって裁判所以外の「仲裁廷」で最終的に解決するための合意内容を指します。
　国内企業同士の契約書ではあまり見かけませんが、異なる国（地域）を準拠地とする企業同士の国際契約の場合によく利用される条項です。なぜなら、どちらの国（地域）の裁判所で裁判を行うかによって有利不利（地の利、法の利、弁護士の利など）があることから、交渉時に裁判管轄が決まらない場合が多く、中立的な「仲裁廷」を利用することのメリットがあるからです。

1　裁判を受ける権利と仲裁手続き

　日本では、旧来より「裁判沙汰」という言葉があるくらい、裁判というものが面倒なもの、やっかいなもの、なるべく避けたいもの、という認識があります。
　実際、裁判には、よほど裁判制度に精通していない限り、弁護士への依頼が必要となり、長い時間（6カ月から1年、長ければ数年かかります）と手間とお金がかかります。
　さらには、憲法上、裁判は公開が原則とされていることから（憲法82条）、時には身内の恥などを多くの人にさらすことにもなりかねず、一般的に裁判沙汰は誰しも避けたいという思いがあります。
　しかしながら、憲法は「裁判を受ける権利」を手厚く保障していますので（憲法32条）、たとえ、自ら進んで裁判を起こさなくても、誰かが起こした裁判の相手方となったり、その他の手続きによって巻き込まれたりする可能性は否定できません。
　このようなとき、裁判を起こす方々に対し、「今、忙しいんだから裁判は止めてくれ」、「プライバシーが侵害されるから裁判を起こすな」な

どと要求することはできませんし（もちろん、その権利もありません）、特段の事情がない限り、「この裁判を密室でやってくれ」などと裁判所に要求することもできません。

このように、「裁判を受ける権利」が憲法上の権利である以上、自ら裁判を起こさなくても、強制的に裁判の相手方になってしまうことは避けられません。

【憲法】

第三十二条　何人も、裁判所において裁判を受ける権利を奪はれない。

第八十二条　裁判の対審及び判決は、公開法廷でこれを行ふ。
2　裁判所が、裁判官の全員一致で、公の秩序又は善良の風俗を害する虞があると決した場合には、対審は、公開しないでこれを行ふことができる。但し、政治犯罪、出版に関する犯罪又はこの憲法第三章で保障する国民の権利が問題となつてゐる事件の対審は、常にこれを公開しなければならない。

そこで、このような時間と手間とお金がかかる裁判ですが、これらを避ける方法が全くないわけではありません。

実は、法的紛争を終局的（一度、結論が出たら覆せないという意味）に、かつ、実効的（一定の強制力があるという意味）に解決する方法として、「仲裁」という手続きがあります。

この手続きは、当事者が、「法的紛争の解決を、裁判官以外の特定の人の判断に委ね、かつ、その人が決めた判断に文句を言わない」ことに合意すれば、仲裁法という法律に基づき、裁判官ではない人を裁判官役（仲裁人）として法的紛争を終局的、かつ、実効的に解決することができます。

この手続きには、二つの大きな特徴があります。

一つは、「非公開」という点です。すなわち、誰にも知られることなく

57

法的紛争を解決することができます。

　もう一つは、「一審制」という点です。裁判の場合、現行制度上、地方裁判所で判断（判決）が下されても、高等裁判所や最高裁判所に上訴されると時間も手間もかかりますし、弁護士費用も余計にかかってしまいます。

　これに対し仲裁手続きは、「一度きり」です。仲裁人が下した判断については、極めて例外的な場合を除き、たとえ不服があっても覆すことができません。

　この二つの特徴により、法的紛争を表沙汰にすることなく、かつ、迅速な解決が期待できるわけです。

2　仲裁によるメリット

　法的紛争を裁判ではなく仲裁手続きを選ぶ大きなメリットの一つに、仲裁人を自分たちで選ぶことができるということが挙げられます。

　弁護士であれば、一度は、物知らず・世間知らずのいわゆる"はずれ"の裁判官にあたったときの絶望を経験するのですが、仲裁手続きでは、例えば、「航空業界における特殊リース契約」から生じた法的紛争の場合に、航空業界に詳しい弁護士などを仲裁人として選択・指定する（また、航空業界の評論家2名と弁護士1名による3名の仲裁というように複数名の仲裁人を選択・指定することもできます）など、商慣習に詳しい人物に法的紛争の解決を委ねることができます。

　このように、特定の分野の専門的知識と経験を前提に、終局的かつ実効的な判断をできる仲裁人を自分たちで選ぶことができるわけですから、この点が迅速・公平・かくあるべき判断を求めるための大きなメリットとなります。

第1章 ●契約、契約の履行に関するトラブル

3 仲裁合意

このように、便利な仲裁手続きですが、当事者間で仲裁合意をしておかないとそもそも仲裁機関が受け付けてくれませんし、相手方が「応じない」という態度をとってしまうと仲裁手続きを進めることができませんので、これらのメリットを考えて仲裁手続きで解決したいと考えるのであれば、あらかじめ契約締結時に検討し、「仲裁合意」しておくことが必要です。

仲裁合意として最低限、合意しておく事項は、①仲裁廷（仲裁人）の指定、②仲裁を行う場所の指定、③使用する仲裁規則、④仲裁判断が当事者を最終的に拘束するかどうかですが、さらに、⑤仲裁人の数、⑥仲裁廷が使用する言語、⑦適用する法律などを当事者間で合意しておく場合もあります。

【仲裁合意の例】

この契約からまたはこの契約に関連して、当事者の間に生ずることがあるすべての紛争、論争または意見の相違は、一般社団法人日本商事仲裁協会の商事仲裁規則に従って、東京都において非公開仲裁手続きにより最終的に解決されるものとする。

なお、仲裁人は1人とし、一般社団法人日本商事仲裁協会が指定するリストから双方の合意により選択する。合意が成立しない場合には、同協会が指定する者1人を仲裁人とする。

---

4 仲裁地の調整

ところで、異なる国を準拠地とする企業同士の国際契約の場合、裁判管轄と同じように、どちらの国（地域）で仲裁手続きを行うかによって有利不利（地の利、法の利、弁護士の利など）があることから、仲裁合

59

意をめぐる交渉が難航することがあります。

　もちろん、契約当事者のうち、どちらかが有利な地位にあれば力関係で決まるのですが、両者が対等の関係にある場合には調整が難航します。

　そこで、妙案として、第三国で仲裁手続きを行うことを合意するという考え方があります。すなわち、当事者の準拠地（国または地域）以外の特定の国（地域）を仲裁地とする方法で、スイスの仲裁機関（複数あります）は国際紛争解決機関として古くから有名ですし、近年は、物流および金融上の優位性からシンガポールの仲裁機関（複数あります）が指定されることが多いようです。

　なお、第三国の仲裁機関を指定する場合は、当該第三国の仲裁地までの移動にかかる費用や時間、当該国における仲裁機関の質や信頼性・実効性の問題、弁護士が確保できるかなどの問題が発生します。

　もう一つの妙案としては、紛争の解決を要求する側、すなわち仲裁手続きを申し立てる当事者が、相手方当事者の国（地域）で仲裁を行うという方法です（これを「被告地主義」または「クロス式」といいます）。

　この方法なら、法的紛争の解決によってメリットを得ようとする積極的な当事者に手間と費用をかけさせるという点において公平ですし、相手方当事者の国（地域）まで出かけて行って面倒な手続きをしなければならないなら話し合いで解決しよう、という動機を生み出すこともできるわけです。

60

第**2**章

顧客、取引先等 とのトラブル

おもな法令
憲法
民法
製造物責任法
消費者契約法
特定商取引法　ほか

《顧客からの過度なクレーム行為に対する法的措置》

Q13 お客様から毎日のようにクレームの電話が来ます。謝罪はしたのですが、過度な要求をされており連絡が止まず業務に支障も生じています。法的な観点から、何か手段はありませんか。

A 　会社に対する過剰な要求や大量の架電行為により「業務に及ぼす支障の程度が著しく、事後的な損害賠償を認めるのみでは当該法人に回復の困難な重大な損害が発生すると認められるような場合」には、会社はそのような行為を止めるよう、裁判所に対して申立てをすることができます。

　また、このような行為により、会社に損害が発生した場合には、行為者に対する損害賠償請求が認められる可能性があります。

1　裁判での差止請求

　会社に対し過剰な要求や迷惑行為をしてくる人物に対しては、そのような行為を止めるよう、裁判で求めることが可能です。

　大阪地判平28.6.15判時2324号84頁においては、ある市民（「過剰要求者」といいます）が、市の職員に対し、過剰な要求や迷惑行為をした事案で、「被告（注：過剰要求者）は、原告（注：市）の職員に対し、電話での対応や面談を要求して被告の質問に対する回答を強要したり、大声を出したり、罵声を浴びせたりしてはならない」との判決を下しています。

　このように、会社に対し、その顧客ないしその他の者が、大量の架電を行う場合には、会社は、架電をしないよう裁判で求めることができます。また、面談や交渉を強要してくる場合にも、そのような行為を止めるよう裁判で求めることができます。

　このような判決が下されたにもかかわらず、なお過剰な要求を続ける

場合には、間接強制（行為を止めなければ、間接強制金を課すことを警告（決定）することで義務者に心理的圧迫を加える）の手続きをとることができるようになります。

なお、裁判にて過剰要求行為や迷惑行為の差止めを求める場合には、判決を得るまでは長い時間がかかることがありますので、裁判を行う前に、仮処分命令（仮の差止め）を申し立てることを検討すべきでしょう。

2　どのような場合に差止請求ができるか

では、会社はどの程度の行為があった場合に、差止請求ができるのでしょうか。

前述の裁判例では、この点について「業務に及ぼす支障の程度が著しく、事後的な損害賠償を認めるのみでは当該法人に回復の困難な重大な損害が発生すると認められるような場合」と述べ、具体的には、

- 　些細なことで大量の情報公開請求や質問をする（特定の職員がいつも長袖の服を着ている理由に関する回答を求めるもの等）
- 　職員に対し、侮蔑するような発言、脅迫的な発言、暴言等を述べる（「高校出の人は大きな間違いをするからおれかちっとくんねや」「お前には能力がないから辞めてしまえ」等）
- 　事業所に赴いて1回当たり1時間以上独自の見解に基づく意見を延々と述べる
- 　些細なことで頻繁に電話をかけ、謝罪を要求し罵声を浴びせる
- 　約5カ月の間に合計95回もの架電を行う

といった行為があったことをもって、差止請求を認めています。

ほかにも約3カ月にわたり会社のお客様センター等に大量の架電をし、多い日には1日で合計19回、このうち長いものは1回で約90分にわたり苦情を繰り返し述べた事例において、裁判所により架電行為の仮の差止めを求める決定がなされたもの（東京高決平20.7.1判タ1280号329頁）等があります。

3 裁判での損害賠償請求

差止請求のほかにも、会社は、過剰要求や迷惑行為により会社に損害が発生した場合には、損害賠償請求をすることが可能です。

前述の大阪地判平28.6.15においては、過剰要求者の行為により、業務に遅滞や中断が生じ、原告の職員の中には、複数回にわたって1日当たり1〜4時間程度の超過勤務を行うことを余儀なくされた者がいたり、また、繰り返し行われる侮蔑的な発言や暴言等によって、精神的な苦痛を覚え体調不良を訴える者もいたことから、業務の平穏な遂行を妨害する者として不法行為にあたるとして、過剰要求者に対し、80万円の損害賠償義務を認めています。

4 対応のポイント

過剰要求行為や迷惑行為への対応に法的手続きが利用できるとしても、法的手続きを行うには時間や費用がかかるといったハードルがあります。また、実際に法的手続きを行う場合でも、手続きを有利に進めるためには、その前段階においてどのように対応したかが重要になります。そこで、以下、過剰要求行為や迷惑行為への対応のポイントを記載します。

①安易に約束をしない

「●●をしろ」と言われて「分かりました。やります」などと安易に約束してしまうと、後から「やるって言ったのにやってないじゃないか」などとさらなるクレームの火種になり得ます。また、このようなやりとりでも、クレーマーと従業員が「●●という行為をすること」について合意し、契約が成立していると解釈され得るため、会社に法的責任が発生してしまう可能性があります。「後ほど連絡します」といった些細な約束であっても、できる限りしない方がよいです。

対応に困った場合は、「検討します」「ご要望に沿えるよう善処します」

第2章●顧客、取引先等とのトラブル

「連絡すべきことがあれば連絡します」などと約束はしない言い方で逃げるのがよいでしょう。

②記録を残す

　後から、「言った」、「言わない」の争いになることを防止するため、また、後の法的手続きに備えて証拠を残しておくために、クレームに対応した場合には、それを記録に残しておくべきです。

　記録の方法は、日報等に記載する方法でもよいですし、録音等により機械的に記録できる場合には、録音を実施する方がより望ましいです。

③自らの業務について正しい知識を身に付ける

　業務にあたる従業員が、顧客からの具体的な要求について「正当」か「過剰」かの判断を、適切に行うことはクレーム対応において重要です。

　ある要求が「正当」か「過剰」かを法的に判断するには、「会社にそのような要求に応じる法的義務があるか」が問題になりますので、自らの業務に関する法的知識が必要になります。判断が難しい場合には、弁護士などの専門家へ相談することが望ましいでしょう。

　その上で、応じる義務のない要求については、「応じません」ときっぱりと断ることが大切です。

④有形力を行使する場合は警察へ

　クレーマーが暴力を振るうなど、有形力を行使した場合には、速やかに警察に通報し、対応してもらいましょう。入店を拒否しているのに入店したり、退店を求めているのに退店しない場合も、犯罪に当たり得ますので、このような場合も警察への通報により対応することも検討すべきです。

65

《インターネット上での誹謗中傷行為への対処》

 インターネット上の口コミサイトに、根拠なく当社を誹謗中傷する記事が掲載されています。何とかしたいのですが、どのような対応が可能でしょうか。会社の名誉を毀損したとして、刑事告訴することは可能でしょうか。

 とり得る対応としては、口コミの削除請求や書き込みをした者を特定し、民事事件として損害賠償請求する方法が考えられます。一方で刑事告訴をすること自体は可能ですが、実際に書き込みをした者が逮捕・起訴される可能性は高いとはいえないのが実情です。

1 対応策の検討

考えられる対応は、誹謗中傷記事の削除、記事を書き込んだ者に対する名誉および信用毀損に基づく損害賠償請求が考えられます。このような記事を放置してしまうと情報が瞬く間に拡散され、想定外の被害が生じる可能性がありますので、経営者や総務・法務担当の皆様は、インターネット上に自社を誹謗中傷する記事が掲載された場合には、どのように対応すればよいのかということを事前に把握しておきましょう。

2 インターネットの仕組み

まず、インターネット上に特定の記事が掲載されるまでの流れについて簡単に把握しておきましょう。

一般的に、インターネットは、「OCN」や「フレッツ光」等のインターネット接続業者（インターネットサービスプロバイダ等と呼ばれます）とインターネット利用契約を締結し、このインターネット接続業者を通じて、ネット上の様々なサイトを閲覧したり、口コミサイトに記事を投

図表3　サイトへの書き込みと閲覧の流れ

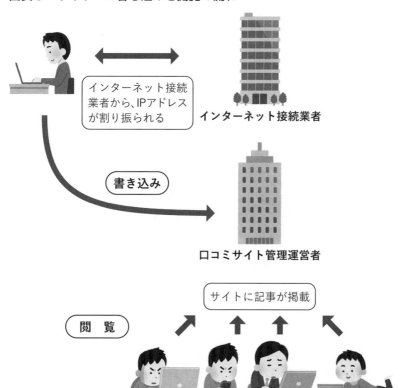

稿したりすることができます。

　そのため、インターネット上に記事が掲載されるまでには、自宅のPCやスマートフォンからインターネット接続会社を通じて、口コミサイトに接続し、そこに記事を書き込むという流れがあります（**図表3**）。

3　記事の削除

　口コミサイトに掲載された誹謗中傷記事を削除する方法は、①サイト管理運営者等に対して、任意の削除依頼をする方法、②裁判所を利用し

て削除を求める方法に大別されます。まずは①を実施し、拒否されてしまった場合に、②を検討することが一般的です。もっとも、いずれの方法も排他的な関係にあるわけではありませんので、事案によって、どの方法を選択するか、どの順番で実施するかということを検討する必要があります。

（1）任意の削除を求める方法

任意の削除を求める方法としては、当該サイトに設置されているウェブフォーム・お問い合わせ窓口を利用する方法と、「侵害情報の通知書兼送信防止措置依頼書」と書式（一般社団法人テレコムサービス協会が公開しているもの。「テレサ書式」と呼ばれています）を利用する方法があります。

まず、サイト管理運営者に対し、具体的な名誉毀損となる記載を指定した上で、「当該記事は、自社の名誉を毀損するものであるから、削除してほしい」と依頼します。サイト管理運営者は、この依頼を受け、削除が相当であると判断した場合には、該当記事を削除します。上記のテレサ書式による方法では、発信者（書き込み者）に対し、削除することについて意見照会がなされることになります。

この方法の利点は、サイト管理運営者によっては、数日から1カ月程度で削除が実現する場合があることです。また、内容が複雑でなければ本人が試みることも可能でしょうし、弁護士に依頼するにしても費用は比較的少額で済みます。他方で、欠点としては、任意の削除を求めるものにすぎず、管理運営者によっては削除が実現されない場合もあることです。特に海外プロバイダなどの場合は対応がなされないおそれもあります。

（2）裁判所を利用する方法

インターネット上の誹謗中傷に対する裁判手続きは、削除権限のあるサイト管理運営者等を相手方として、「該当記事を仮に削除せよ」とい

第2章 ●顧客、取引先等とのトラブル

う仮処分命令の発令を求める方法が主流です。訴訟を提起する方法もありますが、判決まで時間がかかること、仮処分により早期に削除が実現できることから、あまり利用されることはありません。

仮処分では、申立書に名誉権等の権利が侵害されていること、削除を求める必要性等を記載し、裁判官に対し、自社の権利が侵害されているので、早急に削除してほしいと訴えることになります。

無事に命令が発令された場合には、数日から1週間程度で、該当記事が削除されるケースが一般的です。

この方法の利点は、権利侵害性が明らかであれば削除が実現することにあります。他方で、専門的な知識・経験が必要になりますので、弁護士に依頼する必要性が高く、その場合には費用がかかること、発令時には担保として30～50万円程度を供託する必要がある（なお、金額は削除対象の分量やプロバイダの数などに左右されます）ことが欠点といえるでしょう。

4 記事を書き込んだ者に対する損害賠償請求

口コミサイトに自社を誹謗中傷する記事が掲載されることによって、自社の名誉権等の権利が侵害された場合には、書き込み者に対し、損害賠償請求をすることが可能です。

もっとも、損害賠償請求をするためには、書き込み者の氏名・住所等の情報が必要になりますので、まずは書き込み者を特定する手続きが必要になります。それが発信者情報開示請求といわれるものです。

（1）発信者情報開示請求の概要

発信者情報開示請求の流れは、①サイト管理運営者等に対して、書き込み者に関するIPアドレス、タイムスタンプ（書き込み日時）等のインターネット接続業者において書き込み者を特定するために必要な情報の開示を求める→②インターネット接続業者に対して、①で開示された

69

IPアドレス等を踏まえて、書き込み日時に当該IPアドレスを割り振っていた人物の氏名・住所等の開示を求める→③書き込み者の特定を完了してから損害賠償請求をするという3段階以上の手続きが必要になることが一般的です。

（2）サイト管理運営者等に対する発信者情報開示請求

　発信者情報開示請求の方法は、削除請求の場合と同様、ウェブフォームからの請求、テレサ書式による請求、裁判所を利用する方法があります。いずれも削除請求の「削除してください」という内容が、「発信者情報（IPアドレス・タイムスタンプ）を開示してください」という内容に変わることになります。

　ただし、削除請求の場合と異なり、発信者情報開示請求については、発信者のプライバシーに係る情報を開示することになるため、任意の開示には応じてくれないサイト管理運営者が多く、当初から仮処分による方法を選択するのが相当な場合が多いです。

（3）インターネット接続業者に対する発信者情報開示請求

　サイト管理運営者等からIPアドレス・タイムスタンプの開示を受けた後は、WHOISというサービスを利用し、そのIPアドレスを割り振ったインターネット接続業者を特定します。特定後、そのインターネット接続業者に対し、例えば「○月○日○時○分に、当該IPアドレスを使用して、インターネットに接続した人の氏名・住所等（以下「アクセスログ」といいます）を開示してください」と求めることになります。

　その方法も、①と同様ですが、インターネット接続業者は、一般的には任意の開示には応じず、また保全の必要性という仮処分の要件を満たさないことが多いと考えられているため、発信者情報開示の訴訟提起が必要になる傾向にあります。

　なお、アクセスログの保存期間は、3カ月から6カ月程度ですので、仮処分を申し立てる前に、インターネット接続業者に対し、アクセスロ

第2章 ● 顧客、取引先等とのトラブル

グの保存を要請するまたは保存を目的とした仮処分手続きを実施する必要があります。

（4）情報発信者に対する損害賠償請求

　さて、自社の誹謗中傷記事を書き込んでいる人物を特定できた場合には、その人物に対し、当該誹謗中傷記事により自社の名誉権等の権利が侵害され損害をこうむったとして、損害賠償請求を求めることが可能になります。

　もっとも、我が国の裁判実務では、名誉毀損が認められるケースであっても、損害額は多くとも150万円程度にとどまることが多く、かかった弁護士費用を考慮すると、依頼者の手元に残るのはより少なくなってしまうことがあります。

　そのため、発信者情報開示請求を実施するか否かは、開示の可能性・損害賠償が認められる可能性等を検討した上で、判断する必要があります。

5　刑事告訴について

　書き込みによって自社の名誉が毀損された場合、法的には刑事告訴が可能です。しかし、警察はインターネット被害については腰が重く、被害を訴えた場合でも、捜査を開始する場面は限られますし、逮捕・起訴される場合というのはさらに限られます。その結果、民事による解決が主流となっているのが実情です。

71

《クーリング・オフ制度の適用》

個人の顧客の自宅を訪問して販売したばかりの商品について、「家族とも相談したところ、やっぱり購入を取りやめたい」との連絡がその顧客からありました。契約の解約に応じなければならないのでしょうか。

　事業者と個人の顧客との間の取引が、特定商取引法に定める訪問販売に該当する場合には、契約締結時の書面を交付した日から8日間が経過する前であれば、無条件の契約解除、すなわち、クーリング・オフが認められるため、解約に応じる必要があります。なお、販売の対象物が自動車である場合など、一定の場合にはクーリング・オフ制度の適用が除外されることもあります。

1　クーリング・オフ制度とは

　クーリング・オフ制度とは、特定の取引について、一定の期間内であれば、消費者が事業者との間の契約または申込みを、無条件で解除または撤回できる制度のことをいいます。

　訪問販売においては、一般的に消費者は、事業者の態度や言動に影響されることが多く、契約締結の意思が明確でないまま契約を締結してしまうことが少なくないことから、消費者保護のために、このような制度が定められています。

2　訪問販売

（1）訪問販売の定義

　訪問販売とは、事業者が、①営業所等以外の場所において、売買契約・役務提供契約の申込みを受け、または契約を締結して行う取引（特定商取引法2条1項1号）、②営業所等において、営業所等以外の場所にお

いて呼び止めて営業所等に同行させた者その他政令で定める方法により誘因した者から、売買契約・役務提供契約の申込みを受け、または契約を締結して行う取引（同項2号）をいいます。

②については、特定商取引法施行令により、勧誘の意図を告げずに営業所等への来訪を要請したとき（同令1条1号）、および他の者と比べて著しく有利な条件で商品の購入等ができると告げて営業所等への来訪を要請したとき（同条2号）が対象に含まれています。

【具体例】

・　顧客の自宅を訪問して商品の販売を行う

・　顧客を路上で呼び止めて営業所等に同行させて商品の販売を行う（いわゆるキャッチ・セールス）

・　顧客に対し、勧誘する意図を伝えずに営業所等に来訪するように要請した上で商品の販売を行う

・　顧客に対し、「あなただけ特別に通常の半分の価格で購入できますよ」などと説明して、著しく有利な条件で商品の購入ができると告げて営業所等に来訪するように要請した上で商品の販売を行う

　　※　ただし、顧客のリクエストに応えて行う訪問販売、得意先訪問等の場合など、一定の場合には、クーリング・オフの一部の規定の適用が除外されています。

（2）クーリング・オフ期間

訪問販売の場合、クーリング・オフが認められる期間は、顧客が申込み時の書面または契約締結時の書面のいずれか早いほうを受領した日から8日間とされています（特定商取引法9条1項ただし書）。書面の受領日がクーリング・オフ期間の起算日とされているため、上記の書面の交付がなければ、顧客はいつまでもクーリング・オフを行うことができるので、注意が必要です。

なお、クーリング・オフは書面により行う必要があり、当該書面を発信したときにクーリング・オフの効力が生じます（特定商取引法9条1項、2項）。

（3）クーリング・オフの適用除外

　訪問販売については、以下の場合に、クーリング・オフ制度の適用が除外されています。

① 　自動車（二輪車を除く）の販売等

② 　電気、ガス、熱、葬儀に関するサービス

③ 　指定された消耗品（健康食品など政令で指定された8種類）

④ 　相当の期間品質を保持することが難しく、品質の低下により価値が著しく減少するおそれがある商品として政令で定めるもの（ただし、現時点で政令に規定がありません）

⑤ 　現金取引であって、代金の総額が3000円未満のもの

📝 コラム　　　　　　　消費者保護の解除権や取消権

　クーリング・オフ以外にも、特定商取引法には様々な消費者保護のルールが定められています。例えば、日常生活上、通常必要とされる分量を著しく超える商品等の販売契約については、消費者に解除権が認められています（過量解除・特定商取引法9条の2）。

　また、訪問販売時に、事業者が法定の重要事項について事実と異なる告知を行った場合（不実告知）、法定の重要事項について故意に事実を告知しない場合（事実不告知）には、消費者に訪問販売契約の取消権が認められています（不実告知等による契約取消し・特定商取引法9条の3）。

　さらに、特定商取引法以外にも、消費者契約法や民法の一般条項に基づく取消し・無効の主張が認められることもあるので、事業者が顧客との間で、訪問販売契約を締結する場合には、関係各法令の内容を把握しておくことが重要です。

第2章●顧客、取引先等とのトラブル

《継続的契約における過量取引》

 個人の顧客が求めるままに継続的に商品を販売していたのですが、家族の方からクレームがあり、使い切れない商品を販売し続けることは違法だと言われました。顧客が求める数以上に送っているわけではないのに、問題あるのでしょうか。

 勧誘の態様が特定商取引法の規制対象となるようなものでない限り、定期購入契約自体は違法とされるものではありません。ただし、消費者契約法に「過量取引」に関する規定が新設されたことから、取引の数量が通常の分量を著しく超えるものであれば、取消し対象とされてしまう可能性があります。

1　特定商取引法において制約が課せられる「継続的契約」

　消費者保護の観点から、訪問販売や通信販売、電話勧誘販売などいくつかの類型の契約については、特定商取引法によって、その方法や態様につき詳細な規制が設けられています。平成11年に行われた特定商取引法の改正において、同法に「特定継続的役務提供契約」とされるものについての規制が追加され、一部の継続的契約については事業者に対して書面交付義務や広告・勧誘行為の内容規制などが課せられています。

　現在、規制対象として定められているのは、6種類の契約です（次頁図表4参照）。

　このように、特定商取引法が規制対象として掲げる継続的契約を「役務の提供」に限定しているのは、目に見えない「サービス」を提供する契約を長期間にわたって続けることのリスクを特に重視したためであるとされています。逆に言えば、役務提供でなく具体的な商品を継続的に供給するような契約については、通信販売や訪問販売、電話勧誘販売などの販売手法をとっていない限りは、特定商取引法による規制の対象外

75

図表 4　規制対象となる継続的契約

役務内容	役務提供期間	指定金額（入会金・個別対価を含む）
エステティック	1 カ月超	5 万円以上
語学教室	2 カ月超	
家庭教師		
学習塾		
パソコン教室		
結婚相手紹介サービス		

であるということができます。

　したがって、ご質問の契約内容が、前述のような「特定継続的役務提供契約」に付随するものと評価されるような関連商品（エステティックサロンにおける「健康食品」や「化粧品」、パソコン教室におけるパソコン本体や部品・DVDソフトなど）などにあたらない場合であれば、商品を継続的に販売する態様のものであっても、通信販売や訪問販売、電話勧誘販売などの販売手法をとっていない限りは、特定商取引法上の規制を受けることはないと考えられます。

2　消費者契約法における規制

　もっとも、平成29年6月に施行された改正消費者契約法により、過量な内容の消費者契約を取り消すことができる旨の条項が追加されました。具体的には、以下のとおりです。

【改正消費者契約法】（注：下線は筆者）
第四条　1～3　〈略〉
　4　消費者は、事業者が消費者契約の締結について勧誘をするに際し、物品、権利、役務その他の当該消費者契約の目的となるものの分量、回数又は期間（……）が当該消費者にとっての通常の分量等（消費者契約の目的となるものの内容及び取引条件並びに事

第2章 ●顧客、取引先等とのトラブル

> 業者がその締結について勧誘をする際の消費者の生活の状況及び
> これについての当該消費者の認識に照らして当該消費者契約の目
> 的となるものの分量等として通常想定される分量等……）を著し
> く超えるものであることを知っていた場合において、その勧誘に
> より当該消費者契約の申込み又はその承諾の意思表示をしたとき
> は、これを取り消すことができる。……。
>
> 5・6 〈略〉

　高齢化の進展などにより、事業者が消費者に対して不必要なものを大量に購入させるなどの消費者被害が頻発するようになってきている社会的な事情に照らして設けられた規定とされており、当該消費者にとっての通常の分量等については、①消費者契約の目的内容や②取引条件、③消費者の生活状況および④これについての当該消費者の認識などを総合的に考慮した上で、**一般的・平均的な消費者を基準として**、社会通念を基に規範的に判断されるとするのが立法担当者の見解です。

　したがって、今後は、たとえ顧客側の要求があったとしても、事業者側から見て明らかに顧客が使い切れないと分かるような分量の売買契約を締結することは、消費者契約法に基づき取り消されてしまう可能性があります。

3　具体的に問題となり得る契約内容

　法改正において特に問題視されていたのは、顧客に対して次々と新しい商品を売り付ける、「次々販売」と呼ばれる形態の取引です。改正消費者契約法がもともと規制対象として念頭に置いていたのは、このように、消費者側の認知能力の低下や無知、無抵抗などを利用して過量な商品を売り付ける悪質な業者による消費者被害でした。もとより消費者と継続的な取引があれば、顧客が置かれている状況などは具体的に把握しやすくなるでしょうから、事業者としても、過度な売り付けにならない

77

よう注意を払う必要が生じてきます。

　もっとも、この過量取引によって売買契約が取り消されるためには、事業者側に「当該取引が当該消費者にとって過量である」との認識があったことを消費者側が立証する必要があり、単に当該取引の数量が多かったとの事実のみをもってすべての消費者契約が取消し対象となるわけではありません。

　したがって、今後、営業担当者に対しては、このような消費者契約法の改正があったことを周知するとともに、社会通念に照らしてあまりにも数量の多い取引が繰り返されている場合には、当該消費者が本当にそのような数量の商品を必要としているのかどうかについて、個別に確認させるなどの手順を踏ませるよう努めるべきでしょう。

第2章 ●顧客、取引先等とのトラブル

《消費者契約法に基づく消費者の契約取消権》
お客様の依頼を受けた弁護士から、購入した商品に説明された性能がなく、事実と異なる説明を受けていたため、消費者契約法に基づき契約を取り消し、代金の返還を求める内容証明郵便が届きました。どのように対応すべきでしょうか。

　取消しの根拠は、消費者契約法4条1項1号であると考えられます。まずは、お客様が具体的に企業側からどのような説明を受け、どのような点が事実と異なると考えているのかを確認してください。その上で、お客様の考える「事実と異なる」点が、同条5項における「重要事項」にあたるかを検討する必要があります。検討の際は、平成28年の同法改正により、「重要事項」の範囲が拡大されたことにも留意する必要があります。

1　関係する法文：消費者契約法4条1項

　消費者契約法4条1項では、「消費者は、事業者が消費者契約の締結について勧誘をするに際し、①当該消費者に対して次の各号に掲げる行為をしたことにより②当該各号に定める誤認をし（注：番号・下線は筆者）、それによって当該消費者契約の申込みまたはその承諾の意思表示をしたときは、これを取り消すことができる」と規定し、「各号」について次頁の**図表5**のとおり規定しています。

　本件では、お客様が「購入した商品に説明された性能がなく、**事実と異なる説明**を受けていた」と主張しているため、同項1号の「重要事項について事実と異なることを告げ」たことにより、「当該告げられた内容が事実であるとの誤認」をしたことを理由に取消しを求めていると考えられます。

　そのため、企業側としては、契約締結時に上記1号の行為があったか

図表5　消費者契約における契約取消権の要件

消費者契約法4条1項	事業者の行為（下線部①部分）	消費者の誤認（下線部②部分）
1号	重要事項について事実と異なることを告げること	当該告げられた内容が事実であるとの誤認
2号	物品、権利、役務その他の当該消費者契約の目的となるものに関し、将来におけるその価額、将来において当該消費者が受け取るべき金額その他の将来における変動が不確実な事項につき断定的判断を提供すること。	当該提供された断定的判断の内容が確実であるとの誤認

否かを検討しなければなりません。そこでポイントとなるのは、「事実と異なることを告げたか」と、「当該事実が重要事項といえるか」の2点です。

2 「事実と異なること」とは

では、「事実と異なること」とは、具体的にどのようなことを指すのでしょうか。

消費者庁の解説によれば、「事実と異なること」とは、「真実又は真正でないこと」と定義されています。ここでポイントとなるのは、「真実又は真正でないこと」というのは、**客観的な事実により判断できること**を前提とするため、いわゆる**主観的な評価**については、対象にならないということです。

例えば、食品を売るときに「国産だよ」と告げたにもかかわらず、「外国産であった」という場合は、国産か、外国産かは客観的な事実により判断できるので、「事実と異なること」といえます。これに対し、「とっても美味しいよ」と告げたにもかかわらず、「（購入者にとっては）不味かった」という場合は、食品が美味しいか不味いかというのは人それぞ

第2章 ●顧客、取引先等とのトラブル

れの評価であり、客観的な事実により真実または真正であるか否かを判
断することができないので、「事実と異なること」にはあたらないこと
になります。

3 「重要事項」とは

次に、「重要事項」とはどのようなことを指すのでしょうか。これに
ついては、消費者契約法4条5項で、より詳しく定義付けられています。
まずは、条文を見てみましょう。

【消費者契約法】

第四条　1～4　〈略〉

5　第一項第一号及び第二項の「重要事項」とは、消費者契約に係
る次に掲げる事項（同項の場合にあっては、第三号に掲げるもの
を除く。）をいう。

一　物品、権利、役務その他の当該消費者契約の目的となるもの
の質、用途その他の内容であって、消費者の当該消費者契約を
締結するか否かについての判断に通常影響を及ぼすべきもの

二　物品、権利、役務その他の当該消費者契約の目的となるもの
の対価その他の取引条件であって、消費者の当該消費者契約を
締結するか否かについての判断に通常影響を及ぼすべきもの

三　前二号に掲げるもののほか、物品、権利、役務その他の当該
消費者契約の目的となるものが当該消費者の生命、身体、財産
その他の重要な利益についての損害又は危険を回避するために
通常必要であると判断される事情

6　〈略〉

以下、同項1号～3号まで各号ごとに説明します。

81

（1）1号について

　同項1号では、消費者契約の目的となるものの①質、用途、その他の内容であって、②消費者の当該消費者契約を締結するか否かについての判断に通常影響を及ぼすべきものが、重要事項にあたると定めています。

　ここでいう①質、用途、その他の内容とは、以下（**図表6**）のものを指します。

図表6　「重要事項」―質、用途、その他の内容（具体例）

	定義	例
質	品質や性質	（物品の）性能・機能・効能、構造・装置、成分・原材料、品位、デザイン、重量・大きさ、耐用度、安全性、衛生性、鮮度 （役務の）事業者・担当者の資格、使用機器、回数・時間、時期・有効期間、場所
用途	特徴に応じた使い道	コンピューターがオフィス用か、個人用か 予備校の講義が大学受験用か、高校受験用か
その他の内容	質および用途に含まれない、消費者契約の目的物の実質や属性	原産地、製造方法、特許・検査の有無

　そして、②消費者の当該消費者契約を締結するか否かについての判断に通常影響を及ぼすべきものとは、**契約するか否かを決めるための判断要素になるもの**を指し、これはあくまでも**社会通念、すなわち一般常識に照らして判断される**ことになります。

　以上の①および②に該当する事項が、「重要事項」に当たることになります。

（2）2号について

　同項2号では、消費者契約の目的となるものの①対価その他の取引条件であって、②消費者の当該消費者契約を締結するか否かについての判

図表7 「重要事項」—対価、その他の取引条件（具体例）

	定義	例示
対価	目的物の給付の代償として相手方から受ける金銭	代金のほか、割賦販売価格、現金支払い以外の方法による場合の価格、本体価格に付随する価格（配送費、工事費等）も含む
その他の取引条件	対価以外の、取引に関して付される種々の条件	対価の支払時期、目的物の引渡し・移転・提供の時期、取引個数、配送・景品類提供の有無、契約の解除に関する事項、保証・修理・回収の条件

断に通常影響を及ぼすべきものが、重要事項に当たると定めています。

　ここでいう①対価その他の取引条件とは、上（**図表7**）のものを指します。

　②消費者の当該消費者契約を締結するか否かについての判断に通常影響を及ぼすべきものは、同項1号と同様に解されています。

（3）3号について

　同項3号の規定は、平成28年の消費者契約法改正によって、新たに創設された重要事項です。当該規定によって、現行法では対象とされていなかった、いわゆる消費者契約を締結する「動機」の部分も重要事項に含まれることになりました。

　例えば、事実に反して「溝が大きくすり減ってこのまま走ると危ない、タイヤ交換が必要です」と言われて新しいタイヤを購入したが、実際は購入の必要がなかった場合、購入したタイヤの質、用途、その他の内容（1号）や、対価その他の取引条件（2号）は偽っていませんが、タイヤを購入する必要性を偽ったことになります。

　この場合、溝が大きくすり減っているタイヤで走行することによる「生命、身体、財産」の「損害又は危険」を「回避するために」、「消費者契約の目的」となる新しいタイヤを購入することが「通常必要であると判断される」こととと言えますので、当該事情、すなわち重要事項につき事実と異なることを告げたとして、消費者は新しいタイヤを購入する

意思表示を取り消すことができるようになったのです。

4　本件事案で企業側がすべき対応

　では、本件事案はどのように考えるべきでしょうか。

　本件でお客様は、「購入した商品に説明された性能がなく、事実と異なる説明を受けていた」ことを理由に契約の取消しを求めています。この「説明された性能がなく」という主張からすると、お客様が「事実と異なる」と考えている事項は、消費者契約法4条5項1号が規定する「質」であると考えられます。

　そこでまずは、お客様が契約時に説明を受けたという「性能」が具体的に何を指すかを聞いた上で、当該「質」（性能の有無）が重要事項にあたるか、すなわち、契約するか否かを決めるための判断要素になるといえるかを検討します。検討の際は、あくまでも一般常識に照らして、重要事項該当性を考えなければなりません。

　次に、重要事項にあたる場合には、事実と異なることを告げたのかを確認する必要があります。「事実と異なる」といえるかは、あくまでも客観的な事実により判断できるかがポイントになるので、企業側としては、こういったポイントを意識しながら、お客様や担当者から、契約時にどのような説明を受けた（した）のかをよく聴取して確認する必要があります。

　なお、予防法務的な観点からは、説明の有無や内容については、口頭のみですと、「言った」「言わない」の水掛け論になってしまう可能性が高いので、重要な事項については、書面で説明し、お客様から説明を受けた旨の署名をもらう、お客様の承諾を得て録音を行っておくなどする方が確実であるといえます。

第2章 ● 顧客、取引先等とのトラブル

《適格消費者団体からの警告・請求への対応》

 「適格消費者団体」と名乗る団体から「販売方法を改善しなければ訴訟を提起する」という警告書が届きました。消費者からのクレームを基に警告されたようですが、当社がとるべき対応を教えてください。

 指摘された事項について、事実関係を徹底して調査し、非がある場合には適格消費者団体との間で誠実に協議を行い、適切な解決に努めなければなりません。
　もし、解決を怠ったり無視したりすると、訴訟を提起され、場合によっては営業行為を禁止されてしまうおそれもあるので、真摯な対応が必要です。

1　適格消費者団体とは

　不特定かつ多数の消費者の利益を擁護するために差止請求権を行使するために必要な適格性を有する消費者団体として内閣総理大臣の認定を受けた法人を「適格消費者団体」といい、現在、19の団体（平成31年4月時点）が認められています。
　これらの団体は、例えば、健康食品の販売業者などが、「絶対に痩せられる」などと表示して商品を販売していたり、いわゆるクーリング・オフを受け付けなかったり、また、必要以上の商品を大量に販売したりするなど、一般の消費者にとって害となる可能性のある営業を行っている場合に、弱い立場の消費者に代わって当該業者に対し警告したり、裁判を起こしたりすることができるわけです。
　上記のような営業や不当な勧誘などによって消費者トラブルが発生した場合、業者と消費者とでは情報の量・質・交渉力に格差がありますし、裁判を起こすにも時間・費用・労力がかかってしまい被害の回復に見合わないこと、また、同種トラブルの発生を抜本的に解決することはでき

ないといった問題意識からこのような制度が構築されました。

2　訴訟の当事者となる資格

　ところで、金銭トラブルや交通事故の損害賠償といった民事の訴訟手続きにおいては、自分の権利の実現を求める者が、直接、「原告」として裁判を起こす必要があります。

　なぜなら、民事訴訟手続きは、原則として紛争を終局的に解決するための手段である「判決」を求めるために行われるわけですが、この判決に実効性を持たせるためには、トラブルに直接関係がある被害者に当事者として裁判を遂行させ、責任を負わせる必要があるからです。

　無関係の第三者が、「あの人、交通事故に遭ってかわいそうなんだけど、優しい人だから自分では裁判を起こさないので私が代わりにやります」として裁判を起こしたところで、負けても勝っても第三者の権利関係には影響がないので責任がありませんし、果たしてマジメに続けられるかわかりません。

　このように、民事訴訟手続きでは、原則として、第三者が原告となり、訴えなどを提起することはできません。

　これを、民事訴訟法における専門用語で「当事者適格」といい、民事訴訟手続きを適法に進めるための条件の一つとされています。したがって、当事者適格を有さない者が原告として裁判を起こしたり、当事者適格を有さない者を相手方（被告）として裁判を起こしたりしても、不適法なものとして「却下」されてしまいます。

3　消費者団体訴訟制度

　しかしながら、社会的に大きな存在である企業（業者）と一般の消費者との間には、トラブルの解決にかけられる費用や経験、手間をかけられる時間とマンパワーなどの点で相当の格差があります。

第2章 ● 顧客、取引先等とのトラブル

そのため、企業（業者）などが、消費者契約法や景品表示法などに違反する営業行為を行い、これによって一般の消費者が被害を受けても、これらを個別的に解決するには情報力や交渉力、資金力などに圧倒的な差があるため、特に、このような消費者トラブルに巻き込まれやすいお年寄りなどの消費者が泣き寝入りしてしまうケースが相次ぎました。

そこで、前述の「トラブルに直接関係がある被害者が当事者として裁判を遂行させるという原則」を少し修正し、消費者トラブルに関しては、当事者適格に対する例外を設けることとしました。

この例外が、消費者契約法に基づき設けられた「消費者団体訴訟制度」です。

この消費者団体訴訟制度は、消費者全体の利益を守ることを目的として、「消費者のことをよく理解し、利益を代弁することが客観的に期待でき、かつ、組織的にも堅実と認定された消費者団体」に対し、次の①〜③を付与するものです。

① 消費者契約法や景品表示法などに違反する営業行為に対し、書面で当該営業行為を中止するよう請求・警告する権利

② 書面による請求・警告では是正されない場合に、消費者に代わって、消費者契約法や景品表示法などに違反する営業行為を中止するよう訴えを提起する権利

そして、一定の要件を満たす場合には、

③ こうむった被害を回復するための責任追及（契約金の返還など）のための訴えを提起する権利

これまで、知識や費用の問題で"泣き寝入り"を余儀なくされていた弱い立場の一般の消費者は、このような制度を無償で利用することで、企業（業者）側と対等な立場で協議ができるようになるわけです（なお、個別的なトラブルの解決をあっせんしたり仲裁したりするわけではありません。あくまで、企業（業者）による違法な営業行為を中止させることに主眼を置く制度です）。

したがって、この制度によって、営業行為などの是正を求める書面が

87

届いた場合には、無視せず、まずは、事実確認のための調査を徹底し、適格消費者団体と誠実に協議し、場合によっては是正に応じることも真摯に検討しなければなりません。

【参考裁判例】

［事例］

　適格消費者団体が貸金業者に対し、弁済期限前に貸付金の全額を返済する場合に、借主が貸主に対し利息以外の金員（違約金）を交付する旨定める契約条項（早期完済違約金条項）は、「利息制限法や出資法に違反する高利を消費者に負担させる契約条項であるから、消費者契約法第10条により無効」であると主張して、契約締結の差止めなどを求めた事案

［判決要旨］

　早期完済違約金条項は、本件の貸金業者が利息制限法所定の金利の限度まで取得していることからすると、「消費者の義務を加重する場合がある」と判断し、「信義則に反して消費者の利益を一方的に害するものとして、消費者契約法第10条により無効となる」として、貸金業者に対し、早期完済違約金条項を含む契約の締結を停止せよとの判決を言い渡した。

（京都地判平21.4.23判タ1310号169頁）

第2章 ●顧客、取引先等とのトラブル

《食中毒が発生した飲食店の責任》

 飲食店を経営しておりイシガキダイの料理において食中毒が発生しました。イシガキダイを調理したのは当社ですが、これまでイシガキダイの料理を提供してきましたが、食中毒になることなど全くありませんでした。当社に責任があるのでしょうか。

 食中毒が発生した場合には、製造物責任（製造物責任法3条）に基づき、イシガキダイ料理を食べた方に対し、損害賠償責任を負わなければならないこともあり得ます。

上記損害賠償においては、治療費、薬剤費、通院交通費、休業損害、慰謝料、裁判関係費用等というものが損害として認められることが予想されます。

ここでは、類似の裁判例（東京地判平14.12.13判タ1109号285頁。以下「類似裁判例」といいます）を紹介しながら、損害賠償責任が認められることについて説明をします。

1　製造物責任とは

製造物責任法とは、製造物の欠陥によって他人の生命、身体または財産を侵害した場合に、これによって被害者に生じた損害を当該製造物の製造者に賠償させることを内容とするものとなります。

同法の特色の一つとしては、製造者の過失を要件としておらず、客観的性状である製造物の欠陥を要件として、製造物責任を認めるところにあります。

【製造物責任法】（抜粋、下線は筆者）
第二条　この法律において「製造物」とは、<u>製造又は加工</u>された<u>動産</u>をいう。
2　この法律において「<u>欠陥</u>」とは、当該製造物の特性、その通常

89

予見される使用形態、その製造業者等が当該製造物を引き渡した時期その他の当該製造物に係る事情を考慮して、<u>当該製造物が通常有すべき安全性を欠いていること</u>をいう。

3　この法律において「製造業者等」とは、次のいずれかに該当する者をいう。

一　当該製造物を業として製造、<u>加工</u>又は輸入した者（以下単に「製造業者」という。）

二　自ら当該製造物の製造業者として当該製造物にその氏名、商号、商標その他の表示（以下「氏名等の表示」という。）をした者又は当該製造物にその製造業者と誤認させるような氏名等の表示をした者

三　前号に掲げる者のほか、当該製造物の製造、加工、輸入又は販売に係る形態その他の事情からみて、当該製造物にその実質的な製造業者と認めることができる氏名等の表示をした者

第三条　製造業者等は、その製造、<u>加工</u>、輸入又は前条第三項第二号若しくは第三号の氏名等の表示をした製造物であって、その引き渡したものの<u>欠陥</u>により他人の生命、身体又は財産を侵害したときは、これによって生じた損害を賠償する責めに任ずる。ただし、その損害が当該製造物についてのみ生じたときは、この限りでない。

2　本件における具体的検討

まず、「欠陥」とは、当該製造物の特性、その通常予見される使用形態、その製造業者等が当該製造物を引き渡した時期その他の当該製造物に係る事情を考慮して、当該製造物が通常有すべき安全性を欠くことをいいます（製造物責任法2条2項）。そして、**類似裁判例**では「……およそ

第2章 ● 顧客、取引先等とのトラブル

食品に食中毒の原因となる毒素が含まれていれば、当該食品は通常有すべき安全性を欠いているものというべきであるから、本件料理がシガテラ毒素を含んでいたことは、製造物の欠陥に当たる」と、「欠陥」を認めています。

では、①イシガキダイを単に調理しただけで「加工」といえるのか、②イシガキダイが、シガテラ毒素に汚染されているかは識別が困難であり、常に確認をすることは困難ということから免責されないかという点が問題となります。

実際に**類似裁判例**においても、争われた点です。

3 イシガキダイを調理することが「加工」にあたるのか

類似裁判例では、「加工」について、「その本質は保持させつつ新しい属性ないし価値を付加する（「加工」）ことをいう」（原文ママ）と解釈しました。そして、「食品の加工について、より具体的にいえば、原材料に加熱、味付けなどを行ってこれに新しい属性ないし価値を付加したといえるほどに人の手が加えられていれば、法にいう『加工』に該当するというべきである」としています。

類似裁判例では、イシガキダイを提供するまでに、以下のような経緯がありました。

> イシガキダイを仲卸業者から仕入れ、店内の水槽に放しておいた後、これを捌き、内臓を除去して3枚におろし、身、ハラス、兜、中骨に分けて、身の部分を氷水で締めてアライにして顧客に提供したほか、兜や中骨の部分を塩焼きにし、イシガキダイ料理として顧客らに提供していました。

上記経緯について、「イシガキダイという食材に手を加え、客に料理として提供できる程度にこれを調理したものといえるから、このような

91

被告の調理行為は、原材料である本件イシガキダイに人の手を加えて新しい属性ないし価値を加えたものとして、法にいう『加工』に該当するものというべきである」と判断しています。

4　常に確認をすることは困難ということから免責されないか

製造物責任法4条1号では、免責事由として次のように定めています。

【製造物責任法】（下線は筆者）

第四条　前条の場合において、製造業者等は、次の各号に掲げる事項を証明したときは、同条に規定する賠償の責めに任じない。

一　当該製造物をその製造業者等が引き渡した時における<u>科学又は技術に関する知見</u>によっては、当該製造物にその欠陥があることを認識することができなかったこと。

二　〈略〉

この規定には「当該製造物をその製造業者等が引き渡した時における科学又は技術に関する知見によっては、当該製造物にその欠陥があることを認識することができなかったこと」と定められています。

ここで、**類似裁判例**では、上記免責事由について、「『科学又は技術に関する知見』とは、科学技術に関する諸学問の成果を踏まえて、当該製造物の欠陥の有無を判断するに当たり影響を受ける程度に確立された知識のすべてをいい、それは、特定の者が有するものではなく客観的に社会に存在する知識の総体を指すものであって、当該製造物をその製造業者等が引き渡した当時において入手可能な世界最高の科学技術の水準がその判断基準とされるものと解するのが相当である。そして、製造業者等は、このような最高水準の知識をもってしても、なお当該製造物の欠陥を認識することができなかったことを証明して、初めて免責されるものと解するのが相当である」と解釈しています。

92

この裁判例では、①シガテラ中毒は、沖縄や奄美諸島では、古くから相当数発生しており、「医学のあゆみ」(医歯薬出版株式会社)等の文献に掲載されている。②関東においてもシガテラ中毒が発生している(漁獲されたヒラマサを原因魚種とするもの)。③イシガキダイを原因魚種とするシガテラ中毒について、「全国食中毒事件録」に掲載されており、保健所等において一般に閲覧が可能であったことなどを前提にすれば、毒化したイシガキダイが関東近辺の海域で漁獲されることも予測できないことではないから、イシガキダイを食材とする本件料理がシガテラ毒素を含有することを認識することが全く不可能であったとはいえないし、これらの知識を入手することが不可能であったとも認めることはできないとして、免責は認められないとしています。

ところで、**類似裁判例**では、シガテラ毒魚の識別が著しく困難であること、シガテラ中毒の有効な予防対策がないことをも免責の根拠としてイシガキダイ料理提供者から主張がなされました。しかし、裁判所は、上記免責事由が認められない限り、欠陥の発生の防止措置や発見方法が存在しないことが証明されても、製造業者等が製造物責任を負うことを免れるものではないとしています。

5 まとめ

食品が病原微生物等に汚染されているかは、外見上識別は困難であり、日々提供する食品をすべて確認することが困難である場合に、あらゆる場合に料理提供者に責任を認めるかについては、事案に応じた判断が必要と思われますが、責任を認める裁判例がある以上は、食品を提供する事業者においては、病原微生物等による汚染のリスクがある食品を提供する場合には、その安全性について極めて厳格にチェックする必要があると思われます。

《製品の欠陥とリコール制度》

当社が製造した電化製品において、利用方法によっては、発火等の現象が生じることが発覚しました。製品の回収をすべきでしょうか。回収するとした場合には、どのような範囲で回収に応じることが適切でしょうか。

製品事故が生じた場合には、消安法上にリコールに関する諸規制があります。また、民事上および刑事上の責任を負うことがあります。本件では、発火が生じていることから、購入者の生命または身体に重大な危害が及ぶ可能性があり、危害拡大防止のため全対象製品（事故原因が明らかで型番、ロット等により対象製品を特定できる場合には当該範囲の出荷分）を早急に回収すべきです。

1　関係法令

(1)　消安法

製造事業者が自己の製造した電化製品等に欠陥があり、消費者の身体・財産に危害を及ぼす場合、商品の回収（リコール）に関して消安法の規制があります。

①　消安法とは

消安法は、消費生活用製品による一般消費者の生命または身体に対する危害の防止を図るため、特定製品の製造および販売を規制するとともに、特定保守製品の適切な保守を促進し、併せて製品事故に関する情報の収集および提供等の措置を講じ、もって一般消費者の利益を保護することを目的とする法律です（消安法1条）。

消安法の規制は「消費生活用製品」が対象となり、消費生活用製品とは、主として一般消費者の生活の用に供される製品をいいます（同法2

条。船舶や医療品といった別の法令で規制されている製品は除外されています）。すなわち、一部特別の法令によって定められているもの除き、一般消費者が購入するものが広く規制の対象になります。

なお、消費生活用製品のうち、構造等から見て一般消費者の生命または身体に対して特に危害を及ぼすおそれが多いと認められる製品で政令で定めるもの（同条2項、例えば石油ストーブ等）は、さらに技術上の基準、事業の届出等消安法上特別の規制に服します。

② **危害防止命令**

消安法39条1項は、主務大臣が、消費生活用製品の欠陥により、重大製品事故が生じた場合その他一般消費者の生命または身体について重大な危害が発生し、または発生する急迫した危険がある場合に、当該危害の発生および拡大を防止するため特に必要があると認めるときは、製造業者等に当該消費生活用製品の回収（リコール）等を行うことを命じることができる旨規定しています（なお、特定製品については消安法32条1項）。

この規定は主務大臣が命令する根拠となる規定ですが、当該命令が発令されるよりも前に、製品の欠陥によって一般消費者の生命または身体に重大な危害が生じた場合やその可能性を認識した場合には、迅速に自主的なリコールを行うべきです。

（2）民事上の責任

① **不法行為、製造物責任**

製造者が製品製造等の過失によって損害を与えた場合には民法上の一般不法行為責任（民法709条）を負うほか、製造物責任法という特別法が定める損害賠償責任を負う場合があります。製造物責任法では、過失の有無を問わず製造者が責任を負うものとされており、被害者が製造物の欠陥と生じた損害、当該欠陥および損害の因果関係を証明することで、製造者に損害賠償責任が生じます。

95

② 株主代表訴訟

取締役や監査役等が、製品の欠陥とその危険性を認識しながら、リコール等の対応が迅速かつ適切になされなかったことによって会社に損失（売上げ減少等）を生じさせ、また拡大させた場合には、取締役や監査役等の善管注意義務違反を問われる可能性があります。このような、取締役や監査役等が会社に対して損害賠償責任を負担する場合、株主によって株主代表訴訟を通じて、その損害賠償責任を追及され、取締役や監査役ら個人が会社に対する損害賠償責任を負担する可能性があります（会社法423条、847条）。

（3）刑事上の責任

製品の欠陥によって、一般消費者への生命または身体への危害が生じているにもかかわらず、適切に対応しなかったような場合には、過失傷害致死罪（刑法211条1項前段）の適用により、会社役員、従業員には刑事処分がなされる可能性があります。

（4）裁判例（東京地判平24.12.21判時2196号32頁）

本裁判例は、ガス湯沸器の不完全燃焼による一酸化炭素中毒で1名が死亡、1名が負傷した事故に関して、製造事業者およびその販売事業者に、不法行為による損害賠償責任が認められたものです。

本件では、ガス湯沸器販売後に販売事業者によって改造が施されており、それが直接的な原因として事故を発生させたものであるところ、製造事業者に過失（結果予見可能性・結果回避可能性）が認められるかが主要な争点となりました。なお、本件事故発生以前から同製品の当該改造によって、一酸化炭素中毒事故が複数発生していました。

裁判所は予見可能性につき、製造事業者は当該改造が施された本件製品が本件事故以前から全国規模に存在していたこと、当該改造がされれば一酸化炭素中毒事故が生じる危険性が高く、これまでなされた注意喚起、修理時の点検等では当該改造がなされた製品を全て発見できないた

第2章 ●顧客、取引先等とのトラブル

め、本件のような一酸化炭素中毒事故の再発の危険性を認識できたものとして、予見可能性を肯定し、①本件製品の所有者等に改造の危険性を告知し、使用を中止すべきこと告知する義務、②本件製品について直ちに一斉点検・回収を行うべき義務があったものとし、製造事業者はこれを怠ったものとして過失を認定し、損害賠償を認めました。

　また、本件ではこの民事訴訟に先行して、本件事故に関する刑事裁判が行われており、前社長は業務上過失致死傷罪の有罪判決を受け、刑事責任も負いました。

2　リコールを行うか否か

　リコールを行うか否かの判断に際しては、主に
① 　被害の質（人への被害の有無・可能性⇔軽微な物損）
② 　事故（被害）の性格（多発性・拡大可能性⇔単品不良）
③ 　事故原因との関係（製品欠陥か、消費者の誤使用か、修理・設置工事ミスか、改造による事故か、経年劣化か）
から総合的に判断すべきものとされています（経済産業省『リコールハンドブック2019』参照）。人身への被害が存する場合、多発・拡大可能性がある場合、事故原因が製品欠陥である場合には、リコールを積極的に検討すべきです。

　なお、物損にのみとどまる場合や、消費者の誤使用に基づく場合には以下の点に留意する必要があります。

　すなわち、物損事故のみが生じている場合であっても、製品の構造、使用状況からして直接ないし間接的に人身への危害の可能性がある場合・事故が多発拡大する可能性がある場合には、リコールを検討すべきものといえます。

　また、製品が本来想定された用法・用途とは異なった使用方法がされていたことが事故の直接の原因であったとしても、製品自体が誤使用を招来していないか、警告表示は十分か、といった観点を踏まえて判断す

97

る必要があります。前述の裁判例においても、販売事業者による改造が施されていますが、製造者の役員らが責任を負担する結果となっています。

　事業者からすると、リコールには多大なコストがかかり、また、製品事故の事実を世間に公開することで会社の売上げ・評価を落としかねないことではありますが、適切なリコールにより被害拡大防止を行うことは会社の社会的信用を守ることにつながります。

3　リコールの範囲

　リコールを行う本来の目的は、事故等を生じさせた当該製品を回収し、もって、消費者を保護し被害の拡大を防ぐことにあります。

　そうであるなら、リコール対象とすべきは、基本的には、全出荷量が対象として設定されることが望まれます（前出『リコールハンドブック2019』）。

　リコール対象数の特定にあたっては、製品名はもちろん、型番・ロット番号等や設計、製造時期によって特定することを要します。

4　本設問への回答

　本設問では、製造事業者が、製造した電化製品について、利用方法によっては発火が生じている状況です。

　電化製品の発火は消費者の生命または身体に重大な危害を加える可能性が高いことから、消費者の利用方法が想定された用法用途を大きく逸脱するものではなく、想定し得る範囲のものである場合（消費者の完全な誤使用といえるかは慎重に判断する必要があります）には、型番やロット、設計時期等で特定された全出荷量分を対象とし、迅速に公表・リコール等の措置をとる必要があるでしょう。

第2章●顧客、取引先等とのトラブル

《オフィスの賃貸借契約において注意すべき事項》

これからオフィスを借りようと考えており、賃貸借契約書の文案が届きました。確認する際に法的な観点から注意するポイントを教えてください。

賃借物との同一性の確認、賃借物の使用目的がどのように限定されているか、賃料の設定に関する定め、敷金に関する定め（特に敷引特約）の内容、契約期間途中での解約に係る条項の有無およびその条件設定（通知、違約金の有無）、解除事由（チェンジオブコントロール条項等）、原状回復義務の範囲等について、よく確認されることをお勧めします。

1 物件の特定

賃貸借契約書には、契約内容を特定するために、賃貸借の目的となる物件の情報が記載されます。基本的なことですが、目的となる物件の登記を取り寄せて、誤りがないか確認することから始めていきましょう。登記を見ることで自分が借りる不動産の権利関係も確認することができますので、重要な情報が集まっています。

2 物件の使用目的

賃貸借契約書には物件の使用目的が記載されます。設問のように、オフィスとして使用するならば「事業用事務所として使用する」などと記載されているでしょう。さらに、事業の内容まで特定させるような形式になっていることがあります。

もし、賃貸借契約書にこちらが予定している使用目的と異なる記載があるのを見過ごしてしまうと、後に賃貸人から目的外使用での解除を求められるトラブルが想起されます。したがって、賃貸借契約書を確認、

99

修正する段階で賃貸人側と使用目的の認識、記載内容を摺り合わせておいてください。

3　契約期間

　通常の建物賃貸借の場合、契約期間満了を迎えても契約書上に定められた自動更新または法定更新がなされます。したがって、賃料の未払いを生じさせてしまうであるとか、物件を毀損させるなどのトラブルがない限りは、契約が継続されることがほとんどです。他方で、あらかじめ契約期間を固定する趣旨がある「定期」建物賃貸借契約の場合、契約期間満了後に賃貸人と新たな契約を取り交わさなければ賃借し続けることができません。その結果、オフィスの移転という多大な費用を負担する事態が生じるおそれがあります。

　そのため、契約期間の長さのみならず、今回締結する契約が、「定期」建物賃貸借契約であるか否かをきちんと確認してください。借地借家法上、「定期」建物賃貸借契約の場合は、事前の説明や説明内容を記載した書類を渡さなければならないことになっていますので、そういった手続きが行われたかという点も重要です。

4　賃料の設定（賃料増減額請求権）

（1）一部滅失等による賃料減額

　改正民法611条によれば、「賃借物の一部が滅失その他の事由により使用及び収益をすることができなくなった場合」には賃借人の責に帰すべきことができない事由によるものであるときは、使用収益できなくなった部分の割合に応じて減額されることになります。

　もっとも、この規定に基づいて賃料が減額されることになるとしても、賃借人側のみの判断で使用収益できない割合（＝減額する割合）を決めてしまうと、賃貸人側から賃料未払いの指摘（ひいては契約解除の

第2章 ● 顧客、取引先等とのトラブル

主張）を受けるトラブルを招来し得ます。そのため、賃貸借契約書上で、賃借物の一部滅失等により使用収益できない場合の賃料減額に関する協議の進め方が明記されているか、なければ契約書上にどのような定め方を設けるか、確認すべきでしょう。

（2）賃料増減額請求権

上記の民法の規定のみではなく、通常の建物賃貸借契約では、借地借家法32条所定の賃料増減額請求権を根拠に、将来に向かって賃料を改定することができます。

他方で、定期建物賃貸借契約の場合、賃貸借契約書に特約を定めることによって、賃料増減額請求権を外してしまうことが可能となりますので、契約書をチェックする際には、定期建物賃貸借契約であるか否かと特約の有無に注意を払ってください。

5　敷金の扱い

（1）法律上の定義

改正民法622条の2で敷金の条文が創設されます。世間では保証金等の名称が付けられることがありますが、「賃料債務その他の賃貸借に基づいて生ずる賃借人の賃貸人に対する金銭の給付を目的とする債務を担保する目的で、賃借人が賃貸人に交付する金銭」にあたるものは、法律上ではすべて「敷金」という名称で扱われます。

（2）敷引特約

敷金の返還に関して、賃貸人の側から賃借物の明渡し時に敷金の一部を差し引いて賃借人に返還する内容の特約（いわゆる敷引特約）が設けられていることがあります。一般には、通常損耗（賃借人に帰責事由のない毀損や自然現象等による賃貸物件の損耗などです）による補修費用等を確保する名目で設けられるといわれています。

101

最一小判平23.3.24民集65巻2号903頁は、住居用建物の賃貸借契約に関し、「敷引金の額が賃料の額等に照らし高額に過ぎるなどの事情があれば格別、そうでない限り、これが信義則に反して消費者である賃借人の利益を一方的に害するものということはできない」として、敷金の中から賃貸期間の長さに応じて月額賃料の2倍弱から3.5倍強程度の金額を差し引く敷引特約について、消費者契約法10条によって無効とはいえないと判断しました。

本設例の賃借物は住居用建物とは異なるものの、敷金の金額、敷引特約により差し引く金額（月額賃料と対比してどのくらいか）、原状回復義務の範囲といった各内容を見比べて、敷引の内容（オフィスの場合は、保証金からの償却が定められることもあります）が賃借人にとって過度な負担と評価し得るものであるかチェックすべきです。

（3）賃借人側の扱い

賃借人の側から、敷金を未払債務の支払いに充てるようにすることはできず、このことは改正民法では明文化されています。

6　契約期間途中での解約（解約の方法、違約金等）

契約期間途中で賃貸借契約を終了させる場合もあり得るため、その方法や条件についての定めがあるか、また、どのような中身となっているのかあらかじめ確認することが大切です。例えば、解約の方法については、事前に解約の申入れを求められることが多いです。さらに、事業用の物件では通知を行う時期について「解約の希望する日の6カ月前までに」などと長めに定められていることがあります。

また、中には契約期間途中での解約に対して違約金の定めが記載されていることがあり、解約の際に思わぬ出費を求められることもありますので、注意が必要です。

第2章 ● 顧客、取引先等とのトラブル

7　解除事由

　賃貸借契約書では、多くの場合、賃貸人が無催告で契約の解除をする
ことができる事由が定められていることがあります。例えば、賃借権の
無断譲渡や無断転貸は解除事由に挙げられることが多いです。

　また、本設例のように、オフィス用の物件では企業相手となるので、
いわゆる、チェンジオブコントロール条項が設けられていることがあり
ます。具体的には、賃借人（企業たる株式会社）の代表者等の役員が変
わった、株主が変わった（＝株式譲渡された）場合に、経営主体が実質
的に変更されたことを賃借権の譲渡とみなすなどして、賃貸借契約の無
催告解除事由とする条項です。

　このような条項の有効性が争われた裁判例がありますが、賃借物の使
用態様の変化の有無や賃貸人への具体的不利益への有無等によって結論
が分かれているところです。例えば、M&Aや事業承継によって経営主
体が変わる可能性があるならば、賃貸人側に対し、どのような不利益を
懸念しているのか、また、事前にどのような段取りを踏むことで無催告
解除を争うことを防止できるのか、といった点のヒアリングを行った
り、場合によっては通知の時期、方法等についての条項化を協議したり
するとよいでしょう。

8　原状回復義務の範囲

　改正民法621条では、「賃借物を受け取った後にこれに生じた損傷（通
常の使用及び収益によって生じた賃借物の損耗並びに賃借物の経年劣化
を除く。（中略））がある場合において、賃貸借が終了したときは、その
損傷を原状に復する義務を負う」と定められています。言い換えれば、
賃借人は自らに帰責事由のない毀損や自然現象等による損耗や経年変化
による損耗について、原状回復させる義務はないということになります。

　もっとも、改正民法621条はあくまで任意規定であるため、賃借人が

103

解約時に通常損耗等についても原状回復する旨の特約は有効となります。実際に、自然損耗、摩耗も原状回復の対象とするという特約も有効であると判断した裁判例（東京高判平12.12.27判タ1095号176頁）が存在しますので、注意が必要です。

　それゆえ、契約締結前までの段階で賃貸借契約書上に記載された原状回復義務の範囲をきちんとチェックし、不明瞭な点をなくしておくことをお勧めします。

第２章●顧客、取引先等とのトラブル

《賃貸人からの立退き要求》
事業のために借りているテナントの貸主から「建物を建て替えるから、契約期間満了日までに退去してください」という内容の通知が来ました。やっと事業も波に乗ってきたところなので退去したくないのですが、退去に応じなければなりませんか。

賃貸借契約の内容を確認するため契約書を確認してください。定期借家契約であれば通知書の到達から６カ月が経過した時点で賃貸借契約は終了します（借地借家法38条４項）。この場合には貸主に再度契約できないか交渉してみてください。通常の借家契約であれば「正当の事由」（同法28条）がない場合には貸主が解約申入れをしても賃貸借契約は終了しません。

1　定期借家契約と通常の借家契約

　期間の定めのある建物の賃貸借で「契約の更新がない」とあらかじめ合意していたものを定期借家契約といいます。

　多くの場合には契約書の標題に「定期借家契約」と明記してあるはずです。また、通常は契約書とは別に、「契約の更新がなく、期間の満了により賃貸借契約が終了する」旨を記載した書面が交付されているはずですので（借地借家法38条２項）、書類を確認すれば定期借家契約であるか否かは判断できるはずです。

　定期借家契約以外の建物の賃貸借契約には、「期間の定めがある」ものと「期間の定めがない」ものがあります。なお、賃貸借契約でいう「期間の定めがない」の意味は、いつ終わるか決まっていないという趣旨であり、永遠に借り続けられるという意味ではありません（次頁**図表8**参照）。

105

図表8　借家契約の種類

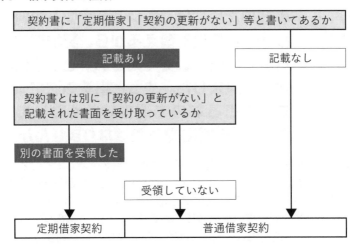

2　定期借家契約の場合

　期間が1年を超える定期借家契約の場合には、貸主が期間の満了の1年前から6カ月前までの間に建物の借主に対して、期間の満了により建物の賃貸借が終了する旨の通知をすると、期間満了時に建物の賃貸借は終了します。また、終了の通知を出し忘れていた場合であっても、期間が満了する日までに貸主が上記の通知を行った場合には、通知書の到着日から6カ月が経過した時点で定期借家契約は終了します。

　定期借家契約の場合には、法律上、借主は立退料を受領することはできませんし、退去を拒むこともできません。

　ただし、貸主も建物全体の立退きが完了しないと建替えはできませんし、立替えまでの賃料収入がなくなることを心配しているはずですので、他の借主の契約条件次第では交渉の上、再契約を締結して、退去までの期間を延長できる可能性があります。

第2章 ● 顧客、取引先等とのトラブル

3　普通借家契約の場合

（1）正当事由とは何か

　普通借家契約の場合には、退居が強制されるとすれば、借主が突如として営業所や店舗を利用できなくなり、多大な損害が生じるおそれがありますので、たとえ事業用であったとしても、借主を保護する必要があると考えられています。そのため、貸主が契約を終了させることについて「正当な事由」がないと契約が続くことになっています。

　正当事由の有無は、貸主が建物を必要とする事情（建て替え等）と、借主が建物を必要とする事情（事業で使用している等）等に加えて、貸主が提案した立退料の額を考慮して決定されます。

（2）正当事由の考慮要素の具体例

①　借主の事情

　事業が軌道に乗ってきた要因として固定客が定着してきたことが考えられますが、移転すると事業が成り立たない場合であれば、正当事由は認められにくくなります。

　また、代替物件の確保が極めて困難な場合には、正当事由は認められにくくなります。

②　貸主の事情

　貸主が建物を必要としている程度が高いほど正当事由が認められやすくなります。逆に、必要性が低かったり切迫していない場合には正当事由が認められないこともあります。

　例えば、貸主が建て替えた後の家に住みたい場合や、差し迫って住居が必要である場合には重要な考慮要素になりますが、ほかに住居がある場合等では正当事由は認められにくいと考えられます。

　また、事業拡大に伴って貸主自身の事業に使用するために建て替えが必要な場合でも、代わりの店舗がなかったり、貸主に差し迫った事情があれば、正当事由が認められる可能性がありますが、建物使用の必要性

107

に乏しい場合には正当事由は認められません。

③　客観的な状況

　老朽化の程度や危険性の有無が考慮されます。耐震性が不足している場合には正当事由が認められやすくなります。

　また、他の借主が退去済みであれば正当事由が認められやすくなります。

（3）具体的な交渉方法

　最初に、退去を絶対に拒絶したいのか、立退料の金額や転居先の状況次第では退去もあり得るのかを決めてください。話し合いがうまく進められない場合には、弁護士に交渉を依頼することもできます。退去を拒絶する場合でも、法律の専門家が正当事由が存在しないことを説明した方が説得力がありますし、弁護士への依頼は違法な嫌がらせ等に対する抑止力にもなります。

第2章 ● 顧客、取引先等とのトラブル

《無断駐車車両への対応》

 当社の営業所の駐車場に、所有者不明の自動車が無断駐車されています。長期間放置されているので、当方で撤去してしまって問題ないでしょうか。それができない場合は、誰にどのような請求をしたらよいでしょうか。

 　無断駐車車両を無断で撤去することは、違法となる可能性が高く、控えるべきです。
　その上で、車両に手紙を付し連絡を求めたり、無断駐車の現場を直接確認するなどして、所有者や無断駐車者を自ら調査できるのであれば、調査して相手方を特定すべきと考えられます。
　これができないのであれば、弁護士に依頼をし、相手方の調査および法的手続きの実行を検討すべきと考えられます。

1　無断駐車への対応

　会社の敷地内に無断駐車をされると、その分スペースが利用できなくなりますし、場合によっては、会社の業務に重大な支障が生じる場合もあります。したがって、無断駐車には速やかに対応したいところです。しかしながら、対応の仕方によっては、法的に違法なものもありますので、まずは、やってはいけないことを確認する必要があります。
　無断駐車の対応として気を付ける必要があるものは、次のとおりです。

① 　勝手に処分する

　無断駐車車両も誰かの所有物ですので、勝手に処分すると、他人の物を無断で処分したとして違法になる可能性が高いです。これは無断駐車車両が長期間放置されている場合でも同様です。処分した後に所有者が出てきて、「弁償しろ」などと主張されると、これが認められてしまう

109

可能性がありますので、無断駐車車両を勝手に処分することは控えるべきです。

② **邪魔にならない位置に移動する**

無断駐車車両を、同じ会社敷地内のできるだけ邪魔にならない場所に移動することは、それのみで違法になるわけではありません。したがって、業務に支障が生じる場合には、この方法で応急処置をすることも考えられます。ただし、この場合でも、後から「お前が移動させたときに傷が付いた」などと主張されないように、移動前と移動後の車両の状況等について、写真に収めるなどして記録しておくべきでしょう。

③ **貼り紙をする、手紙を置く**

無断駐車車両に、「私有地につき無断駐車はお控えください」などと記載した手紙や貼紙を車に付することは、基本的には問題ないと考えられます。

しかし、「次に無断駐車した場合は罰金100万円」などと記載するのは、あまりにも適切な法的請求とはかけ離れており、脅迫等と捉えられる可能性があるため、控えるべきでしょう。

また、貼り紙をテープなどで留めてしまうと「テープをはがしたときに塗装がはがれた」などと主張される危険があるので、テープ等は使用しないでおくべきと考えられます。

④ **車にチェーンを付ける**

無断駐車中の車両にチェーンを付けるなどして、動かせないようにすることは、控えるべきです。無断駐車車両とはいえ、他人の所有物を故意に使用不能にすることは、違法とされる可能性があります。また、無断駐車者がチェーンに気付かず車を動かそうとして、車が破損した場合、損害賠償請求をされる可能性もあります。

⑤ **警察に連絡する**

無断駐車は、場合によっては威力業務妨害罪等の犯罪に該当することがありますので、警察に連絡して対応してもらうのも良い手段です。ただし、警察がどこまで対応してくれるかは警察の判断によります。警察に

第2章 ●顧客、取引先等とのトラブル

連絡すれば必ず解決するというわけではありませんのでご注意ください。

2 無断駐車に対する法的請求

無断駐車に対して適切に対応する方法としては、時間はかかりますが、やはり法的手続きを行うことがよいと考えられます。無断駐車に対する法的請求には、以下の二つが考えられます。

① 敷地の明渡し請求

会社の敷地内に無断駐車がなされている場合、会社は無断駐車をした者に対し、車両を退けて敷地を返すよう請求することができます。

会社の敷地が自社所有である場合は、所有権に基づく返還請求が認められており、また、会社が敷地を賃貸している場合には、賃借権に基づく妨害排除請求が、裁判例により認められています（賃借権に基づく妨害排除請求は、民法改正により明文化されています。改正民法605条の4）。

② 損害賠償請求

無断駐車車両は、違法に他人の土地を占有し、敷地所有者の所有権を侵害していますので、敷地所有者は無断駐車者に対し、損害賠償請求ができると考えられます。この場合の損害額の判断は、一般的な駐車料の額が参考になるでしょう。また、無断駐車により会社の業務に支障が生じている場合には、会社に生じた損害について、賠償請求をすることも考えられます。

3 無断駐車に対する法的手続き

無断駐車者に対して法的手続きをするには、まず、請求の相手方となる無断駐車者または無断駐車車両の所有者を知る必要があります。

この点、一般の方が、無断駐車車両の所有者を知ることは容易ではあ

111

りませんが、弁護士に依頼すれば、弁護士が手続きをとって、車のナンバープレートや車体番号から所有者を調査することが可能です。

　その上で、土地明渡し請求および損害賠償請求の裁判を提起して、法的責任を追及していくべきでしょう。

第2章●顧客、取引先等とのトラブル

《会計検査院の検査対象となる企業》

国立大学からの工事を請け負っていたところ、突然、会計検査院が調査にやってきました。当社は民間会社なので、国の会計などを検査する会計検査院に調査権限はないと思うのですが。

国立大学のような国の機関から工事を請け負ったり、これらの機関に物品を納めたり、サービスを提供したりしている企業は、その契約関係に係る会計については会計検査院の検査を受ける義務があります。検査を拒絶したからといって罰則が科されることはありませんが、検査の結果、国等の側に違法行為等が発覚した場合には検察庁に通告されることもあるので"隠すもの"がないのであれば、誠実に応対すべきです。

1 憲法上の機関である「会計検査院」

憲法90条は「国の収入支出の決算は、すべて毎年会計検査院がこれを検査し、内閣は、次の年度に、その検査報告とともに、これを国会に提出しなければならない」と規定し、企業や団体における会計監査を行う監査法人のように、国の会計を監査する機関として「会計検査院」制度を規定しています。

この会計検査院は行政機関の一つですが、行政の"ボス"である内閣の下にあるというわけではなく、さらには、立法を司る国会、司法を司る裁判所からも独立した地位にあり、その検査権限はすべての国家機関に対しても当然に及びます。

すなわち、憲法90条を踏まえた会計検査院法が制定されており、同20条によって、「会計検査院は、日本国憲法第90条の規定により国の収入支出の決算の検査を行うほか、法律に定める会計の検査を行う」職務権限を与えられています。

113

ところで、国などの国家機関の会計がすべて会計検査院による検査の対象となるのは当然なのですが、会計検査院法は、会計検査院が必要と認めるときには、次の会計も検査できると規定しています（同法23条1項）。

・　国が直接または間接に補助金、奨励金、助成金等を交付しまたは貸付金、損失補償等の財政援助を与えているものの会計
　　　例：各都道府県など
・　国が資本金の一部を出資しているものの会計
　　　例：日本たばこ産業株式会社、首都高速道路株式会社など
・　国が資本金を出資したものがさらに出資しているものの会計
　　　例：株式会社ゆうちょ銀行、エヌ・ティ・ティ・コミュニケーションズ株式会社など
・　国が借入金の元金や利子の支払いを保証しているものの会計
　　　例：一般財団法人民間都市開発推進機構（MINTO）など

　さらには、平成17年の会計検査院法改正の際、「国若しくは前条第五号に規定する法人（……）（注：国が資本金の2分の1以上を出資している法人）の工事その他の役務の請負人若しくは事務若しくは業務の受託者又は国等に対する物品の納入者のその契約に関する会計（同法23条1項）」、すなわち、国家機関から工事などを請け負ったり、国家機関などに対してサービスなどを提供したりしている企業や、物品などを納入している企業などの会計内容に対しても検査を実施できることとなりました。

2　会計検査院による検査

　このような会計検査院法の改正により、会計検査院による検査は、例えば、国立大学などに教材などを納入している業者らにも及ぶこととなったため、結果として、会計検査による国家機関の会計検査は、極めて効率的なものとなりました。

114

第2章●顧客、取引先等とのトラブル

　要するに、税務調査でいうところの、いわゆる「反面調査（税務調査の対象者の取引先などに対して実施される税務調査）」が可能となったわけです。

　そして、会計検査院法は、会計検査院の検査を受けるものに対し、帳簿、書類その他の資料もしくは報告の提出を求めたり、関係者に質問したり、出頭を求めることができることを規定し、また、必要な場合には会計検査院の職員を派遣して実地検査をすることも規定しています。

　そして、会計検査院の検査を受けるものは、このような検査に対し「これに応じなければならない（会計検査院法25条、26条）」とされていることから、法律上、拒絶したり、協力しないという態度をとったりすることはできません。

　もっとも、会計検査院は警察のような捜査機関ではありませんので、物理的な強制力によって捜索や差押えを行うことはできませんし、検査に従わなかったからといって罰則が科されるわけでもありません。

　そのため、不必要と思われる検査や、検査の理由を告げられないような場合には、毅然とした態度をもって検査の理由や根拠を要求することも大切です。

　ところで、平成23年に『プリンセス・トヨトミ』という、大阪の地下にある「大阪国」という架空の団体（？）を舞台にした東宝系の劇場用映画が公開されましたが、この中で、会計検査院の調査官が大阪府や大阪所在の団体の会計検査を行うシーンがありました。「会計検査院第六局」という部署は実際にはありませんが、（民間団体も検査できる）改正内容を盛り込んだ映画だったので、筆者もよく覚えています。

115

《手形の裏書とそのリスク》

Q25 知り合いの社長に、手形の信用性を高めるため、裏面に署名をしてくれと頼まれました。これまでもお世話になってきた方なので、協力してあげたいのですが問題ないでしょうか。

A 手形における「裏書」とは、手形の振出人が負担する金銭債務を無条件に保証したことを意味します。手形は、貸付金の譲渡手続きのような複雑な手続きを経ずとも、転々と流通することから、ある日、突然、見知らぬ第三者から「裏書」の責任を追及されることがあります。手形は、強力な権利義務関係が絡む手段であることから、法律知識がないにもかかわらず生半可に取り扱うと大きな危険を伴うことになります。

1 手形（約束手形）のいろは

手形とは手形の振出人（発行者）が、受取人または受取人が指定する人（指図人）に対して、一定の期日に一定の金額を支払うことを約束する内容の有価証券のことをいいます。

通常、他人に金銭を貸し付けるときは、「借用書」を作成してもらって金銭を交付したり、「金銭消費貸借契約」を締結して金銭を交付したりすることで、後日、しっかり弁済してもらえるようにします。

これらの行為は、金銭の貸主と借主が、いくらをいつまで貸す（借りる）、という「合意」をすることと、実際に金銭を「交付する」ことによって成立する「契約」という法律行為です。

これに対し、手形は、手形の振出人（発行者）が一定の事項（金額、振出人（発行者）の住所・氏名、受取人等の氏名、振出日、支払期日、支払地・場所など）を記載し、これを相手方に交付することで効力が発生します（通説）。

第2章 ● 顧客、取引先等とのトラブル

例えば、「今は手元に現金がないので払えない」、または、「今はない
けれど近い将来には資金が入るからそれで払う」、といったような場合、
「売掛け」で取引をすることになりますが、この「売掛け」を確実なも
のにするために手形という書面を利用するわけです。

特に、日本では、あらかじめ銀行との間で当座勘定取引という契約を
締結し、手形を発行した後に約束した支払期日までに決済資金を銀行に
預け、受取人に銀行で手形と交換に金銭を取得させるという決済が利用
されてきました。

この点、「手形と交換に金銭を取得できる」という意味において、何
かの「引換券」と似ている感じがしますね。この性質を、手形の権利を
行使する場合には手形を提示しなければならないという意味において
「呈示証券性」といいます。

2 裏書の意味

本件のように、「手形の信用性を高めるため、裏面に署名をしてくれ」
と頼まれた場合、「裏書」の意味を理解していないと大変なことになり
ます。

例えば、「知り合いの社長」から手形を渡されて、それがA社（振出人）
がB社（受取人）に宛てて発行した手形であったとします。この場合、
裏書をした人は、「A社から金銭を支払ってもらえる権利（場合によっ
ては銀行にて）」を譲り受けたことになります。

つまり、このまま当該手形を持っていれば、支払期日にA社から手形
の額面の金額を支払ってもらうことができるわけで、これを、裏書の
「権利移転効力」といいます。

ここまでは、なんだか良い話のように聞こえます。

では、「知り合いの社長」が、裏書のある手形を、さらに誰かに交付
してしまった場合を考えてみます。

この場合、裏書をした人は、手形を持っている人に対し、手形の額面

117

の金額をA社と一緒に支払う義務を負います。これを、裏書の「担保的効力」といいます。

要するに、A社の借金を連帯して保証したのと同じ責任を負担することになるわけです。

前述のとおり、手形は「呈示証券性」という性質を持つことから、たとえ裏書をしたとしても、自分で持ち続けている限り「権利者」としての側面しかありませんので、特にリスクはありません。

しかし、「お金」というものが、取得した経緯は別としてそれを持っている人が当たり前に使えるのと同じように、また、（犯罪が成立するかどうかは別として）拾ったお金を誰かの許可がなくてもそのまま使えるのと同じように、手形は様々な人の手に渡ることが想定されています（あるいは反社会的勢力の手に渡ってしまうことがあるかもしれません）。

このような手形の性質を考えると、手形に裏書をした人は、ある時、手形を持っている全く知らない人から、A社の借金を、あたかも自分の借金と同じように支払うように請求される場合があるというわけであり、これが手形裏書の恐ろしさということができます。

3　白地手形のさらなる恐ろしさ

さらに、裏書をした手形の一部が「空欄」だった場合、さらなる恐ろしさが待っています。

前述のとおり、手形は、金額、振出人（発行者）の住所・氏名、受取人等の氏名、振出日、支払期日、支払地・場所など、一定の記載をしなければ効力が発生しないので、例えば、支払期日が空欄の場合は、原則として、その手形は無効です。

しかし、その手形は、実は、振出人（発行者）と受取人との間で、両者の取引の決済日が確定してから"穴埋め"する約束があったような場合には、いわゆる「白地手形」として有効（空欄を埋めるまで効力は発生していないが）となることがあります。

第2章●顧客、取引先等とのトラブル

　この場合、振出人（発行者）と受取人は、ある程度、支払期日を想定していているでしょうから、突然、金銭を支払わなければならなくなった、といったことにはならないでしょうが、白地手形のまま裏書をしてしまった人にとっては、ある日、突然、支払期日が手形に記載され（これを「補充」といいます）、時には「明日までに支払ってください」という請求がなされる場合もあります。

　このように、手形というものをしっかり理解しないまま、しかも、手形の記載内容をしっかりと確認せずに裏書を行ってしまうと、さらなるリスクが発生することになります。

　実は、手形の取扱い方などを規定する手形法は、平成23年頃まで行われていた「旧司法試験」の科目とされており、しかも"鬼門"といわれるほど面倒な科目でした。

　法律のことを毎日勉強して合格した弁護士にとっても難解な仕組みであることは間違いありません。"付き合い"や"頼まれたから"といったゆるい感覚で手形を扱うと、確実に痛い思いをすることになります。

119

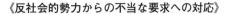

《反社会的勢力からの不当な要求への対応》

暴力団と思われる反社会的勢力から不当な要求を受けています。要求を拒みたいのですが、どんな行動に出るのか不安で、会社としての対応がなかなか定まりません。会社としてはどのような対応をするのがよいのでしょうか。

暴力団などの反社会的勢力から不当な要求を受けたり、嫌がらせなどを受けたりした場合には、直ちに弁護士や警察に相談し、刑事告訴や民事上の手続き、暴力団対策法が規定する中止命令などを活用し、毅然かつ断固とした態度を示すことが必須です。これを怠り、"みかじめ料"を支払ったり、不用意な関与などをしたりすると、公安委員会によって会社名を公表されるなど手痛いペナルティを受けるリスクがあります。

1　暴力団対策法

　暴力団対策法は、暴力団員などによる暴力的な要求行為を規制することで、市民生活の安全と平穏の確保を図ることなどを目的として制定された法律です。

　この法律では、特に、暴力団員などによる不当な行為を「暴力的要求行為」として類型化し、このような行為が行われた場合に、各都道府県の公安委員会や警察署長に対し、「暴力的要求行為を禁止する命令（中止命令）」を発することができる権限を与えています。

　暴力団員などによるこのような暴力的要求行為には、「口止め料」の要求や「寄附金・賛助金・用心棒代」名目のよく分からない金銭の要求、「下請業者」への参入の強要など、様々なものがあり、これらの行為が「中止命令」の対象となります。

　また、平成20年5月の暴力団対策法の改正により、いわゆる"子分"

や"弟分"の暴力団員などが暴力的要求行為を行った場合に、その"親分"や"兄貴分"にあたる暴力団員なども同一の中止命令の対象することができるようになり、さらには、"子分"や"弟分"が行った暴力的要求行為について、その"親分"や"兄貴分"に損害賠償責任を課することが可能となりました。

反社会的勢力の内部事情についてはあまり詳しくありませんが、彼らの世界には、「目上の人に迷惑をかけることはご法度」という命よりも死守すべき仁義があるようなので、このような関係を利用して暴力団員による暴力的要求行為を抑制することとしたわけです。

2 暴力団排除条例

暴力団や暴力団関係者に対する施策は、「法律」による取締りだけではなく、地方公共団体が制定する「条例」によっても行われています。

平成16年、「本人とその同居親族が暴力団対策法に規定する暴力団員でないこと」を公営住宅の入居資格とした広島県の条例を皮切りに、現在では、おおむね以下の内容を含む条例が地方公共団体ごとに制定されています。

【暴力団の排除に関する条例の内容】
① 暴力団排除活動の推進に関する地方公共団体の基本的な責務や対応方針の策定
② 地方公共団体と契約を締結する相手方に対する暴力団関係者ではないことの証明の要求
③ 地方公共団体による暴力団排除活動の広報・啓発活動
④ 地方公共団体による暴力団の離脱の促進
⑤ 暴力団排除活動の推進に関する住民の責務
⑥ 事業者に対する契約締結の相手方が暴力団関係者ではないことの証明の要求

⑦　暴力団排除活動の推進などに向けた行為を妨害する行為の禁止

⑧　暴力団事務所の開設・運営の禁止

⑨　条例に違反した者・事業者に対する勧告・公表措置　　　など

　このように、条例では、より具体的に、生活に密着した形で暴力団の排除や対抗策を規定しており、法律による取締りと併せて、二重の暴力団排除を命題としているわけです。

3　利益供与

　ところで、平成23年10月1日に施行された東京都暴力団排除条例では、他の地方公共団体の同条例などにならい、暴力団員のほか、暴力団員などと「密接な関係を有する者」も、「暴力団関係者」として、取締りの対象としています。

　すなわち、暴力団員そのものではなくとも、次の①〜④に該当する者も規制の対象としているわけです。

①　暴力団や暴力団員が実質的に経営を支配する法人などに所属する者

②　暴力団や暴力団員を不当に利用していると認められる者

③　暴力団の維持、運営に協力し、または関与していると認められる者

④　暴力団や暴力団員との間で「社会的に非難されるべき関係を有している」と認められる者

　さらに、東京都暴力団排除条例は、暴力団を助長したり暴力団に利益を与える行為も「利益供与」と規定し、東京都公安委員会がこのような「利益供与」を行った事業者などに対し、当該行為を止めるよう「勧告」を行ったり、「勧告」を行ったにもかかわらず短期間に繰り返し同様の行為を行った事業者などに対し「暴力団に利益供与を行った事実」などを社名とともに「公表」したりすることができるようにしました。

第2章 ● 顧客、取引先等とのトラブル

【利益供与の例】

① 飲食店などが、暴力団員が経営することを知りながら、当該事業者から、おしぼりや観葉植物などのレンタルサービスを受け、代金を支払う行為

② 風俗店などが、暴力団員に対し、「みかじめ料」を支払う行為

③ ゴルフ場経営者が、暴力団が主催していることを知って、ゴルフコンペ等を開催させる行為

④ ホテルなどの宴会場などが、暴力団組長の襲名披露パーティーに使われることを知って、ホテルの宴会場などを貸し出す行為

⑤ 不動産業者が、暴力団事務所として使われることを知った上で、不動産を売却、賃貸する行為

⑥ スポーツや演劇などの興行を行う事業者が、相手方が暴力団組織を誇示することを目的としていることを知った上で、その暴力団員らに対して特別に観覧席を用意する行為

⑦ 警備会社が、暴力団事務所であることを知った上で、その事務所の警備サービスを提供する行為

　すなわち、ビジネスの相手方が暴力団員などであると知っていながら、あえてビジネスを行った場合（そして、このような取引は、大抵の場合ビジネスにとって必要ではないことがほとんどです）、暴力団員などに対する「利益供与」と判断されてしまう可能性があるということです。

　このように、暴力団員などと必要以上に"お付き合い"をする企業なども規制対象とすることで、暴力団員などの徹底排除と、安全・安心・平穏な生活を保護しています。

　以上のとおり、暴力団員などとのお付き合いはご法度であり、これを無視して"みかじめ料"を支払うといったように不用意な関与をすると、自らも条例の規制対象となるおそれがあります。

　暴力団対策法や暴力団排除条例を正しく理解し、暴力団員などに対しては、毅然かつ断固とした態度を示すことが肝要です。

123

《破産手続きに対し債権者がとり得る措置》

取引先の企業が破産手続きを開始するという連絡が破産管財人から届きました。未回収の売掛金が残っている上、近日中に支払時期が来る予定の債務も残っています。これからどのように対応すればよいのでしょうか。

破産手続き開始決定後に管財手続きが進むと、破産債権に対する配当が債権者に平等になされますが、一般的には破産財団が十分にないことが多いため、債権のほとんどが回収不能となることが一般的です。そこで、他の債権者に事実上優先して、できる限り債権者満足を得る方法を考えなければなりません。

その方法としては、（1）相殺、（2）担保権の実行、（3）納品した商品の回収、（4）連帯保証人に対する請求などがあります。

1　相殺

「相殺」とは、債権者が債務者に対して有する同種の目的を有する債務（通常は、金銭の支払債務同士です）を負担する場合に、双方の債務が弁済期にあれば、対当額について債務を消滅させることをいいます（民法505条1項）。相殺は、一方的な意思表示によって、対当額の債務を消滅させることができるため、事実上優先弁済を受けたのと同じ効果が生じます。

本件では、債権者が破産者に対して有する売掛債権と相殺が可能な債務を、債権者が破産者に対して負っていることが必要です。仮にそのような債務を負っているということであれば、当該債務の弁済をせずに相殺の意思表示を内容証明郵便で通知することになります。通常、相殺をするためには、自働債権（本件では、債権者が破産者に対して有する売掛債権）の弁済期が到来していることが必要ですが、破産手続きにおい

ては、期限付債権でその期限が破産手続き開始後に到来するものである
ときは、その破産債権は破産手続き開始決定時に弁済期が到来したもの
とみなされるため、相殺が可能となります（破産法103条3項）。ただ
し、一定の場合には、相殺が禁止される場合もあるため（破産法71条
および72条）、具体的な状況を踏まえて相殺が可能かについては弁護士
に相談されるべきでしょう。

2　担保権の実行

ア　集合動産譲渡担保

　集合動産譲渡担保とは、倉庫内の在庫商品のように在庫量が流通する
ことにより変動する多数の動産の集合物全体を担保とする約定担保物権
です。当事者間の契約に基づいてあらかじめ設定しておく必要がありま
すが、継続的な売買基本契約などを締結している場合などに利用される
ことがあります。

　集合動産譲渡担保を第三者よりも優先して主張するためには、引渡し
（民法178条）が必要ですが、契約書で引渡し済みであると合意してお
くことで対応することもできます。

　また、「動産および債権の譲渡の対抗要件に関する民法の特例に関する
法律」により、法人は、動産の譲渡に関してあらかじめ登記しておくこ
とも可能です。この動産譲渡担保登記が具備されると、引渡しがあった
場合と同様の状況を整えることができます。倉庫内の集合物などの場合
は、動産の種類や保管場所を特定することにより登記が可能となります。

イ　動産売買先取特権

　動産売買先取特権とは、商品の売主が、売り渡した動産（現金・商品
等、不動産以外の全ての財産をいいます）から、他の債権者に優先して
未払いの売買代金およびその利息を回収できるという権利です（民法
311条5号）。法律で当然に認められる権利であるため、特段の合意が
ない場合でも主張する余地があります。

125

この権利は、破産手続き中も行使可能であるとされており、有効に機能します（別除権と呼ばれています。破産法2条9項）ので、裁判所を通じた法的手続きを用いることで優先回収の機会を得ることができます。

動産売買先取特権の実行としては、納品した動産自体を差し押さえる方法のほかに、納品した動産が転売された場合に、売却代金が転売先から支払われる前にその転売代金を差し押さえる方法などがあります。

ウ　所有権留保

所有権留保とは、代金債権を担保するため、代金が完済されるまで商品の所有権を売主に留保するという合意により成立する権利です。自動車などの売買にはよくこの内容が含まれています。この権利も、破産手続き中に行使可能な別除権として解釈されることがあります。

売主としては、買主から売買代金を支払ってもらえなかった場合に、留保した所有権に基づき、商品を取り戻すことができます。

エ　商事留置権

商事留置権とは、商人間の双方にとって商行為によって生じた債権が弁済期にあるときに、債権者がその債権の弁済を受けるまで、債務者の所有物や有価証券を留置できるとする権利です（商法521条本文）。要件は複雑ですが、合意がなくとも成立する余地がありますので、商品の引渡しなどを伴う取引であれば、検討する価値があります。この権利も、破産手続き中に行使可能な別除権となるため、この権利を行使することで優先弁済を確保できる可能性があります。

3　納品した商品の回収

取引先の企業に商品を納入してしまっている場合、**2**の**イ**の動産売買先取特権を実行するか、あるいは所有権留保の合意がある場合には**2**の**ウ**の所有権留保に基づき、納入した商品を回収することも考えられます。ただし、取引先の企業の了解なく商品を回収すると、建造物侵入罪や窃盗罪で告訴される可能性がありますから、あくまで取引先との契約

第2章●顧客、取引先等とのトラブル

を解除し、管財人と協議して了解を得た上で商品を回収すべきでしょう。

4 連帯保証人に対する請求

　破産手続きの効力は、保証人にまで及ぶものではありませんので（破産法253条2項）、債権者が破産者の連帯保証人との間で連帯保証契約を締結している場合は、連帯保証人に対して保証債務履行請求をすることが可能です。ただ、破産する法人の代表者が連帯保証人になっている場合、法人と一緒に連帯保証人も破産することが多いので、結果的に回収できない可能性があります。

127

第3章

知的財産
に関するトラブル

おもな法令

独占禁止法
特許法
著作権法　ほか

《著作権と著作物の使用》

 弊社のホームページの中に使用している画像について、著作権侵害との通知を受けました。インターネットで公開されていた画像を使用したのですが、何か問題があるのでしょうか。

 インターネットで公開されている画像であっても、当該画像（著作物）を創作した著作権者に著作権があります。したがって、著作権者に無断で当該画像（著作物）をコピーして紙媒体に使用したり、ホームページで使用したりすることは著作権法に違反します。

　他人の著作権を侵害してしまった場合、当該画像（著作物）の使用を差し止められたり、損害の賠償を求められたりすることがあります。

　賠償額については様々な考え方がありますが、少なくとも実際に著作権者から当該画像（著作物）の使用が許諾された場合の「使用料相当額」を請求されることになります。

1　著作権について（概論）

　インターネットという双方向性メディアが発達した今日においては個人が情報を発信することが容易になり、この結果、インターネット上には、個人などが作成した文章、画像、写真など、様々な「表現物」が掲載されています。

　そして、これらの「表現物」が「著作物」として認められる場合には、法律上、様々な権利が付与されます。

　これらの権利は、まとめて「著作権」と呼ばれていますが、そもそも「著作物」とは、自分の思想や感情を、文芸、学術、美術または音楽として創作的に表現したものをいい（著作権法2条1項1号）、「著作権」とはこれらを独占的に利用支配することができる権利を意味します。

　ところで、「まとめて『著作権』と呼ばれている」と記載したとおり、

第3章 ● 知的財産に関するトラブル

「著作権」は、①著作物を財産的に管理する権利と、②自己を実現するための人格的な権利として分類することができ、さらに、著作権法は、それぞれ著作物の用途、目的などに応じて細かく「権利の種類」を定めています。著作権とは、著作権法に定められた権利の種類の束のようなものといえます。

①の権利として分かりやすいものの一つが「複製権」です。ここでいう複製とは、文章や画像などの表現物をコピーしたり、映像や音楽を録画・録音したり、印刷したり、模写（書き写し）したりすること、また保管することなどを意味します。いわゆる、漫画などの海賊版などはこの複製権を侵害するものといえます。

これらは本来、著作物を創作した者（著作者）しかできない行為であり、著作権法は著作物を複製する権利を専有すると規定し（著作権法21条）、著作権者のみが自由に複製して販売したりすることができることを表現しています。

また、②の権利としてよく知られているものの一つが「氏名表示権」です。この「氏名表示権」とは、著作物を公表する際、自分の名前を表示するかしないか、また、表示の方法について決定できる権利を意味します。要するに「誰の著作物か」を明らかにすることができる権利といえます。

2　インターネット上の画像の著作権

インターネット上の画像も、それらが思想や感情を創作的に表現されているものであれば、著作物として認められ、著作者には前述の権利が与えられます。

そのため、著作権者に無断で当該画像（著作物）をコピーして会社の資料に使用したり、ホームページで使用したりすることは、著作権者の複製権を侵害し、著作権法に違反する行為となります。

131

3 「フリー素材」についての注意

ところで、インターネット上には、「フリー素材」という無料で使用することができる、すなわち、インターネット上から自由にコピーしたり、ダウンロードしたりして使用することができる写真、イラスト、アイコン、イメージなどがあります。

もっとも、「フリー」という文言を使用してはいますが、著作物である以上、多くの場合、著作権者が存在しない（放棄されている）わけではなく、その使用方法について細かい規約などが存在します。著作権者が、その複製権などを専有しているということは、自分自身が自由に使うことはもちろん、誰かに使わせることも著作権者の判断でできることになりますので、著作権者自身がそのルールを規約などで定めることもできるわけです。

このように「フリー素材」も、著作権者が定めるルールに従ってはじめて使用（複製）することができるわけですから、当該ルールに従わなければ、当然、著作権を侵害することになるので、注意が必要です。

4 損害と賠償額の考え方

仮に、他人の著作物を無断で使用してしまった場合の賠償額についてですが、著作権侵害に限らず、「何らかの権利が侵害された場合の損害」について、最高裁判所や多くの法律学者は、「差額説」という考え方を採用し、当該「差額」分を賠償額としています。この「差額説」とは、「権利の侵害」がなかった場合の権利者（被害者）の財産状態と、「権利の侵害」があったために実際に変化した権利者（被害者）の財産状態との差額を損害と捉える考え方です。

要するに、「この侵害がなければ、今、これだけの財産があったはずなのに、実際は侵害があったので、今、これしか財産がない。この差額を損害と判断し、賠償額を計算する」というものです。

第3章●知的財産に関するトラブル

　基本的には以上の考え方を前提とするのですが、この損害額の算定方法
は、権利を侵害された権利者側に、どれだけの損害があったのか立証し
なければならないという負担を課すことになるという問題点があります。

　そこで著作権法には、この損害額を一定の場合には推定するという規
定があります（著作権法114条）。この著作権法の規定によれば、少なく
とも著作権者が権利を行使した場合に受けるべき金銭の額に相当する利
益を損害として請求することができるという規定があります（同条3項）。

　この規定にあてはめると、「インターネットで公開されていた画像」
については、事前に著作権者に対し画像の使用を申し込み、当該著作権
者が使用料を設定していれば「このくらいの価格」で使用できたであろ
うという金額が賠償額となるわけです。

　もちろん、インターネット上に公開されている画像すべてに使用料が
設定されているわけではなく、一律に「使用料」を想定することはでき
ないので一概には言えませんが、同様の画像が、料金を設定しているウェ
ブサイトでは「どのくらいの価格」で使用が許諾されているかという点
も参考になることでしょう。

【参考裁判例】
ウェブサイト上で「使用料」を設定している画像販売会社の「正規
料金」が賠償額として認められた事例
　「被告は、原告アマナイメージズの使用料金が著作権法114条3
項のその著作権の行使につき受けるべき金銭の額に相当する額を上
回る旨主張するようである。

　しかし、（略）原告アマナイメージズは、原告ウェブサイト上で、
写真、イラスト、映像素材など2500万点以上のコンテンツを揃え
て、利用者がこれらのコンテンツを購入、ダウンロードできる本件
サービスを提供するなど、相当な市場開発努力をしているばかり
か、当該市場において相当程度の信頼を勝ち取っていることが認め
られるのであり、また、その使用料金が当該市場において特に高額

133

なものとも認められない。したがって、被告の上記主張は、採用することができない（注：原告アマナイメージズが、あらかじめ設定している写真などの使用料を賠償額とすべきである）」

（アマナイメージズ事件—東京地判平27.4.15判例秘書登載）

第3章 ●知的財産に関するトラブル

《従業員作成のマスコット・キャラの著作権と商標権の活用》

経理部の従業員が当社の**マスコット・キャ
ラを作成し、社内でも正式に採用すること
になりました。マスコット・キャラについ
て、何か権利が発生したり、問題となった
りすることはありますか。会社が自由に使
うためにはどうすればよいでしょうか。**

マスコット・キャラを創作した時点で、まず、著作権が発生する
ことが考えられます。ただし、著作権では、類似した絵柄・イラス
トによる著作権侵害の主張が難しく、マスコット・キャラの名前等
までは保護されません。マスコット・キャラを自社の商品やサービ
スに用いる場合等には、商標権の活用も考えるべきでしょう。ま
た、会社が自由にマスコット・キャラを使うためには、会社が著作
権者や商標権者となるべきでしょう。

1　マスコット・キャラを守る必要性

　現代では、「キョロちゃん」、「ガリガリ君」、「ドコモダケ」などの企業オリジナルのマスコット・キャラが商品やサービスの宣伝・広告に多数起用されています。

　マスコット・キャラの認知度・好感度を利用して自社製品やサービスの認知度を高めたり、自社製品の好感度を高めたり、新製品の認知度アップや既存商品の売上拡大のための販促効果を狙うなど、マスコット・キャラのもたらす効果は企業にとってかなり大きなものになるはずです。

　本件でも、従業員が自社のマスコット・キャラを作成し、社内でも正式に採用することになるということで、社内、社外の様々な場面で、マスコット・キャラを利用していくことになるでしょう。

　しかし、マスコット・キャラが愛され、人気や顧客誘引力などが高まれば高まるほど無断で使用されることが増え、せっかく生み出したマス

135

コット・キャラを真似されるなど悪用されることもあるでしょう。

そのため、マスコット・キャラを守るために、どのような権利が発生するのか、どのような保護を受けるのか、権利が誰に帰属するのか、どのような問題が生じるのかなどをしっかり確認しておく必要があります。

2 著作権という権利

マスコット・キャラを守る権利としては、まず、「著作権」という権利が考えられます。

著作権とは、「思想又は感情を創作的に表現したものであつて、文芸、学術、美術又は音楽の範囲に属するもの」（著作権法2条1項1号）という著作物に関する著作者（著作物を創作した者・同項2号）の権利です。

著作権という場合、通常、著作者の著作物に対する財産的利益を保護する権利を想定しますが（なお、著作者には、著作権だけでなく、著作物を公表する、著作者名を表示するなどの権利（著作者人格権）も認められます）、著作権の内容として重要なのは、著作物を複製（印刷、写真等で再製）する権利（同法21条）や、テレビ等で放送する権利（同法23条1項）などの権利が原則的に著作者のみに認められることです（ただし、私的使用のための複製などの例外はあります）。さらに、このような権利を侵害する者に対して、著作者が侵害行為の差止請求（同法112条1項）や、侵害行為に対する損害賠償請求（民法709条）ができる点が大きな特徴です。

本件のようなマスコット・キャラについては、思想または感情を創作的に表現した美術の創作物として扱われ、著作者にこのような著作権が認められることになると思います。

そして、著作権を発生させるために面倒な手続きや費用を掛けなくてもよいとされているので（無方式主義・著作権法17条2項）、マスコット・キャラの著作者は、そのマスコット・キャラを創作した時点で著作権の主張をすることができるようになります。

第3章●知的財産に関するトラブル

3 職務著作について

　本件では、「会社」のマスコット・キャラを「従業員」が創作したということですが、著作者は誰になるのか、著作権を主張できるのは「会社」なのか、創作した「従業員」になるのか、を考えておく必要があります。

　この場合、マスコット・キャラを創作した従業員自身が著作者になるというのが自然と思えますが、法は一定の場合に、著作物の創作者を使用する法人（その従業員を雇用する会社）を著作者とすることとしています。なぜかというと、会社の業務過程で創作された著作物について、場合によっては、創作に携わった従業員が多数になることもあり、創作した従業員全員を著作者とすると権利関係が複雑になって、著作物が円滑に利用されなくなることを防ごうとしたためです。

　会社が著作者となるのは、①会社の発意に基づいて作られ、②会社の業務に従事する者が職務上作成し、③会社が著作したものとして公表する著作物で、④著作物を創作した時に契約や就業規則等で従業員を著作者とする旨の定めがない場合です（著作権法15条1項）。

　本件でも、従業員が創作したマスコット・キャラを会社が自由に使うためには、会社が著作者になっておくべきですが、そのためには、上記①～④の要件を充たす必要があります。

　本件のように、会社の発意に基づいて、会社の従業員が職務上作成し、会社が創作したものとして公表する著作物である場合（本問でも社内で正式に採用したとあります）、会社が著作者となることが多いでしょうが、念のために、マスコット・キャラの創作の時点で、募集要項などに著作権の帰属を明示しておいたり、創作に携わる従業員と事前に話し合っておいたりした方がよいでしょう。

137

4　著作権による保護で十分か

　もっとも、前述のようにマスコット・キャラが著作権で保護されるからといって、それだけでマスコット・キャラの保護として安心・安全というわけではありません。

　まず、自社のマスコット・キャラが他人（他社）にデザイン等を真似された場合、2で記載したとおり、著作権の侵害行為があるとして、他人（他社）に対して侵害行為の差止めや損害賠償請求をすることになるでしょう。しかし、「真似」されたかどうか、つまり、自社のマスコット・キャラに依拠して作成された、自社のマスコット・キャラに類似したデザインで作成された等の証明が容易ではなく、マスコット・キャラの著作権の侵害の責任を問えない可能性があるのです。

　なぜなら、著作権は、2で記載したように無方式主義であるため、「誰が」「いつ」「どのような」著作物を創作したのか公にされるわけではなく、他人（他社）が独自に創作したということになれば、著作権侵害ではなくなってしまいます（この場合、他人（他社）が創作したキャラは、別個の著作物として保護されることになります）。また、キャラクターのデザインは明確に真似しているもの以外はどの程度似ているのか判断することも難しく、自社のマスコット・キャラに依拠しているとは断言しがたいことが多くあります。

　また、著作権による保護の対象は、美術の創作物であり、マスコット・キャラの名前等までは保護の対象になりません。つまり、マスコット・キャラには名前も付けられるでしょうが、その名前を無断で使用されても、著作権の侵害にはならないのです（例えば、アイスを食べている少年を「ガリガリ君」と名付けて、別のマスコット・キャラとして他社が利用した場合でも、不正競争防止法などの他の法律違反のおそれはともかく、著作権自体の侵害にはならない、ということです）。

　このように、マスコット・キャラに関して、著作権による保護のみでは、必ずしも十分とはいえないのです。

第3章 ● 知的財産に関するトラブル

5 商標権の活用

　そこで、著作権による保護だけでは十分でない場合には、商標権の活用も考えるべきでしょう。商標とは、商品名（例：コカ・コーラ）や会社名（例：SONY）など商品やサービスに付される目印・トレードマークで、他人（他社）との商品・サービスと識別させるものです。商標権は、特許庁での審査を経て、商標権の設定の登録がなされることで発生し（方式主義・商標法5条、14条、18条）、登録した商標の使用はもちろん、類似の商標等までも使用を排除することができます。

　本件でも、自社のマスコット・キャラを自社の商品やサービスに利用しようとする場合には、著作権だけでなく、商標権の活用も考えるべきでしょう。

139

《商標権を理由に警告する他社への対応》

A社から、商標権を有することを理由に、当社の主力商品のロゴマークを使用しないように求める警告書が届きました。確かにA社は、同じ名称についての商標権を有しているようですが、当社としては長くこの商品の名称を使用してきていたため、困惑しています。

　名称が一致する商標権の登録があったとしても、貴社として当該商品の名称の使用をあきらめなければならないというものではありません。商標の類似性が認められるか、先使用権の成立が認められないか、あるいは根拠となる商標権が有効といえるか等、様々な検討をされるべきでしょう。

1 「商標権」とは

　商標権とは、特許等と同様に、国が政策的に認めることで発生する特別な権利で、特定の商品やサービスに付けた「標章」（ロゴやマーク。便宜上、本稿では「ロゴマーク」と称します）が有する識別力や信頼性を保護するための仕組みである「商標」という制度に基づいて発生します。

　商品やサービスに付けられたロゴマークには、自社の商品やサービスを他社の商品やサービスと区別し、その商品やサービスへの信頼を高めるという機能（この機能が高くなれば、いわゆる「ブランド」として高い評価が推測されるようにもなるでしょう）があります。

　例えば、世の中には「財布」という商品はたくさん存在しますが、ある会社が、デザインや品質に自信のある財布に「ALG」という個性的なロゴマークを付けて販売することによって、そのロゴマークを見た者に対し、どの会社が製造販売している財布なのかを一目瞭然に知らせることができますし、ALG社製の財布がデザインや品質について信頼を

第3章 ● 知的財産に関するトラブル

得られるようになれば、ロゴマークを見た購入希望者に、当該財布の性状（おしゃれなのだろう、高品質なのだろう）までをも伝えることが可能になります。

このような、ロゴマークが有する「自他商品を識別する力」や「信頼性を保護する」ための制度が「商標」という制度であり、商標制度に基づいて商標を登録したときに認められる権利が商標権と呼ばれる権利となっています。

2 商標権の効力

ロゴマークが、「商標」として登録された場合に、そのロゴマークについては、商標権を有する者による「独占的な使用」が法的に認められることになります。

具体的には、商標法は、商標権者に、①商標登録されたロゴマークを独占的に使用させる権利（使用権）を認めるとともに、②他者に対して登録されたロゴマークおよび「それと類似する」ロゴマークの使用を中止するよう求めることができる権利（禁止権）の双方を認めています。

禁止権の範囲を「類似する」ものにまで広げた理由は、類似商標を用いることによって、既存の商標を使ってブランド力を高めた事業者が新たに展開している商品やサービスなのだろう、と誤解させることで、既存の商標を用いた商品やサービスを展開した事業者の努力にただ乗り（フリーライド）できてしまうからです（例えば、上記の財布の例において、「ALQ」というロゴマークを、ALG社以外の別企業が財布に付して販売する場合、消費者からすると、当該財布は「ALG」が付された財布と同じ会社が販売するものと誤解してしまうものかもしれません）。

商標権は、登録されたロゴやマークについて、商標権者に独占的な使用を認めるという強力な権利を付与するものであるため、権利が無制限に広がることを防ぐ必要があります。そのため、商標登録を希望する者には、保護を受けたい商品やサービスまで指定させて出願させ、必要と

141

なる範囲で権利を発生させることにしています。例えば、「ALG」というロゴマークは、「革財布」という商品に付するロゴマークとして登録する、というものです。

その結果、商標が登録された場合であっても、商標権者による独占的な使用が認められるのは、指定された商品やサービスに登録されたロゴマークを使用することにとどまり、「禁止権」についても、ロゴマークの類似性だけでなく、指定された商品やサービスの類似性も認められるかまで判断されることになります。

例えば、先ほどの例において、「ALG」という全く合致するロゴマークを、別の企業が「革小物」に付して販売する場合、指定された「革財布」とは別商品ではありますが、当該革小物は、「ALG」ブランドと認識して、同じ会社が販売するものと誤解されてしまうおそれが高いと考えられます。

このような使用を止めることができなければ、商標の価値を保護するには不十分です。そのため、禁止権については、指定された商品やサービスと類似する商品やサービスに、類似するロゴマークが付されていれば、その効力を及ぼすことができるようにしています。

3 警告への対応① 商標の同一性・類似性の有無の確認

さて、本件では、以上のような効力を持つ商標権者A社から、商標権を根拠に、貴社がこれまで使用してきたロゴマークの使用を中止するよう警告書が届いており、これは、上記商標権の効力のうちの禁止権の行使であることがわかります。

本件のような警告書が来た場合、受領した貴社としては、まずは、A社が有する商標権の存否とその内容を確認し、貴社が使用するロゴマークを、これを付す商品やサービスの内容まで含めて確認したうえで、「類似性」があるといえるかの検討をすべきです。

まず、商標権の登録の有無については、特許庁が用意している「特許

142

情報プラットフォーム」（URL：https://www.j-platpat.inpit.go.jp/）において検索することができるようになっています。

　商標権者が禁止権を行使する場合には、商品およびサービスの指定と併せて登録されたロゴマークと、指定された商品またはサービスの内容まで含めた類似性がなければならないため、「ぱっと見、似ている」以上の、法的な意味での「類似性」の検討が必要になります。

　一方、警告をする側が当該要件をクリアしていると判断した上で警告してきているかというと、必ずしもそうではなく、とりあえず侵害が疑われる相手に対しては警告書を送ってみて、任意に使用がされなくなればよし、くらいに考えて警告書を発する企業は、実は相応に存在しています。なぜなら、類似性の判断というのが容易ではなく、商標権を有している企業にとっても類似性に確信を持ってから行動に移す時間的余裕がないからです。

　そのため、貴社としては、まずは、A社が有する商標権の存否および内容を確認したうえで、貴社が使用するロゴマークが、A社の商標権のうちの禁止権の対象になり得るのかについて、類似性を比較して検討する必要があります。

4　警告への対応②　例外的に使用可能な事由がないかの確認

　さて、このように「類似性」を検討した結果、やはり、登録商標と類似のロゴマークであると判断せざるを得ないこともあるでしょう。その場合には、商標法が定める「例外的に使用してもいい場合」に該当しないかを検討することが考えられます。このような例外的な規定は複数あるのですが、本件で貴社は、問題のロゴマークを長年使用し続けてきたという事情があることから、「先使用権」の成立が考えられます。

　先使用権とは、他人の商標の出願前から、日本国内において、不正競争の目的なく、A社の商標と同一または類似の商標を使用しており、かつ、当該商標が需要者の間に広く認識されている場合に認められる、商

標権者ではなくても当該商標を適法に使用することができる権利のことをいいます。

前述のとおり、商標とは、ロゴマークが有する識別力や信用性を保護するための権利ですので、既にそれらが形成されているロゴマークについて、たまたま商標登録がされなかったからといって、そこに至るまで当該ロゴマークを使用し続けてきた者が使用できなくなるというのは商標制度の目的に反した結果となってしまいます。これを防ぐために先使用権が例外的な使用可能事由として定められています。

そのため、貴社としても、前記の要件を充足し、貴社が使用するロゴマークについて先使用権の成立が認められれば、A社からの禁止権の行使に対しても、自らに正当な使用権限が有ることを主張できます。

なお「先使用権があるので商標登録は不要」との意見を耳にすることもありますが、先使用権は、あくまで、事後的に発生した商標権に負けずに正当に使用できる権利にとどまり、商標権のように他者の使用を禁止する効力を有するものではありませんし、発生要件である「需要者の間に広く認識されている」商標かを立証することには相応の困難を伴いますので、あくまで、例外的な救済規定と位置付けるのが適切でしょう。

5 警告への対応③　権利の有効性を争う

なお、さらに踏み込んで、相手方が警告の前提とする商標権の有効性自体を争う、という方法もあります。

商標法上、商標登録ができない一定の事由（極めて簡単でありふれたロゴマークのみで構成されている商標等）が定められており、それに該当するにもかかわらず登録されてしまった場合には無効となりますし、一度は登録されたものの、全く使用されていない商標については、前述のような保護を及ぼす必要がないことから、事後的に取り消されるべき対象となります。

このような、Aが主張する商標権が無効ないし取消しの対象になるこ

第3章●知的財産に関するトラブル

とを主張し、それが認められれば、そもそもとしてＡの警告は、法的な
前提を欠くということになります。

《ライバル企業による営業妨害行為》

ライバル企業が当社のクライアントを対象に営業妨害的な低価格の販売による勧誘を行い、さらには、当社の優秀な従業員を引き抜いているのですが、何か責任を追及することはできますか。

 社会通念上、自由競争の範囲を超えて、ライバル企業が他社の商品を購入したりサービスの提供を受けているクライアントを対象に自社商品や自社サービスの割引を執拗に行っている場合には、独占禁止法に違反することを理由に公正取引委員会に対し申告をしたり、損害賠償請求を行ったりすることができます。

また、社会通念上、自由競争の範囲を超えた「引抜行為」が不法行為に該当することを理由として損害賠償請求を行うことができます。

1　自由競争と価格差別化

　日本は憲法22条をもって経済の自由を保障するとともに資本主義経済を採用しておりますので、適正な利益が上げられる範囲で、他社より安い価格をもって商品を販売したりサービスを提供したりすることは、自由競争社会においては当然のことです。

　なぜなら、企業は、まず、材料を仕入れて（原価）、これに手間（労働）とアイデア（知的財産）と金（資金）をかけて商品やサービスを生み出すわけですから、その過程においていくらで材料を仕入れて、どの程度のコストをかけ、いくらで売り出すかは企業努力によるわけなので、安い価格で商品やサービスを提供することは全くの自由なわけです。

　さらには、クライアントや地域の属性によっては、その取引の量やコストが異なるわけですから、取引の量が大きい地域においては商品やサービスを安く提供したり、クライアントの属性、例えば、「小学生は、必ず親と一緒に映画を観に来るだろう。したがって、最低限、大人１人分

第3章 ● 知的財産に関するトラブル

の料金は確保できるので、子供の分は半額にしよう。そうすれば、親も子供の"お願い"に応じやすくなるだろうし、結果、1.5倍の売上を見込める」という理由で「小学生は半額」という価格設計をしたりすることも可能となるわけです。

このように、顧客の属性などによって差別的な価格を設定したからといって、直ちにそれが違法と評価されるようなことはありません。

しかし、大きな資本力を持つ企業が、ある地域におけるライバル企業を排除するために、その地域やクライアントに限って極めて安い価格を設定するなど、「ライバル企業を排除すること」以外の合理的な理由がない差別的な取扱いをする場合、独占禁止法が規定する「差別対価」に該当するものとして違法とされる場合があります。

【不公正な取引方法】

　　　　　　　　　　昭和57年 6 月18日公正取引委員会告示第15号
　　　　　改正　平成21年10月28日公正取引委員会告示第18号
（差別対価）
3 　私的独占の禁止及び公正取引の確保に関する法律（昭和二十二
　　年法律第五十四号。以下「法」という。）第二条第九項第二号に
　　該当する行為のほか、不当に、地域又は相手方により差別的な対
　　価をもつて、商品若しくは役務を供給し、又はこれらの供給を受
　　けること。

なお、単にライバル企業の価格より安い価格を設定した、ということのみをもって独占禁止法上、違法とされるわけではありません。

独占禁止法がこのような不当な廉価販売を規制する意味は、資本力が大きい企業が、廉価販売によりその市場におけるライバル企業の体力を奪って排除し、独占市場を作り出した後に、時期を見計らって価格を値上げして利益を独占するようなことを生じさせないことを目的としています。

147

設例のような、「ライバル企業のクライアントを狙って安い商品やサービスを提供するような類型」では、その設定された価格がコストを度外視したような正常な競争を超えた原価割れ（不当な廉価販売）で設定されているような場合にのみ違法とされると解されています。

要するに、単に、特定の会社のクライアントだから極めて安く販売している、というだけではなく、その価格が原価割れ（不当な廉価販売）しているような場合に、独占禁止法上、問題となるわけです。

2　顧客や従業員の引抜きと独占禁止法

東京地判平20.12.10判時2035号70頁は、ライバル企業によって従業員を引き抜かれ、さらには、不当な差別対価をもってクライアントを奪取されたという事件において、これらのライバル企業の行為が私的独占に該当するものとして巨額の損害賠償を認める判決を言い渡しました。

この判決では、「契約を切り替えるならば特別な条件で取引する」などとキャンペーンを行った点などをとらえて総合的に考慮し、これらの一連の行為を悪質な私的独占と判断したわけですが、「従業員の引抜き」という、一見、差別対価とは関係ないような事情も時には違法な私的独占を構成する場合があるという点に注意しなければなりません。

同事件において東京地方裁判所は、「社会的相当性を逸脱する不公正な引き抜き行為であって、違法といわざるを得」ず、「自由競争の範囲を逸脱している」と判断しています。

ここで、何が「自由競争の範囲を逸脱した」のかは、結局のところ、ケース・バイ・ケースということにはなりますが、ある事業のキーマンを引き抜かれたり大人数を引き抜かれたり、また、その手法が悪質であったり、これらの行為によって実際に損害が発生しているという場合には、積極的に責任追及をすることができることでしょう。

第3章 ● 知的財産に関するトラブル

《職務発明による特許権の取得》

 従業員が行った発明について、会社は特許権を取得するためにはどのような準備や対応が必要でしょうか。

 従業員が発明を行ったときに、会社が特許権を取得するためには、従業員が発明を行う前に、契約、勤務規則その他の定めにおいて、使用者等に特許を受ける権利を取得させることを定めることが必要です。

あらかじめそのような定めがない場合には、特許権は、従業員に帰属することとなり、会社が特許権を取得するには、従業員からの特許を受ける権利を譲り受けることが必要となります。

1 職務発明制度とは

特許法35条に定める職務発明制度は、発明をした従業者、法人の役員、国家公務員または地方公務員（従業者等）の権利を保護して発明のインセンティブを確保するとともに、使用者、法人、国または地方公共団体（使用者等）による職務発明の効率的な利用を促す観点から、従業者等が職務上なした発明について、使用者等が特許権を取得した場合の権利やその対価の取扱いについて定める制度です。

特許法については、平成28年4月1日に、職務発明制度の見直しを含む「特許法等の一部を改正する法律」（平成27年法律第55号）が施行されました。

2 平成27年改正前の特許権の帰属および問題点

平成27年改正前は、職務発明について特許を受ける権利は、発明者に帰属し（発明者帰属）、使用者等が特許出願をするには、その権利を譲り受ける必要がありました。そして、発明者は、特許を受ける権利を使用者等に譲渡した場合には、「相当の対価」を請求することができる

149

とされていました。

ところが、

・　他社との共同研究で特許を受ける権利が共有となる場合に、**他社の発明者の同意がなければ使用者等の共同研究の成果であるにもかかわらず権利承継できなくなる**という問題

・　勤務規則等に従業者等に支払うべき対価についての条項があったとしても、**従業者等が特許を譲渡した場合の使用者等の支払う対価が不十分であるとして、「相当の対価」をめぐる争いに発展し、極めて高額な「相当の対価」の請求訴訟が生じていた**という問題

・　あらかじめ使用者等が職務発明について特許を受ける権利を承継していたとしても、**従業者等が第三者にも特許を受ける権利を譲渡した場合に、特許権が先願主義であるがゆえに、第三者が当該使用者等よりも先に特許出願をした場合には、当該使用者等は原則として、当該第三者に対抗できず、特許権を確保できない**という問題

がありました。

3　平成27年改正後の特許権の帰属

(1)　改正の内容

　平成27年改正においては、「契約、勤務規則その他の定めにおいてあらかじめ使用者等に特許を受ける権利を取得させることを定めたとき」、特許を受ける権利は、発明が生まれたときから使用者等に帰属し（原始使用者等帰属）（特許法35条3項）、従業者等は、「相当の金銭その他の経済上の利益」を受ける権利を有することとされました（特許法35条4項）。なお、あらかじめ使用者等に特許を受ける権利を取得させる契約、勤務規則その他の定めは、職務発明の完成前に規定する必要があります。

　この「その他の経済上の利益」には、金銭以外のものや将来的に利益を取得する制度の適用なども含まれ、金銭以外の相当の利益の具体例は

次のようなものが挙げられています（特許法第三十五条第六項に基づく
発明を奨励するための相当の金銭その他の経済上の利益について定める
場合に考慮すべき使用者等と従業者等との間で行われる協議の状況等に
関する指針（以下、「指針」といいます）第三の一　3）。

① 　使用者等負担による留学の機会の付与

② 　ストックオプションの付与

③ 　金銭的処遇の向上を伴う昇進または昇格

④ 　法令および就業規則所定の日数・期間を超える有給休暇の付与

⑤ 　職務発明に係る特許権についての専用実施権の設定または通常実施
権の許諾

　このような将来的な利益や制度設計も含めた経済上の利益を含めるこ
とができるようになった結果、相当の対価を一括で支払わなければなら
ないような事態を避けることができ、特許による利益が会社にとって実
現していなくとも特許権を帰属させることができるようになりました。

（2）「相当の対価」の合理性

　契約、勤務規則その他の定めにおいて「相当の金銭その他の経済上の
利益」を定める場合には、相当の利益を決定するための基準の策定に際
して使用者等と従業者等との間で行われる協議の状況、策定された当該
基準の開示の状況、相当の利益の内容の決定について行われる従業者等
からの意見の聴取等を考慮して、不合理な内容ではあってはならないも
のとされています（特許法35条5項）。

　なお、相当の利益についての定めがない場合、またはその定めた相当
の利益の内容が不合理であるとされてしまった場合には、従業者等が受
けるべき相当の利益の内容は、その発明により使用者等が受けるべき利
益の額、その発明に関連して使用者等が行う負担、貢献、および従業者
等の処遇その他の事情を考慮して定められることになり、前述のような
将来を見据えた制度設計を考慮しづらくなってしまいます（同条7項）。
そのため、職務発明を会社に帰属させるためには、できる限り、従業員

151

等との協議などによって、あらかじめ経済的利益の具体的な内容を決定しておくべきといえます。

　指針においても、不合理性の判断では、職務発明に係る相当の利益の内容が決定されて与えられるまでの全過程が総合的に判断されるとされており、特に、①相当の利益の内容を決定するための基準の策定に際して使用者等と従業者等との間で行われる「協議」の状況、②策定された当該基準の「開示」の状況、③相当の利益の内容の決定について行われる従業者等からの「意見の聴取」の状況が、適正か否かがまず検討されるとされています〔指針第二の一　1（二）〕。

　そして、特許法の規定により不合理であると認められるか否かの判断においては、手続きの状況が適正か否かがまず検討され、それらの手続きが適正であると認められる限りは、使用者等と従業者等があらかじめ定めた契約、勤務規則その他の定めが尊重されることが原則とされており（指針第一の一）、手続きの状況が適正と認められる限りは、原則として不合理性は否定されることとなります。

　つまり、相当の利益の決定に至る過程における会社と従業者とのコミュニケーションが重視されています。そのため、従業者等との協議や開示、意見聴取などを実施したうえで、将来を見据えた制度設計について発明者となる従業員等の理解を得ておくことが重要といえるでしょう。

第3章 ● 知的財産に関するトラブル

《特許を受ける権利を有しない者による特許出願》

本来当社の社外秘である情報を用いた発明について、他社が特許を出願し、特許権を取得していたことが発覚しました。当社が権利を主張するためにはどうすればよいのでしょうか。

特許法の規定に基づき、当該特許権が自己の発明に基づくということを根拠として権利の移転を請求することができます。なお、相手方が任意に応じない場合には、当該請求権をもって裁判を起こし、勝訴する必要があります。

1 特許制度の目的と冒認出願

諸説あるものの、特許制度とは、これまで世に知られていなかった発明を社会に公開させる代わりに、その者に当該発明についての独占権を与えて発明のための投資を回収する機会を与えることで、発明を秘密とさせることなく公開させ、我が国の産業発達に寄与させることを目的とした制度であるとされています。

当該特許制度に基づいて付与されるのが、「特許権」という権利であって、これは、憲法に記載されている各種人権のような、人であることにより当然に享受できる権利ではなく、国が認めることで初めて発生する政策的な権利となっています。

このように、特許権付与の前提には、付与される者による新規技術の発見および開発、すなわち、発明があるはずなのですが、他者が発明した技術を、何らかの方法により自分が発明したことにして、特許権の付与を求め、そのまま特許権を獲得してしまう例が存在しています。

発明をしたことにより発明者に生じる、特許出願の根拠となる権利（これを「特許を受ける権利」といいます）を有しない者による特許出願を、「冒認出願」といいます。

153

2 かつての冒認出願における問題点

特許法上、前述の「特許を受ける権利」を有しない人物、すなわち、発明をしていない人物が、特許を受ける権利の譲渡を受けることなく出願をしたとしても、特許権付与の要件を満たさないため、特許権の付与を受けることができないのが原則です。また、仮に、冒認出願であることが見過ごされて、冒認出願を行った者に特許権が付与された場合でも、当該特許は無効なものとされており、権利化後に、裁判等の手続きによって無効にすることが可能です。

このように、冒認出願がされた場合でも、これにより特許権を獲得した者に特許権の恩恵が受けられなくするような制度は整備されていたのですが、真の発明者（冒認出願をされてしまった者）を救済する方策までは整備されていませんでした。

具体的には、特許権は、先に特許出願された発明（先願発明）と同一の発明については特許権の付与が認められないことにされているのですが、冒認出願として無効にされる発明であっても、当該発明が出願され、公開されたことには変わりがなく、事後的に、真の発明者が同内容の発明について自らへの特許権の付与を求めて特許出願しても、冒認出願が先願発明となり、登録が認められないとの結論が出されてしまう状態でした。

3 立法による解決

以上のような状況を受け、平成23年の特許法の改正により、冒認出願の場合や、出願時は特許を受ける権利を有していたもののその後に出願人が無断で変更されてしまった結果、真実としては特許を受ける権利を有しない者に対して特許権が付与されてしまった場合に、登録された特許権の権利者を、冒認出願等をされたときにおいて特許を受ける権利を有していた者に移転を請求することができるように変更する旨の特許

法の規定の改正がされました（特許法74条1項）。

このように、冒認出願の場合、真の発明者に、権利の移転を請求する権利が認められることが法律によって明記されました。また、これに併せて、前述した先願発明に該当して特許権が付与されない場合の規定の改正も実施されたため、冒認出願の被害者が、真の発明者として特許権の獲得ができなくなるという不合理な事態は解消できるようになりました。

なお、当該根拠に基づく移転請求を行う場合であっても、冒認出願者として任意の移転手続きに協力しない場合には、最終的には、移転を求める訴訟を提起し、勝訴判決に基づいて強制的に移転手続きを行う必要があります。

この場合、移転請求を行う側として何を立証しなければならないのかについては、近時の知財高裁における、冒認出願に基づく特許権の無効審判の事案において、「特許出願がその特許にかかる発明の発明者又は発明者から特許を受ける権利を承継した者によりされたこと」については、審判時における特許権者（冒認と主張されている出願手続きによって特許権を取得した者）が立証すべき、としながらも、当該要件の立証の程度は、冒認を主張する側の、冒認を疑わせる具体的な事情の内容や立証活動内容により変更され得る旨判示されており（審決取消請求事件—知高判平29.1.25判例秘書登載）、結局のところ、冒認に基づく請求を行いたい側に相応の立証活動を求めるという、民事訴訟の原則が確認されるかのような判断がされています。

4　事案への検討

以上のように、平成23年改正以後については、冒認出願がされ、特許権が取得されてしまった場合でも、直接的な権利移転の請求を行うことが可能です。

貴社としては、冒認出願に基づいて特許権を取得した現在の特許権者に対して、当該移転請求権を行使し、自らの下に特許権を移転すること

で、今回問題となっている発明についての特許権を行使できるようになると考えられます。

　その際には、特許権が冒認出願によって取得されたことを、具体的な事情や証拠と併せて主張できるよう、本件の発明の経緯（着想やその具体化、開発の過程等）や、社外秘情報が持ち出され冒認出願がされてしまった経緯等を詳細に説明できるように準備されるべきでしょう。

第3章 ●知的財産に関するトラブル

《特許出願中の企業による差止請求・損害賠償請求》

「貴社の商品は、特許出願中の弊社の技術を侵害している」という販売の差止めと損害賠償を請求する通知が届きました。さらに、その企業は、当社の取引先に対しても同じような通知を出しているようです。どのように対応すればよいのでしょうか。

　直ちに損害賠償責任等が発生するわけではありませんが、将来、出願している特許が登録された場合には、通知文を受領した時から登録までの期間に対応するライセンス料相当額を支払う義務が発生することがあります。
　また、「取引先への通知」の内容が、社会通念上、許容される程度を超えた誹謗中傷にあたる場合には、こちらから警告文を送付することもできます。

1　特許権取得までの長い道のり

　日本では、いわゆる「知的財産権」として、著作権、実用新案権、商標権、特許権、意匠権などが知られていますが、実は、著作権のように作成したり作曲したりした瞬間に発生する権利から、数年にわたる厳しい審査を経てようやく成立する権利まで様々です。
　特に、「特許権」については次頁の**図表9**の手続きが必要であり、登録完了までの期間も1年半から2年半ほど要します。
　図表9のように、特許権は、権利が発生するまで長く複雑な手続きを要します。もっとも、権利取得まで慎重な手続き・審査を行うことの代償として、他の知的財産権よりも強力な権限を付与しています。

157

図表9　特許権取得までの流れ

①出　願
▶ 文章と図で発明の内容を説明する「明細書」と、特許を申請するための「願書」を作成し、特許庁の出願窓口に申請します（郵送、電子送信）
▶ 「明細書」には、特許請求の範囲や発明の内容を箇条書きにした請求項を記載するので、素人が作成することはまず不可能です。

②公　開
▶ 特許庁が発行する出願公開公報という文書や、特許庁が管理する「特許情報プラットホーム J-PlatPat」に出願の内容が掲載されます。
▶ 発明の存在を全国に知らせるとともに、将来の権利を確保することになります。

③審　査
▶ 出願した発明の内容の審査を受けます。
▶ 審査に合格すると登録の通知（特許査定）が送付されます。

④登　録
▶ 所定の特許料を支払い、「特許原簿」に登録されることで、はじめて「特許権」が成立します。

2　補償金請求権

　実は、「特許出願中」という状態は何の権利もなく、法律によって保護されるものでもありません。

　したがって、高圧的に「弊社の技術を侵害している」と主張されたからといって、まだ「特許出願中」である以上、特許権を侵害しているわけではありませんので焦る必要はありませんし、もちろん、言われるがままに損害金を支払う必要もありません。

　そもそも、統計によれば、平成30年における特許の出願件数が約31万件、登録件数が約20万件である（「特許庁ステータスレポート2019」参照）ことを考えれば、3件に1件は「特許権」として認められないまま

第3章 ● 知的財産に関するトラブル

消え去っていくわけですから、「特許出願中」だからといって、必要以上に恐れることはないわけです。

もっとも、「出願中の特許」には、将来、特許権として認められた場合に遡って損害金（ライセンス料相当額）を請求することができるという権利があります。

これは「補償金請求権」と呼ばれるもので、前述の「公開手続き（出願から1年6カ月経過）」以降に、勝手に発明を使っている者に対しあらかじめ「警告文」を送付することで、警告文を送付した時から、将来、特許が登録された時までの期間に相当する損害金（ライセンス料相当額）を、特許の登録完了後に請求することができる権利です。

したがって、設例のような場合も、直ちに損害賠償責任等が発生するわけではありませんが、将来、特許権として認められる可能性があるかどうか、当該特許権を侵害する可能性があるかどうか（特許権の範囲かどうか）について、「出願公開公報」を精査し専門家の意見を聴きながら自社製品の開発・販売戦略を立てる必要があります。

3 風説の流布（不正競争防止法）

ところで、設例では、取引先に対しても同様の通知を出しているようですが、まだ「特許権」を取得したわけではないにもかかわらず、「権利を侵害している」といった事実をあたかも既成事実であるかのように触れ回る行為は、不正競争防止法が禁止する「虚偽の事実を告知して競争者の営業を誹謗する行為」に該当する場合があります。

すなわち、「不正競争防止法」は、企業などの経済活動において不正な手段を弄した競争を禁止する目的で制定された法律です。この法律は、いわゆる「デッドコピー」を禁止したり、企業の「営業秘密」や「ブランド」を保護したり、外国公務員への贈賄を禁止したり、様々な行為を広汎に規制していることから、不正な経済活動を取り締まるための一般法理として活用されています。

159

このような規制の一つとして不正競争防止法2条1項21号は、「競争関係にある他人の営業上の信用を害する虚偽の事実を告知し、又は流布する行為」を「不正競争」として禁止しています。

　これは、競争他社の支払能力について「資金ショートに陥っている」、「手形の不渡りをした」などと虚偽の事実を吹聴したり、その商品やサービスなどの品質や特性などについて「欠陥がある」、「違法なサービスである」などと虚偽の事実を広めたりする行為を禁止するもので、信用毀損罪（3年以下の懲役または50万円以下の罰金。刑法233条）という刑罰が科されることもあります。

　特に、設問のように、いまだ「特許出願中」の段階に過ぎないにもかかわらず、あたかも特許権が侵害されたかのごとく、取引先に対し「この会社は、特許出願中の弊社技術を侵害している」などと通知することは、前述のとおり、将来的に特許権が認められない場合もありますし、特許権が認められたとしても、特許庁が特許として認めた範囲に該当しない可能性もあります。

　ですから、競争他社へ圧力を加える目的でその取引先に特許権侵害を触れ回る行為は、不正競争防止法が禁止する、虚偽の事実を告知して競争関係にある他人の営業上の信用を害する行為に該当する場合があります。

　したがって、この場合、警告をしてきた相手方に対し、「確かに、将来、貴社の特許権が認められた場合には補償金を支払わなければならないかもしれません。しかし、特許権が認められなかったなどの場合には、社会通念上、許容される程度を超えて、取引先に虚偽の事実を通知したものとして、不正競争防止法に基づき損害賠償請求を行います」という旨、こちら側からも警告文を送付することを検討しましょう。

第3章 ●知的財産に関するトラブル

《特許権の範囲》

当社の特許製品Ａと機能的に類似する製品Ｂを他社が発売しました。つぎのような場合でも、当社の特許権に基づき販売の差止め等を請求できるのでしょうか。
① ＡとＢの構造が少し異なる場合
② Ｂには、当社が特許権を有している機能のほか、別な機能も付加されている場合

① 構造の相違点が、貴社の特許発明の本質的部分ではない場合のほか、一定の要件を満たす場合には、貴社の特許権に基づいてＢの販売の差止め等を求めることができる可能性があります。
② 貴社の特許発明とは異なる機能のみを使うために類似製品Ｂを購入し、使用するという使い方が実用的であるとは認められない場合等、一定の要件を満たす場合には、貴社の特許権に基づき、Ｂの販売の差止め等を求めることができる可能性があります。

1　特許権の範囲

特許権は、「特許発明の実施」を「専有する」権利です（特許法68条）。「専有」とは独占性を意味しますので、特許権者には、特許権が発生している発明を独占的に使用等（実施）することが認められており、他人が使用等する場合には、その差止め、すなわち、他人による当該発明の使用等の中止を、法的手続きを用いて強制的に求めることまで可能となります。

このような強力な権利であるため、特許権が及ぶ範囲は、不当な拡張が許されないよう、厳格に定められる必要があります。そのため、特許法は、特許権の効力が及ぶ範囲を「願書に添付した**特許請求の範囲**（注：いわゆる「クレーム」）**の記載に基づいて**（特許法70条１項、太字は筆者）」定めるものとしており、原則として、特許出願時に自らの特許発

161

明の内容を記したクレームに記載された要件のすべてを充足する対象の
みが、当該特許権の効力が及ぶ対象として扱われることになります。

2　特許権の潜脱および特許制度崩壊の危険性

　しかし、特許権の範囲がクレームの記載（文言）のみから極めて形式
的に定められるものとしてしまうと、クレームの記載から明らかになる
構造そのものではないものの、同一の結果を生じさせることが可能であ
る別の構造に置き換える等された場合には、特許発明と同一の効果が得
られるにもかかわらず、当該発明の特許権の効果が及ばないということ
になってしまいます（**設例**[1]**の場合**）。このことは、クレームの記載に
ない構造等が付加された場合に、当該製品全体の構造とクレームの記載
から明らかになる構造とを比較した場合（**設例**[2]**の場合**）も同様です。
　特許法が、特許権の付与の要件として発明の公開を前提にしているに
もかかわらず、特許出願によって公開されたクレームを確認した同業者
等が、少し工夫を凝らすことで容易に特許権の侵害を回避することがで
きるとなれば、特許制度そのものが、有名無実どころか発明者にとって
有害な制度ということにさえなりかねません。
　このように、特許権の範囲を、クレームの文言から形式的に導かれる
内容に限定しすぎてしまう場合には、結果として、特許権が極めて「弱
い」権利に成り下がってしまい、誰も、発明の公開を前提とする特許出
願および登録をしようとしなくなってしまうおそれが生じます。これ
は、特許制度の崩壊にほかならず、ひいては、発明の公開によってもた
らされるはずの我々の社会経済の発展の機会まで喪失させることにつな
がりかねません。
　そこで、特許実務においても、特許権の内容が妥当なものとなるよう
に、文言解釈のみでは不合理な結果となってしまう状況を、解釈や法令
改正等によって修正するという対応をとってきました。

第3章 ● 知的財産に関するトラブル

3 設例①の問題の解消 −均等侵害−

まず、**設例①**の問題の解消法が、我が国の裁判所が示した「均等侵害」（均等論）と呼ばれる考え方です。

すなわち、仮に、対象となる製品中に特許発明のクレームから明らかになる構造と異なる部分が存在している場合であっても、

① 特許発明の「本質的な部分」（物的・構造的な中心のことではなく、発明の中核的な思想の部分）が相違していないこと

② 相違点を対象製品のように置換しても、特許発明の目的を達成することができ、特許発明と同一の作用効果が得られること

③ 対象製品の製造時において、そのような置換を容易に思いつくことができること

④ 対象製品が、特許出願時における公知の技術と同一または公知の技術から容易に考え出すことができたものではないこと

⑤ 侵害を主張する側である特許権の出願手続きにおいて、対象製品の構造がクレームから意識的に除外された経緯がある等の特段の事情がないこと

の五つの要件をいずれも充足する場合には、そのような対象製品は、実質的に、特許発明を用いた製品と「均等」なものと解して、特許権の侵害を構成するものとして扱うことにしました（最三小判平10.2.24民集52巻1号113頁）。

これは、形式的には、クレームに記載された構造等と異なる構造を有する製品であっても、特許発明の技術的な範囲に含まれるものとしよう、という解釈による対応となっています。

本件においても、製品Bは、特許法上明らかになる特許権の範囲からすれば、貴社の特許権の効力範囲外になりそうですが、上記①〜⑤の要件のいずれをも充足している場合には、Aと均等なものとして、Aの特許権の効力を及ぼすことができ、その製造販売の中止等を、法的な手続きをもって請求することが可能になると考えられます。

163

4　設例②の状況の解消　－間接侵害－

　一方、前述のとおり、特許権の侵害となるのは、原則として、侵害が疑われる対象において、特許発明のクレームに記載された要件のすべてが充足されている場合のみとなりますが、特許法が定める一定の場合には、要件の充足性にかかわらず、特許権の侵害とみなすものとされています。いわゆる「間接侵害」と呼ばれる、前述した特許権の効力範囲の問題を解消するための法規定による対応がこれになります。

　特許法は、間接侵害にあたる場合として、発明の分類による規定差を除けば、大きく3類型を設けています。すなわち、

① **特許発明の実施のため「にのみ」用いるものを業として生産等する行為**（特許法101条1号、4号（専用品の間接侵害））

② **特許発明の実施に用いるもので、発明による課題の解決に不可欠なものを、特許発明であることおよびその物が発明の実施に用いられることを知りながら、業として生産等する行為**（特許法101条2号、5号（非専用品の間接侵害））

③ **特許製品を、業として、譲渡等するために所持する行為**（特許法101条3号、6号（実施のための所持行為に対する間接侵害））
の3類型となります。

　これらの行為がされている場合、その後に特許権侵害となる行為が行われる可能性が高いことと、予防等の観点から、侵害に至る前段階で侵害とみなして、特許権に基づく対応を可能にさせているのです。

　一方、**設例②**の場合、対象製品Bには、特許発明としての機能のほか、別の機能も付加されているため、Bが、特許発明の実施のため「にのみ」用いられる製品といえるかが問題になりそうです。

　この点について、裁判所は、複数機能を切り替えて使用できる製品につき、特許発明の実施以外の機能も使用できる製品が特許発明の実施「にのみ」用いる物にあたるかという点について、たとえ、機能の切り替えによって特許発明を実施しない使用が可能になるとしても、そのよ

164

うな使用形態が、当該製品の経済的、商業的または実用的な使用形態とは認められない場合には、「その発明の実施にのみ使用する物」にあたる、との判断を示しました（大阪地判平12.10.24判夕1081号241頁）。

　なお、裁判所は、同様に、専用品の間接侵害の場合における「にのみ」用いる物とは、他の用途に使おうと思えば使える、程度では足りず、経済的、商業的または実用的な用途であることが必要であると判断しています。

　このような、間接侵害という法律上の特許権の範囲の修正と、当該規定の運用の仕方によって、特許権を回避するために無理やりに機能を付加したりするような場合についても、特許権の効力を及ぼすことができるものと考えられています。

　設例②の場合についても、対象製品Bに付加されている機能が、経済的、商業的または実用的な観点から、当該機能のみを用いる使用が想定されない場合等であれば、製品Bの製造等行為は、貴社特許権の侵害とみなされる行為として、貴社特許権にもとづき、その製造等の中止を求めることができると考えられます。

《外国の特許権》

 突然、外国から「WARNING」というタイトルの文書が届きました。PATENT INFRINGEMENTと記載してあるので、どうやら、特許権侵害を理由とする損害賠償請求のようです。どのように対応すればよいのでしょうか。

 特許権は国ごとに手続きをして登録しなければ効力がありません。"国際特許"などというものは存在しないので、まずは、日本において当該発明が特許権として登録されているかどうかを確認しましょう。

1 "国際特許"とPCT国際出願

たまに、中小企業のメーカーが販売する真新しい商品などに、"国際特許"などという表記がされていたりします。

また、ドラマでも、「この技術には国際特許がある」などといったセリフがあったりします。

しかしながら、表現の自由や思想の自由のように自然かつ当然に発生する権利と異なり、「特許」というシステムは、法律によって初めて創作された権利です。したがって、「法律」というものが原則としてその法律が制定された国・地域のみに適用されるものである以上、法律によって認められた特許権も、その国・地域でしか適用されませんし効力もありません。これを特許権における属地主義の原則といいます。

要するに、「世界中で通用する万国共通の特許権」というものは存在しないわけです。

ところで、"国際特許"と似て非なるものに「PCT国際出願」という制度があります。

正式には、「特許協力条約（Patent Cooperation Treaty）に基づく国

際出願」と呼ばれるこの制度は、例えば、日本において特許出願する際、この条約に従った手続きをすることで、特許協力条約に加盟する国々（令和元年10月時点で153カ国、特許庁ウェブサイト参照）すべてに同時に出願したことと同じ効果を与えるものです。

　もっとも、この制度は、あくまで「出願」時における手続きであり、その後の手続き（日本で言えば、公開手続き、審査手続きなど）は、それぞれ、特許権を取得したい国・地域ごとに行わなければなりません。

　そのため、実際に、世界中の国・地域で特許権を取得し、"国際特許"を主張したいのであれば、各国・各地域ごとに費用をかけて手続きをしなければならず、莫大な費用がかかることになります。

【PCT国際出願の特徴・メリット】
① 一つの手続き（出願）ですべての加盟国でも出願日を確保できる
　　PCT国際出願では国際的に統一された出願書類をPCT加盟国である自国の特許庁に対して1通だけ提出すれば、すべてのPCT加盟国に対して国内出願をしたのと同じ扱いを受けることができます。
　　つまり、そのPCT国際出願に与えられた国際出願日は、すべてのPCT加盟国における国内出願の出願日となります。
　　（特許は"先着順"のため、この出願日が重要になるわけです）
② 簡素な出願・手続きでできる
　　PCT国際出願に関するほとんどの手続きは、自国の言語で自国の特許庁に対して提出でき、その効果はすべてのPCT加盟国に及びます。
　　そのため、各国言語で各国へ手続きを行う直接出願に比べて手続きが容易で効率的です。
③ 特許として認められるかどうか早期の調査ができる
　　すべてのPCT国際出願は、その発明に関する先行技術があるか否かを調査する「国際調査」の対象となります。

先行技術調査が困難な分野でも、国際公開、各国への国内移行の前に国際調査の結果を取得することができ、自分の発明の評価をするための有効な材料として利用することができます。

④ **30カ月の猶予期間がある**

特許権を取得したい外国で手続きを進めるかどうかは、優先日（出願日）から30カ月以内（例外あり）に判断すればよいので、市場動向の変化や技術の見極めなどによって、それぞれの国で手続きを進めるかどうかをじっくり検討することができます。

もちろん、30カ月を待たずにその国での手続きを進めることも可能です。

(特許庁リーフレット：「特許協力条約（PCT）に基づく国際出願制度」参照)

2 外国の特許権に対する司法判断

アメリカ合衆国には、自国の法律を外国の企業に適用させる場合があるのですが、このような発想が現れている法律の一つに、米国特許法207条、271条(b)項、283条があります。

これは、「アメリカ合衆国で認められた特許権を侵害する商品が国外から輸入された場合、政府は、当該商品の輸出国（外国）での製造を差し止めることができる」という内容の法律なのですが、かつて、アメリカ合衆国の特許権を取得した者（ただし、日本の特許権は取得していない）が、アメリカ合衆国の特許権を侵害する商品を販売する日本企業に対し、日本の裁判所に「米国特許法に基づき日本国内での商品製造を差し止める」という訴訟を提起したことがあります。

この事件は最高裁判所にまで係属して争われましたが、最高裁判所は、「我が国においては、外国特許権について効力を認めるべき法律又は条約は存在しないから、米国特許権は、我が国の不法行為法によって

168

第3章 ● 知的財産に関するトラブル

保護される権利に該当しない。したがって、米国特許権の侵害に当たる
行為が我が国においてされたとしても、かかる行為は我が国の法律上不
法行為」にならない旨、判断しました（最一小判平14.9.26民集56巻7
号1551頁）。

　要するに、日本ではアメリカ合衆国の特許権を保護する法律も条約も
ないから日本でアメリカ合衆国の特許権を侵害しても不法行為にはなら
ないし、商品製造の差止めもできない、という判断です。

　このように、外国の特許権を取得しているからといって、当然に偉そ
うな態度をとることはできないので、まずは、日本で特許権として登録
されているかどうかを確認してみましょう。

第**4**章

景品広告に関する問題

おもな法令

独占禁止法
景品表示法
不正競争防止法　ほか

《比較広告に関する注意点》

Q37 新商品を売り出す際の広告において、既存の商品との差別化をアピールしたいと考えています。他社の商品と比較した広告を掲載する際に何か規制はあるのでしょうか。

A 「比較広告」自体が禁止されているわけではありませんが、(1)比較広告で主張する内容が客観的に実証されていること、(2)実証されている数値や事実を正確かつ適正に引用すること、(3)比較の方法が公正であること、という三つの要件を満たす必要があります。なお、事実に反する内容や、消費者にわざと誤解を与えるような広告はご法度です。

1 「ペプシNEXZERO」のCMを覚えていますか？

> 劇場風の舞台に設置されたスクリーンに「ペプシNEXZERO」「コカ・コーラ ゼロ」と大きく映し出された、とある記者会見の会場が映る。壇上の女性が「ペプシ！」と商品名を読み上げると、青い服を着たペプシ陣営が大喜びし、スクリーンには「61％、31％」という円グラフが映し出される。

このようなテレビCMを覚えていますか。

平成26年頃のサントリーの「ペプシNEXZERO」テレビCMですが、ライバル企業の商品である「コカ・コーラ」と比較して「どちらが美味しいか」を直接的に表現する手法によるCMに、驚きと戸惑いすら覚えてしまいました。

もっとも、商品のキャッチコピーやCM上の表現・演出も、憲法上の「表現の自由」に該当するものとして、他人の名誉を毀損したり侮辱したりするものではない限り、「違法」とされることはないはずです。

果たしてこのような「比較広告」には、どんな問題があるのでしょうか。

第4章 ● 景品広告に関する問題

2 景品表示法との関係

まず、景品表示法は、「自社の商品の内容や取引の条件について、競業他社の商品よりも著しく優れている、有利である、と誤解させるような表示」を「不当表示」として禁止しています。

具体的には、商品やサービスの内容について、事実に反し、ライバル企業のものよりも優良であると消費者に誤解させるような広告、例えば、「この成分を配合した商品は当社だけ（実は、他社も使用している）」という虚偽表示は、「優良誤認表示」として景品表示法5条1号により禁止されています。

また、商品やサービスの内容について、事実に反し、ライバル企業のものよりも有利であると消費者に誤解させるような広告、例えば、「他社の商品よりも2倍の成分を配合しています（実は、他社と同じ内容量）」という虚偽表示は、「有利誤認表示」として同法5条2号により禁止されています。

そして、同法は、このような広告を是正するために、消費者庁や各都道府県に対し、これらの広告を差し止めたり、立入り検査を行ったりする権限を規定しています。

3 不正競争防止法との関係

次に、不正競争防止法2条1項21号は、「競争関係にある他人の営業上の信用を害する虚偽の事実を告知し、又は流布する行為」を「不正競争」と規定し、このような不正競争によって被害を受けた企業などに対し、当該行為の差止請求権や損害賠償請求権を認めています。

例えば、「A社の新商品には欠陥があります」、「B社の携帯電話の通話エリアは、当社の3分の1しかありません」といった虚偽の事実を吹聴したりすることは、同法によって規制されることになります。

前述の景品表示法が違法な広告から「消費者」を保護する法律（いわ

173

ゆるB to C規制）であるのに対し、不正競争防止法は、違法な広告から「企業などの事業者」を保護する法律（いわゆるB to B規制）として、それぞれ別の目的から広告を規制しているわけです。

実際、「自社商品の説明会において、他社商品の材質や品質について虚偽の事実を告げて自社商品をアピールした行為」について、東京地方裁判所は当時の不正競争防止法2条1項14号（現在の同項21号）に該当すると判断し、当該行為の差止めや損害賠償を認め、さらに、信用回復措置として説明会に出席した業者に訂正文を送付することなどを命じたという事件もあります。

---

4 「比較広告」に関するガイドライン

このような法律上の厳しい規制があるため、日本では、これまでライバル企業の商品やサービスと自社商品を比較してアピールする方法、いわゆる「比較広告」を忌避する傾向が強かったわけです。

ところが、昭和62年に公正取引委員会が公表し、平成28年に消費者庁が改正した「比較広告に関する景品表示法上の考え方」には、まず、「競争事業者の商品との比較そのものについて禁止し、制限するものではない」と明記されており、「比較広告」すべてを禁止するものではないことが謳われています。

もっとも、景品表示法との関係において、前述の「不当表示」とならないようにするために、下記①～③の三つの要件を満たすことを要求しています。

① 比較広告で主張する内容が客観的に実証されていること
② 実証されている数値や事実を正確かつ適正に引用すること
③ 比較の方法が公正であること

例えば、「A社商品より10％安い！」という広告ならば、「値段」の点が事実であれば①と②は簡単にクリアできるでしょうし、後は、比較する商品の内容量、大きさなどの点で不当なものでなければ③もクリ

第4章 ● 景品広告に関する問題

アできるでしょう。

　また、この例のように、「コカ・コーラより美味い」といった消費者の主観が入るようなものであったとしても、「100人中、60人の『美味い』という回答による」といったアンケート調査に基づいたものであれば、①と②はクリアできるでしょうし、当該アンケートの手法が一般に公正妥当とされているものであれば③も満たすことでしょう。

　このように、立派なガイドラインがあるにもかかわらず、日本ではあまり比較広告の手法が採用されていません（せいぜい、前述の例や、携帯電話のキャリアの例くらいでしょう）。

　今後、個々の商品やサービスの特性、広告の影響の範囲や程度等を考慮した比較広告に関する正常な商慣習が確立し、適正な比較広告が行われるようにするためには、公正取引協議会などの公的機関において自主規制基準などを作成し、適切に運用されることが必要となるでしょう。

　なお、「比較広告は欧米ではよく行われている手法である」と説明されることがありますが、これは間違いです。確かにアメリカ合衆国ではかなり自由に行われているようですが、ヨーロッパ諸国では「比較広告に関する指令」などで、この種の広告は厳しく制限されているようです。

175

《景品規制の概要》

 自社製品の販売促進のため、抽選で景品をプレゼントしたり、商品を購入してくれたお客様全員に景品類をプレゼントしたりしたいのですが、何か注意すべきことはありますか。

 応募に対し抽選で商品を提供したり、お客様全員に景品類を提供したりする場合、その提供方法ごとに制限があります。
　制限に違反して景品類を提供した場合、行政処分である排除命令の対象となりますし、一定の場合、罰則が科されることもあります。

1　景品表示法のもう一つの目的

　景品表示法は、独占禁止法が禁止する「不公正な取引方法」のうち、「不当に競争者の顧客を自己と取引するように誘引し、または強制すること（不当な顧客誘引の禁止。同法2条9項6号ハ）」について、同法の特別法の関係にある法律です。

　景品表示法は、「表示規制」と「景品規制」という2種類の規制をもって、不当な顧客誘引を防止し、商品やサービスに対する消費者による適正な選択の確保を図ることを目的としています。

　「表示規制」については、**Q37**にて、規制される「有利誤認」表示や「優良誤認」表示となる商品・サービスの広告について説明しました。

　本稿では、同法のもう一つの規制である「景品規制」、すなわち、企業等による景品類の提供を制限することをもって不当な顧客誘引を防止する規制について説明します。

　ここで、景品類を配ることは、消費者にとってメリットになることはあっても、デメリットがあるわけがない、と感じるかもしれません。

　しかし、本体の商品と比較して高額な景品を配布したり、過剰なサービスを提供したりすると、消費者は景品類に目を奪われて本来の目的で

第4章 ● 景品広告に関する問題

ある商品の良し悪しを吟味することを忘れ、質の悪いものを購入させられたりするおそれがあります。また、メーカーは本来の責務である商品の開発・改善を怠り、その結果、質の良い商品を提供する企業が淘汰され、最終的には市場に質の悪い商品ばかりが出回ってしまいます。

　このような理由から、景品表示法は、将来にわたって長く消費者の利益を守るため、早い段階から必要以上の景品類を提供することを規制したわけです。

2　四つの景品規制

　景品表示法の規制対象となる「景品類」とは、「顧客を誘引するための手段として、その方法が直接的であるか間接的であるかを問わず、くじの方法によるかどうかを問わず、事業者が自己の供給する商品又は役務の取引（……）に付随して相手方に提供する物品、金銭その他の経済上の利益であつて、内閣総理大臣が指定するもの」（景品表示法2条3項）をいいます。

　そして、内閣総理大臣は、公正取引委員会を通じ、「物品、金銭、金券、供応」などを指定していますので、要するに景品類とは「モノやカネ目のもの」全部を指すことになります。

　その上で景品表示法は「景品類」を次の①〜④の四つの類型に分け、それぞれ異なる規制を設けています。このため、景品類の提供を行う場合には、今回の景品企画がどのような類型に該当するのかを検討しなければなりません。

①　一般懸賞

　　くじ引きやじゃんけんなど偶然性に左右されるものや、パズルやクイズなどによる競争などで消費者の一部に対し、景品類を提供する場合

②　共同懸賞

　　商店街や一定地域の同業者が共同で懸賞を実施する場合

177

③ **総付景品**

一般消費者に対し、抽選や競争などを課さずに全員に対し景品類を提供する場合

④ **オープン懸賞**

商品を買った人などに限らず、誰でも応募できる懸賞。現在は規制なし

3 一般懸賞に対する規制

一般懸賞の場合、景品類を提供するおおもととなる商品やサービスの価格によって制限があります。

5000円未満の商品やサービスの場合、景品類は取引価格の20倍までと定められています。また、景品類の総額は、その予定している売上げの2％以内にしなければなりません。

例えば、2000円のゴルフボールセットを1000セット販売する予定において抽選で5名のお客様にゴルフウェアをプレゼントする場合には、200万円の売上げが見込めるので総額4万円を景品類に充てることができます（(2000円×1000セット）×2％)。次に、5名を当選させるのであれば、総額4万円を5人で分けるので、1人8000円（なお、(2000円×20倍＝40000円）の範囲内）まで景品類を用意することができます。

4 総付景品に対する規制

次に、総付景品（全員に提供される景品）の場合、「取引価額が1000円未満」の場合は「200円」まで、「取引価額が1000円以上」の場合は「取引価額の20％まで」という制限があります。

したがって、例えば、5000円の書籍を購入したお客様全員に対し、もれなく景品類（いわゆる"おまけ"です）として販売用のカレンダーを提供するような場合には、そのカレンダーは1000円以下のものを用意

第4章 ● 景品広告に関する問題

しなければならないということです（購入額を1万円とするなら2000円まで許されます）。

ここでは、何をもって「取引価格」とするかが総付景品規制をクリアしているかどうかを判断するポイントとなります。

5 景品類規制に違反した場合のペナルティ

景品類の規制に違反する行為を探知した場合、公正取引委員会は、関係者への事情聴取や資料の収集を実施し、規制行為を認める場合には違反行為の禁止を命じるなどの排除命令（景品表示法7条）を発令することがあります。

さらに、これらの排除命令を無視し、違反行為を繰り返したりするものに対しては、2年以下の懲役や300万円以下の罰金を科すといった、重い刑罰を定めています（同法36条1項）。

もちろん、排除命令に従う限り刑罰が科されることはあり得ませんが、平成20年8月に景品類の規制違反を理由に排除命令を受けた全日本空輸のように、企業としての信用を失ってしまう場合もあります。

このため、景品類を提供するキャンペーンを実施する場合には、しっかりと法律と運用基準を理解し、慎重に行うことが肝要です。

179

《不当な顧客誘引・取引強制にあたる行為》

 価格を安くしたり、サービスを提供したりして他社から当社に切り替えるよう消費者にアプローチしたいのですが、注意すべき点はありますか。

 いわゆる独占禁止法が禁止する「不当廉売」や「不当な顧客誘引・取引強制」に該当しないか注意が必要です。該当した場合には課徴金納付命令等を受けることがあります。

また、景品表示法におけるいわゆる景品規制や表示規制にも注意が必要です。よかれと思って付したサービスが景品規制の対象となる場合や、サービスの広告を広告業者に依頼したところ表示規制に該当してしまう場合があります。違反した場合は、課徴金納付命令等を受けることがあります。

1 独占禁止法による規制

市場経済において、商品価格をどのように設定し、どのようなアプローチで買い手に商品を販売していくのかは、原則としては自由競争にゆだねられており、競争の結果としてどのような商品が勝ち残ろうとも、それは自由競争の結果です。しかし、競争が全くの自由競争にゆだねられていると、他者を貶めてでも自分が勝ち残ろうとし、自由競争をゆがめてしまう者が出るのは世の常です。

そのような者により自由競争がゆがめられることがないよう、我が国では、各種業法のほか、「独占禁止法」により、一定の規制がなされています。

(1) 不当廉売に対する規制（独占禁止法2条9項3号）

独占禁止法2条9項3号は、正当な理由がないにもかかわらず、商品や役務をその供給に要する費用を著しく下回る対価で継続して供給することであって、他の事業者の事業活動を困難にさせるおそれがある取引

第4章 ●景品広告に関する問題

方法を不公正な取引方法として禁止しています。

　独占禁止法は、公正かつ自由な競争を維持・促進することを目的としていますので、事業者が企業努力によってより良質な商品や役務をより低価格で提供することは独占禁止法の目的にも沿うところです。

　しかし、競争力のある既存企業が、新規参入者を妨げる目的で安売りを行う場合、新規参入者は資本力がなければ既存業者の安売りのために良質な商品や役務を市場に提供することが困難となり、独占禁止法が目的とする「公正かつ自由な競争」が阻害される事態となります。

　公正かつ自由な競争の結果として価格競争が起こり、より低額な商品提供が行われることは奨励される経済活動ですが、一方で、独占禁止法では、過度な安売りはかえって価格競争を妨げるため制限しており、これらのバランスをとることは非常に難しい問題です。

　どのような場合に不当廉売として規制されるのかについては、公正取引委員会の相談事例集などが参考になります。例えば、以下のような事例では直ちには不当廉売には該当しないとされています。

【相談の要旨】
① 　A社は、外国に本社を置くソフトウェアメーカーの日本支社であり、設立されてまだ間もない。このたび、日本国内において、コンピュータウイルス対策を目的としたセキュリティソフトの販売開始を予定している。
② 　セキュリティソフトは、現在3000万本強が販売されており、既に10社が参入しているが、安全面での信頼性が求められ、販売価格が安ければ販売数量が伸びるというものではないため、知名度の高い事業者が有利であり、上位2社で約80％のシェアを占めている。
③ 　A社は、セキュリティソフトの販売を本格的に開始するに先立ち、自社製品について知名度を上げるために10万本を無料で提供することを企画しているが、独占禁止法上問題ないか。

181

④　なお、ユーザーは当該セキュリティソフトをＡ社のホームペー
ジからダウンロードする際に、Ａ社とライセンス契約を締結する
こととなる。当該契約の有効期間は１年であり、１年ごとのデー
タ更新時に当該契約も更新される。ユーザーは契約更新時には更
新料を支払わなければならず、更新しなければ以後当該ソフトは
使用できなくなる。

（公正取引委員会「独占禁止法に関する相談事例集（平成16年度）」参照）

　この事例において、公正取引委員会は、ソフトウェアについては、開
発に多額の費用を要するものの、一度開発された製品については容易か
つ安価に複製・販売が可能であり、その費用回収については事業者の判
断にゆだねられ得るところ、本件については、Ａ社は当該セキュリティ
ソフトを無料で提供するが、その後、更新料を徴収することにより費用
を回収できると考えており、一定の合理性が認められるとして、不当に
低い対価による提供行為とまではいえない旨回答しています。

　マネタイズのタイミングをずらしているだけであることから、無償提
供の合理性が許容されており、近年において展開されやすい無償サービ
スをきっかけとしたサービス拡大を目指す事業モデルにも参考になると
思われます。

（2）不当な顧客誘引・取引強制に対する規制（独占禁止法２条９項６号ハ）

　一般的に、新規キャンペーンを行う場合に、一定期間、特典が付され
るという販売方法はよく見られるところです。このような販売方法も市
場経済からすると、自由競争として認められるべきものということにな
ります。

　しかしながら、過剰な景品やサービスによる誘引することは競争方法
として許容される限度を超える場合もあり、独占禁止法は、正常な商慣
習に照らして不当な利益をもって、競争者の顧客を自己と取引するよう

に誘引したりすることを禁止しています。

　たとえば、ルームクーラーを販売するのにあたり、購入者に対してカラーテレビを景品として提供するというように、販売する商品や役務そのものではなく、景品に価値を持たせて顧客を誘引する行為は不公正な競争方法になる場合があります。そのため、サービスの提供を付随させることで誘因する場合には、関連性が低い過剰なサービス等にならないように留意する必要があります。

2　景品表示法による規制

　消費者と事業者では有している情報に格差があるため、事業者が悪意をもって事業活動を行えば、消費者による自主的かつ合理的な選択を妨げるおそれがあります。そこで、不当な景品類および表示による顧客の誘因を防止するため、景品表示法により、一定の規制がなされています。

（1）景品規制

　景品表示法では、顧客を誘引するための手段として、方法の如何を問わず、事業者が自己の供給する商品または役務の取引に附随して相手方に提供する物品、金銭その他の経済上の利益であって、内閣総理大臣が指定するものを「景品」としています（同法2条3項）。

　ただし、正常な商慣習に照らして値引きまたはアフターサービスと認められる経済上の利益および正常な商慣習に照らして当該取引に係る商品または役務に附属すると認められる経済上の利益は「景品」に含まれません。したがって、例えば、「○個以上買う方には、○○円引き」、「商品シール○枚ためて送付すれば○○円キャッシュバック」といった経済上の利益は、原則として景品規制の対象外となります。

①　総付景品

　「懸賞」によらずに提供される景品類は、「総付景品」と呼ばれ、取引

価額の2割まで（取引価額が1000円未満の場合は200円まで）の景品であれば許容されています。例えば、商品・サービスの利用者や来店者に対してもれなく提供する金品等や、商品等の購入の申込み順または来店の先着順により提供される金品等が該当します。

② 懸賞による場合

商品・サービスの利用者に対し、くじ等の偶然性や特定行為の優劣等によって景品類を提供することを「懸賞」といい、次に挙げている共同懸賞以外のものを「一般懸賞」と呼びます。抽選券で当たる景品などが当てはまります。一般懸賞の場合は、取引価額の20倍（ただし、上限は10万円）を限度とし、かつ総額は懸賞に係る売上げ予定総額の2％が上限とされます。

③ 共同懸賞

複数の事業者が参加して行う懸賞は、「共同懸賞」と呼ばれます。例えば、商店街などで複数の事業者が共同して行う歳末くじ引きなどがあたります。共同懸賞の場合は、取引価額にかかわらず30万円かつ懸賞に係る売上げ予定総額の3％が上限とされます。

以上の景品のいずれに該当する方法を採用するのか検討し、景品の上限額を遵守しておく必要があります。

（2）表示規制

設問との関係では、いわゆる有利誤認表示が問題となります。

景品表示法5条2号では、事業者が、自己の供給する商品・サービスの取引において、価格その他の取引条件について、一般消費者に対し、不当に顧客を誘引し、一般消費者による自主的かつ合理的な選択を阻害するおそれがあると認められる表示であって、①実際のものよりも取引の相手方に著しく有利であると一般消費者に誤認されるもの、②競争事業者に係るものよりも取引の相手方に著しく有利であると一般消費者に誤認されるもの（有利誤認表示）を禁止しています。

例えば、「当選者の100人だけに割引を行います」と表示しながら、

実際には全員に対して割引後の価額で契約していた場合や、「他社商品の1.5倍の内容量です」と表示しながら、実際には他社と同程度の内容量にすぎなかったような場合があたります。

　意図的にこのような表示を行うことが好ましくないのは、常識的な感覚にも沿うところですが、注意が必要なのは、意図的でない場合においても課徴金納付命令等を受け得るという点です。例えば、広告を行うにあたって、広告業者に依頼し、広告業者の判断で有利誤認表示を行ってしまった場合であっても、事業者自身が課徴金納付命令等を受け得ることとなります。

　広告の表現方法は、営業の観点から消費者の目を引く内容にしてしまいがちですが、法令上の規制があることを念頭に置きながら、自社の広告内容や営業方法を検討する必要があります。

《二重価格表示をする場合の注意点》

 従前よりも商品価格を低くすることができるようになったので、以前の価格との比較を広告に記載したいのですが、何か注意すべきことはありますか。

 以前の価格が、最近、相当の期間にわたって販売されていた価格（「最近相当期間価格」といいます）にあたるならば、以前の価格と新価格の比較を広告に記載しても不当表示にあたるおそれは乏しいといえます。もっとも、以前の価格が「最近相当期間価格」にあたらない場合は、不当表示にあたる可能性も生じ得ます。その場合は、以前の価格が用いられた時期や期間等その内容を正確に表示して、消費者に正確な情報を提供する必要があります。

1 不当表示の規制

　市場に商品やサービスを提供する事業者が、市場の動向や事業者の状況に応じて自由に商品やサービスの価格を決定することは、事業者の活動にとって、もっとも基本的な事項です。価格が適正に表示されることで、事業者間の競争と消費者自身の合理的な選択が確保されます。もし、事実と異なる価格の表示がなされるなど、適正とはいえない価格が表示されれば、事業者間の競争や消費者の自主的かつ合理的選択が阻害されかねません。

　そこで、景品表示法5条は、事業者が提供する商品やサービスについて、不当に顧客を誘引し、消費者による自主的かつ合理的な選択を阻害するおそれがあると認められる表示（不当表示といいます）をすることを禁じています。

2 二重価格表示

　いわゆる二重価格表示は、価格の安さを強調するために最も多用されている表示の手法の一つです。消費者庁が公表している「不当な価格表示についての景品表示法上の考え方」（価格表示ガイドライン。平成28年改正）は、二重価格表示について、「事業者が自己の販売価格に当該販売価格よりも高い他の価格（……）を併記して表示するもの」として定義し、不当な二重価格表示を規制する考え方を示しています（価格表示ガイドライン第4、1）。すなわち、過去の価格と現在の価格との比較を見た消費者は、表示された過去の価格が、実際に販売されていた実績のある価格だろうと考え、それと対比して現在の価格は安くなっていると理解するのが普通です。

　そのため、実際には過去の価格が短期間しか販売されていなかったなどの事情があるのに、そのことがはっきり表示されていなかったら、消費者は、事情がわからずに単に価格が安くなったと誤解するおそれがあります。大げさに価格が安くなったと表示する広告はこのような勘違いを生じさせるおそれがありますので、価格を比較する方法を制限しておく必要があります。

　そこで、価格表示ガイドラインは、「過去の販売価格を比較対照価格とする二重価格表示を行う場合に、同一の商品について最近相当期間にわたって販売されていた価格（注：「最近相当期間価格」）とはいえない価格を比較対照価格に用いるときは、当該価格がいつの時点でどの程度の期間販売されていた価格であるか等その内容を正確に表示しない限り、一般消費者に販売価格が安いとの誤認を与え、不当表示に該当するおそれがある」という考えを示しています（価格表示ガイドライン第4、2（1）ア（ア）b）。

3 最近相当期間価格とは？

　価格表示ガイドラインを前提にすると、現在の価格と過去の価格を広告に一緒に載せて、現在の価格の方が安いことをアピールする場合、まずは、過去の価格が「最近相当期間価格」にあたるかを検討することになります。過去の価格が最近相当期間価格にあたるといえれば、基本的に不当表示にあたりません。

　「最近相当期間価格」にあたるか否かは、「当該価格で販売されていた時期及び期間、対象となっている商品の一般的価格変動の状況、当該店舗における販売形態等を考慮しつつ、個々の事案ごとに検討されることとなる」とされています（価格表示ガイドライン第４、２（１）ア（ウ））。

　これだけでは判断に困りますので、もう少し具体的に定められており、事業者が、ある製品について二重価格表示を行う直近の時において、「過半を占めている」販売価格が最近相当期間にあたるとされています。そして、「過半を占めている」かどうかの判断は、過去の価格で継続して８週間以上前から販売されていた場合は、二重価格表示を行う時点から遡った直近８週間となります（販売期間が８週間未満の場合には、販売開始以降の期間全体、販売期間が断続的である場合には、その期間中の販売期間を合算した期間が検討対象期間になります）。

　このようにして検討対象期間を定めた上で、過去の価格で販売されていた期間が過半を占めているかを見て最近相当期間価格か否かを確認することになります（ただし、過去の価格での販売期間が２週間未満であるか、過去の価格での販売の最後の日から二重価格表示を行う時点までの間に２週間以上経過している場合には、最近相当期間価格とはいえないものとされている点に留意が必要です（価格表示ガイドライン第４、２（１）ア（ウ）））。

第4章 ● 景品広告に関する問題

4 過去の販売価格との二重価格表示が許される場合

（1）販売開始当初の二重価格表示

　本問では、8週間以上連続して過去の価格で販売した直後、より安い新価格で販売するとともに過去の価格を表示する二重価格表示をした場合を想定してみます。

　このような二重価格表示をしていた場合、新価格での販売が4週間を超えた時点で、過去の価格は直近8週間で「過半を占めている」販売価格ではなくなり、最近相当期間価格にあたらないことになります。したがって、この場合、新価格での販売開始後4週間を経過すると、二重価格表示が不当表示と評価される可能性が出てくるということになります。

（2）販売開始後4週間経過後の表示方法

　もっとも、だからといって、二重価格表示ができなくなるわけではありません。消費者に対してきちんとした情報を提供し、誤認のおそれのない表示をしていれば、不当表示と評価されるおそれは低いといえます。したがって、たとえ、過去の価格が最近相当期間価格にあたらなくなったとしても、過去の価格で販売されていた時点、期間を具体的かつ正確に表示することで、不当表示と評価される可能性は低くなります。

　なお、過去の価格の内容を正確に表示していたとしても、新価格を安く見せかけるために恣意的に価格を上げていた場合や、一時的に価格が高騰していた際の価格を過去の価格として表示する場合は、不当表示と評価される可能性がありますので、注意が必要です。

《有利誤認表示にあたる行為》

 商店街等ではよく「閉店セールにより今だけ半額」という表示を見かけます。よく見ていると、毎日「閉店セール」だったり、「今だけ」が1年以上続いているような場合もあるのですが、こういう「限定」を謳った販売方法は法的に何か問題はあるでしょうか。

 偽りの「限定」を謳う販売方法は、景品表示法上の「有利誤認」表示と判断され、消費者庁から、このような販売方法を中止するよう命じられたり、会社名を公表されたり、さらには「課徴金」という罰金に類似する景品表示法上のペナルティーを課せられるリスクがあります。

---

1 何が問題なのか

巷でよく聞く「閉店セール」は、
・期間：閉店するまでの一定期間
・範囲：展示している商品限り
を強調して、「今だけ半額」といったメリットを消費者にあたえることを内容とするものです。

そのため、「今だけ」を前提としているわけですから、もし、閉店セールを「いつまでも」続けるならば、消費者にとってみれば、騙されたということになるわけです。

これに対し、「実際に『今だけ半額』がずっと続くのであれば、消費者にとっては、安い商品を買えるわけだからなんの問題もないじゃないか？」という考えもあります。

しかしながら、「今だけ」が、実は「いつまでも」であったとしても、一般の消費者にとっては、潜在的な"被害"が発生しているのです。

まず、「今だけ半額」として販売されている商品は、よほどの独占状

態ではない限り、日本全国どこでも購入できる商品であると考えられます。場合によっては、隣の店舗で購入することができるかもしれません。

ここで、本来であれば、同じ商品を購入する場合、一般の消費者は、商品を説明してくれる店員の態度やアフターサービス、ポイントがつくとかつかないとか、場合によっては店舗の立地などを考えて商品を購入することでしょう。

ところが、もし、真実は「いつでも半額」であるにもかかわらず「今だけ半額」を大々的に宣伝されてしまうと、一般の消費者は、ほかの商品購入の動機を無視し、「今だけ半額なら、せっかくだから購入しよう」と考えてしまいます。

このように、一般の消費者に「他の店舗から購入する」というほかの選択肢があったにもかかわらず、「今だけ半額」に"釣られ"てしまったことに問題があると理解していただけるかと思います。

要は、常に「半額」で販売しているなら最初から「半額」を表示すればよいわけで、恣意的に販売したことのない値段を提示し、その「半額」を不当に誇張するのは、「お客さんにウソのお得感」を与えているから大問題であるということです。

2 景品表示法が禁止する「有利誤認」

実は、このような販売方法について、景品表示法は「有利誤認」表示と定義し、厳しく規制しています。

もとより消費者は、商品を購入するにあたって、より質の高いもの、より価格の安いものを求め、他方で、商品を供給する事業者は、このような消費者の期待に応えるべく他の事業者の商品よりも質を高め、また、より安く販売する企業努力をします。

そして、このような消費者と事業者の思いが噛み合って市場経済が発展していくわけです。

しかし、品質や価格で勝負するのではなく、「誇大な広告」や「ウソ

の広告」が横行するようになると、消費者が広告に惑わされるようになり、質が良く安い商品を選ぼうとする消費者の適正な選択に悪影響を与え、結果として「商品の品質と価格による競争」が潰されてしまいます。

そこで、公正な競争を確保し、もって一般消費者の利益を保護することを目的として、景品表示法が制定されたのです。

この中で同法5条2号は、実際のものよりも取引の相手方に著しく有利であると一般消費者に誤認されるものであって、不当に顧客を誘引し、公正な競争を阻害するおそれがあると認められる広告等を「有利誤認」として禁止しました。

具体的には、商品やサービスの価格、量、時期、購入方法などについて、実際よりも消費者にとって有利であると誇張して宣伝したりする行為、例えば設例のように、閉店の予定がないにもかかわらず「今だけ半額」などと表示する行為が「有利誤認」表示に該当することになります。

そして、消費者庁による調査の結果、「有利誤認」表示と認められる場合には、消費者庁からこのような行為を直ちに中止するよう「措置命令」が発令されたり、会社名を公表されたりというペナルティーが与えられる可能性があります。

さらには、平成26年の景品表示法改正により、平成28年4月からは、このような違法な販売方法による売上金の3％を「課徴金」として納付するよう命じられることもあるので、注意しなければなりません（同法8条1項参照）。

【有利誤認表示を理由に措置命令が発令された例】
措置命令公表日：平成27年3月20日
対象業者：通信講座にかかる役務の提供会社
内容：あたかも、当該期間内において受講を申し込んだ場合に限り、
　　　正規受講料から1万円値引きするかのように表示したが、約
　　　4年間にわたるほとんどの期間において、正規受講料からの
　　　1万円の値引きをするキャンペーンを実施していた。

第5章

消費者保護規制、業法による規制に関する問題

おもな法令
消費者契約法
特定商取引法
資金決済法　ほか

《個人事業主への消費者契約法の適用》

個人事業主を相手方として当社の商品を販売したところ、消費者契約法に違反していることを理由として契約を取り消すと主張した内容証明郵便が届きました。事業主であるにもかかわらず、消費者契約法が適用されることがあるのでしょうか。

　既に個人事業主として営業されている方へ販売した場合、原則として、消費者契約法の適用はありませんので、取り消す理由にはなりません。しかしながら、事業実態と関連性の低い商品である場合や、事業を開始させるための商品などを販売した場合には、消費者契約法が適用されることがあります。また、消費者契約法を潜脱する目的が認められる場合には、契約が無効とされる場合もあります。

1　契約締結後のクーリング・オフやキャンセルについて

　インターネットなどで情報の入手が容易になり、法的な知識についても入手しやすくなりました。しかしながら、インターネットで掲載されている法的な知識に関する情報は、網羅性に欠ける場合があり、抽象的であるなど、必ずしもそれを使いこなすことは容易ではありません。弁護士でも、リサーチのために法令などを調査することがあり、様々な情報に触れますが、誤った情報が正確であるかのように独り歩きしていることもあり、危険だなと感じることもあります。

　さて、消費者保護に関する消費者契約法や特定商取引法などは、インターネット上で多くの知識が拡散されている分野といえるでしょう。消費者被害というものは数も多く、幅広い方がその情報を求めていますので、体験談などを交えたり、法文を引用しながら解説したり、多くの情報が提供されています。

　なかでも、クーリング・オフ制度については、広く知られることにな

第5章 ● 消費者保護規制、業法による規制に関する問題

り、買った直後であれば、消費者にはいつでもキャンセルできる権利が
あると認識している方が多いのも事実です。

　しかしながら、クーリング・オフ制度は特定商取引法という法律に定
められた権利です。したがって、どのような場合でも適用されるわけで
はなく、適用される条件が定まっています。例えば、訪問販売による場
合や通信販売による場合などが典型的ですが、販売方法がこれらの類型
に該当しない限り、特定商取引法によるクーリング・オフを利用するこ
とはできません。

　消費者契約法についても解除することができるのは、説明不足による
誤認や不当な拘束による困惑が生じた場合などに限られており、どのよ
うな場合であっても後からキャンセルできるという性質のものではあり
ません。

2　消費者契約法や特定商取引法の適用範囲

　消費者契約法や特定商取引法によって、一定の消費者は保護される場
合がありますが、これらの法律は、あくまでも「消費者」の保護を対象
としています。

　例えば、消費者契約法では、消費者の定義として、「個人（事業とし
て又は事業のために契約の当事者となる場合におけるものを除く。）を
いう」と定義されており（同法2条1項）、個人であったとしても、事
業を行っている場合は除外されています。そのため、取引相手が、個人
事業主である場合や会社などの法人格を有している場合などは、原則と
して、消費者契約法の適用はありません。

　また、特定商取引法についても、多くの規定が、「営業のために若し
くは営業として」（同法26条1項1号）締結する契約については、適用
除外とされています。

　消費者契約法が定める、取引先が法人であることは外形的にも明確で
すが、個人の方と取引をする場合には、「事業のため」や「営業のため

195

若しくは営業として」の契約であるのかについては、必ずしも明確ではなく、取引の内容や目的、契約締結までの言動などから判断していくことになります。

　例えば、内職商法と呼ばれるものがかつて問題となっていました。内職用のソフトウェアなどを購入して、内職を行うことで収入を得ることができるといった勧誘を行うというものですが、内職によって収入を得ることができるようになるのであれば、そのソフトウェアなどの購入は「事業のため」に行ったものとなり、消費者契約法の適用が除外されるはずであることに目を付けた商法です。このような商法について、消費者庁ウェブサイトの消費者契約法の逐条解説では、商品購入させることが主な目的であり、内職が客観的に見て実体がなく、事業とは認められないものがあるとしており、単純に収入を得ることができるからといって、「事業のため」であるものとして消費者契約法の適用が除外されるわけではありません。

　また、個人事業主であったとしても、営んでいる事業と全く関係のない商品やサービスの提供を行う場合には、事業との関連性がないことから、「事業のため」や「営業のため」とは認められないこともあります。

3　本問における留意点について

　個人事業主の方を取引相手としている以上、原則として、消費者契約法や特定商取引法の適用はないため、取消しの要求に応じる必要はないでしょう。

　しかしながら、事業の実態がないような状況である場合や対象となる商品やサービスが営んでいる事業との関連性が乏しい場合には、消費者に該当するものとして消費者契約法や特定商取引法による取消しや解除が可能な場合もあるでしょう。

　なお、消費者契約法や特定商取引法の適用を免れることを意図して、個人事業主としての押印を求めたような事例においては、消費者契約法

第5章●消費者保護規制、業法による規制に関する問題

は適用されなかったものの、公序良俗に違反する契約であるとして無効
と判断された例もあります（東京地判平 14.10.18）。したがって、個人
事業主との契約だとしても、事業との関連性を説明できる商品やサービ
スを提供していなければ、思わぬ形で、契約が解除されたり、無効とさ
れたりする可能性もありますので、注意しておくべきでしょう。

《資金決済法によるポイント制度の規制》

当社のサービス利用者に対して、ポイント制度を実施し、当社のサービスや提携会社のサービスの割引等を受けられるようにしようと考えています。法的な規制はあるのでしょうか。

　お客様から現金を受け取ってポイントをあらかじめ発行する場合には、資金決済法の規制を受けることとなります。
　一方、自社製品を購入してくれたお客様におまけとしてポイントを発行する場合で、他社においても利用が可能な場合には、景品表示法の規制を受ける可能性があります。なお、この場合には、資金決済法の定める届出等は不要とされています。

1　あらかじめ現金を受け取ってポイントを発行する場合

　あらかじめ現金を受け取って、商品購入に利用してもらえるポイントを発行する場合には、「前払式支払手段」（資金決済法3条1項）に該当し、同法の規制を受けることになります。
　前払式支払手段は、さらに自社のみの利用を想定している「自家型」（同法3条4項）と自社以外の第三者においても利用することが想定されている「第三者型」（同法3条5項）に分けられ、それぞれ発行するにあたり規制を受けることになります。設問では、自社のみならず、提携会社での利用も可能なポイント制度を想定していることから「第三者型」に該当するため、以下では、第三者型を中心に説明します。

2　第三者型前払式支払手段

(1) 定義（資金決済法3条5項）

　「第三者型前払式支払手段」とは、自家型前払式支払手段以外の前払

式支払手段をいいます。したがって、設問では提携会社における利用が想定されていますので、第三者型前払式支払手段にあたります。なお、提携会社が資本提携関係のある会社の場合には、自家型となる場合もあります。

複数の事業者の商品やサービスなどに利用可能なポイントや証票を発行する場合などが該当し、典型的には、商品券や図書カードのようなものが該当しています。

（2）ポイント制度開始時点の法規制

① 資産保全義務の範囲と資産保全方法

第三者型前払式支払手段の場合も発行者は、自家型前払式支払手段と同様、基準日未使用残高が1000万円を超えるときは、基準日未使用残高の2分の1以上の額の資産を供託等によって保全することが義務付けられています（資金決済法14条1項、資金決済法施行令6条）。

② 社内体制の整備

第三者型前払式支払手段の場合には、登録をしなければなりません。当該登録にあたっては登録拒否事由（資金決済法10条1項）に該当しないよう社内整備をすることが必要となります。

また、併せて以下のような前払ガイドライン（金融庁事務ガイドライン第三分冊　5. 前払式支払手段発行者関係。以下「前払ガイドライン」といいます）上の規制を遵守することを求められることになります。

ⅰ）法令遵守態勢の整備

ⅱ）利用者保護のための情報提供・相談機能の整備

ⅲ）事務運営制度の整備

③ 登録手続き

第三者型前払式支払手段によるポイントを発行するためには、発行者として登録した法人である必要があります（資金決済法7条）。

登録しようとする法人は、資金決済法8条1項各号の事項を記載した登録申請書を提出して登録手続きをしなければなりません。資金決済法

10条は、登録拒否事由を定めていますので、登録申請書提出までには、拒否事由に該当しないよう社内整備をしておく必要があります。

④　加盟店の管理体制の整備

　第三者型前払式支払手段の場合には、加盟店での商品の購入等に使用することも想定されているため、ⅰ）加盟店の公序良俗違反の有無の確認、ⅱ）公序良俗違反があった場合に速やかに加盟店契約を解除できるようにしていること、ⅲ）加盟店契約締結時に確認した事項に著しい変化があった場合に当該変化を把握できる体制を整備していること、ⅳ）加盟店に対する使用実績の報告義務および当該報告の検証体制を整備していることが必要とされます（前払ガイドライン、資金決済法10条1項4号）。

（3）ポイント制度開始後の法規制

① 変更届出

　第三者型発行者は、登録申請時に提出した登録申請書記載事項のいずれかに変更があった時は、遅滞なく、変更届出書と所定の添付書類を添えて財務局長に対して、届け出なければなりません（資金決済法11条1項、前払式支払手段に関する内閣府令20条1項）。

② 監督処分等

　前払式支払手段の発行者は財務局の監督を受けることとなります。

　前払式支払手段を発行する者は、帳簿書類の作成、記録の保存および基準日ごとに前払式支払手段の発行額等の報告を求められます（資金決済法22条、23条）。

　そのため、必要な場合には、財務局長から帳簿書類等の検査や資料の提出等を求められ、業務改善命令や業務停止命令を受ける場合があります（資金決済法24条ないし26条）。また、資金決済法27条1項各号のいずれかに該当する場合には、第三者型前払式支払手段の登録を取り消される場合があります。

第5章 ● 消費者保護規制、業法による規制に関する問題

図表10　各形式の前払式支払手段の法的手続き

	自家型前払式支払手段	第三者型前払式支払手段
発行主体	個人・法人・事業体を問わない	法人のみ（7条）
届出、登録	原則：届出は不要 例外：基準日未使用残高が1000万円を超えた場合には届出が必要（5条1項）	登録が必要（7条）
届出、登録内容の変更	財務局への届け出が必要（自家型につき5条3項、第三者型につき11条1項）	
社内体制の整備	前払ガイドラインに準じた社内整備	登録拒否事由（10条1項）の排除および前払ガイドラインに準じた社内整備
資産保全義務の範囲と資金保全方法	範囲：基準日未使用残高が1000万円を超えた場合には、基準日未使用残高の2分の1（14条1項） 方法：供託（14条）、機関保証（15条）、信託（16条）	
監督処分	帳簿書類の作成、記録の保存（22条）、報告書の作成（23条）、業務改善命令（25条）、業務停止命令（26条、27条）	
	基準日未使用残高が1000万円を下回っている場合には、報告書の作成は不要（23条3項）	登録取消し（27条）

＊（　）内の数字は資金決済法上の条文番号です。

201

3 自社製品購入に対するおまけとしてポイントを発行する場合

　ポイント発行をするためだけに対価を受け取るような制度ではない場合には、前払式支払手段に該当しないため、資金決済法の適用は受けません。

　しかし、製品購入に対するおまけとして「景品類」に該当する可能性があるため、景品表示法についても検討しておく必要があります。

　事業者が一般消費者に対して懸賞によらないで提供する景品類（「総付景品」と呼ばれています）については、不当な景品類の提供によって消費者の適正な商品選択がゆがめられることによる、事業者間の公正な競争の阻害を防止するために景品類の額が決まっています。具体的には、購入金額が1000円未満の場合には200円まで、それ以上の金額の場合には、購入金額の10分の2以内の金額とされています（内閣府告示「一般消費者に対する景品類の提供に関する事項の制限」1条）。

　ただし、景品類の規制に関する行政解釈である「景品類等の指定の告示の運用基準について」においては、「正常な商慣習に照らして値引き又はアフターサービスと認められる経済上の利益」などについては、景品類に含まれないものとされており、ポイントの利用方法を自社の商品購入やサービスに対する値引きとしてのみに限定するのであれば、景品類に該当せず限度額の規制も及びません。

　設問では提携会社のサービスまで含めてポイントの対象としようとしていますので、原則として景品類の規制が及びます。自社と他店において、同額の値引きを行うような場合には、正常な商慣習に照らして正当なものと認められるものであれば、景品類に該当する場合であっても規制を適用しないとされていますが、いかなる範囲が正常な商慣習と認められるかは明確ではありません。

　したがって、景品類の規制を気にすることなくポイントを発行したい場合には、自社のサービスのみに利用範囲を限定するのも検討に値します。

第5章 ● 消費者保護規制、業法による規制に関する問題

《フランチャイズ契約》

 当社が有するノウハウを活用してフランチャイズチェーンを展開したいと考えています。加入する方は、事業主として責任を持って運営してもらう予定です。フランチャイズを展開するにあたって気を付けなければならない点はありますか。

 本部事業者は、本部事業者と加盟予定者との間には各種情報格差や地位の優越性があることを理解し、加盟予定者に対して、事前に十分な情報開示をする必要があります。また、契約終了後の関係を見据えて契約を締結するなど、法的紛争を未然に防ぐことに気を付けなければなりません。

1　フランチャイズ契約とは

　フランチャイズ契約とは、一般に本部事業者（フランチャイザー）が加盟者（フランチャイジー）に対して、特定の商標、商号等を使用する権利を与えるとともに、加盟者の物品販売、サービス提供、その他の事業・経営について指導、援助を行い、これに対する対価として加盟者が本部事業者に金銭を支払う事業形態をいいます。
　フランチャイズ契約を締結する目的は、既に十分な知名度やノウハウがある本部事業者が、これから起業を考えている加盟予定者に対して、商標やノウハウ等の使用を許すことで、本部事業者はさらなる事業の拡大を行って自らの事業発展を目指し、加盟者は商標等を利用して単独で起業するよりも大きな利益を上げることにあります。

2　法的紛争の背景とは

　フランチャイズ契約において、加盟者は、本部事業者に雇われた被用

203

者ではなく独立した事業者として扱われます。加盟者は、加盟している事業で大きな収益を上げることができる反面、自らの店舗で赤字が出た場合、自ら補填をしなければなりません。

　もっとも、一般的に加盟者の多くは、脱サラや定年退職された方が多く、彼らは言わばその道の経営に関しては素人といえます。そのため、本部事業者と加盟者との間では、マネジメントスキルや経験において、大きな差があります。

　その結果、一定の加盟者の中には、思うように収益を上げることができなかった際、本部事業者に対して「こんなはずじゃなかった」、「話が違う」などという不満が生じる可能性があります。その不満が、損害賠償請求等の法的紛争へと発展していきます。

3　フランチャイズ契約締結に際する注意事項

　上記のような問題を生じさせないためにも、本部事業者は各種法的規制を遵守し、加盟予定者に対して十分な説明義務を果たす必要があります。したがって、これらの情報開示を満たす形で準備された重要事項説明書を用意することが一般的です。

（1）中小小売商業振興法に基づく情報開示

　特定連鎖化事業（いわゆる小売・飲食のフランチャイズチェーン）について、中小小売商業振興法は、本部事業者に対して、契約締結に際してあらかじめ加盟者の利益に関わる一定事項を記載した書面の交付と、当該事項についての説明義務を課しています（中小小売商業振興法11条1項、同法施行規則10条、11条）。

204

第5章 ● 消費者保護規制、業法による規制に関する問題

> 【中小小売商業振興法で定められている主な事前開示情報】
> ・　本部事業者の概要（株主、子会社、財務状況、店舗数の推移、訴訟件数等）
> ・　契約内容のうち加盟者に特別な義務を課すもの等、加盟者にとって重要な事項
> 　　例えば、① テリトリー制の有無（＊テリトリー制とは、本部事業者が加盟者に対して、事業展開地域を指定する制度のことをいいます）
> 　　　　　　② 競業避止義務、守秘義務の有無
> 　　　　　　③ 加盟金、ロイヤリティーの計算方法といった金銭に関すること
> 　　　　　　④ 商品、原材料などの取引条件に関すること
> 　　　　　　⑤ 契約期間、更新条件、契約の解除事由等

　特定連鎖化事業を行う者が、事前開示を行わなかった場合、主務大臣は、その特定連鎖化事業者に対して、中小小売商業振興法に従った事前開示を行うように勧告することができるとともに、もし勧告に従わない場合には、社名等を公表することができます（中小小売商業振興法12条）。

（2）独占禁止法に基づく誇大情報開示等の禁止
ア　欺瞞的顧客誘引の禁止

　本部事業者が、加盟予定者に対して、重要事項についての十分な開示を行わなかったり、虚偽もしくは誇大な開示を行うことで、実際のシステムの内容よりも優良であると誤信させたり、競争者の顧客を自己と取引するように不当に誘引する場合には、欺瞞的顧客誘引（独占禁止法19条、2条9項、一般指定8項）となる場合があります。

　そして、欺瞞的顧客誘引に該当する場合、公正取引委員会は、本部事業者に対して、当該行為の差止め、契約条項の削除その他必要な措置を

205

命じることができます（措置命令：独占禁止法20条1項）。

イ　優越的地位の濫用の禁止

　公正取引委員会が公表するフランチャイズ・ガイドラインでは、禁止される優越的地位の濫用として五つの例示を示しています。この例示に該当する場合で、営業を的確に実施するために必要な限度を超えて、正常な商慣習に照らして不当に不利益を与える場合には、優越的地位の濫用（独占禁止法2条9項5号）として、排除措置命令等を公正取引委員会から受けることがあります（独占禁止法20条等）。

　なお、優越的地位の濫用にあたる場合、公正取引委員会から、本部事業者に対して、課徴金納付を命じられることになります（独占禁止法20条の6）。

【フランチャイズ・ガイドラインによる五つの例】

① 　取引先の制限

② 　仕入数量の強制

③ 　見切り販売の制限

④ 　契約締結後の契約内容の変更

⑤ 　契約終了後の競業禁止

（3）信義則上の説明義務

　本部事業者は、フランチャイズ契約を締結するに当たり、加盟予定者に対して、フランチャイズ契約に関する意思決定のための判断材料になる客観的かつ的確な情報を提供すべき義務を負うと解されています（東京高判平11.10.28判時1704号65頁など）。

　本部事業者は、豊富な知識経験やノウハウ、人的・物的資源を駆使して組織的に情報を収集・分析することができます。

　これに対して、加盟予定者は、一般的に情報を持たず、自ら情報を収

第5章 ● 消費者保護規制、業法による規制に関する問題

集する能力も乏しいといえます。そのため、加盟予定者は、フランチャイズ契約締結に踏み切るかどうかの判断材料として、本部事業者から提供される情報以外に持ち合わせがないといえます。

　そのため、本部事業者は、加盟者に対して、信義則上の情報提供義務を負うとされています。

【名古屋地判平10.3.18判タ976号182頁】
　持ち帰り弁当の販売に関するフランチャイズチェーンを展開している本部事業者と契約を締結した加盟者が、本部事業者が行った売上予測の調査は杜撰で、それに基づく売上予測の算出も恣意的であり、信義則上の注意義務に違反しているとして、損害賠償の請求をしました。
　裁判所は、本部事業者が行った調査の具体的内容、売上予測の算出方法自体の合理性、右計算方法に当てはめる数値設定の合理性、算出にあたる者の経験等の諸事情を詳細に検討した上で、本部事業者が行った市場調査は不十分で、不正確かつ不適切な情報を提供したものといえるとし、本部事業者は、情報提供義務を怠ったとして、損害賠償請求が認容されました。

4　フランチャイズ契約終了後の関係について

　フランチャイズ契約によって、加盟者は本部事業者のノウハウや物品等を仕入れることができます。そのため、契約終了に際しての各種取決めを行っていないと、加盟者が授かったノウハウ等を駆使して、新たに収益を得るのに対して、本部事業者には一切のロイヤリティーが支払われないといったおそれが生じます。

　そのため、フランチャイズ契約を締結するに際しては、契約終了後の事情も考慮しておくことが重要となります。具体的には、ノウハウ等に

207

関する守秘義務について、違反した場合のペナルティを事前に定めておく必要があります。また、貸与物品の返還や商標等の使用禁止についても事前に定めておく必要があります。

5 さいごに

　本部事業者にとって、フランチャイズチェーンは、加盟者から安定した長期的利益が得られ、さらなる事業拡大を図れるといった利点があります。

　しかし、本部事業者には、各種規制や義務が定められています。また、本部事業者は、事業展開を見据えて加盟者との事前の取決めを行っておく必要があります。そのため、フランチャイズチェーンの展開を考える場合には、弁護士等の専門家に相談を行い、将来の紛争を未然に防ぐ必要があるでしょう。

第5章●消費者保護規制、業法による規制に関する問題

《販路拡大する場合の手続きと注意点》
当社の商品は、一部の地域で販売していたところ、口コミで評判が広まり、当社が展開していない地域でぜひとも販売したいという企業から連絡がありました。どのような契約を結んでおくとよいのでしょうか。

いわゆる、代理店契約や販売店契約を締結し、販路を拡大する方法が考えられます。代理店契約と販売店契約、どちらの契約類型が適切かは、御社の販売戦略や製品特性によります。販路の拡大にあたっては、独占販売権や、テリトリー制等を契約に盛り込むことも考えられます。これらの契約を締結するにあたっては、独占禁止法上の規制等に注意が必要です。

1　販路の拡大方法

（1）販売提携関係の構築方法

　自社製品の販売提携関係を他社と構築する方法としては、販売店契約または代理店契約を締結する方法があります。

　販売店契約とは、販売店がメーカーから自己の名前と計算で商品を仕入れると同時に販売権を得て、顧客に商品を再販売する契約をいいます。

　代理店契約とは、代理店がメーカーの代理人となり、代理店がメーカーの製造した商品を顧客に販売する契約をいいます(**図表11**、**図表12**を参照)。

（2）販売店契約と代理店契約の違い

ア　価格決定の主導権

　販売店契約では、販売店が価格を決定することが多いといえます。代理店契約ではメーカーが価格を決定する場合が多いです。

イ　代金回収リスク

　販売店契約では、販売店が代金の未回収リスクを負います。代理店契

図表11　販売店方式

図表12　代理店方式

約ではメーカーが代金の未回収リスクを負います。

　とはいえ、代理店契約でも、代理店がメーカーの事務手続きを軽減させるため、代理店がメーカーに代わって商品の販売代金を受領することは少なくありません。その後、代理店は預かった販売代金から代理店の販売手数料を控除した残額をメーカーに返金することが通常です。
ウ　在庫リスク
　販売できなかった場合に誰が損失をこうむることになるか（在庫リスクを誰が負担するか）という点について、販売店契約では販売店が在庫リスクを負い、代理店契約ではメーカーが在庫リスクを負うことになります。
エ　報酬
　販売店契約の報酬は転売差益であり、代理店契約の報酬は販売手数料となります。
　転売差益とは、メーカーからの仕入価格と顧客への販売価格の差額です。
　代理店契約における販売手数料については、売上額に一定の算定率を乗じて算出される例が多いと思われます。
　販売手数料を設定する際には、一定の算定率を乗じた後の手数料の額に消費税相当額が含まれるか否か、解約・返品等があった場合でも売上

額に含まれるのかそれとも控除されるのか等についても明確にしておく
必要があります。

2 独占販売権の設定

独占販売権とは、特定の販売店・代理店のみがメーカーと取引をする
ことができる権利をいいます。

販売店・代理店がメーカーから独占販売権の取得をすれば、当該販売
店・代理店は、当該メーカーの商品を独占的に扱うことができ、販売力
を強化することができます。

もっとも、独占販売権はメーカーにとっては、販売機会の喪失につな
がるおそれのある権利です。独占販売権の設定を行う際には、販売店・代
理店の販売実績の調査を行い、最低販売数量（ノルマ）を保証させ、最
低販売数量を達成できない場合には独占販売権を喪失させる規定を設け
るなどして、独占販売権の条件および範囲を限定することが考えられます。

3 テリトリーの設定

（1）テリトリー制の導入

代理店契約や販売店契約を締結する際には、テリトリー制を設けるこ
とを検討してもよいかもしれません。

テリトリー制とは、メーカーが販売店や代理店の販売活動に関して地
域的な制限を設けることをいいます。

テリトリー制は、販売店同士の共喰いを避け効率的な販売活動を実現
したい場面や、アフターサービス体制確保を意図して導入される場合が
多くみられます。

もっとも、テリトリー制は、場合によっては、独占禁止法で規制され
ている「不公正な取引方法」（2条9項）に抵触する可能性があります
ので、導入にあたっては注意が必要です。

211

独占禁止法違反を取り締まる公正取引委員会は「流通・取引慣行に関する独占禁止法上の指針」（平成29年改正。以下「ガイドライン」といいます）第1部−第2−3−(1)上で、テリトリー制を以下の四つの類型に分類し、それぞれの適法性に言及しています。

（2）テリトリー制の類型
①　責任地域制
　メーカーが流通業者に対して、一定の地域を主たる責任地域として定め、当該地域内において、積極的な販売活動を行うことを義務付ける類型。
②　販売拠点制
　メーカーが流通業者に対して、店舗等の販売拠点の設置場所を一定地域内に限定したり、販売拠点の設置場所を指定したりする類型。
③　厳格な地域制限
　メーカーが流通業者に対して、一定の地域を割り当て、地域外での販売を制限する類型。
④　地域外顧客への受動的販売の制限
　メーカーが流通業者に対して、一定の地域を割り当て、地域外の顧客からの求めに応じた販売を制限する類型。

（3）テリトリー制の適法性
①　責任地域制　と　②　販売拠点制
　メーカーが商品の効率的な販売拠点の構築やアフターサービス体制の確保等のため、流通業者に対して責任地域制や販売拠点制をとることは、厳格な地域制限または地域外顧客への受動的販売の制限に該当しない限り、通常、これによって価格維持効果が生じることはなく、違法とはならない旨、ガイドライン上に記載があります（ガイドライン第1部−第2−3−(2)）。
　もっとも、①および②は、契約の文言だけで判断されるものではありません。契約全体から、実質的には以下で説明する③または④にあたる

第5章 ● 消費者保護規制、業法による規制に関する問題

場合や契約上の記載とは異なり、実態としては制限が③または④に相当するような場合は違法となる可能性がありますので、注意が必要です。

③ 厳格な地域制限

「市場における有力なメーカー」が流通業者に対し厳格な地域制限を行い、これによって「価格維持効果が生じる場合」には、不公正な取引方法に該当し、違法となる旨、ガイドライン上で示されています（ガイドライン第1部－第2－3－(3)）。

「市場における有力なメーカー」といえるか否かは、当該市場におけるシェアが20％を超えるかどうかが目安となります（公正取引委員会ホームページ「よくある質問コーナー（独占禁止法）」のQ17）。

また、「価格維持効果が生じる場合」にあたるか否かは、対象商品をめぐるブランド間競争の状況（市場集中度、商品特性、製品差別化の程度、流通経路、新規参入の難易性）、対象商品のブランド内競争の状況（価格のバラツキの程度、当該商品を取り扱っている流通業者の業態等）、制限の対象となる流通業者の数および市場における地位、当該制限が流通業者の事業活動に及ぼす影響（制限の強度、態様等）などを総合的に考慮して判断することとされています（ガイドライン第1部－3－(2)－イ）。

したがって、御社の市場におけるシェアが20％以下である場合は、「価格維持効果が生じる場合」か否かにもよりますが、③厳格な地域制限を適法に行うことができる可能性があるため、③厳格な地域制限が選択肢として浮上することとなります。

④ 地域外顧客への受動的販売の制限

メーカーが流通業者に対し地域外顧客への受動的販売の制限を行い、これによって価格維持効果が生じる場合には、不公正な取引方法に該当し、違法となる旨ガイドライン上で示されています（ガイドライン第1部－第2－3－(4)）。

「価格維持効果が生じる場合」に当たるか否かの判断基準については、**③厳格な地域制限**のところで述べたものと同様です。

213

《取引業者に対する通信販売の制限》

 当社の商品は、対面販売を重視し、インターネット等を用いた通信販売を実施していません。当社の商品取り扱いを希望する代理店にインターネット等を用いた通信販売を禁止するなど、販売方法を制限したり、条件を課したりすることに問題はありますか。

 対面販売を重視し、通信販売を制限することについて、商品の安全性の確保、品質の保持、商標の信頼の維持等の合理的な理由がある場合には、法律上問題となることはありません。

しかし例えば、実質的には安売りの防止などといった、通信販売の制限が合理的理由に基づくものではなく、価格調整の効果を有する場合には、拘束条件付取引として独占禁止法に違反するおそれがあります。

取引業者に通信販売の制限を課す目的が具体的になっており、その必要性があるか慎重に検討するべきでしょう。

1　契約自由の原則

まず、市場において事業活動を行う各事業者には契約自由の原則が認められています。

契約自由の原則とは、社会生活を営むに際して結ばれる契約は、公の秩序に反するようなものでない限り、当事者が自由に締結できるという民法上の基本原則のことです。

したがって、事業者が自らの事業活動にあたって、誰と、いつ、どのような内容で契約を締結するのかはその事業者の自由ということなります。

すなわち、事業者には、取引相手との間でのどのような取引条件を設け、どのように商品を販売していくのかについて選択の自由が認められていることになり、事業者は、法令などに特段の規制がない限り、自らの判断の下、取引の相手方に対して、自社の商品の販売方法等に制限を

第5章 ● 消費者保護規制、業法による規制に関する問題

加えることもできるといえます。

2 独占禁止法による制限

事業者には、前述のとおり、契約の自由が認められてはいますが、当然のことながら、契約の自由に対して法令上の制限がなされている場合があります。

仮に、事業者による契約を完全に自由とすれば、巨大な資本を有する大企業が市場を独占し、価格競争といった競争原理が消滅し、消費者にとっても悪影響が生じる可能性があります。

そこで、事業者の事業活動を規律している独占禁止法は、事業者の契約の自由について、事業者相互の公正な競争を阻害しない範囲で認めており、事業者が取引の相手に課している販売方法等に関する制限は独占禁止法による規制の対象となり得るのです。

具体的には、事業者がその取引業者に対して、販売価格、競争品の取扱い、販売地域、取引先等の販売方法に関する制限を行っており、それにより市場における公正な競争が阻害されるおそれがあるかどうかという観点から独占禁止法上の違法性の有無が判断されることになります。

その中でも、取引相手による通信販売を禁止、制限して対面販売を義務付けるといった条件を付けることは独占禁止法が禁止する「拘束条件付取引」に該当するかどうかが問題となるといえます。

3 拘束条件付取引とは？

（1）拘束条件付取引

拘束条件付取引とは、事業者が相手方とその取引の相手方の事業活動を不当に拘束する条件を付けて、その相手方と取引することを意味します。

前述のように、事業者には、取引の相手方とどのような取引を行うのかについて選択の自由を有していることから、事業者が取引相手に対し

215

て、商品の販売等に関する条件を付け、取引の内容を拘束したとしても、原則として違法ではありません。

しかし、取引相手に課される拘束の内容や程度次第では、当該商品の市場における健全な競争が減殺、排除されることになってしまい、競争がなくなればその商品の価格は高止まりしたまま維持されることになりかねません。

そこで、独占禁止法は、事業者が、取引相手に課す拘束の内容や程度に応じて、公正な競争を阻害するおそれがあるかを判断し、そのおそれが認められる場合には、独占禁止法が不公正な取引方法として規定する一つである拘束条件付取引として規制の対象としています。

（2）対面販売の義務付けに関する判例

拘束条件付取引として問題になり得るものとして、メーカー等の事業者が小売業者に対して、対面販売を義務付ける形で自社の商品の販売方法について拘束条件を設けるというものがあります。

対面販売と拘束条件付取引の関係に関する判例としては、資生堂東京販売事件（最三小判平10.12.18民集52巻9号1866頁）があります。

この判例は、「メーカーや卸売業者が販売政策や販売方法について有する選択の自由は原則として尊重されるべきであることにかんがみると、これらの者が、小売業者に対して、商品の販売に当たり顧客に商品の説明をすることを義務付けたり、商品の品質管理の方法や陳列方法を指示したりするなどの形態によって<u>販売方法に関する制限を課することは、それが当該商品の販売のためのそれなりの合理的な理由に基づくものと</u>認められ、かつ、<u>他の取引先に対しても同等の制限が課せられている</u>限り、それ自体としては公正な競争秩序に悪影響を及ぼすおそれはなく、一般指定（注：昭57.6.18公正取引委員会告示　不公正な取引方法（一般指定）のこと）の13にいう相手方の事業活動を<u>『不当に』拘束する条件を付けた取引に当たるものではない</u>（注：下線は筆者）」と判示しています。

第5章 ● 消費者保護規制、業法による規制に関する問題

すなわち、対面販売を義務付ける目的について、①商品の特性に応じた「それなりの合理性」があり、②「他の事業者にも同様の制限」が課されている場合には、取引相手を不当に拘束するものとはいえず、拘束条件付取引には該当しないと判断されることになるといえます。

まず、①の「それなりの合理性」という点についてです。

この要件は、事業者が販売方法等に関して制限をする目的が商品の安全性の確保、品質の保持、商標の信頼の維持等といった事業活動にとって必要かつ相当といえる合理的な理由に基づくものである場合には、拘束条件付取引としての規制の対象にはならないということです。

特に、この判例は、問題となった「化粧品」という商品の特性に着目したものであり、ブランドイメージの保持が公正な競争を阻害するかどうかの判断において考慮された点でも重要な判例といえます。

次に、②の「他の事業者にも同様の制限」という点についてです。

これは、事業者が、設けた販売方法等に関する制限事項が事業者ごとの区別なく設けられていることが必要であるということです。例えば、事業者が設けた制限事項を遵守しない取引業者のうち、安売りを行う業者に対してのみ、当該制限事項を遵守しないことを理由に出荷停止等といった報復措置を行っている場合などが問題となります。

このような場合、事業者が設けた制限事項によって市場から安売り業者のみが排除されていくことになり、実質的には販売価格の調整につながり得ることから、市場における公正な競争が阻害されるおそれがあると判断され、拘束条件付取引に該当するものとして、独占禁止法に違反することになります。

4 本件について

本件について、対面販売を重視する理由が、対面販売による丁寧な説明を実施することにより、商品の安全、適切な使用を確保し、消費者の利益を図るといった合理的な理由に基づくものである場合には、インター

217

ネット等を用いた通信販売を禁止するなどの販売方法の制限を代理店に
課したとしても問題とはならないでしょう。

　しかし、対面販売を重視することの実質的な目的が、インターネット
で安く販売されている商品を排除し、自社の製品の価格を維持すること
にあるような場合には、公正な競争を阻害するものとして拘束条件付取
引に該当し、独占禁止法による規制を受けることになります。

　拘束条件付取引は、どのような拘束がどの程度課されているかによっ
て、違法となるかどうかの判断が難しいところであり、事後的な法的ト
ラブルが生じるリスクを回避するためには、専門家のアドバイスを得る
など慎重に検討すべきといえます。

第5章 ● 消費者保護規制、業法による規制に関する問題

《インターネット通信販売を行う際の注意点》
当社はインターネットを通じて消費者に向けて商品を販売しているのですが、通常の販売とは異なる特別な注意点はありますか。

　インターネットを通じて消費者に商品を販売する場合、特定商取引法上の通信販売に関する規制の対象になると考えられます。この場合、広告の表示、誇大広告の禁止、未承諾者に対する電子メール広告の提供の禁止、前払式通信販売の承諾等の通知、契約解除に伴う債務不履行の禁止、顧客の意に反して契約の申込みをさせようとする行為の禁止、返品特約の表示がない場合の契約解除権といった規制があります。

1　通信販売とは

　インターネットを通じて行う商品の販売については、「通信販売」として、特定商取引法において規定がされています。

　通信販売について、特定商取引法は、「販売業者又は役務提供事業者が郵便その他の主務省令で定める方法（……）により売買契約又は役務提供契約の申込みを受けて行う商品若しくは特定権利の販売又は役務の提供であつて電話勧誘販売に該当しないもの」（同法2条2項）と定めていますが、簡単に言えば、消費者が対面以外で契約の申込みをする取引をいいます。

　通信販売は、対面性がなく消費者が商品を手にとって選んだり、店員に疑問点を尋ねることができないことから、トラブルが生じやすく、消費者を保護する必要性があります。ここから、通常の契約とは異なる特別の規定がなされています。

　なお、特定商取引法の規制に違反すると、事業者に対し、業務停止等の行政処分が下される可能性があるため、注意が必要です。

219

2 規制の内容

（1）広告の表示規制

　通信販売は、広告について厳格な規制がされています。なお、通信販売における広告とは、事業者が通信販売により商品の販売等を行うことを意図していると認められるものであれば、あらゆるものがこれに当たり得ます。具体的には、新聞、雑誌、テレビ、ラジオ、カタログ、ダイレクトメール、チラシ、ホームページ、掲示板、電子メール等があります。

　通信販売の広告においては、消費者に誤解を生じさせないため、記載しなければならない事項が法律で決められています。

　具体的には、以下の事項を記載する必要があります。それぞれについて、文字のサイズや配置、記載の仕方にも決まりがあるため、通信販売について広告を行う場合には、行政のガイドラインをインターネットで確認するか、専門家に確認をすべきです。

【必要な記載事項】

1　販売価格（役務の対価）（送料についても表示が必要）

2　代金（対価）の支払い時期、方法

3　商品の引渡時期（権利の移転時期、役務の提供時期）

4　商品（指定権利）の売買契約の申込みの撤回または解除に関する事項（返品の特約がある場合はその旨含む）

5　事業者の氏名（名称）、住所、電話番号

6　事業者が法人であって電子情報処理組織を利用する方法により広告をする場合には、当該販売業者等代表者または通信販売に関する業務の責任者の氏名

7　申込みの有効期限があるときには、その期限

8　販売価格、送料等以外に購入者等が負担すべき金銭があるときには、その内容およびその額

9　商品に隠れた瑕疵がある場合に、販売業者の責任についての定

めがあるときは、その内容

10　いわゆるソフトウェアに関する取引である場合には、そのソフトウェアの動作環境

11　商品の販売数量の制限等、特別な販売条件（役務提供条件）があるときには、その内容

12　請求によりカタログ等を別途送付する場合、それが有料であるときには、その金額

13　電子メールによる商業広告を送る場合には、事業者の電子メールアドレス

（2）誇大広告の禁止

　通信販売の広告については誇大広告の禁止という規制もあります。これは、表示事項等について、「著しく事実に相違する表示」や「実際のものより著しく優良であり、もしくは有利であると人を誤認させるような表示」を禁止するものです。

　具体的には、黒酢の広告で「食後に飲むだけで健康的に痩せられる」「毎日きちんと食べてももう太らない」などと食事制限をしなくても痩せられると表示したことについて、行政処分が下された例があります。

（3）未承諾者に対する電子メール広告の提供の禁止

　消費者があらかじめ承諾しない限り、事業者が消費者に対し、電子メール広告を送信することは、原則としてできません。また、当該電子メール広告の提供について、消費者から承諾や請求を受けた場合は、最後に電子メール広告を送信した日から3年間、その承諾や請求があった記録を保存することが必要です。

（4）前払式通信販売の承諾等の通知

　消費者が商品の引渡し（権利の移転、役務の提供）を受ける前に、代金（対価）の全部あるいは一部を支払う「前払式」の通信販売の場合、

事業者は、代金を受け取った後、商品の引渡しに時間がかかるときには、その申込みの諾否等、一定の事項を記載した書面を渡さなければなりません。

【前払式通信販売に必要な書類の記載事項】

1　申込みの承諾の有無（承諾しないときには、受け取ったお金をすぐに返すことと、その方法を明らかにしなければならない）

2　代金（対価）を受け取る前に申込みの承諾の有無を通知しているときには、その旨

3　事業者の氏名（名称）、住所、電話番号

4　受領した金銭の額（それ以前にも金銭を受け取っているときには、その合計額）

5　当該金銭を受け取った年月日

6　申込みを受けた商品とその数量（権利、役務の種類）

7　承諾するときには、商品の引渡時期（権利の移転時期、役務の提供時期）（期間または期限を明らかにすることによりおこなわなければならない）

（5）契約解除に伴う債務不履行の禁止

通信販売において売買契約の申込みの撤回等ができることから、契約当事者双方に原状回復義務が課された場合、事業者が代金返還など債務の履行を拒否したり、遅延したりすることは禁止されています。

（6）顧客の意に反して契約の申込みをさせようとする行為の禁止

特定商取引法では、例えばインターネット通販において、あるボタンをクリックすれば、それが有料の申込みとなることを、消費者が容易に認識できるように表示していないこと、申込みをする際、消費者が申込み内容を容易に確認し、かつ、訂正できるように措置していないことを「顧客の意に反して売買契約等の申込みをさせようとする行為」として

禁止しています。

例えば、「商品のご注文」という申込画面で申し込んだ後、申込確認画面を表示しなかったことについて、行政処分が下された事例があります。

（7）返品特約の表示がない場合の契約解除権

通信販売を利用した消費者は、その売買契約に係る商品の引渡しまたは特定権利の移転を受けた日から起算して8日を経過するまでの間は、その売買契約の申込みの撤回またはその売買契約の解除を行うことができます。

ただし、事業者が申込みの撤回等についての特約（隠れた瑕疵がある場合の責任に関する定めを含みます）を広告等に表示していた場合には、この限りではありません。例えば、事業者が通信販売の広告に瑕疵のない商品の返品特約がない場合に、「商品に欠陥がある場合を除き、お客様のご都合による返品には応じられませんのでご容赦ください」などと記載していれば、解除を認めないことも可能です。

223

《営業権の譲渡をめぐる問題点》

 レストランの営業権を買ったのにビルオーナーがレストランを使わせてくれません。営業権は正当な権利と考えているのですが、それを妨げる行為を止めさせることはできるのでしょうか。

 レストランの"営業権"なるものを譲り受けたとしても、ビルオーナー（賃貸人）との関係では、レストランの前オーナーが賃貸借契約上の賃借人の地位にあることから、譲り受けたレストランを営業していくためには、ビルオーナーの承諾を得て当該賃借人の地位を譲り受けなければなりません。なぜなら、譲り受けた"営業権"なるものは、レストラン営業の譲渡人と譲受人の間でしか対抗できない債権的な権利にすぎず、ビルオーナーに対抗できるような権利ではないからです。

1 取引の対象は何か！？

　コンビニでミネラル・ウォーターを買う際、お客さんは「何を買うのか」を理解していますし、コンビニの店員も「何を売るのか」をしっかり理解しています。

　なんだか「お前、何を言っているんだ？」とお叱りを受けそうですが、あらゆる取引において、最も基本であり、かつ重要な点は、「**何を売るのか**」と、「**何を買うのか**」を特定することです。

　すなわち、売り手と買い手の間で、「売る物」、「買う物」が決まっていることこそ、後日のトラブルを未然に防ぐ最たる要素となります。

　なぜなら、売り手が「売る物」として特定した物と、買い手が「買う物」として特定した物がそもそも異なっている場合、それは「錯誤」であって、取引は成立していません（法的には無効となります。なお、改正民法では、法的効果に改正があり、取り消すことができる制度となります）。

第5章 ● 消費者保護規制、業法による規制に関する問題

　もっとも、「目に見える物」であれば、取引を実施する前に売り手と買い手が会同してその物を現認する機会を設ければ、簡単にこの「錯誤」を防ぐことができます。

　しかしながら、「目に見えない物」の取引の場合、一体、「何を売るのか」、「何を買うのか」が判然としない場合が多く、トラブルが発生する可能性が極めて高くなります。

　例えば、売買ではないにしても、デリバティブ取引やオプション取引などの金融取引、知的財産に関するライセンス契約や代理店契約などの"○○許諾契約"など、いったい何が取引の対象なのかよくわからない取引が現実に存在します。

　このような取引についてよくわからないままに取引をしてしまうと、はたして、「一体、何にお金を払ったのかよくわからない」まま気が付いたらトラブルが発生している、といったことになりかねません。

　質問では、「レストランの営業権」が取引の対象になっているようですが、"営業権"というものは目に見えるものではないし、法務局に登記できるようなものでもないし、特許庁等に登録できるものでもありません。

　このような取引では、取引の対象をしっかりと特定し、その取引がどのような権利義務を生じるのかを明確にしておかないと、トラブルは避けられません。

2　飲食店譲渡に関する様々な問題点

　飲食店のオーナーが変わることはよくあります。

　店の内装はそのままで、「○○飯店」、「△△焼肉店」、「BAR□□」といった屋号や外装だけが変わる場合もあれば、屋号や外装もそのままの場合もあります。

　もっとも、どんな小さい飲食店でも、ある程度は内装・造作にお金をかけているでしょうから、飲食店を譲渡する際には、その内装・造作費

225

用を回収すべく譲渡代金に含めるのか（いわゆる"居ぬき"）、そもそも
内装・造作を取っ払って譲渡するのか（いわゆる"スケルトン"）とい
う問題が発生します。

　また、飲食店の従業員はどうなるのでしょうか？　飲食店オーナー
（賃借人）が変わるのであれば、飲食店オーナーが法人であろうと個人
であろうと雇い主が変わるわけですから、新しい飲食店オーナーが既存
の従業員を引き続き雇うのか、それとも、新しい飲食店オーナーが新し
い従業員を連れてくるので、それまでの従業員は雇わないのか、という
問題が発生します。

　さらには、飲食店がテナント（貸物件）である場合、ビルオーナー（賃
貸人）との関係では、賃借人が変わるわけですから、賃貸借契約上の賃
借人の地位を変更しなければならないという問題が発生します。

　多くの賃貸借契約では「賃借権」の無断譲渡や無断転貸を禁止してい
るので、ビルオーナーに無断で飲食店を譲渡したら、そもそも、ビル
オーナーが新しい飲食店オーナーを賃借人として認めずに退去請求をし
てきたり、元の飲食店オーナーに対し、契約違反を理由に賃貸借契約を
解除してきたりすることが考えられます。

　すなわち、ビルオーナーから賃借人として認めてもらえなければ、新
しい飲食店オーナーは、飲食店を使えないわけです。

　その他、新しい飲食店オーナーはそれまでの屋号を使えるのか、また、
元の飲食店オーナーが別なところで屋号を使い続けることができるの
か、といった問題も発生することでしょう。

3　飲食店譲渡の際の契約実務

　前述のとおり、（実は飲食店に限ったことではありませんが）飲食店
の譲渡には様々なトラブルが発生する要素がたくさん含まれています。

　そこで、飲食店譲渡の際には、最低限、次の①〜⑦を取り決めておく
ことが必須です。

第5章 ● 消費者保護規制、業法による規制に関する問題

① ビルオーナーとの間の賃貸借契約上の賃借人の地位の変更

② 内装・造作の所有権の帰属（賃貸借契約終了時の当該内装等の撤去義務が誰にあるのかという問題にも関わります）

③ 従業員との間の雇用契約の帰属（既存の従業員を引き続き雇用するのかどうか）

④ リース物件についてレンダーとの間の契約上の地位の変更

⑤ 屋号を引き続き使用するのかどうか（また、元のオーナーが別な場所で使用することを認めるかどうか）

⑥ 仕入先、その他取引業者との契約関係を継続するのかどうか（引継ぎの要不要も含め）

⑦ 顧客の取扱い（新オーナー、元のオーナーそれぞれは既存の顧客へ接触できるのかどうか）

　そして、これらは、「譲渡金額」を左右する重要な要素なので（そもそも、これらを決めずに「譲渡代金」が決まっていること自体がおかしな話と認識してください）、この点においても、譲渡時に取り決めておく必要があるわけです。

　これらの要素を取り決めないまま、言われるがまま「譲渡代金」を払うことは、「トラブルの種」を一緒に買うことになることを、しっかりと肝に銘じておいてください。

《「旅館業」にあたる保養施設》

 当社は福利厚生の一環として熱海に保養施設を所有しており、従業員やその家族に対して格安で利用させています。しかし、旅館の営業には許可が必要だと聞きました。会社の保養施設の運営は無許可で行っても問題ありませんか。

 従業員やその家族のみに提供し、かつ費用も相場より格安であったとしても、費用を徴収し利用させる以上旅館業法上の許可が必要となります。もっとも、費用を請求しない場合には旅館業法上の要件に該当しないので、許可は不要です。

1 旅館業法上の規制

　旅館業法（以下、単に「法」といいます）は、同法3条において、旅館業を経営しようとする者は、都道府県知事の許可を受けなければならないと定めています。

　そして、「旅館業」とは、宿泊料を受けて人を宿泊させる営業のことをいうものと定義され（旅館業法2条参照）、「宿泊」とは、寝具を使用して施設を利用することとされています。

　そして、旅館業は、**図表13**のように四つの種類に分けられていました。なお、平成29年12月8日に成立した改正旅館業法で、ホテルと旅館の区別（洋式または和式の相違）は統合され、旅館・ホテル営業になり、罰則などの規制が強化されました。

　また、宿泊料については名目がどのようなものかは問わず、実質的に寝具や部屋の使用料と捉えられるものについては宿泊料に含まれるとされています。

第5章 ●消費者保護規制、業法による規制に関する問題

図表13 改正前旅館業法における旅館業の分類

種類	ホテル営業	旅館営業	簡易宿所営業	下宿営業
概要	洋式の構造および設備を主とする施設を設け、宿泊料を受けて、人を宿泊させる営業で、簡易宿所営業および下宿営業以外のもの	和式の構造および設備を主とする施設を設け、宿泊料を受けて、人を宿泊させる営業で、簡易宿所営業および下宿営業以外のもの	宿泊する場所を多数人で共用する構造および設備を主とする施設を設け、宿泊料を受けて、人を宿泊させる営業で、下宿営業以外のもの	施設を設け、1月以上の期間を単位とする宿泊料を受けて、人を宿泊させる営業

2 保養施設の「旅館業」該当性

　ご質問の回答につきましては、まさに保養施設の運営がこの「旅館業」に該当するか否かということが判断されなければなりません。

　どのような運営を行うことになるかによって異なるかとは思いますが、「従業員やその家族に格安で利用させる」とのことですので、「宿泊料を受けて、人を宿泊させる営業」として、「旅館・ホテル営業」に該当しそうです。

　そうすると、「旅館・ホテル営業」は「旅館業」に該当し、「旅館業」を営むためには、旅館業法上の許可が必要となることから、本件においても旅館業法上の許可を得る必要がありそうです。

　ところで、ご質問の保養施設については、一般のイメージのホテル・旅館と比べた場合、①費用が格安であること、②従業員やその家族のみを対象とし、一般的に開放されたものでないことが特徴として挙げられるかと思います。このような特徴から「旅館業」にあたらない＝許可は不要ということになるのでしょうか。

　まず、①につきましては、格安であったとしても、宿泊料が支払われることに変わりはありませんから、費用が格安であることをもって、「旅館業」に該当しない（＝旅館業法の許可が不要）ということにはなりま

229

せん。

　次に、②につきましても福利厚生目的、利用者に限定を加えていることを旅館業法が許可の免除理由には挙げておりませんから、当該事由をもって旅館業法上の許可が不要ということにはなりません。

　したがって、会社の保養施設につき、ご質問のような運営方法をとられる場合には旅館業法の許可が必要ということになります。

　そして、許可を受けるべき旅館業について、無許可での運用を続けた場合、刑事罰が科されかねません（法10条1号により6月以下の懲役または100万円以下の罰金）。

3　無許可での運営の合法化

　以上のようにご質問の施設につきましては旅館業法上の許可が必要ということになりますが、福利厚生として行っているだけの場合に許可を取得する手続きをとらせることはあまり現実的とはいえません。

　そこで最後に、許可手続きをとることのないまま保養施設の運営を行っても問題ない場合を考えてみたいと思います。

　端的にいえば、宿泊料を徴収しない方法が考えられます。しかし、注意が必要なのは、宿泊料の有無は形式的・名目的なものではなく、その実質から判断されるということです。つまり、今までは「宿泊費」としていたものを、「福利厚生費用」等といった名目だけ変更しただけでは、宿泊料を徴収していないとは言えないのです。

　そのため、名目を変えるのみで実質的には利用料を徴収するといった方法では、旅館業法の許可が必要なケースと判断されることになりますので注意が必要です。

230

第5章 ● 消費者保護規制、業法による規制に関する問題

《海外特許製品の輸入・販売》

 海外で販売されている特許製品を輸入して販売することは問題ないでしょうか。

 　特許権者が、特許製品を譲渡した相手等との間で、販売先や使用地域から日本を除外することを合意したり、その旨を当該特許製品に明確に表示したりしていなければ、原則として、特許製品を海外から日本国内に輸入しても特許権の効力は及びません。したがって、海外で販売された特許製品に、日本を販売先や使用地域から除外する旨の明確な表示がなければ、その製品を輸入して販売しても原則として特許権者から特許権を行使されることはありません。

1　はじめに

　海外で適法に流通におかれた特許製品（本稿では、日本で登録された特許発明を用いた製品とします）を正式な代理店等を通すことなく輸入して販売することを、特許製品の並行輸入といいます。並行輸入が行われるのは、特許製品が海外で日本国内よりも安く販売されている場合に、海外と日本国内の価格差により、海外で購入して日本に輸入・販売する方法が事業として成立するといった理由等があげられます。

　特許製品の並行輸入が広く行われると、特許権者は日本国内での高い価格を維持することができなくなるおそれがあるので、並行輸入をやめさせたいと考えることがよくあります。そこで、特許権者は、並行輸入されている特許製品に特許権を行使して、並行輸入をしている業者に対し、輸入の差止めや損害賠償を求めることが考えられます。

　そのため、並行輸入されている特許製品に特許権の効力が及ぶか否かは、並行輸入の可否を決める重要な問題となります。

231

2 特許権の消尽とは？

さて、特許製品の並行輸入の可否を検討するに際して問題となるのが、「特許権の消尽」と呼ばれる考え方です。

前提として、特許法の条文上は、特許権者に無断で特許発明を業として「実施」することが、特許権侵害にあたるとされています。この「実施」には、特許製品の譲渡や輸入が含まれます。したがって、特許法の条文をその言葉どおりに読むと、特許製品を特許権者に無断で他人に販売したり、輸入したりすることは、形式的には特許権侵害にあたることになってしまいそうです。

しかし、そのように考えると、特許製品を仕入れた販売業者は、特許製品を転売する際、特許権者の許可がなければ特許製品を販売できないことになってしまいます。特許製品を転売するためにいちいち特許権者の許可を得なければならないとすると、特許製品の販売手続きの円滑な流通が阻害されてしまいます。

基本的に特許権者は、最初に特許製品を販売する際に、特許発明に関する利益を確保する機会があったはずです。そのため、特許製品が2度、3度と転売されるたびに、特許権者に利益を確保する機会を与える必要性は低いと考えられます。

そこで、特許法上、特許権者から適法に流通におかれた特許製品には、特許権の効力が及ばないと考えられています。これを「特許権の消尽」といいます。「特許権の消尽」については、特許法の条文に明文の規定はありませんが、日本国内における特許製品の流通などに関しては、一般論として異論なく認められています（なお、「適法」に流通におかれた特許製品について特許権が消尽するのであって、例えば盗品等が流通におかれても特許権は消尽するものではありません）。

第5章 ● 消費者保護規制、業法による規制に関する問題

3　並行輸入における消尽は認められる？　～BBS事件から～

（1）　では、並行輸入の場合も特許権の消尽は認められるのでしょうか。たしかに、特許製品が外国で譲渡された場合にも、その製品についての特許権が消尽せず、特許権の効力が及ぶのであれば、その製品が日本国内に輸入された際にも特許権者が特許権を行使して輸入の差止め等を求めてくる可能性があります。これでは、国際的な特許製品の円滑な流通が阻害されるおそれがあります。

　また、日本国内における特許製品の流通と同様に、外国でその製品が販売され、適法に流通におかれた際に、特許権者は利益を確保する機会があったといえそうです。

　そうすると、並行輸入の場合も、特許権の消尽を認める根拠は妥当するようにも思われます。

（2）　特許製品の並行輸入に関しては、BBS事件という重要な最高裁判例（最三小判平9.7.1民集51巻6号2299頁）があります。この事件は、「自動車の車輪」という名称の特許権を、ドイツと日本で有する特許権者が、ドイツで販売している製品を日本に並行輸入している業者に対して、日本への特許製品の輸入および日本での販売等の差止め並びに損害賠償を求めたものです。

　BBS事件判決において、最高裁は、一般論として、国内の流通における特許権の消尽は認めましたが、特許製品の譲渡が外国で行われた場合には、特許権の消尽を否定しました。その理由は、並行輸入の場合、必ずしも特許権者の利益確保の機会があるとはいえない、というものです。

　詳しく説明すると、特許権というものは、国ごとに成立しているため、日本で特許権を有する者が、同じ発明について外国で特許権を有しているとは限りません。そのため、特許製品が外国で譲渡されたとしても、日本の特許権者は必ずしも利益確保の機会が保証されているとは限らないのです。また、仮に特許権者が日本と外国で同じ特許発明についての

233

特許権を有していたとしても、特許権は国ごとに成立するものですから、それぞれの特許権はあくまでも別の特許権です。したがって、特許権者が外国で特許製品を販売したとしても、その際の利益は、日本における特許権とは別の特許権についての利益ということになります。そうすると、外国で特許権を行使する機会があったとしても、特許権者は日本の特許権についての利益を確保しているわけではありません。そのため、並行輸入の場合には、**特許権者に二重の利得の機会を与えないという**、**特許権の消尽についての正当化根拠**が当てはまらないのです。

もっとも、特許権の消尽についてのもう一つの正当化根拠である、特許製品の円滑な流通の確保という点は、外国で流通する特許製品にも当てはまります。国際的に経済活動が拡大した現代社会において、外国で特許製品を流通においた後、その製品が日本国内に輸入されることは、特許権者において当然に予想できることです。

そこで、最高裁は、特許権の消尽は否定しつつ、国際的な特許製品の流通の自由も確保するための方法として、次のような判断基準を示しました。

すなわち、日本の特許権を行使できる者が外国において特許製品を譲渡する際、譲渡相手との契約等により、その販売先や使用地域から日本を除外する旨を「合意」し、さらに、特許製品の転得者がそのことを認識できるように特許製品に日本を除外する旨を明確に「表示」していない限り、特許権者は、譲渡相手およびその後の転得者に対し、黙示的に特許製品を支配する権利を授与したと解する、というものです。

4 最後に

BBS事件判例により、並行輸入の事案においては、特許製品に日本を販売先や使用地域から除外する旨の「表示」がなければ、原則として特許権を行使できないという実務が定着するようになりました。実務における重要なポイントは、特許製品の流通を認めない旨の表示がなされ

ているか否かを確認することです。そのような表示があれば、特許製品
を取得した人も、その製品について並行輸入が許されているかどうかを
表示により判断できるので、不測の損害をこうむることはなくなるはず
です。

《並行輸入品の取扱い》

 外国製品の正規取扱店として並行輸入品の修理依頼を拒否したいのですが、問題ありませんか。

 正規取扱店などの限られた事業者以外は並行輸入品の修理が著しく困難であったり、または、修理に必要な部品を入手することが著しく困難である場合において、修理を拒否したり部品の販売を拒否したりすることは、不公正な取引方法に該当し違法となる場合があるので注意が必要です。

1 並行輸入品とは

そもそも「並行輸入品」とは何かについてですが、「並行輸入品」の意味は、外国のメーカーやブランドから正規のルート以外の方法で輸入した商品のことです。これに対し、「並行輸入品」ではない正規のルートで輸入した商品を「正規輸入品」といいます。

「正規輸入品」は、外国のメーカーやブランドの日本法人や日本支社、場合によってはライセンス契約を有する企業などが、直接、日本に輸入するのに対し、「並行輸入品」はメーカーやブランドとは関係ない個人や企業が外国に出かけて行って直営ショップや量販店で購入したり、ネットショップなどで商品を買い付けたりし、これらを販売しているものです。

例えば、ルイ・ヴィトンは、ルイ・ヴィトンジャパン株式会社という日本法人を通じて販売していますし、バーバリーは、少し前まで株式会社三陽商会という企業がライセンスを得て販売していました。

これらの企業以外が、例えば外国で購入してきた商品を、個人的に販売しているものが「並行輸入品」というわけです。

第5章 ● 消費者保護規制、業法による規制に関する問題

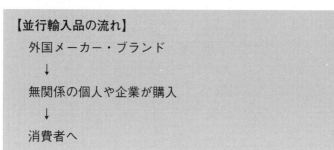

2 並行輸入品のメリットとデメリット

「並行輸入品」の消費者にとっての一番のメリットは、価格が安いことです。

「正規輸入品」は、特に高級ブランドなどの場合、そのブランド価値を落とさないように安売りをすることはありませんし、ライセンス料などがかかってくるので一定の価格がキープされることとなります。

他方、「並行輸入品」は、利益が出る限り、輸入した個人や企業は売りたい価格で販売することができるので、例えば、商品を販売している本国の通貨との関係において円高になれば価格を下げることができますし、関税率などの関係で日本以外のある国では「正規輸入品」が安く販売されている場合、これらの輸入をすることで安く販売することも可能となります。

このため、「並行輸入品」は、比較的安く購入することができるのです。

また、「正規輸入品」としては日本に入荷されていない「国内向け」や「日本以外の国向け」の商品を購入するということもできます。

要するに、外国のメーカーやブランドが「国内向け」や「日本以外の国向け」に販売している商品（例えば、衣服であれば、国ごとにサイズや規格が違いますし、食品であれば、国ごとに味付けの好みが違いますので、メーカーやブランドは、その国の生活習慣にあわせ、その国に対応するために仕様を変更して製造しているわけです）は、正規ルートでは日本では購入できません。しかし、「並行輸入品」として輸入された商品であれば、これらの商品も自由に購入することができるわけです。

これに対し、「並行輸入品」の消費者にとってのデメリットとして、代替品が限られていることから返品・交換ができなかったり、購入後の修理やメンテナンスなどのアフター・サービスが受けられないということがあります。

外国のメーカーやブランドの商品を日本の正規取扱店などに持ち込んでも「正規品」ではないことを理由に、サービスを拒絶されるということもあります。

実際、パーカー万年筆事件の判決が言い渡されるまでは「並行輸入品」は違法と判断されていたため、このような正規取扱店による「並行輸入品へのサービスはお断り」も許されていたわけです。

【パーカー万年筆事件】

事案の概要：

　万年筆を製造するPARKER社が日本において保有する「PARKER」の商標権について、PARKER社との間で日本国内の専用使用権に関するライセンス契約を締結しているY社に対し、香港からPARKER社万年筆を輸入して販売しようとしたX社が、「Y社には販売の差止権がない」ことの確認を求めた事件

238

第5章 ● 消費者保護規制、業法による規制に関する問題

判決（概要）：

「商標」は、誰が製造・販売する商品であるかを表すことで、その出所の同一性を識別する作用と、同じ商標が付いた商品であれば、同じ品質を有することを保証する作用がある。商標法が商標権者に登録商標の独占的な使用権を与えているのは、第三者によって、出所の同一性を識別する作用と品質を保証する作用が妨害されることを防止するためである。

X社が輸入し販売するPARKER社の商品とY社が輸入し販売するPARKER社の商品とは全く同一であり、品質上の違いはない。したがって、「PARKER」の商標が付いたX社よって輸入され販売されても、出所の同一性を識別する作用と品質を保証する作用は少しも害されない。

さらには、商標権者たるPARKER社の業務上の信用やその他営業上の利益も損なわれることもない。

(大阪地判昭45.2.27判時625号75頁)

3 現在の独占禁止法の考え

公正な取引の実現を図るために設置された公正取引委員会は、「『並行輸入品』は価格競争を促進させる効果を有する」という考えを持っており、「並行輸入品」を排除しない方針をとっています。

すなわち、平成29年6月16日に改正した「流通・取引慣行に関する独占禁止法上の指針」の中で、「並行輸入品」について、例えば、

① 「並行輸入品」を取り扱う事業者が、外国メーカーやブランドを取り扱う外国の取引先に購入申込みをした場合に、当該取引先に対し当該事業者への販売を中止するよう要求すること

② 「並行輸入品」を取り扱う事業者に対し、十分な根拠なしに当該商品を偽物扱いし、商標権の侵害であると称してその販売の中止を求め

239

ること

③　正規取扱店等以外では「並行輸入品」の修理が著しく困難であったり、これらの者以外から修理に必要な部品を入手することが著しく困難である場合において、「正規輸入品」でないことのみを理由に修理や部品の販売を拒絶すること

などについて、一定の場合、正規取扱店の行為について、独占禁止法が禁止する「不公正な取引方法」に該当する行為として違法であると明示しています。

　要するに、「並行輸入品」だからといって、ニセモノ扱いしたり、合理的な理由もないのにその仕入れ行為を禁止したり、修理などを拒絶することは、違法となる場合があるということです。

第**6**章

個人情報、マイナンバーの取扱いに関する問題

おもな法令
　個人情報保護法
　マイナンバー法
　民法　ほか

《防犯カメラと個人情報の保護》

 弊社は、店舗に防犯カメラを設置しているのですが、防犯カメラの映像も個人情報の対象になるという噂を聞きました。そこで、防犯カメラおよびその映像の管理の方法を教えてください。

 顔などが撮影されて個人が特定できるデータであれば個人情報として、個人情報保護法の対象となります。そのため、取得目的や利用方法を通知または公表しておき、管理に関する措置などを定めておく必要があります。
　なお、個人情報のみならず、顧客のプライバシーにも配慮した運用を目指すことが望ましいでしょう。

1　防犯カメラの映像と個人情報保護

　街中にも防犯カメラが設置されている箇所も多く、店舗や事業所内に設置する企業も多くなっているように思います。ところで、防犯カメラには、特定の個人の顔や行動などが記録される結果、解像度にもよりますが、他の情報と合わせることによって特定の個人を容易に特定できる情報となります。取得された顔が映った画像については、原則として個人情報に該当するものとして取り扱うことが妥当と考えられます。
　このような場合、個人情報保護法が定める「個人情報」に該当することになり、同法が定める方法での取得、管理などが求められることになります。
　また、申込書の記載や履歴書の取得などの文字として個人情報を得るわけではなく、映り込みなどによって複数名が同時に撮影されていることが通常であり、このような映り込みがあることを前提として個人情報の取扱いについて留意しておく必要があります。

第6章 ● 個人情報、マイナンバーの取扱いに関する問題

2　個人情報の取得について

　個人情報を取得する際には、その利用目的を明示することが求められます。ところが、防犯カメラの場合、どのように利用目的を明示しておけばよいのでしょうか。カメラごとに利用目的を明示するようなスペースはないでしょうし、記載することでカメラの位置が発覚し防犯目的を減殺してしまうおそれもあります。

　個人情報保護法は、利用目的の通知または公表によって明示することを認めています。したがって、個別の顧客に向けて通知するには至らなくても、公表しておくことで個人情報保護法を遵守することも可能です。インターネット上のプライバシーポリシーに掲載しておく方法などで対応することも許容されていますが、そのような方法による場合、店舗に来訪した顧客が確認したか否かはわからず、利用目的を具体的にすることなく映像を取得してしまうことになります。個人情報保護法に違反するというわけではありませんが、経済産業省が公表している「カメラ画像利活用ガイドブック ver 2.0」（同ガイドブックでは、防犯カメラは検討対象外ですが、防犯カメラ画像の取扱いにも参考になります）においても、事前告知の配慮が求められており、情報を取得される者がその利用目的に関する情報を得る機会が増すようにすることを求めています。したがって、インターネット上でプライバシーポリシーを掲載するのみではなく、店舗の入り口などにポスターを掲載するなど、具体的に目に触れる機会を増やすように配慮しておくことが望ましいでしょう。

　近年では、カメラの目的として、防犯のみではなく、顧客の行動分析やマーケティングなどにも利活用することが想定されており、利用目的として防犯のみではなく、複数の目的を明示しておかなければならないケースもあると思われます。

　なお、マーケティングなどの利用目的をカメラの設置後に追加した場合、新たな利用目的を明示する前に取得していた過去の映像などを追加した利用目的であるマーケティングのために利用することはできませ

243

ん。したがって、設置時点からしっかりと利用目的を見定めておくこと
は重要です。

3 取得した画像および映像の管理について

　個人情報保護法は、取得した個人情報について、漏洩、減失または毀
損の防止などの安全管理のために、必要かつ適正な措置を講じて、第三
者への漏洩などが生じないように組織的、人的、物理的および技術的な
措置を講じる必要があります。

　管理する情報量が増えるほど、管理コストやリスクは上昇していくこ
とにつながりますので、基本的には、不要となった時点で速やかに破棄
しておくことが適切でしょう。例えば、自治体において、防犯カメラに
関するガイドラインを定めている場合がありますが、1カ月程度をめど
に廃棄することとしている例もあります。

　また、多数の人間が個人情報の管理に携わると、漏洩リスクが高まる
ことになりますので、管理者を限定しておいた上で、パスワードによる
ロックやアクセス制限をかけておくなどセキュリティにも配慮した管理
を行う必要があります。

4 プライバシーへの配慮について

　個人情報とプライバシーは重なる部分もあるため混同されやすいです
が、個人情報保護法の定めは、取得方法や管理方法の適正さを図ること
で個人情報の利用範囲などを限定するものであり、一般的にプライバシー
として表現されているものを直接的に保護しているわけではありません。

　言葉が使われる場面により、プライバシーの意味するところは様々で
すが、一般的には、個人情報よりもプライバシーの方が広くなる傾向が
あります。また、個人ごとにプライバシーとして保護したい範囲も異な
ることが通常です。そのため、個人情報保護法を遵守していたとして

第6章 ● 個人情報、マイナンバーの取扱いに関する問題

も、プライバシーをめぐって顧客とトラブルになることはあります。

　トラブルとしては、撮影されていること自体に嫌悪感を感じるとか、直ちに消去してもらいたいといった内容が多いように思われます。撮影を止めることは、利用目的との関係上難しい面もあるかもしれませんが、当該顧客が映った部分を削除することが容易であれば対応したり、短期間で削除するような管理とするなど、個人情報のみならず、プライバシーにも配慮した運用を行っていくことが望ましいでしょう。

《防犯カメラの映像の共有》

 防犯カメラの映像を複数の会社で共有して防犯の役に立てようとしているのですが、問題ないでしょうか。

 　特定個人を識別可能な映像をデータベース化しており、事業の用に供している場合には、個人情報保護法による規制が課されます。
　まず、複数の会社で映像を共有することのできる場合が制限されます。
　また、共有できる場合でも、映像の提供側・提供先ともに、提供に関する事実を記録化して保存すること等が義務付けられます。さらに、映像の取扱いについて業務委託する場合には、委託先を監督する義務が生じます。

1　はじめに

　小売店をはじめとする店舗等においては、防犯目的でカメラが設置されていることが多いと思われます。昨今ではカメラの性能も向上し、個人の識別が容易になったほか、システムの発達により、カメラの映像をデータベースとして蓄積することも可能となり、データベースの検索性も向上しています。
　万引き犯などの中には、複数店舗で加害行為を働く者もいるでしょうから、複数の会社間で映像を共有することができれば、より効果的な防犯が期待できます。
　他方で、データベースとして蓄積することが可能になり、検索性が向上したことの結果として、膨大な量の個人の映像が悪用されるという事態が生じかねません。したがって、「個人情報保護法」（以下「法」といいます）は、映像がデータベース化されている場合について、第三者への提供の制限や、第三者に提供する場合の規則を定めて、悪用を防止しています。

246

第6章●個人情報、マイナンバーの取扱いに関する問題

2 規制の対象になる場合

「生存する個人に関する情報であって、特定個人を識別することのできるもの」は、「個人情報」に該当します。情報媒体としては、映像も含まれます（以上、法2条1項1号）。したがって、防犯カメラで撮影された映像によって特定の個人が識別できるのであれば、その映像も「個人情報」に該当します。

そして、個人情報がデータベース化されている場合であり（法2条4項）、そのデータベースを事業の用に供している場合（法2条5項）には、原則として、規制の対象となります（法15条以下）。

以上をまとめると、**図表14**のとおりとなります。

図表14 規制の対象となる「個人情報」

識別性の有無	データベース化の有無	規制対象になるか
特定個人を識別できる	データベース化されており事業の用に供されている	なる
	データベース化されていない、あるいは事業の用に供されていない	ならない
特定個人を識別できない		ならない

3 映像を他の会社と共有することの可否

規制対象になる個人情報である場合、取得目的を通知または公表しておくことが必要となります（法18条2項）。当該利用目的を超える範囲で利用することは許されていませんので、防犯カメラにより映像を撮影する目的をプライバシーポリシーとして公表するか、カメラ撮影している旨およびその目的を店内に明示することが必要です。

また、取得した個人情報について、あらかじめ被写体となっている本人の同意を得ていない場合には、映像を他の会社と共有することは禁止

247

されます（法23条1項）。

　もっとも、例外もあります（法23条1項の1号から4号）。

　防犯目的との関係では、「人の生命、身体又は財産の保護のために必要がある場合であつて、本人の同意を得ることが困難であるとき」（2号）には、映像の共有が許されます。防犯目的であれば、被害が生じて被害回復のために必要であった場合などには、この例外規定にあたる可能性もあるでしょう。ただし、具体的な万引きなどのおそれや被害が生じていないにもかかわらず、万引きの実行犯以外の個人情報についても情報を共有し続けることは、この規定のみでカバーすることは困難と考えられます。

　その他、法23条2項が定める要件を充足するプライバシーポリシーを公表し、個人情報保護委員会へ届出を完了しておくという方法もあります。

　なお、映像を第三者へ提供したときは、原則として、①提供年月日、②提供先の会社名等を記録し、その記録を一定期間保存しなければなりません（法25条1項）。

　また、映像の提供を受ける会社側は、提供を受けるに際して、原則として、①提供元の会社名、②提供元の会社の代表者名、③提供元の会社による映像の取得の経緯等を確認したうえで、それらの確認したことおよびデータの提供を受けた年月日を記録化し、その記録を保存しなければなりません（法26条1項、3項、4項）。

4　映像を他の会社と共有する際に行わなければならないこと

　第三者提供以外の方法で提供することを考えると、共同利用という方法が考えられます。

　特定の者との間で共同利用する場合は、その旨並びに共同利用される個人データの項目、共同利用者の範囲、利用する者の利用目的、管理者について責任者の氏名または名称について、通知または公表しておくこ

第6章 ● 個人情報、マイナンバーの取扱いに関する問題

とで、第三者提供には該当しないことになります（法23条5項3号）。

　なお、この共同利用については、共同して利用することの合理性が認められる範囲の事業者間に限定されていますので、例えば、株式による支配を共通するグループ会社間などが典型例であり、幅広い事業者間で共有する際に適用される余地は高くないと考えられます。

5　映像を委託により共有する際の規制

　映像を提供する際、業務委託の方法により提供することも多いと思われます。その場合、提供する側の会社は、委託した映像の安全管理が図られるよう、委託先に対する必要かつ適切な監督を行わなければなりません（法22条）。

　監督方法としては、例えば、①個人情報保護のために規則を作成し、業務委託契約書等に明記すること、②再委託の際の監督責任を明確にしておくことなどが考えられます。

249

《改正個人情報保護法と個人情報管理》

 改正された個人情報保護法に関し、会社として行うべき対策を教えてください。

 まず、対象事業者が拡大されたため、すべての事業者が改正法が対象としている個人情報の範囲や内容を正しく認識する必要があります。そして、それを前提に、対外的には、個人情報保護方針（プライバシー・ポリシー等）の見直しや個人情報保護委員会への届出をしたり、対内的には、契約書に定めている個人情報の定義の見直し、個人情報の取扱いに関する規程を見直したり整備したりする必要があるほか、個人情報データベース等の安全管理体制（設置場所への入退室管理、データベースへのアクセスの管理等）についても、見直しまたは整備を行う必要があります。

1　個人情報保護法改正の要点

　平成17年に施行された個人情報保護法（以下「法」といいます）は、その後の個人情報流出事案の多発やいわゆるビッグデータの利活用等に対する要望等の社会の変化に対応する必要性から、平成27年に大規模な改正が行われ、平成29年5月30日に同法の改正法（以下「改正法」といいます）が施行されました。そこで、まず、改正法の概要について要点をご説明します。

（1）個人情報の定義の明確化（改正法2条1項、2項）

　改正法2条1項は、個人情報として同1号で、「当該情報に含まれる氏名、生年月日その他の記述等により特定の個人を識別することができるもの（他の情報と容易に照合することができ、それにより特定の個人を識別することができることとなるものを含む）」を定め、同2号で、「個人識別符号が含まれるもの」を定めています。

　1号は、記録媒体や識別方法等を詳細に規定した部分が追加されているものの、実質的な内容に変更はないとされています。他方、2号は新

第6章 ● 個人情報、マイナンバーの取扱いに関する問題

設規定です。

　個人識別符号としては、個人情報の保護に関する法律施行令（以下「政令」といいます）で、DNAを構成する塩基配列、容貌、光彩の模様、声紋、静脈、および指紋・声紋、並びにパスポート番号、基礎年金番号、運転免許証番号およびマイナンバー等がこれに該当することが定められています（政令1条）。法律における定義の見直しの結果、社内で使用している契約書における「個人情報」の定義が、改正前の内容にあわせられている場合は、見直しが必要な場合があります。

　なお、個人情報を含む情報の集合体であって、特定の個人情報を検索可能なように体系的に構成されたものを「個人情報データベース等」といいます（法2条4項）。

（2）適用事業者の拡大（改正法2条5項）

　改正前の法では、個人情報5000件以下の取扱事業者は法の適用対象外とされていましたが、改正法ではこのような制限が撤廃されました。これにより、個人情報データベース等を取り扱うすべての事業者が法の適用対象となりました。

（3）要配慮個人情報（改正法2条3項）

　改正法により新設された定義規定です。その内容からして、慎重に取り扱われるべき情報（いわゆるセンシティヴ情報）について、不当な差別や偏見その他不利益が生じないように、その取扱いに特に配慮を要することとされました。内容としては、心身の機能障害、健康診断等の結果とそれに基づく診療や調剤、前科・前歴等が定められています（政令2条）。要配慮個人情報については、情報取得にあたり原則として本人の同意が義務化されるとともに、第三者への情報提供が厳しく制限されています。

　これまでは、個人情報の中に区別はありませんでしたが、今後は、要配慮個人情報を含むか否かによって、取扱いを区別する必要があります。

251

（4）第三者提供に関する規制（改正法23、25、26条）

　改正法には、個人情報を第三者に提供する場合には、情報を第三者に提供した年月日や相手先を記録・保存する義務が定められました（トレーサビリティの確保）。また、逆に第三者から個人データの提供を受ける際にも、当該情報が取得された経緯の確認、および提供を受けた年月日等の記録・保存義務が定められています。

　なお、本人の事前同意なく個人情報を第三者に提供できるオプトアウトという手続きも変更されました（改正法23条2～4項）。オプトアウトは、改正前の法でも、①第三者への提供を利用目的とすること、②第三者に提供される個人データの項目、③第三者への提供方法、④本人が求める場合には個人データの第三者提供を停止すること、あらかじめ本人に通知するか本人が容易に知り得る状態に置くことでできるとされていました。改正法は、これに加えて、⑤本人が停止を求める場合にこれを受け付ける方法についても定めること、および①～⑤の内容を個人情報保護委員会に届け出なければならないことを定めています。

　これまでは、インターネット上で公表しているプライバシーポリシーや個人情報保護方針などに、オプトアウトの定めを置くことで適用されていましたが、個人情報保護委員会への届出が必要となった点は大きな変更点といえるでしょう。

（5）その他

　上記以外にも、改正法は、匿名加工情報の利用（改正法2条9項）、外国にある第三者への情報提供の規制強化（同法24条）、データベース提供罪の新設（同法83条）、個人データ廃棄に関する努力義務（同法19条）などを新たに定めています。

　数は多くないかもしれませんが、外国にある企業に対する個人情報の提供が生じる場合には、注意が必要です。

第6章 ● 個人情報、マイナンバーの取扱いに関する問題

2 企業が行うべき対策

（1）これまで個人情報管理を行ってこなかった企業について

　改正法は、個人情報取扱事業者について、取り扱う情報量による規制を撤廃しました。これまで、取り扱う個人情報が5000件に満たず、適用対象外であった事業者の方々で、事業に個人情報データベース等を用いている場合は、改正法により対象事業者となったことを自覚し、対策を新たに立てる必要があります。

　したがって、まず、法の定める個人情報とは何か、自社が取り扱っている顧客や取引先等のデータの中に法が定める個人情報が含まれるかを調査する必要があります。そして、調査の結果、判明した個人情報等については、法が定める取扱いを遵守するよう社内規程等を整備する必要があります。

　具体的には、まず、対外的に、取得する個人情報の利用目的を特定して通知または公表しなければなりません（プライバシーポリシー等の策定）。

　また、社内で個人情報データベースを作成している場合には、社内での情報の利用のあり方をその目的の範囲内にするよう周知徹底する必要もあります。加えて、社内で個人情報の漏洩が生じないように安全管理体制を整備するとともに、従業員等に個人情報保護に関する教育を徹底しなければなりません。さらに、第三者提供をする場合は原則として本人からの事前同意が必要であること、第三者提供をする場合も受ける場合も法定された事項を記録して保管する義務等があることを理解し、担当者に周知を図るとともに、そのための社内規程等を整える必要があります。

　さらに、本人から自分に関する個人情報等について開示等請求があった場合や、苦情等を受け付ける窓口も準備する必要があるでしょう。

（2）安全管理体制とは何か？

　そうはいっても、具体的にどのようにすれば安全管理体制が整備され

253

ているといえるか分からないという事業者の方もおられるかもしれません。この点については、個人情報保護委員会が策定しているガイドラインが参考になります。これによれば、個人情報の取得や利用等に関するマニュアルを作成する、管理の責任者を定める、従業員に定期的な教育を行う、個人データを鍵のかかる場所に保管する（電子データの場合には暗号化したりセキュリティーソフトを導入したりする）、個人情報にアクセスできる者を制限するなどが示されています。

（3）改正前の法に基づく管理を行ってきた企業について

　新設された規定に注意を向ける必要があります。例えば、個人識別符号は、それ自体単体でも個人情報にあたることになりましたので、本人特定のために免許証番号を記載してもらったりしている場合には、これだけでも個人情報規制に対応する必要があります。また、要配慮個人情報を取得する場合には、特に取扱いに慎重を期する必要があることはいうまでもありません。さらに、第三者提供を行う場合の規制はかなり強化されていますので、本人からの同意取得や経緯等の記録・保存など、社内で整備すべき手続は多数あるものと考えられます。

　これらの改正法のどの部分が自社に当てはまるのかを入念に調査した上、プライバシーポリシーを見直したり、社内規程や体制を整備したり、委託契約書を見直したり、あるいは社内教育の体制を見直したりする必要があるでしょう。

3　最後に

　法改正の発端となったともいわれるベネッセの大規模情報漏洩事件を見るまでもなく、個人情報の漏洩は企業価値に重大な毀損を生じさせるおそれがあります。改正法に対応するのはもちろんのこと、日頃から社内の情報管理には細心の注意を払い、従業員にもこれを徹底する必要があるでしょう。

第6章 ●個人情報、マイナンバーの取扱いに関する問題

《個人情報の漏洩と会社の責任》
Q55 顧客名簿などの個人情報の漏洩が生じた場合の対応や会社に生じる責任を教えてください。

　まずは、個人情報の漏洩の事実関係や再発防止策等について、個人情報保護委員会等に対し速やかに報告するよう努めなければなりません。
　また、仮に、漏洩した個人情報の対象者（個人）から損害賠償請求がなされた場合であっても、現時点で主流とされている裁判例の限りでは、高額の賠償責任が命じられる可能性は低い（ただし、漏洩した個人情報が膨大な量となれば、1人あたりの損害額は低くても合計額が高額になる可能性はあります）ので、まずは、自主的に、漏洩した個人情報の対象者（個人）への賠償を検討しましょう。

1　個人情報保護法

　ほんの10数年前までは、いわゆる"名簿業者"という業種が何の取締りもなく跳梁跋扈しており、生徒や児童の名簿、会社の顧客名簿などが、様々な形態で販売されているという、今から考えればとても恐ろしい時代でした。
　ところで、IT技術が高度に発達し、インターネットやSNSを通じた情報交換が極めて容易にできる今日においては、企業などが保有する顧客データなどの膨大な個人情報（さらに、氏名、住所、電話番号に限らず、ポイントカードのように、その人の買物履歴などがビッグデータとしてまとめられています）は、その蓄積、加工、編集などが簡単に行えますし、さらには、インターネットやSNSを通じて一瞬にして"拡散"させることもできます。
　もちろん、個人情報を"拡散"や漏洩することは合理的な理由や法令に従ったものでない限り許されないことは当たり前ですが、ミスや、時

255

には故意によって"拡散"や漏洩された個人情報は、フィッシング詐欺などの新たな犯罪に利用されたりするなど、派生的な問題を招来します。

このような社会変化を踏まえて、平成17年に施行された個人情報保護法は、平成27年に大幅に改正され、平成29年5月30日から全面的に施行されました。

改正法では「個人情報」の取扱いルールが大きく変わり、企業などは、改正法に基づいた対処が必須となります。

2　改正のポイント

改正法の主な内容として、①個人情報の定義の明確化、②適切な管理の下における個人情報の活用法の確立、③個人情報保護の強化、④個人情報保護委員会の設置、⑤個人情報取扱いのグローバル化が挙げられています。

これらを具体的、かつわかりやすくまとめると、次のようになります。

- 5000人分以下の個人情報を取り扱う小規模な事業者も規制対象となること
- 個人情報を取得する場合、あらかじめ本人に対し利用目的を明示すること
- 個人情報を第三者に提供する場合は、あらかじめ本人から同意を得る必要があること
- 個人情報保護委員会への届出によって、本人の同意を得ずに第三者に対し個人情報を提供できる手続き（オプトアウト）の新設
- ただし、第三者提供の事実、その情報の範囲、提供方法、提供を望まない場合の停止方法などをあらかじめすべて本人に示さなければならないこと
- 「人種」や「信条」など、「要配慮個人情報」とされるものはオプトアウトによっても禁止されること

第6章 ● 個人情報、マイナンバーの取扱いに関する問題

3 漏洩時の対応

　データベース化した個人情報を持ち、これらを事業に使用している企業や団体（営利目的に限りません）は、その個人情報が少なくても「個人情報取扱事業者」として規制されます。

　これらの規制の一つとして、個人情報の漏洩などが発生した場合にその事実関係や再発防止策等について、個人情報保護委員会等に対し、速やかな報告に努めることが定められています。

【個人情報漏洩時の報告先】
個人情報保護委員会ウェブサイト内の報告フォームへの入力：
　https://roueihoukoku.ppc.go.jp/?top=kojindata
急を要する場合の連絡用ダイヤル：
　電話番号：03-6457-9685（事業者連絡用）

---

4 賠償額の"相場"

　個人情報については、「その保有について同意していない第三者が自身の個人情報を保有することを拒否する権利」などが法的な権利として認められていることから、これらの個人情報が「その保有について同意していない第三者」に開示・漏洩された場合には、法的な権利が侵害されたことになります。

　そして、これらの開示・漏洩行為が故意や過失に基づくものである場合には、不法行為（民法709条）が成立することもあり、この場合、損害賠償義務が発生します。

　もっとも、殺人や交通事故などによって侵害される生命や身体といった権利と異なり、これらの開示・漏洩行為によって侵害された「法的な権利」は、現時点ではまだまだ小さなことと考えられており、その賠償

257

額は低額に考えられています。

　実際、平成11年に京都府宇治市から「住民基本台帳データ（氏名、生年月日、性別、住所などが記載された住民票を編成したデータ）」約22万件分が漏洩した事件において、平成13年12月25日、大阪高裁（ジュリスト臨時増刊1224号38頁）は、「1人あたり慰謝料として1万円、弁護士費用相当分として5000円」と認定した当該判決は上告審においても維持されました。

　また、ヤフーBB（当時）から、「会員の氏名、住所、電話番号」が漏洩した事件では、平成19年6月21日、大阪高等裁判所（判例秘書登載）が「1人あたり慰謝料として5000円、弁護士費用相当分として1000円」を認めています。

　さらに、エステサロンのTBCから、「会員の氏名、住所、メールアドレス、いわゆるスリーサイズ、エステサロンで受けた施術コース」が漏洩した事件では、平成19年8月28日、東京高等裁判所（判タ1264号299頁）が「知らない業者からDMが届くといった二次被害が発生した1人あたり慰謝料として3万円、弁護士費用相当分として5000円」を認めています。

　上記のように、漏洩した個人情報のうち、特に、いわゆるスリーサイズなど秘匿性の高い情報が含まれている場合には比較的高めに考えられているものの、現時点では、やはり数万円程度におさえられています。

　以上をふまえると、企業などにおいて個人情報の漏洩が発生した場合には、漏洩した情報の種類や特性などを考え、上記の裁判例を参考に自主的に賠償額を設定し、漏洩した個人情報の対象者（個人）への賠償を検討することが肝要です。

第6章 ● 個人情報、マイナンバーの取扱いに関する問題

《マイナンバーの取扱方法》

 マイナンバーの取扱いについていまだによくわかっていません。注意すべき点を教えてください。

 個人情報と同様に、取得、保管、廃棄に場面を分けて整理することが有用です。ただし、通常の個人情報とは異なった取扱いとなるため留意が必要です。

取得時には、利用目的を明示したうえで、番号確認と本人確認を行う必要があります。また、本人の同意があったとしても利用目的以外の利用はできません。

一度取得した後は、個人情報保護委員会が公表しているガイドラインに準拠した管理が求められますが、基本的にはマイナンバーへアクセスできる人員を少数に限定し、情報を共有しないことが求められます。

最後に、廃棄の場面では、必要がなくなった場合には、復元不可能な方法での廃棄が求められています。

1 マイナンバー制度とは

マイナンバーとは、「行政手続における特定の個人を識別するための番号の利用等に関する法律」(以下「マイナンバー法」といいます) に基づき、日本に住民票を有する者に付与される12桁の番号のことです。一般的には、マイナンバーと呼ばれていますが、法律上の用語では、「個人番号」といい、個人番号を内容に含む個人情報を「特定個人情報」といいます。

マイナンバー制度の目的は、法律の名称にもあるとおり、主として社会保障や税務、災害対策に関する行政手続きに利用されることが目的です。法律上は、行政運営の効率化および業施分野における公正な給付と負担の確保を図ることや、手続きの簡素化による負担の軽減、本人確認の簡易な手段その他の利便性の向上を得られるようにすることなどが挙げられています。

なぜ、このような番号が必要になるのかというと、個人の特定ということの難しさが原因でしょう。行政においては、書類だけで個人を特定したり、手続きを進めなければならない場面は少なくありません。書類だけで個人を特定しようと思った場合、氏名、生年月日、住所、本籍地、性別、職業などの項目を申告させることが考えられますが、氏名、生年月日および性別以外は、普通に生活をしているだけでも何度か変更される場合があります。本人を特定するために過去の住所や戸籍の情報を確認するためには、また別途戸籍の調査や住民票の調査などをする必要がありますが、戸籍や住民票を管理しているのは市役所などになり、情報が国と地方自治体で分かれており、これらを調査するのも煩雑です。

　結局、氏名、生年月日、性別が一致する人がいた場合に、個人を特定するというのは、想像以上に大変な作業になります。これらの情報が一致する人の割合は多くないかもしれませんが、万が一にでも取り違えがあれば、年金などの給付内容が相違してしまうわけですから、間違えるわけにもいきません。

　そこで、一人ひとりに12桁の番号を付けることで、個人の特定を容易にしておくことになったというわけです。個人を特定するためには、この12桁の番号さえ重複していなければ、非常に容易になります。

2　民間事業者におけるマイナンバーの取扱いについて

　前述のとおり、個人の特定が12桁の番号を確認するだけで可能となれば、事業者としても手続きが簡素化できる可能性があると思われるかもしれません。例えば、顧客管理などにマイナンバーを利用できれば、民間事業者でも取り違えなどを防ぐことができそうです。

　しかしながら、特定個人情報の取扱いについては、マイナンバー法が様々な規制を定め、厳しく規制されています。マイナンバーは、行政が行う社会保障、税、災害対策における行政事務に利用することが目的とされているため、それらの目的以外の利用は禁止されています（マイナ

第6章 ● 個人情報、マイナンバーの取扱いに関する問題

ンバー法9条)。そのため、民間事業者が顧客管理のためにマイナンバーを利用することはできません。しかも、目的内利用のために一度取得した後は、滅失または毀損の防止のために適切な措置を講じなければなりません(同法12条)。

顧客管理などに使えないのであれば、マイナンバーを取得すること自体を避けたいかもしれませんが、そういうわけにはいきません。税や社会保障の行政事務といっても、民間事業者が一部を担っているものがあります。例えば、給与からの源泉徴収や社会保険料の納付などは、従業員を雇用している事業者であれば必須の事務ですが、この処理にはマイナンバーの取得が必要になりました。そのほか、個人事業主などに業務を委託する場合の報酬などの支払にともなって、支払調書の作成が必要な場合がありますが、この際にもマイナンバーの取得が必要となります。

したがって、民間事業者においても、マイナンバーの取扱いはほぼ必須の事務になっています。

3 マイナンバーの取扱いに関する分類について

民間事業者が、マイナンバーを取り扱う際の注意点は、大きく三つの場面に分けて考えることができます。「取得」「管理」「廃棄」です。

取得時には、本人確認を厳格に行う必要があり、取得すべき書類が定められています。

管理については、一度預かったマイナンバーの管理方法が厳格に定まっています。

そして、マイナンバーは不要となった際には、保管しておいてはならないため、廃棄の場面まで法定されています。

4 マイナンバー収集時の留意点について

民間事業者がマイナンバーを取得する場合は、①番号確認および本人

261

確認を行うことに加えて、②利用目的を明示することが必要です（マイナンバー法16条）。

　まず、①については、マイナンバーが本人のものであることが間違いないかを確認して取得することを意味しており、公的な書類と共に、マイナンバーを確認することが求められています。もっとも簡便であるのは、本人からマイナンバーカード自体を確認書類とすることですが、マイナンバーカードを発行していない場合などは、住民票の写しにより個人番号を確認し、それ以外の身元確認書類（原則として顔写真付きのもの、運転免許証など）によって提供を受けることが必要となります。

　また、代理人から提供を受ける場合には、代理人自身の本人確認も必要となり、委任状と身元確認書類（代理人の運転免許証など）が必要となります。代理人からの取得の典型的な例は、従業員の家族のマイナンバーを取得するときに、従業員がその家族の代理人として会社へ提出する場合などが想定されます。

　次に、②利用目的の明示ですが、マイナンバーの利用については、そもそも、マイナンバー法において社会保障、税、災害対策に関する特定の事務に限定されているうえ、それらのうちでも、利用目的を限定して明示して取得すること、明示した範囲を超えて利用しないことが求められています（マイナンバー法9条3項、個人情報保護法18条）。利用目的としては、「源泉徴収票作成事務」、「健康保険・厚生年金保険届出事務」「支払調書作成事務」などが一般的な企業では多いでしょうから、これらの事務を利用目的に記載しておくことになります。

5　保管について

　事業者は、保管中のマイナンバーについて、適切な管理のために必要な措置を行わなければならず（マイナンバー法12条）、個人情報保護委員会が公表している「特定個人情報の適正な取扱いに関するガイドライン（事業者編）」においては、従業員数が100人以下の中小規模事業者

第6章 ●個人情報、マイナンバーの取扱いに関する問題

向けの簡易な安全管理措置の方法が例外的に定められています。主たる内容は以下のような点ですが、簡易といえども負担は大きく感じられるかもしれません。

- ・　担当者と責任者を定める
- ・　担当者と責任者は区別しておくことが望ましい
- ・　保管状態が分かる記録の作成。なお、保管中は、担当者のみがアクセスできるようにする（アカウントの制御などによる）ことが望ましい
- ・　責任ある立場の者が定期的に点検を行う
- ・　情報や媒体を移動する際には、パスワードの設定、封筒へ封入してから鞄で運ぶなど、紛失を防止する措置をとること
- ・　漏洩等のトラブル対応時の連絡方法を事前に準備しておく
- ・　廃棄する際には、責任ある立場の者が確認すること

　基本的な考え方としては、マイナンバーへアクセスできる担当者や責任者は可能な限り限定し、情報を共有しないようにする必要があるといえます。

6　廃棄について

　マイナンバーを受領して保管していたとしても、法定保存期間が経過するなど、必要がなくなった場合には保管を続けてはならないため、速やかに廃棄する必要があります（マイナンバー法20条）。典型的には、従業員の退職にともなって、廃棄が必要となることが多いでしょう。廃棄時期については、年度末などに一括して廃棄しても構わないとされていますので、ある程度効率を考えて対応することは可能です。

　また、廃棄方法ですが、個人番号部分を復元不可能な方法で行わなければならず、焼却や溶解などが適切な方法として挙げられています。

263

《マネーロンダリング防止のための本人確認》

 マネーロンダリングへの対策のために本人確認を行わなければならないと聞いたのですが、どのような対応が必要なのでしょうか。

 銀行等の一定の事業者については、取引を行う際、顧客が個人の場合は、本人確認として、顧客の氏名や住居、生年月日等を、顧客が法人の場合は、法人の名称および本店または主たる事務所の所在地等を確認しなければならない場合があります。また、氏名等だけでなく、取引目的、職業（法人の場合は、事業内容）等も確認しなければならず、確認した後は、直ちに、確認記録を作成する必要があります。

1 マネーロンダリングとは

マネーロンダリングとは、「一般に犯罪によって得た収益を、その出所や真の所有者が分からないようにして、捜査機関による収益の発見や検挙を逃れようとする行為」をいいます（平成29年度版警察白書）。

本来、犯罪によって得られた収益は、被害回復等に充てられるべきであり、その収益を使わせてはなりません。しかし、マネーロンダリングが行われると、犯罪によって得られた収益の出所が分からなくなる結果、健全な経済活動で得られた収益との区別ができず、事実上、犯罪によって得られた収益の使用が可能となってしまいます。そうすると、健全な経済活動に重大な悪影響等を与えてしまうため、マネーロンダリングを防止する必要があるのです。

2 確認すべき事項

上記のとおり、マネーロンダリングを防止する必要があるところ、法は、銀行等の事業者に対して、預貯金契約等の一定の取引に際し、本人

第6章 ● 個人情報、マイナンバーの取扱いに関する問題

確認等の義務を課しています「犯罪による収益の移転防止に関する法律」（以下、この法律のことを単に「法」といいます）4条1項）。

取引にあたり、確認する必要があるものには、以下の事項があります。

① 本人特定事項（同項1号）

② 取引を行う目的（同項2号）

③ 当該顧客等が自然人である場合にあっては職業、当該顧客等が法人である場合にあっては事業の内容（同項3号）

④ 当該顧客等が法人である場合において、その事業経営を実質的に支配することが可能となる関係にあるものとして主務省令で定める者（以下、「実質的支配者」といいます）があるときにあっては、その者の本人特定事項（同項4号）

なお、上記事項を確認した場合は、確認記録を作成する必要があります（法6条1項）。

以下では、それぞれについて、詳しく見ていくこととします。

3　顧客が個人の場合

（1）本人特定事項の確認方法

顧客が個人の場合、本人特定事項として、「氏名、住居および生年月日」を確認する必要があります。

本人確認の方法として、**図表15**（次頁）の書類が必要となります（犯罪による収益の移転防止に関する法律施行規則（以下「施行規則」といいます）7条1号）。

本人確認の方法について、**図表15**のイまたはロの書類であれば、提示を受けるだけで足りますが、それ以外の書類の場合は、提示を受けるとともに書類に記載されている住所に転送をしない書留郵便等で取引関係文書を送るなどして本人確認をする必要があります（施行規則6条1項1号）。

265

図表15　本人確認で必要となる書類（個人の場合）

本人確認書類	施行規則7条1号
運転免許証等、在留カード、特別永住者証明書、個人番号カード、旅券等、身体障害者手帳、精神障害者保健福祉手帳、療育手帳、戦傷病者手帳	同号イ
上記のほか、官公庁から発行され、または発給された書類その他これに類するもので、当該自然人の氏名、住居および生年月日の記載があり、かつ、当該官公庁が当該自然人の写真を貼り付けたもの	同号ロ
国民健康保険、健康保険、船員保険、後期高齢者医療もしくは介護保険の被保険証、健康保険日雇特例被保険者手帳、国家公務員共済組合もしくは地方公務員共済組合の組合員証、私立学校教職員共済制度の加入者証、国民年金手帳、児童扶養手当証書、特別児童扶養手当証書もしくは母子健康手帳、特定取引等を行うための申込みもしくは承諾に係る書類に顧客等が押印した印鑑に係る印鑑登録証明書	同号ハ
印鑑登録証明書（上記の印鑑登録証明書を除く）、戸籍の謄本もしくは抄本、住民票の写し、住民票の記載事項証明書	同号ニ
上記のほか、官公庁から発行され、または発給された書類その他これに類するもので、当該自然人の氏名、住居および生年月日の記載があるもの（国家公安委員会、金融庁長官、総務大臣、法務大臣、財務大臣、厚生労働大臣、農林水産大臣、経済産業大臣及び国土交通大臣が指定するものを除く）	同号ホ

（2）取引を行う目的および職業の確認方法

　これらは、顧客等からの申告によって確認します（施行規則9条、10条1号）。

4　顧客が法人である場合

（1）本人特定事項の確認方法

　顧客が法人の場合、本人特定事項として、「名称および本店または主たる事務所の所在地」を確認する必要があります。

　本人確認の方法として、**図表16**の書類が必要となります（施行規則

第6章 ● 個人情報、マイナンバーの取扱いに関する問題

7条2号)。

図表16 本人確認で必要となる書類（法人の場合）

本人確認書類	施行規則7条2号
登記事項証明書、印鑑登録証明書（当該法人の名称および本店または主たる事務所の所在地の記載があるものに限る）	同号イ
上記のほか、官公庁から発行され、または発給された書類その他これに類するもので、当該法人の名称および本店または主たる事務所の所在地の記載があるもの	同号ロ

　本人確認の方法については、当該法人の代表者等から**図表16**のイもしくはロの書類の提示を受ける方法、**図表16**のイもしくはロ（またはその写し）の送付を受け、その書類（またはその写し）を記録に添付するとともに、本人確認書類に記載されている法人の本店等に対して、転送をしない書留郵便等で取引関係文書を送るなどの方法があります。

　なお、顧客等が法人の場合、実際に取引を担当している者の本人特定事項についても確認する必要があります（法4条4項）。

（2）取引を行う目的の確認方法

　これについては、顧客等が個人の場合と同様、顧客等からの申告によって確認します（施行規則9条）。

（3）事業の内容の確認方法

　事業の内容については、**図表17**（次頁）の書類またはその写しで確認する必要があります（施行規則10条2号）。

267

図表17 事業内容の確認に必要となる書類

事業内容確認書類	施行規則10条２号
定款（これに相当するものも含む）	同号イ
上記のほか、法令の規定により当該法人が作成することとされている書類で、当該法人の事業の内容の記載があるもの	同号ロ
登記事項証明書	同号ハ
上記のほか、官公庁から発行され、または発給された書類その他これに類するもので、当該法人の事業の内容の記載があるもの	同号ニ

（4）法人の実質的支配者の本人特定事項の確認方法

　実質的支配者とは、**図表18**のような者をいいます（施行規則11条２項）。なお、**図表18**の資本多数決法人とは、「議決権に係る株式の保有数又は当該株式の総数に対する当該株式の保有数の割合に応じて与えられる法人」のことをいいます（同項１号）。つまり、株式会社等のように株の保有数が多くなるほど、多くの議決権が与えられるような法人のことを意味します。

図表18 法人の実質的支配者

資本多数決法人の場合	資本多数決法人以外の場合
①　議決権の総数の４分の１を超える議決権を直接または間接に有している者（施行規則11条２項１号） ②　上記①の者がいない場合、出資、融資、取引その他の関係を通じて当該法人の事業活動に支配的な影響力を有すると認められる者（同項２号） ③　上記①、②の者がいない場合、法人の代表者、または法人の業務を執行する者（同項４号）	①　法人の事業から生じる収益または当該事業に係る財産の総額の４分の１を超える収益の配当または財産の分配を受ける権利を有していると認められる者（同項３号イ） ②　出資、融資、取引その他の関係を通じて当該法人の事業活動に支配的な影響力を有すると認められる者（同項３号ロ） ③　上記①、②の者がいない場合、法人の代表者、または法人の業務を執行する者（同項４号）

第6章 ● 個人情報、マイナンバーの取扱いに関する問題

　実質的支配者の本人特定事項の確認方法としては、「当該顧客等の代表者等からの申告を受ける方法」（同条1項）と規定されています。もっとも、単に申告だけだと法人を隠れ蓑にしたマネーロンダリングを許すことになりかねません。そのため、単なる申告だけではなく、実質的支配者の本人確認書類の提示を求めることが望ましいと思われます。

第7章

従業員の労務管理
に関する問題

おもな法令
　出入国管理及び難民認定法（入管法）
　労働契約法
　労働基準法
　公益通報者保護法
　労働施策総合推進法（旧 雇用対策法）
　不正競争防止法　ほか

《使用者の転勤命令権》

転勤を命じたところ、従業員が拒否してきました。従業員に転勤を拒否する権利があるのでしょうか。

会社が従業員に対して有効に転勤を命じるためには、労働契約において転勤を命じる権利が会社に与えられており、かつ、会社による転勤命令権の行使が権利濫用に該当しないことが必要となります。
　そのため、従業員は、会社との労働契約において勤務場所が特定されている場合や、会社による転勤命令権の行使が権利濫用に該当する場合に限り、転勤を拒否することが許容されます。

1　転勤命令権の根拠

　長期雇用慣行のある日本企業では、様々な勤務場所における就業を経験させることによって労働者の職業能力を発展させ、あるいは企業内における労働力の調整を図るため、定期的に労働者の転勤を行っている企業が多く存在していることから、転勤は、日本企業における人事管理の特徴の一つとなっています。他方で、勤務場所を特定して採用されたような場合にまで、転勤命令に応じなければならないのであれば、労働者の期待を裏切ることにもなりますし、生活の安定を害することにもなりかねません。
　そのため、使用者が労働者に対して転勤を命じるためには、就業規則において「会社は、業務の都合により、配置転換、転勤を命じることができる」と定めておくなどして、使用者の転勤命令権を労働契約上の権利として定めておくことが必要であると考えられています。そして、転勤命令権が労働契約上の使用者の権利として定められていない場合、労働者に転勤を命じるためには、労働者の個別的な同意を得ることが必要であり、これが得られない場合、労働者に対して転勤を命じることはできません。

第7章 ● 従業員の労務管理に関する問題

2 権利濫用法理による転勤命令の制限

使用者が転勤命令権を有する場合であっても、その行使が無制限に許されるというわけではありません。

転勤命令の有効性の判断基準を示したリーディング・ケースとして、東亜ペイント事件（最二小判昭61.7.14集民148号281頁）があります。

同事件において、最高裁は、「転勤、特に転居を伴う転勤は、一般に、労働者の生活関係に少なからぬ影響を与えずにはおかないから、使用者の転勤命令権は無制約に行使することができるものではなく、これを濫用することの許されないことはいうまでもないところ、当該転勤命令につき業務上の必要性が存しない場合又は業務上の必要性が存する場合であっても、当該転勤命令が他の不当な動機・目的をもってなされたものであるとき若しくは労働者に対し通常甘受すべき程度を著しく超える不利益を負わせるものであるとき等、特段の事情の存する場合でない限りは、当該転勤命令は権利の濫用となるものではない」と判示しています（下線は筆者）。

すなわち、労働契約上の根拠を有する転勤命令権の行使であっても、①業務上の必要性が存しない場合、または業務上の必要性が存する場合であっても、②不当な動機・目的による場合、③従業員に対して著しい不利益を与える場合などには、権利濫用（民法1条3項、労働契約法3条5項）になることを明らかにしたのです。

もっとも、同事件において、最高裁は、「業務上の必要性についても、当該転勤先への異動が余人をもっては容易に替え難いといった高度の必要性に限定することは相当でなく、労働力の適正配置、業務の能率増進、労働者の能力開発、勤務意欲の高揚、業務運営の円滑化など企業の合理的運営に寄与する点が認められる限りは、業務上の必要性を肯定すべきである」と判示し（下線は筆者）、業務上の必要性を理由とした転勤の場合、業務の必要性の有無に関する判断に関しては、会社側に広汎な裁量が認められることも明らかにしています。

273

3 転勤命令が権利濫用に該当する場合

　業務上の必要性が認められるか否かは比較的緩やかに判断されますし、不当な動機・目的（自主退職を促す目的、制裁的な目的など）によるものであるか否かは、会社が最も分かっているはずです。したがって、これらが理由となって転勤命令が権利濫用であると判断されることは多くないと考えられます。しかし、転勤が従業員に対して「通常甘受すべき程度を著しく超える不利益を負わせる」ものであるか否かについては、いかなる性質・程度の不利益であれば「通常甘受すべき程度」の範囲内であるかが不明確であり、その判断に迷うところです。

　この点、過去の裁判例においては、老齢で徘徊癖のある母親と同居している従業員に対して遠隔地に転勤することを命じた場合（ネスレ日本事件―大阪高判平18.4.14労判915号60頁）や、子供が重度のアトピー性皮膚炎であり、育児負担が特段に重い従業員に対して遠隔地に転勤することを命じたような場合（明治図書出版事件―東京地決平14.12.27労判861号69頁）において、転勤命令権の行使が権利濫用とされています。そのため、育児・介護の必要性が高度な家族を抱えた従業員に対して遠隔地に転勤することを命じるような転勤命令を発することは避けなければなりません。また、メニエール病に罹患している従業員に対して通勤時間が1時間40分以上となる場所に転勤することを命じたことが権利濫用と判断された裁判例もありますので（ミロク情報サービス事件―京都地判平12.4.18労判790号39頁）、従業員自身が重い病気を抱えているような場合にも、病気の程度・症状などに配慮し、慎重な判断をすべきであると考えられます。

　他方で、配偶者の勤務地等の事情によって単身赴任を余儀なくさせるような転勤命令については、別居手当の支給などによって労働者の不利益を緩和する措置を講じていることなどが考慮され、権利濫用にはあたらないと判断されています（帝国臓器製薬事件―東京高判平8.5.29労判694号29頁）。

第7章 ● 従業員の労務管理に関する問題

4 転勤命令が権利濫用であると判断された場合に生じるリスク

　会社による転勤命令権の行使が権利濫用に該当する場合、転勤命令が無効ということになりますので、そもそも従業員は転勤命令に従う必要はありません。そのため、転勤命令に背いた従業員に対して賃金を支払わなかったり、解雇をしたりすることは許されないことになります。

　それにもかかわらず、転勤命令に背いたことを理由として、賃金を支払わなかったり、解雇をしたりしてしまった場合、従業員から賃金支払請求訴訟や地位確認請求訴訟などを提起され、会社は重大な損失をこうむることになる可能性があります。

　そのため、従業員が転勤命令に従わなかった場合、当該従業員に対して何らかの処分を下す前に、転勤命令が権利濫用に該当するか否かを慎重に検討し、権利濫用に該当する可能性が存するのであれば、転勤命令を取り消すという判断をすべき場合もあります。

5 今後の展望

　近年は、「仕事と生活の調和」（労働契約法3条3項）の必要性が改めて認識され、ワーク・ライフバランスの社会的要請が急激に高まっています。

　かかる社会的状況に鑑みれば、転勤命令が「著しい不利益」に該当するか否かの判断は、これまで以上に慎重になされることになると予想されるため、今後、会社は、各従業員が有する個別的事情を真摯に考慮したうえで、転勤命令を発するか否かを決定することが必要であるといえます。

275

《兼業禁止規定の効力》

 当社では、職務に専念してもらうために、就業規則に兼業禁止の規定を設けています。従業員が兼業禁止に違反していることが発覚したのですが、解雇することはできるでしょうか。

 　兼業は、本来的には労働者の自由に委ねられているはずである就業時間以外の時間における活動であるため、従業員が無許可で兼業をした場合であっても、それが会社の企業秩序を乱し、あるいは会社に対する労務の提供に支障を生じさせるようなものでない限り、解雇をすることはできません。

1　兼業禁止規定の有効性

　就業規則において、「会社の許可を得ることなく、他社に雇用され、または自ら事業を営んではならない」など、他社との兼業等を禁止する内容の規程（以下「兼業禁止規定」といいます）を定めている会社は数多くあります。もっとも、就業規則に定められた労働条件が労働契約の内容となるためには、その労働条件が「合理的」なものでなければなりませんから（労働契約法7条）、就業規則において兼業禁止規定を定めていようとも、それが不合理なものであれば、それは労働契約の内容とはなりません。そして、兼業禁止規定は、どのように使うのかは従業員の自由であるはずのプライベートの時間にまで干渉する内容の規定ということになりますので、果たして合理的な労働条件といえるのでしょうか。

　この点、兼業を許可制の内容とする兼業禁止規定の効力が争点となった事件（小川建設事件—東京地決昭57.11.19労判397号30頁）において、裁判所は、「法律で兼業が禁止されている公務員と異り、私企業の労働者は一般的には兼業は禁止されておらず、その制限禁止は就業規則等の具体的定めによることになるが、労働者は労働契約を通じて一日の

第7章 ● 従業員の労務管理に関する問題

うち一定の限られた時間のみ、労務に服するのを原則とし、就業時間外は本来労働者の自由な時間であることからして、就業規則で兼業を全面的に禁止することは、特別な場合を除き、合理性を欠く」と判示しながらも、「労働者がその自由なる時間を精神的肉体的疲労回復のため適度な休養に用いることは次の労働日における誠実な労働提供のための基礎的条件をなすものであるから、使用者としても労働者の自由な時間の利用について関心を持たざるをえず、また、兼業の内容によつては企業の経営秩序を害し、または企業の対外的信用、体面が傷つけられる場合もありうるので、従業員の兼業の許否について、労務提供上の支障や企業秩序への影響等を考慮したうえでの会社の承諾にかからしめる旨の規定を就業規則に定めることは不当とはいいがた」いと判示し（それぞれ下線は業者）、就業規則の合理性を肯定しました。

　すなわち、就業規則において兼業を全面的に禁止することは合理性を欠き許されませんが、兼業を許可制としたうえで、兼業が労務提供に与える支障や企業秩序に与える影響等を考慮して兼業の許否を会社が決することは認められると解されているのです。

2　兼業禁止規定違反を理由とした解雇の可否

（1）はじめに

　就業規則において兼業禁止規定を設けている会社では、多くの場合、その違反を普通解雇事由または懲戒解雇事由とする規定も設けておりますので、それらの規定を素直に適用すれば、兼業禁止規定に違反した従業員を解雇することは認められるはずです。他方で、労働契約法16条は、「解雇は、客観的に合理的な理由を欠き、社会通念上相当であると認められない場合は、その権利を濫用したものとして、無効とする」と定め、同法15条は、「使用者が労働者を懲戒することができる場合において、当該懲戒が、当該懲戒に係る労働者の行為の性質及び態様その他の事情に照らして、客観的に合理的な理由を欠き、社会通念上相当であると認

277

められない場合は、その権利を濫用したものとして、当該懲戒は、無効
とする」と定めていることから、就業規則において兼業禁止規定違反を
普通解雇事由または懲戒解雇事由と定めていようとも、必ずしも解雇が
できるということではなく、その解雇に客観的合理性と社会的相当性が
認められない限り、解雇は無効となるのです。特に、懲戒解雇について
は、客観的合理性および社会的相当性の有無が厳格に判断されますの
で、容易には有効性が肯定されません。

（2）普通解雇を肯定した裁判例

　前述の小川建設事件は、建設会社の事務員として働いていた従業員
が、会社の許可を得ずにキャバレーで会計係としても働いていたため、
会社が普通解雇をしたという事案です。

　当該事案において、裁判所は、キャバレーにおける毎日の勤務時間が
単なる余暇利用のアルバイトの域を超えるものであり、キャバレー勤務
によって会社における労務の誠実な提供に何らかの支障をきたす蓋然性
が高く、事前に会社に申告があった場合、当然に承諾が得られるとは限
らないものであるため、兼業行為を不問に付して然るべきものではない
こと、キャバレー勤務の影響によるものか否かは明らかではないもの
の、会社の就業時間中に居眠りが多く、残業を嫌忌する等の就業態度が
みられることなどの事情を総合し、建設会社による解雇を有効と判断し
ました。

（3）懲戒解雇を否定した裁判例

　病気により休職中の従業員が知人の求めに応じ、約10日間、1日あ
たり2、3時間程度、知人の工場を手伝い、1200円の謝礼を受けとっ
たところ、兼業禁止規定違反によって懲戒解雇となった事件（平仙レー
ス事件—浦和地判昭40.12.16労判15号6頁）において、裁判所は、「就
業規則において二重就職が禁止されている趣旨は従業員が、二重就職す
ることによつて会社の企業秩序を乱し、或は従業員の会社に対する労務

第7章 ● 従業員の労務管理に関する問題

提供が不能若しくは困難になることを防止するにあると解され、したがつて右規則にいう二重就職とは右に述べたような実質をもつものをいい、会社の企業秩序に影響せず、会社に対する労務提供に格別の支障を生ぜしめない程度のものは含まれないと解するを相当とする」と判示し、会社の企業秩序を乱し、あるいは会社に対する労務提供が不能もしくは困難になるような実質を持たない兼業については、そもそも就業規則で禁止されている「兼業」には該当しないとの判断方法により、懲戒解雇を無効としました。

(4) まとめ

以上のとおり、兼業禁止規定に違反して兼業をした場合であっても、それが会社の企業秩序を乱したり、会社に対する労務提供に支障を与えたりするものでない限り、それを理由とした解雇は客観的合理性および社会的相当性を欠くとの判断により、または、そもそも兼業禁止規定で禁止される「兼業」には該当しないとの判断により、解雇の有効性は否定されることになります。

279

《ハラスメント事案において会社がとるべき措置》

社内でセクハラまたはパワハラが生じているとの申告があった場合の会社の適切な対応を教えてください。

　ハラスメントの事案については、企業は二つの対応が必要です。一つ目は被害者への対応であり、二つ目は加害者への対応です。企業が適切な対応を怠ったがために民事訴訟等の紛争に発展してしまう可能性があり、被害者側から企業の使用者責任（民法715条）や債務不履行責任（同法415条）を問われることもあります。また、企業が事案の把握もせずに、被害者側の言い分のみを一方的に聞き入れ加害者を懲戒処分等にした場合、加害者側から企業に対して、損害賠償や無効確認訴訟、労働審判等の紛争に発展してしまう可能性もあります。
　企業としては、万全なハラスメント防止策を事前に行うことが重要ですが、ハラスメント事案の申告があった場合には、これを放置することなく、事案により適切な対処を行う必要があります。

1　ハラスメントの申告があった場合について

(1)　手続きの全体の流れについて

　申告があった場合には、①事実関係の調査・判断、②第三者委員会等の設置、③処分、④再発防止策の実施という流れをとって、事案の解決を行う必要があります。申告があったにもかかわらず、これを放置すれば、紛争に発展してしまう可能性がある以上、迅速かつ適切な対応が必要になります。

(2)　事実関係の調査について

　パワハラ・セクハラ事案は、当事者間の個人的なやりとりが原因になるケースが多く、メール・写真画像や動画・録音データ等の客観的な証拠が少ないことが多いです。そのため、いつ、誰が、誰に対して、どこ

第7章 ● 従業員の労務管理に関する問題

で、どんな行為を行ったか等について、関係者から事実関係の聴取を行う必要があります。

事実関係の聴取にあたっては、①中立的な立場から聴取すること、②相談をしたことで不利益に扱わないこと、③今後の判断までの一定の見通しを立てることの3点が大切になります。

① 中立的な立場からの聴取について

申告者は、ハラスメント相談を行う前に、深刻に悩んで相談に来ている場合もあります。かかる申告者に対して、聴取の前から嘘をついているのではないかなどと疑ってかかったりした場合、申告者は担当者のことを信頼できず、十分な聴取ができなくなります。

また加害者は、言い掛かりであると非常に強い抵抗感を抱いていることや解雇されてしまうのではないかと不安に思っていることがあります。かかる加害者に対して、当初から高圧的な態度や反省を促すような決めつけの態度では、加害者側の言い分を十分に聴取することもできません。

したがって、担当者は、偏見や予断を持たず、中立的な立場から双方の言い分を聴取することが必要です。また、関係者のプライバシーに最大限配慮した聴取を行う必要があります。

② 不利益な取扱いについて

悩みに悩んで相談しに来た申告者の不安を取り除くためにも、申告を行ったこと自体で不利益に取り扱わないとあらかじめ説明しておく必要があります。なお当然のことながら、申告者の話した内容が職場全体に漏れたりした場合、申告者と担当者との間で信頼関係を築くことはできません。そこで申告者に対して、申告内容が外部に漏れないように配慮し、このような配慮がなされている旨も説明をしておく必要があります。

③ 見通しについて

申告者は、早期な解決を希望している場合が多いです。もっとも、中途半端な事実関係の調査を行ったため、どちらか一方の言い分のみを鵜呑みにし、不適切な処分を行うと紛争になりかねず、企業としては、事

281

実関係の調査のために、しっかりと時間を割かなければなりません。ゆえに、申告者の望むような早期な解決ができない可能性は高いです。そこで、申告者に対して、今後の流れやおおまかなタイムスケジュールを説明し、関係者に対して入念に聴取を行う必要があるため、一定の時間を要する旨をあらかじめ伝えておくことは有益です。

（3）事実関係の判断について

　関係者から聴取した後は、その内容を精査する必要があります。申告どおりの内容の事実があったか否かについては、客観的事実との整合性、供述内容の一貫性、他の関係者の聴取内容との一致等から判断する必要があります。

　判断にあたっては、客観的事実や証拠との整合性から判断し、確定的な事実関係を拾い出し、その後、申告内容のような事実関係があった否かについて、判断する必要があります。そのためには、充実した事実関係の聴取は不可欠です。

　なお、事実関係の調査を実施するに当たっては、第三者委員会等を設置することも有益です。

（4）第三者委員会等の設置について

　申告内容の事実関係を調査するためや、先入観を有さないためにも、第三者委員会や調査委員会等を設置し、調査を進めていくことも重要です。特に、人事を担当する部署の役員を配置し、必要に応じて関係者に対して、さらなる聴取を行うこともあります。そして、かかる第三者委員会において、調査した事実関係を基に事案を検討し、処分を行うことになります。

（5）処分について

　第三者委員会で事実関係を精査し、必要な処分を行うことになります。懲戒相当であると判断された場合、企業は、加害者に対して、就業規則

等に基づき、一定の懲戒処分を行うことになります。

　他方で、懲戒不相当と判断された場合やハラスメントに該当する事実関係が認められない場合でも、何らかの対応を行う方が望ましいでしょう。申告者は、相談前に深刻に悩んで申告を行っている場合もあるため、何らの措置も行われないことを不満に思い、紛争に発展しかねません。申告者と加害者と疑われた人（被申告者）の人間関係などに配慮して、配置転換を行ったり、申告者のメンタルケアを行ったり、職場環境を改善するなどの措置を行う必要はあります。また、「事実ではない」「ハラスメントに該当しない」と判断された場合にも、申告者や被申告者に対して、コミュニケーション不足や誤解であるなどの説明をしっかり行い、再発防止策を検討する必要があります。

（6）再発防止策について

　処分を行って、ハラスメント事案が解決するわけではありません。最後に、今後の再発防止策を検討する必要があります。

　再発防止策としては、ハラスメント研修等を通じて、問題意識を企業内で共有することが有益です。そして、具体的な再発防止策を検討した場合には、かかる策を実行に移し、同様のハラスメント事案が生じないよう管理することが必要になります。

（7）まとめ

　ハラスメントの申告があった場合には、企業としては、以上のような対策が必要となります。前述のとおり、企業としては、紛争に発展させないためにも、ハラスメント事案の申告を放置することなく、迅速かつ事案に応じた適切な対処を行う必要があります。

　なお、ハラスメント対策として、厚生労働省の発行している「職場におけるセクシュアルハラスメント対策や妊娠・出産・育児休業・介護休業等に関するハラスメント対策は事業主の義務です!!」（平成30年10月）というパンフレットがあります。ハラスメントの事前の防止策等につい

ては、同パンフレットも参考になります。

2　パワーハラスメント

（1）円卓会議について

　パワーハラスメントの国の取組みとして、平成23年に「職場のいじめ・嫌がらせ問題に関する円卓会議」（以下、「円卓会議」といいます）が設けられ、主としてパワーハラスメントについての報告がされています。

　円卓会議において、職場のパワーハラスメントとは、「同じ職場で働く者に対して、職務上の地位や人間関係などの職場内の優位性を背景に、業務の適正な範囲を超えて、精神的・身体的苦痛を与える又は職場環境を悪化させる行為をいう」と定義をされています。そして、職場内の優位性とは、上司から部下に行われるものだけでなく、先輩・後輩間や同僚間、さらには部下から上司に対して様々な優位性を背景に行われるものも含まれると考えられています。つまり、職場でのパワーハラスメントとは、上位者から行われるものに限られるものでなく、かつ、怒鳴り散らすことや侮辱的な言動等の行為に限られるものではありません。

（2）パワハラの判断について

　パワハラについては、比較的にパワハラと業務上の適正な範囲との区別が容易なものもあれば、他方、業務上の適正な指導との区別が必ずしも容易ではないものも含まれます。業務上の適正を有するものか否かについては、職場の構成・雰囲気・業種・慣行等も影響し、また、当該行為が単発的なものか反復・継続的なものかなどによっても変わりますので、具体的な事情を把握することは重要です。

　企業としては、いかなる行為がパワハラに該当するかについて、社内で共通認識を持ち、あらかじめ、社内ルールやガイドラインを作成しておく必要があります。

第7章 ● 従業員の労務管理に関する問題

> **(補足)**
>
> 　令和元年6月に労働施策総合推進法が改正され、パワハラ防止措置を講ずることが事業主に義務付けられます（令和2年6月施行、中小企業についての義務付けは令和4年4月施行。それまでの間は努力義務）。この改正に伴い、パワハラにあたる具体例や事業主が講ずべき措置について示すガイドラインも、近々公表される予定です。

3　セクシュアルハラスメント

（1）職場におけるセクシュアルハラスメントについて

　職場におけるセクシュアルハラスメントとは、「職場」において行われる、「労働者」の意に反する「性的な言動」に対する労働者の対応により、その労働者が労働条件について不利益を受けたり、「性的な言動」により就業環境が害されたりすることをいいます。

（2）セクシュアルハラスメントの判断の注意点

　職場におけるセクシュアルハラスメントとは、異性に対するもののみならず、同性に対するものも含まれます。また、被害を受ける者の性的嗜好や性自認にかかわらず、「性的な言動」であれば、セクシュアルハラスメントに該当します。

　さらに、L館事件─最一小判平27.2.26集民249号109頁では、被害者が明確な拒否の姿勢を示していなかったとしても、被害申告を控えたり躊躇したりすることも少なくないとし、これらの事情を加害者にとって有利に斟酌することは相当ではないと判断しています。ゆえに、被害直後に被害申告を行っていないとの一事をもって、被害者側の供述の信用性がなくなるわけではない点に留意する必要があります。

285

《休日の会社主催イベントの労働時間該当性》

 休日に会社主催でイベントを開催することとなり、従業員も多数出席することになりました。一部の従業員から会社の行事だから出席するつもりだが、休日出勤手当が出るのか確認したいと求められています。休日のイベントに賃金を支払う必要があるのでしょうか。

 イベントへの参加が「労働時間」に該当すれば、賃金を支払う必要があります。「労働時間」に該当するか否かは、労働者の行為が使用者の指揮命令下に置かれたものと評価することができるか否かによって客観的に決められます。
　イベントへの参加が休日労働に該当する場合、割増賃金を支払う必要がありますが、休日振替を利用して対応することができる場合もあります。

1　労働時間

　使用者は、労働者に、休憩時間を除いて、1週間について40時間を超えて労働させてはならず、かつ、1日について8時間を超えて労働させてはいけません（労働基準法32条）。
　そして判例では、この労働させる時間、すなわち労働時間に該当するか否かは「労働者の行為が使用者の指揮命令下に置かれたものと評価することができるか否かにより客観的に決まるもの」（三菱重工長崎造船所事件—最一小判平12.3.9民集54巻3号801頁）と判断されています。なお、客観的に決まるという判断基準の意味としては、労働契約、就業規則、労働協約等の定めがどうなっているかにより決まるものではないという意味で解釈されています。
　したがって、例えば労働契約の中で休日のイベント参加について賃金

第7章 ● 従業員の労務管理に関する問題

を支払わないと定めていたとしても、それによって賃金を支払う必要が
なくなるわけではありません。休日のイベント参加が労働時間に該当す
るか否かは、使用者の指揮命令下に置かれているといえるかによります。

例えば、会社からの命令で、イベントへの参加を労働者に義務付けた
場合はもちろん、仮に建前上は任意参加としていたとしても、参加しな
かったときに給料が減額される、人事評価がマイナスになる等の不利益
な取扱いを受ける場合も、実質的に参加が強制されていると判断される
ことになります。

会社で開催するイベントへの参加が、会社の命令による場合や、参加
しない労働者への不利益な取扱いがある場合は、労働時間に該当するも
のとして、賃金の支払が必要となりますが、任意の参加である場合には、
賃金の支払は必要ないということになります。

2　法定休日

使用者は、労働者に、1週間に少なくとも1回の休日、または、4週
間を通じ4日以上の休日を与えなければなりません（労働基準法35条）。
そして、就業規則により休日を特定するよう行政指導がなされています。

休日が特定されている場合でも、使用者がその休日を他の日に振り替
えることを命じることができる場合があります（実務的には「振替休日」
と呼ばれます）。具体的には、就業規則等に使用者が休日を振り替える
ことができる旨の規定が存在し、休日を振り替えた後の状態が週休1日
等の労働基準法上のルールに反していない場合には、使用者は労働者の
個別的な同意を得ずに休日振替を命じることができると考えられていま
す。ただし、振替休日の指定は実際に休日に労働がなされる前に完了し
ている必要があります。

つまり、法定休日とされている日曜日に労働させる場合、その労働さ
せる日曜日を迎える前に振替休日を指定しておく必要があります（実務
的には「代休」と呼ばれます）。労働させる日曜日以後に、代わりの休

287

日を与えたとしても、その日曜日に行われた労働は後記の休日労働に該当し、割増賃金の支払義務が発生してしまうことに注意する必要があります。

---

3 時間外・休日労働

　イベント参加が労働時間に該当する場合、その対価の賃金を支払う必要があり、さらに、法定労働時間を超える（仮に、振替休日をあらかじめ指定していたとしても、週40時間の労働時間を超過する場合は、法定労働時間を超えることになります）または法定休日に労働をさせるときには、以下の要件を満たさなければならず、かつ、割増賃金を支払わなければなりません。

（1）要件
　法律では、労使協定が締結されている場合（労働基準法36条）に時間外労働（法定労働時間を超える労働）・休日労働（法定休日における労働）をさせることができるとされています。
　使用者は、労働者の過半数で組織する労働組合またはそのような労働組合がない場合においては労働者の過半数を代表する者との間で書面による協定をし、これを行政官庁に届け出た場合に限り、その協定で定める範囲内で時間外・休日労働をさせることができます。
　さらに、労働契約上も時間外・休日労働を行う義務を設定しておく必要があります。なお、判例では、就業規則上の規定が合理的なものであれば労働契約の内容になるとされていますので、時間外・休日労働を行う義務の設定について、個々の労働者との個別の合意までは必要とされず、就業規則・労働協約上の包括的規定で足りると考えられています。

（2）割増賃金
　時間外労働に対しては、月60時間を超えない時間外労働部分につい

第7章 ● 従業員の労務管理に関する問題

ては通常の労働時間の賃金の2割5分以上、月60時間を超える時間外
労働部分については通常の労働時間の賃金の5割以上の率で計算した割
増賃金を支払わなければなりません。なお、**図表19**の基準のいずれか
に該当するような企業は、中小企業であることを理由に、60時間以上
の割増率の増加の適用が猶予されています。

図表19　中小企業の定義

業　　　種	資本金の額	常時使用する労働者数
小売業	5000万円以下	50人以下
サービス業	5000万円以下	100人以下
卸売業	1億円以下	100人以下
その他	3億円以下	300人以下

　ただし、働き方改革にともなう労働基準法の改正によって、この猶予
措置も2023年4月1日以降は終了しますので、中小企業に該当する場
合であっても、月60時間を超える労働時間が発生した場合には、割増
賃金が増額されることに備えて準備を進める必要があるでしょう。

　休日労働に対しては、通常の労働日の賃金の3割5分以上の率で計算
した割増賃金を支払わなければなりません。

　また、午後10時から午前5時までの時間帯の労働（深夜労働）に対
しては、通常の労働時間の賃金の2割5分以上の率で計算した割増賃金
を支払わなければなりません。

　そして、時間外労働と深夜労働とが重複した場合には、上記の割増率
が合算され、5割以上（月60時間を超える部分は7割5分以上）、休日
労働と深夜労働とが重複した場合には、6割以上の割増賃金を支払わな
ければならないことになります。

289

4 休日のイベント参加

　休日のイベント参加について、それがたとえ通常の業務とは異なるものであったとしても、使用者の指揮監督下に置かれていると客観的に評価される場合には、休日労働として割増賃金を支払う必要があります。

　したがって、イベントの内容が労働者の福利厚生を目的とする社内運動会、慰安旅行等、労働者が参加してもしなくてもよい場合、イベント参加は任意であることの周知を徹底し、不参加によって減給等の不利益な取扱いをしないことはもちろんのこと、不参加について社内で白い目で見られる等労働者が事実上の不利益を背景として強制されるなど、働きにくい環境にならないように配慮することも重要です。

　イベントの内容が展示会への出展等であり、労働者の出席が必須（義務）になる場合、休日労働に対する割増賃金の支払いが必要となります。もっとも、就業規則等によって休日振替が可能である場合、あらかじめ振替休日を指定しておくことによって対応することが可能となります。

第7章 ●従業員の労務管理に関する問題

《社内宴会中の怪我と労働災害の範囲》

社内で企画した飲み会に参加した従業員が悪ふざけをした結果、従業員が怪我をしてしまいました。怪我をした従業員から会社の企画として参加しているので、労働災害として申請したいという申し出がありました。勤務時間外に行われているのですが、労働災害の扱いになるのでしょうか。

勤務時間外の怪我といえども、必ずしも労働災害の扱いにならないというわけではありません。ただし、怪我をした従業員が飲み会の開催へ関与して幹事などに含まれていた場合や、飲み会への参加が義務的であったなどの事情がなければ、労働災害としては取り扱われない可能性が高いです。

1 労働災害（業務災害）とは

　労働災害（業務災害）とは、法律上「労働者の業務上の負傷、疾病、障害又は死亡」のことをいいます（労働者災害補償保険法7条1項1号）。
　ここで「業務上」といえるためには、判例上、「業務」と負傷等との間に、業務に内在または随伴する危険が現実化したと認められるような相当因果関係があることが必要であるといわれています。この関係のことを、「業務起因性」と呼んでいます。
　そして、行政解釈では、何らかの事故によって労働者の負傷等が生じた場合の「業務上」の判断につき、第一次的な判断基準として、その負傷等の原因が「労働者の労働契約に基づいて事業主の支配下にある状態」を条件として発生したこと（業務遂行性）が必要であり、その上で業務起因性が認められることが必要であるとしており、裁判所における判断も、これに従って行われています。

291

2 業務遂行性

　行政解釈では、業務遂行性があるかないかにつき、その具体的内容（事業主の管理下にあるか、業務に従事しているかなど）に応じて類型化して検討されていますが、大きく次の三つのパターンに分けられることが多いです。

① **事業主の支配・管理下で業務に従事している際に生じた場合**

② **事業主の支配・管理下にあるが業務には従事していない場合**

③ **事業主の支配・管理下を離れて業務に従事している場合**

　会社主催の宴会、懇親会や慰安旅行等の行事であれば、上記の②に該当することになりますので、この会社主催の行事が事業主の支配・管理下にあるかどうかを見ていくことになります。以下で詳しく見ていくことにします。

3 宴会、懇親会、慰安旅行等に出席中の災害

　宴会、懇親会、慰安旅行等に出席中の災害については、従業員が会社から幹事として指名され、会社の業務の一環として参加する場合には、事業主である会社の支配・管理下にあるものとして、一般に、業務遂行性が認められることになります。しかし、それ以外の従業員の場合には、その行事の主催者、目的、内容（経過）、参加方法、運営方法、費用負担等を総合的に見て判断されることになりますが、「特別の事情」がない限り、業務遂行性がないといわれています。

　この「特別の事情」があるかどうかについての判断にあたっては、裁判例を参考にすることが適切です。例えば、会社の懇親会における業務遂行性に関する判断を示した裁判例として、名古屋高金沢支判昭58.9.21労民34巻5〜6号809頁では、以下のように判断しています。

ⅰ　労働者が事業主（使用者）主催の懇親会等の社外行事に参加するこ

第7章●従業員の労務管理に関する問題

とは、通常労働契約の内容となっていないから、右社外行事を行うことが事業運営上緊要なものと客観的に認められ、かつ労働者に対しこれへの参加が強制されているときに限り、労働者の右社外行事への参加が業務行為になる。

ⅱ 本件会合は、会社が経費の全額を負担しているが、従業員の慰安と親睦を目的とするものであって社会一般に通常行われている忘年会と変りはないから、忘年会を行うことが右会社の事業運営上緊要なものとは認められず、また右会社役員が従業員に対し、特に都合が悪い場合は格別、できるだけ参加するようにと勧め、参加者を当日出勤扱いにする旨伝えたことは認められるものの、死亡した労働者に対し忘年会に参加することを強制した事実は認められない。したがって、忘年会に参加したことを業務行為と解することはできず、忘年会参加について業務遂行性を認めることはできない。

この裁判例を参考にすると、例えば、従業員の全部または一部が出席を義務付けられる会社の総会が酒宴とともに開かれるような場合において、出席を義務付けられた従業員が総会の席上で怪我等をした場合には、事業主である会社の支配・管理下にあって負傷したものとして、労働災害に該当することになります。逆に、会社が経費として忘年会の費用を負担したとしても、参加が強制されていなければ労働災害には該当しません。

なお、少しご質問の趣旨からは外れますが、併せて従業員が出張先の送別会で負傷等してしまった場合も紹介しておきましょう。立川労基署長（東芝エンジニアリング）事件―東京地判平11.8.9労判767号22頁は、従業員が出張先の送別会の後、泥酔して川で溺死した事例ですが、当該裁判例を簡潔に説明すると、大要として以下のように判断しています。

ⅰ 労働者が出張中の場合には、特別の事情のない限り出張過程全般について使用者の支配下にあるものとして業務遂行性が認められる。

293

ⅱ　本件においても、当該従業員は、会社の業務出張指示書に基づき出張を命じられて出張先で業務に従事していたものであるから、約4カ月半継続して出張中の宿泊先として借りたドライブイン旅館の一室で起居していたからといって、出張先現場での行為以外の当該従業員の行為に業務遂行性が失われているということはできない。

　ただし、出張中の行為であっても、積極的な私的行為等が行われた場合には、事業主の支配関係から脱したものとして業務遂行性は失われる。

ⅲ　そこで、まず、本件の送別会への参加に業務遂行性が認められるかについて見ると、本件送別会は、一緒に仕事をした他社の従業員を送別する趣旨で出張先の会社の従業員の有志が企画し、回覧を回して任意で参加者を募り、出張先現場での勤務終了後に会費制で行われ、幹事が開会の挨拶をし、閉会も挨拶なしの流れ解散であったもので、このような本件の送別会の趣旨および開催の経緯からすれば、本件送別会への参加に業務遂行性があるとは認められない。

　この裁判例から読み取れることは、出張元である会社から離れて仕事を行っている従業員についても、会社は、やはり事業主として従業員の負傷等について労働災害として対応しなければならないのが原則ですが、従業員が勝手にやったことまでについて労働災害として扱う必要はないということです。

294

第7章 ●従業員の労務管理に関する問題

《社内の不正アクセス行為への対応》

会社でグループウェアを利用していたところ、ある従業員が他の従業員、しかも複数名のIDおよびパスワードを用いてアクセスしていたことが発覚しました。いかなる対応が適切でしょうか。

①不正アクセス行為の禁止等に関する法律に基づく刑事手続きをとる、②就業規則に基づき懲戒処分をするといった対応が考えられます。

1 不正アクセス禁止法について─概要

　不正アクセス行為の禁止等に関する法律（以下「不正アクセス禁止法」といいます）は、「不正アクセス行為」を定義し（不正アクセス禁止法2条4項）、不正アクセス行為を禁止し（同法3条）、不正アクセス行為の禁止に違反した者に対する刑罰を定めています（同法11条。3年以下の懲役または100万円以下の罰金）。

　同僚のIDおよびパスワードを利用して社内グループウェアにアクセスする行為が、「不正アクセス行為」に該当するでしょうか。

　不正アクセス禁止法2条4項1号では、以下のような「不正アクセス行為」が禁止されています（不正アクセス行為のうち「不正ログイン型」類型にあたります）。

【不正アクセス禁止法】
第二条　1～3　〈略〉
4　この法律において「不正アクセス行為」とは、次の各号のいずれかに該当する行為をいう。
　一　アクセス制御機能を有する**特定電子計算機**に電気通信回線を通じて当該アクセス制御機能に係る**他人**の**識別符号**を入力して

295

> 当該特定電子計算機を作動させ、当該アクセス制御機能により
> 制限されている**特定利用**をし得る状態にさせる行為（当該アク
> セス制御機能を付加したアクセス管理者がするもの及び当該ア
> クセス管理者又は当該識別符号に係る利用権者の承諾を得てす
> るものを除く。）
> 〈略〉

上記の規定が定める**「特定電子計算機」**とは、「電気通信回線に接続している電子計算機」（同法2条1項）をいいます。**「識別符号」**は、同条2項に規定されていますが、グループウェアのIDおよびパスワードは、識別符号にあたります。**「特定利用」**とは、特定電子計算機を利用することをいいます。

不正アクセス禁止法の解釈上、**「他人」**とは、「利用権者等」以外の者をいうと解されます。利用権者等とは、アクセス管理者およびアクセス管理者の許諾を得た「利用権者」をいいます（同法2条1項）。

以上の定義を前提とすると、ある従業員が、他の従業員のIDおよびパスワードを利用して、勝手に、グループウェアにアクセスする行為は、不正アクセス行為（不正ログイン型）に該当すると解されます。

なお、アクセス管理者または利用権者の許諾を得てアクセスしていた場合は、不正アクセス行為には該当しません。①社内の情報管理担当者（＝アクセス管理者）がグループウェアのメンテナンスを行うために利用権者たる従業員のIDおよびパスワードを利用してログインする場合や、②出先にいるなどでグループウェアにアクセスできない従業員が、会社にいる他の従業員に対し、自分のIDおよびパスワードを教えて、グループウェア内の情報を見てもらうようお願いする場合などがこれにあたります。

以上から、ご相談のケースでは、従業員からの同意を得てアクセスしたのでない限りは、不正アクセス禁止法違反として、刑事手続き（刑事処分）を求めて、告訴または告発を行うという選択肢があり得ます。

第7章 ● 従業員の労務管理に関する問題

2 就業規則に基づく処分について

（1） 就業規則（懲戒処分の根拠）の確認

ご相談のケースでは、刑事処分のみならず、懲戒処分も行いたいところだと思います。むしろ、捜査協力を余儀なくされることによる日常業務への負担が大きいという経営判断から、不正アクセスの被害が少ない場合には、懲戒処分にとどめたいと思うことが一般的ではないでしょうか。

とはいえ、懲戒処分を行うためには、懲戒事由が就業規則に定められていることが必要です（富士重工業事件—最三小判昭52.12.13民集31巻7号1037頁）。そこで、まずは、就業規則に、ご相談のケースにあてはまる懲戒事由を定めた規定があるか、確認する必要があります。

IT機器の取扱いが多い事業所の場合、就業規則と一体をなすものとして、「情報管理規程」、「IDおよびパスワードに関する規程」といった特別規程が設けられていることがあります。これら特別規程に、IDおよびパスワードに関する業務規則が定められており、同規則に違反することが懲戒事由にあたると明記されているのであれば、同懲戒事由にあたるとして、懲戒処分を行うことが可能になります。

また、これら特別規程がない場合でも、一般的な就業規則には、「刑罰法規その他法令に違反する犯罪またはこれに類する行為のあったとき」を懲戒事由とする旨の規定があることが一般的です。そこで、特別規程がない場合は、不正アクセス禁止法違反になることを理由として、このような一般的な法令違反に関する規定を懲戒事由にすることになります。

（2） 処分の選択

就業規則に懲戒事由が定められていたとしても、どんな処分でも行えるわけではありません。従業員の非違行為の程度に照らして、どの程度の処分が相当か、裁判例等を踏まえて検討する必要があります。

不正アクセス行為に対する懲戒処分の当否が問題となった裁判例は多

297

くありません。被告である信用金庫に雇用され同被告の業務に従事していた原告らが、職務上の必要も権限もないのに、同被告の理事長らのメールファイルに無断でアクセスを行い、メールに添付されていた機密文書を閲覧した上で、当該機密文書を印刷するなど不正アクセス禁止法に違反する行為をしたとして、同被告が原告らに異動を命じた上、懲戒解雇をした事案について、懲戒解雇を有効とした裁判例があります（福井地判平28.3.30判時2298号132頁）。もっとも、この事案は、原告らがアクセス等を行った対象が、金融庁検査に関する文書、被告の不祥事に関する文書等、機密性の高い文書でした。このようなアクセスの対象に加え、原告らが、役員のメールファイルへアクセスするという手段により、長期間、多数回にわたり、意図的に機密情報を幅広く閲覧し、多量に印刷し、少なくともその印刷物の一部を外部に持ち出したことが重視されています。

　上記事案に照らせば、ご相談のケースでどの程度の処分が相当か否かは、①アクセス対象者の地位、役職、②アクセスしたグループウェアの内容、特に機密情報が含まれるか否か、③アクセスした期間、回数、④機密情報を社外に持ち出したか否か等の諸事情を踏まえて、個別具体的に判断することになります。

3　その他、必要となる対応について

（1）社内調査を万全に行うこと

　ご相談のケースでは、①どのような動機に基づいてアクセス行為をしたのか、②社外に流出した情報の有無および内容を調査する必要があります。

　ご相談のケースに限らず、社内の不正に対する対応では、不正をした従業員の供述以外では得られない情報が少なくありません。従業員に対するヒアリングを、法務部員、弁護士等の立ち合いのもと、しっかりと行うことが重要です。当該従業員の不正アクセス行為に関する認識の聞

き取りを忘れないようにしましょう。

（2）情報管理体制の見直し

　本稿の範囲を外れますが、不正発覚を機に、情報管理体制の見直しをすることもよいでしょう。経済産業省「クラウドサービス利用のための情報セキュリティマネジメントガイドライン」、独立行政法人情報処理推進機構「組織における内部不正防止ガイドライン」などが参考になります。

《退職の申入れ実務と退職前の有休取得》

 従業員から一方的に2週間先の退職日を定めた退職届が提出され、退職日までの有休取得を申請されました。就業規則では1カ月以上前の提出を義務付けており、引継ぎもあるので、有休取得も認めないことにしています。何か問題はありますか。

 就業規則で退職日の1カ月以上前に退職届を提出することを義務付けているとしても、最短で退職届提出から15日程度で雇用契約が終了する場合があります。引継ぎ等の観点からどうしても1カ月程度の期間が必要な場合には、合意により変更することが必要です。
　従業員に未消化の有給休暇の日数が残存しており、かつ従業員自身も有給休暇の取得を希望している場合に、就業規則上の定めがあるとしても退職届提出から退職日まで有給休暇の取得は認めざるを得ません。

1　民法・労働基準法と就業規則

（1）総論

　従業員が退職の申入れをしてから労働契約が終了するまでの期間については、就業規則や個々の労働契約のほかに民法や労働基準法の適用があります。就業規則と民法・労働基準法の規定が抵触する場合がありますが、法律上は、労働者保護の観点から、退職の申入れから雇用契約終了までの期間が最も短い規定を適用することとなります。
　もっとも、民法や労働基準法のどの条文が適用されるのかは、個々の従業員の労働条件により異なるため、以下では、従業員の労働条件ごとに検討します。

（2）雇用期間に定めがなく、給与が時給制や日給制である従業員

　パートタイマーや日雇い労働者等の従業員等を想定していますが、こ

のような従業員の場合には、雇用契約の「解約の申入れの日から二週間を経過することによって終了」します（民法627条1項）。

そのため、本件における従業員がパートタイマー等であった場合には、就業規則に退職日の1カ月以上前の退職届の提出を義務付けていたとしても、2週間で雇用契約が終了することになります。

（3）雇用期間に定めがなく、給与が月給制である従業員

このような従業員については、「期間によって報酬を定めた場合には、解約の申入れは、次期以降についてすることができる。ただし、その解約の申入れは、当期の前半にしなければならない」（民法627条2項）とされています。

同条によれば、給与の計算期間が毎月11日に始まり10日に締める会社では、ある年の12月11日から12月26日まで（これが前半となります）に解約の申入れをした場合には、1月10日に雇用契約が終了し、12月27日から1月10日までに解約の申入れをした場合には、2月10日に雇用契約が終了することになります。

したがって、本件における従業員が月給制の正社員であった場合には、退職届の提出時期が給与の計算期間の前半の末日（上記のような計算期間の場合には26日）であった場合には、最短で15日で雇用契約が終了することになります。

なお、平成29年の民法改正により、同項の適用範囲について、上記のように変更された結果、当該規定が適用されるのは使用者が解約を申し入れる場合に限定されることとなりました。そのため、改正民法施行後は、労働者からの解約申入れである本件においては適用されず、前述の民法627条1項の適用を受けることになります。したがって、改正民法適用後には、パートタイマーやアルバイト等と同様、退職の申入れから2週間で雇用契約が終了することになります。

301

（4）雇用期間に定めのある従業員

契約社員のように契約期間を定めている従業員を想定しています。雇用期間を定めている場合には、「やむを得ない事由があるとき」には雇用契約を解除することができます（民法628条本文）。

ただし、1年以上の雇用期間を定めている雇用契約については、雇用契約締結から1年が経過した日以後は、いつでも退職を申し入れることができます（労働基準法附則137条）。この場合には、民法627条の適用はなく、退職の申入れをしてから、退職日までの期間に関する規定がないため、就業規則の適用を受けることになると考えられます。

ただし、雇用期間が満了し、その後も従業員が働き続けることに使用者も異議を述べなかった場合、雇用契約は更新されたものと推定されます（民法629条1項第1文）。この場合には、同法627条の適用を受けることになるため（同法629条1項第2文）、**（3）**で述べた正社員の退職の場合と同様になります。

2　有給休暇の取得制限の可否について

有給休暇は、6カ月以上継続勤務し、全労働日の8割以上出勤している従業員に与えられ（労働基準法39条1項）、従業員が自由に使用することができます。本来、従業員が自由に使うことができるものである以上、使用者側が使用を制限することができる場合は限定されています。

従業員が、有給休暇の取得を希望した場合に、使用者は「事業の正常な運営を妨げる場合」に限り、有給休暇の取得時期を「変更」することができます（この使用者の権利は「時季変更権」と呼ばれます）。

そして、「事業の正常な運営を妨げる場合」とは、従業員が有給休暇を取得しなければ提供されるはずの労働が、その事業の運営に不可欠であり、かつ、通常考えられる相当の努力をしても代替要員を確保することが困難という客観的事情がある場合に限られるとされています（最二小判昭60.3.11労判452号13頁）。そして、使用者ができるのは、あくま

で有給休暇の取得時期の「変更」に過ぎません。したがって、使用者が時季変更権を行使することができる範囲は、従業員が雇用契約に基づき、労務提供の義務を負担している期間内に限られます。

退職日が定まった従業員にとって、労務提供が義務付けられているのは、退職日までの期間のみですので、退職日までの日数を超えるような未消化の有給休暇が残っている従業員が有給休暇の消化を希望している場合に、退職届の提出日から退職日までの有給休暇の取得は認めざるを得ません。

とはいえ、代替人員の確保までの期間は必要ですし、退職する従業員が担当していた業務の引継ぎも必要となります。

そのため、使用者側として、退職届の提出から退職日までの期間、できる限り有給休暇の取得することができる期間を短くするため、計画年休制度（労働基準法39条6項。労使協定で、有給休暇の取得日を決める制度）を利用してあらかじめ有休を消化させておくことも重要です。ただし、この制度を利用したとしても、年5日分は従業員が自由に有給休暇を取得することのできる日数を残しておく必要があります。

また、退職日を合意により変更し、退職日を延長することは可能ですので、強制と評価されるような方法は許されませんが、労働者と協議したうえで、退職日の変更合意を行うことで対応することは可能です。

303

《元従業員による引抜き・競業行為》

Q65 退職した従業員が、同業を営む新たな会社を設立して、社内の人間に引抜工作を仕掛けていることが発覚しました。会社の従業員を引き抜くような行為は許せません。何か対策はあるのでしょうか。

A 従業員の引抜きに関しては、極めて例外的な場合を除き、損害賠償請求はできません。
　もっとも、元従業員の競業避止義務違反に関しては、①競業行為の差止請求(仮処分)、②不正競争防止法違反行為の差止請求(仮処分)、③損害賠償請求、④退職金の没収といった対策が考えられるでしょう。

　退職した従業員が会社と競業する同業を営む会社を設立するケースは、頻繁に生じております。優秀な社員が引き抜かれれば、会社は甚大な損害をこうむりかねません。経営者として会社を守るために、これを食い止める予防策・対策を事前に知っておき、問題が発生した場合には早期の解決を目指さなければなりません。

1　引抜行為

　まず、労働者の引抜行為については、従業員に職業選択の自由が認められることから、転職先を選択することも自由であるため、転職の勧誘を行ったというだけでは直ちに違法となるわけではありません。
　違法となるのは、引抜行為が社会的相当性を逸脱した態様の場合のように、極めて例外的な場合に限られます(東京地判平3.2.25判時1399号69頁)。社会的相当性を逸脱するか否かについては、転職する従業員の会社に占める地位、会社内部における待遇および人数、従業員の転職が会社に及ぼす影響、転職の勧誘に用いた方法(退職時期の予告の有無、

秘密性、計画性等）等諸般の事情を総合考慮して判断されます（フリーラン事件—東京地判平6.11.25判時1524号62頁）。

したがって、こういった例外的な事情がなければ、差止めや損害賠償請求をすることは事実上困難な場合も多いと思われます。

2 競業行為

（1）予防策

労働者は、労働契約の存続中、一般的に競業避止義務を負いますが（東京地判平23.6.15労判1034号29頁）、労働契約の終了後については、労働者に職業選択の自由があるので、一般的に競業避止義務を認めることはできません。

そのため、退職後の競業避止義務を課すためには、別途、競業避止義務を負わせておくことが重要となります。例えば、就業規則に規定を設けたり、退職時等に誓約書を取得したりする方法で個別合意する等が多く行われています。ただ、注意していただきたいのは、規定を設けたり、合意を取得したりすれば、すべて有効となるわけではない点です。また、せっかく個別合意をしても就業規則よりも制限的なものであれば無効となり得ます。

そこで、退職後の競業避止義務を課すための法的根拠とその内容の合理性を吟味しておくことが必要となります。

305

コラム …… 競業避止義務に関する規定が有効となる ためのポイント

退職後の競業避止義務に関して就業規則等で明確な定めがあったとしても、退職者の職業選択の自由などを制限するものであるため、その規定の内容は、合理的範囲のものでなければなりません（大阪地判平23.3.4労判1030号46頁）。そして、その有効性は下記の要素を考慮して慎重に判断されることとなります（東京地判平24.1.13労判1041号82頁）。

結論からいえば、競業避止義務が課される対象者の地位を限定し、競業避止義務の内容（競業行為の種類、場所、期間等）を明確にし、代償措置を規定しておけば、就業規則の規定は合理的範囲内として有効であると判断される可能性が高いでしょう。

考慮要素	備考
使用者の保護利益	営業秘密や顧客の維持等が挙げられるでしょう。
退職者の従前の地位	退職者の所属していた部署や業務内容からして、使用者の機密情報に触れることや顧客と強い関係を持つことが可能な地位にあったかという点が重視されます。
制限の範囲の合理性	期間の妥当性については、絶対的な期間の長短のみならず、業種や保護対象となる情報に応じて妥当性が判断されます。具体的には、情報の陳腐化の速度や退職者と顧客との関係が離れる期間などが考慮されます。ただ、あえて絶対的な期間のみで傾向を分析するなら、2年間を超えると長期にすぎると評価される傾向にあるようです。
代償措置の有無および程度	金銭が明確に代償措置として支払われているか否かというよりも、金銭の支給・算定の経緯や金銭の趣旨を考慮し、退職後の自由を一部制限することの対価として十分であるか否かという点から有効性を判断しているようです。そのため、名目上、給料や退職金であっても、その額を決定するにあたり、退職後に競業避止義務を負うことを説明した上で、それも加味して最終的な額を決定している場合なら、その上乗せ部分は代償措置であると判断されるでしょう。

第7章 ● 従業員の労務管理に関する問題

（2）対策

では、事後的に、本件のように、退職した従業員が競業行為をし、引抜工作を仕掛けていることが発覚した場合、経営者としてはどのような対策を講じればよいのでしょうか。

① 交渉による解決

競業行為が発覚した場合、会社の顧客が奪われたり、優秀な社員が引き抜かれたりするなど、被害が甚大なものになる可能性があります。経営者としては、一刻も早く、競業行為を止めさせなければなりません。

そこで、まず、競業会社の業務内容を確認するとともに、競業行為が行われているのかを確かめます。そして、従業員宛てのメールを確認し、実際に勧誘が行われているのかなどといった事実関係を確かめ、競業避止義務違反があるのかを把握してください。

競業避止義務違反が判明した場合には、競業行為を止める旨の通知書を内容証明郵便により送付しましょう。

その上で、交渉をして、速やかに解決を目指してください。競業避止義務に関する特約がある場合には、裁判でも有利になる可能性が高いので、条件次第ですが、早期に解決することもあります。

② 競業行為の差止め（仮処分）

交渉で解決しない場合には、仮処分による差止請求を行ってください。仮処分を申し立てることにより、競業行為をしている元従業員を裁判所内での面前での交渉が実現できることになるため、和解による早期の解決を図り得る可能性があります。

もっとも、退職後の競業行為の差止めは、退職者の職業選択の自由を直接侵害する措置ですので、競業制限の合理的理由が認められ、合理的な範囲内（期間・活動等）での競業制限の特約が存在する場合でなければ、認められる可能性は低いでしょう（肯定例は、フォセコ・ジャパン・リミティッド事件—奈良地判昭45.10.23判時624号78頁、新大阪貿易事件—大阪地判平3.10.15労判596号21頁。否定例は、東京リーガルマ

307

インド事件―東京地決平7.10.16労判690号75頁）。

③　競争防止法違反に基づく差止め（仮処分）

（1）のような特約がない場合でも、元従業員が会社の「営業秘密」を「不正の手段により」取得し、使用しているような場合には、仮処分による差止請求が可能です（不正競争防止法2条1項4号、3条1項）。

「営業秘密」とは、「秘密として管理されている生産方法、販売方法その他の事業活動に有用な技術上又は営業上の情報であって、公然と知られていないもの」をいうとされています（同法2条6項）。

営業秘密として認められる情報とするための要件は厳格に解釈されており、少なくとも、日頃から、情報に対するアクセスを限定し、「社外秘」等の記載をするなどの方策をとっておく必要があります。

④　損害賠償請求

上記のような合理性のある特約があり、競合行為が前使用者に重大な損害を与える態様でなされた場合（例えば、顧客の大掛かりな奪取、従業員の大量引抜き等）には、特約に基づき損害賠償請求をすることが認められます（東京学習協力会事件―東京地判平2.4.17労判581号70頁）。もちろん、前使用者の営業権を侵害する不法行為としても認められます（ヤマダ電機事件―東京地判平19.4.24労判942号39頁）。

特約が存在しない場合でも、社会通念上自由競争の範囲を逸脱した違法な態様で顧客を奪取したとみられるような場合には、営業の自由の問題とも衝突し得ますので損害賠償請求が認められますが（三佳テック事件―最一小判平22.3.25民集64巻2号562頁）、極めて限定的な場合でしか認められていません。

⑤　退職金の減額・没収

就業規則などで競業避止義務違反を理由として退職金の支給を制限した特約がある場合は、既に支払った退職金を没収（不当利得返還請求）することができます。

もっとも、当該規定が適用されるかどうかは、退職金支給を制限するのが相当であると考えられるような会社に対する顕著な背信性がある場

合に限られるとされ（ヤマガタ事件―東京地判平22.3.9労経速2073号15頁、キャンシステム事件―東京地判平21.10.28労判997号55頁、東京コムウェル事件―東京地判平20.3.28労経速2015号31頁）、その判断にあたって、不支給条項の必要性、退職に至る経緯、退職の目的、会社の損害などの諸般の事情を総合的に考慮すべきとされています（中部日本広告社事件―名古屋高判平2.8.31労判569号37頁）。

　このように、退職金不支給条項による退職金の減額・没収は、若干、高いハードルがあります。そこで、退職時に、同業他社に転職した場合には退職加算金相当額を返還するなどの誓約書を従業員に提出させておくことが肝要と思われます（野村證券事件―東京地判平28.3.31労経速2283号3頁）。

《退職後の競業避止義務と営業秘密の保護》

当社を辞めた元従業員が、どうやら在職中に得た顧客情報を用いて、当社と同種の事業を営んでいるようです。当社の顧客が奪われる可能性もあるので、業務を停止させることはできますか。

　特約等で退職後の競業避止義務が定められている場合に、元従業員に対して同種の事業（競業行為）を営むことの差止請求が可能な場合があります。
　また、「顧客情報」が、不正競争防止法の「営業秘密」に当たる場合にも差止請求ができる場合があると考えられます。

1　退職後の競業避止義務

　労働者は、雇用されている間、使用者と競合する業務を行わない義務（これを「競業避止義務」といいます）を負っていると考えられています。雇用されている間の競業避止義務は、労働契約上、当然の義務と考えられるため、就業規則や特約等がなくても認められる可能性があります。
　一方、退職後の競業避止義務については、就業規則や個別の契約等がなければ認められないと考えられています。なぜならば、元従業員に元使用者と競合する業務を行うことを禁止することは、元従業員の職業選択の自由という権利（憲法22条1項）を制約するものであるため、何らの合意もなく競業避止義務を課すことは過度な制約になると考えられるためです。そのため、元従業員の競業避止義務については、就業規則や個別の契約等で元従業員との合意が必要だと考えられています。
　したがって、競業避止義務に関する問題は、退職前後で明暗が大きく分かれると言っても過言ではありません。

310

第7章 ● 従業員の労務管理に関する問題

2 特約の有効性

　以上のとおり、特約がある場合は、退職後についても競業避止義務を課すことが可能と考えられています。もっとも、職業選択の自由との兼ね合いから、特約等がある場合であっても合理的な範囲の制約に留めておかなければなりません。特約が合理的な範囲を超える場合は、公序良俗等に反して無効となる可能性があります。

　では、どのような場合に特約が有効となり、差止請求が認められるのでしょうか。これについてその基準を明示した最高裁判例がありません。そのため、どのような場合に差止請求できるかについて、明確な基準があるわけではありませんが、一般論としては、競業避止義務を課すことについて合理的な理由があり、かつ、制限が合理的な範囲にとどまっている場合に、差止請求できると考えられます。

　これについて、下記の裁判例が参考になると思われますので、裁判例を紹介します。

3 フォセコ・ジャパン・リミティッド事件 （奈良地判昭45.10.23判時624号78頁）

　X（会社）の技術的秘密を知り、知るべき地位にあったYら（元従業員ら）が、在職中に「雇傭契約終了後満二年間Xと競業関係にある一切の企業に直接にも、間接にも関係しないこと」という合意を締結していたところ、退職後、YらがXと競業関係にある別会社の取締役となったという事案です。Xは、Yらに対して、競業者たる別会社の業務に従事することの禁止を求めました。

　この裁判例は、特約の有効性について、次のとおりに示しています。すなわち、「競業の制限が合理的範囲を超え、債務者（Y）らの職業選択の自由等を不当に拘束し、同人の生存を脅かす場合には、その制限は、公序良俗に反し無効となることは言うまでもない」、「この合理的範囲を確定するにあたっては、制限の期間、場所的範囲、制限の対象となる職

311

種の範囲、代償の有無等について、債権者（X）の利益（企業秘密の保護）、債務者の不利益（転職、再就職の不自由）及び社会的利害（独占集中の虞れ、それに伴う一般消費者の利害）の三つの視点に立って慎重に検討していくことを要する」と判断しています。

つまり、競業制限が合理的な範囲を超えて職業選択の自由を不当に制約する場合には公序良俗に反し無効となるとした上で、競業制限が合理的な範囲といえるかは、退職後どれくらいの期間、競業行為ができないのか（制限の期間）、どの地域で競業行為が行えないのか（場所的範囲）、制限されている職種の広汎さ（制限の対象となる職種の範囲）、代償措置として金銭等の支払いの有無（代償の有無）などの観点から、債権者（会社）、債務者（元従業員）、社会的利害のそれぞれの利益を考えて判断すると示しているということです。

4 本件での検討

以上のとおり、①競業避止義務を課す特約等があり、かつ、②制約が合理的な範囲といえる場合であれば、会社は退職した元従業員に対して競業行為の差止めを請求することができます。

例えば、元従業員と競業避止義務を課す特約等を合意しており、この特約に基づく制限の期間が短く（1年程度が適切と考えられます）、競業行為を禁止する場所的範囲（制限の方法としては、同一都道府県または隣接都道府県などが考えられます）、職種が限定され、代償措置として金銭の支払いを行ったなどの事情があれば、合理的な範囲の制約と考えられるため、元従業員に対して会社と同種の事業を営んでいることを止めるように求めることができると考えられます。

なお、元従業員が事業を営むことで日々生じる損害の拡大を防止するためには、早急に差止めの仮の地位を求める保全処分を行うことも考えられます。

5　不正競争防止法違反について

　本件では、「顧客情報」を用いて元従業員が会社と同種の事業を営んでいるとのことなので、退職後の競業避止義務を課す合意がない場合であっても、「顧客情報」が「営業秘密」（不正競争防止法2条6項）に当たる場合は、差止請求することができる可能性があります。

　「営業秘密」とは、秘密として管理されている生産方法、販売方法その他の事業活動に有用な技術上または営業上の秘密であって、公然と知られていないものをいいます（不正競争防止法2条6項）。つまり、①秘密として管理され、②有用な営業上の秘密であって、③その情報が公然と知られていない、という三つの要件を満たす場合に「営業秘密」として認められ得るということです。単に、会社が秘密としているだけではなく、実際にこれらの要件が守られ続けるように運用・管理していることが求められることから、「営業秘密」と認められるには厳格な管理が必要とされます。

　「顧客情報」は、一般に「有用」であり、かつ、公開されていないと考えられます。そのため、本件の「顧客情報」に触れられる者が限定されており、この情報を公開しないように会社が通知して厳格に管理しているなどの事情があれば「秘密として管理されている」と認められる可能性があります。そのため、「顧客情報」が上記のように管理されていれば、「営業秘密」に該当する可能性があり、不正競争防止法に基づく差止請求を求めることも考えられます。

313

《退職後の競業避止義務と退職金の返還請求》

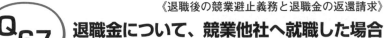

Q67 退職金について、競業他社へ就職した場合には、返還を求める旨就業規則に定め、誓約書を取得しています。
競業他社へ転職した従業員へ返還請求することはできるでしょうか。
早期退職を条件に退職金を増額していた場合はどうでしょうか。

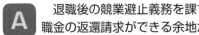

退職後の競業避止義務を課すことに合理性が認められる場合、退職金の返還請求ができる余地があります。
　しかし、全額返還請求できるのは、競業他社への就職が、今まで働いてきた功労を抹消してしまうほどの重大な背信行為といえる場合に限られます。一部の返還請求であれば、合理的な範囲であれば可能です。
　他方で、早期退職を条件に退職金を増額していた場合、より多額の退職金を返還請求できる可能性があります。

1　退職後の競業避止義務規定の有効性

　今回のご質問については、①競業避止義務を課すことが可能かどうかの問題と、②退職金の返還を求めることが可能かどうかの問題があります。
　以下、説明します。
　在職中、労働者は、労働契約における信義則上の付随義務として（労働契約法3条4項）、会社に対し、競業避止義務を負っています。
　しかし、退職後は、原則として、競業避止義務を負いません。退職後は会社との労働契約自体が終了している以上、当然ながらそれに付随する義務を負うことにはなりません。また、労働者の職業選択の自由（憲法22条1項）が保障されていることも考慮する必要があります。他方で、会社が特殊な技能や知識を保有しているなどの場合、企業防衛のた

め、退職後の元従業員に対し、競業避止義務を負わせる必要もあります。そこで、契約上の特別の根拠があり、競業避止義務を労働者に負わせることに合理性が認められる場合には、元従業員は競業避止義務を負うことになります。

本件では、就業規則に定めがあり、誓約書も取得しているので、契約上の特別の根拠はありそうです。しかしながら、労働者の職業選択の自由への配慮から、これらの法的効力は制限されています。

法的効力を有するかについては、競業避止義務を労働者に負わせる目的に正当性や必要性があるか、労働者の地位や背信性、職務内容、競業制限の対象となっている職種範囲、制限をする期間や場所の範囲、代償措置の有無等の観点より、会社の利益と従業員がこうむる不利益および社会的な利害を総合的に判断して、競業避止義務を労働者に負わせることが合理的か否かを判断することになります（フォセコ・ジャパン・リミティッド事件―奈良地判昭45.10.23判時624号78頁等）。

例えば、競業他社への就職を無制限に制限していたり、業種を限定することなく競業他社への就職を制限していたり、競業他社への就職ができない代わりに多く退職金を支払う旨の条項がなかったりする場合には、競業避止義務を負わせることへの合理性が認められない可能性が高くなります。そして、この規定に合理性がないとすると、労働者は競業避止義務を負っていないことになります。

また、今回は誓約書を従業員から取得しているとのことですので、誓約書の有効性も問題となります。きちんと説明をし、労働者の理解を得てから誓約書を取得していないと、真意に基づく合意とは言えないとして、誓約書をとっていても、労働者に競業避止義務を負わせることができなくなる可能性があります。仮に労働者の真意に基づいて誓約書を取得したとしても、就業規則の場合と同じように、合理的な内容であると認められなければ、公序良俗に反し無効（民法90条）とされてしまう可能性もあります。

2 退職金返還条項や減額条項の有効性

退職金の返還を求めるためには、①雇用契約の内容となっているか、または、②周知された合理的な労働条件が定められている就業規則等に定められて（労働契約法7条本文）いなければなりません。

今回は、就業規則に定められているということなので、その内容が合理的であるならば退職金の返還を求めることは可能な状態です。もっとも、実際に退職金の返還を求められるのかは別途検討しなければなりません。

退職金は、今まで働いたことに対する「功労報償的な性格」を有する一方で、従業員の退職後の生活保障という「賃金の後払い的性格」も有します。そのため、退職金を全額不支給とすることができるのは、当該従業員の永年の勤続の功を抹消してしまうほどの重大な背信行為があった場合に限られると解釈されています。重大な背信行為があったか否かは、労働者の行為の性質、態様、非違の程度およびその結果（被害の内容、程度、使用者の会社に及ぼす影響や損失の有無、社会的影響の有無、程度等）、その経緯や、当該労働者の行為の職務関連性の有無・程度等の事情を考慮し、支給しないことが社会通念上相当であると認められる場合と考えられています（東京高判平25.12.11判例秘書登載）。

また、一部不支給とすることについては、退職金が功労報償的な性格を有しており、どの程度退職金を支給するかについての判断には一定の裁量が会社側に与えられていることから、解雇事由の内容、損害の程度、解雇に至った経緯、労働者の過去の勤務態度等在職中の諸事情も考慮し、合理的な範囲であれば減額することが可能です（東京高判平15.12.11労判867号5頁）。

以上からすると、競業他社への転職が、会社に対する従業員の重大な背信行為といえなければ、退職金を不支給とすることはできず、全額の返還を請求することはできません。

また、支払う退職金が賃金の後払い的性格が強い場合には、減額でき

第7章 ● 従業員の労務管理に関する問題

る金額は少なくなるため、返還請求できる金額も少なくなります。退職金の性質について、一義的な基準はありませんが、勤務期間に応じて退職金が算定されたり支給条件が明確に規定されたりしている場合は賃金の後払い的性格が強いと考えられ、逆に、早期退職のときに増額する場合には功労報償的性格が強いと考えられます。

　退職金は労働の対価の後払いとしての性質もありますし、使用者に損害が生じていない場合や軽微な違反の場合にまで退職金を返還しなければならないとすると、元従業員に酷な場合もあります。そのため、競業避止義務に違反しても、顕著な背信性がない場合には、退職金の返還が認められないことがあります。また、使用者がこうむった損害と退職金額が釣り合っていない場合には、返還額が制限されることがあり得ます。

317

《団体交渉の申入れと誠実交渉義務》

 従業員を解雇したところ、労働組合を通じて解雇を撤回することを求める団体交渉の申入れがありました。当社としては、解雇を撤回する余地は一切ありません。団体交渉に応じる必要はないと考えていますが、どのように対応すべきでしょうか。

 たとえ、申入れをしてきた労働組合が、社外のいわゆる「ユニオン」であっても、誠実に交渉しなければなりません。解雇を撤回する余地が一切ない場合であっても、労働組合と向き合い、協議に応じなければなりません。

1 「労働組合」と「ユニオン」

　労働組合とは、給料や勤務時間といった労働条件の改善などを目的として、そのための活動をする労働者の集団をいいます。

　日本では、憲法28条において「勤労者の団結する権利」を保障しており、さらに、この労働組合が、企業などの使用者との間で交渉をしたり、時には団体でストライキなどの行動をしたりする権利も保障しています。

　これらの憲法上の規定をふまえて、労働組合の定義や、労働組合の活動内容とその効力などを定めたのが労働組合法という法律であり、この法律によって「労働者個人」と「使用者」という対等な関係にはなりにくい立場を、対等の立場で協議することが促進されています。

　ところで、よく「労働組合」や「ユニオン」という言葉を聞きますが、どちらも労働組合法上は同じ集団です。

　一般的には、「労働組合」といえば、特定の企業や同じ事業所に勤務する労働者（従業員）が結成し、使用者である企業との間で交渉を行うものを指しますが、日本では、ほとんどの企業や事業所においてこのよ

第7章 ● 従業員の労務管理に関する問題

うな「労働組合」は存在しません。

なぜなら、日本の企業のほとんどが中小企業であり、"声の大きい社長"の独壇場であることから、使用者と対等な立場で交渉することを目的とする「労働組合」が育つ環境にないからです。

もちろん、労働組合は原則として労働条件の改善などを目的として2人以上が集まれば結成できるのですが、だからといって、労働者が徒党を組んで"声の大きい社長"と直談判しようという気概はなかなか生まれないものです。

このため、日本では、職場を超えて、同業や同じ業界の労働者個人が加入できる労働組合が発展しており、これらの労働組合を特に「ユニオン（または、合同労組）」と呼んでいます。

このような「ユニオン」は、同じ事業所で勤務する労働者が1人しか加入していなくても、他の組合員とともに交渉などができるし、組合員の中には、労働関連法に詳しいいわゆるベテランの方もいらっしゃるので、心強いものがあります。

確かに、「ユニオン」は社内の労働者の集団ではありませんし、中には特定の政党の党員もいるなど、いわば社外の第三者と言うことができますが、だからと言って「無関係の第三者は引っ込んでろ！」と無視することはできません。

団体交渉に応じないと、後でペナルティを課せられるリスクもあります。

2 誠実交渉義務

労働組合法7条2号は、使用者は「雇用する労働者の代表者と団体交渉をすることを正当な理由がなくて拒むこと」をしてはならない、と規定しています。

したがって、使用者は、団体交渉に応じなければなりません。

また、単に要求を聞くだけ、協議に参加するだけ、というおざなりな対応ではなく、労働組合の要求に対し、必要に応じて資料を提示するな

319

どしながら使用者側の意見を回答し、合意を成立させるための可能性を模索していかなければなりません。これを「誠実交渉義務」といいます。

なお、使用者側として労働組合の要求を必ず受諾しなければならないわけではありません。資料などとともに十分に根拠がある回答を行い、協議を繰り返した結果、労働組合の要求を受け入れることができない場合には、「これ以上、交渉を続けても合意に至る可能性がない」と判断し、交渉を打ち切っても、誠実交渉義務違反にはなりません。

3 不当労働行為事件

上記のとおり、使用者は労働組合と誠実に交渉をしなければならないわけですが、労働組合との交渉を正当な理由なく拒絶したり、また、形式上、交渉の場を設けたとしても、例えば不当に短く交渉時間を区切ったり、人事権などの決定権がない"ひら"社員だけを交渉に臨ませたりすると、労働組合法7条2号が規定する「不当労働行為」と判断されることがあります。

労働組合が、使用者側において「不当労働行為」を行っていると判断した場合、都道府県に設置される労働委員会に対し、「不当労働行為に対する救済命令」を求める申立てを行う場合があります。

これは、使用者の行為によって労働者や労働組合の権利が侵害された場合に、侵害行為を中止するよう求めたり、権利の回復を求めたりすることを目的として、行政機関（労働委員会）に対し、使用者の行為が「不当労働行為」に該当するか否かを認定してもらうものです。

使用者の行為が「不当労働行為」と認定された場合、これらを中止するよう「救済命令」が発令され、もし、使用者が確定した「救済命令」に従わない場合には、「50万円以下の過料」が科される場合もあります（労働組合法32条）。

以上のとおり、労働組合（ユニオンを含む）から団体交渉の申入れがなされた場合には、まず、その要求事項を精査し、使用者側の意見を裏

第7章●従業員の労務管理に関する問題

付ける根拠となる資料とともに回答をまとめ、誠実に応対しなければなりません。

　申入れを蔑ろにすると、面倒な手続きに巻き込まれたり、手痛いペナルティが科されたりする場合もあるので、注意が必要です。

【不当労働行為事件の審査手続きの流れ】

（1）**救済申立て：**
- 使用者によって不当労働行為が行われた場合、労働組合または組合員はその救済を求める申立てを行うことができます。
- 申立ては事件発生（行為終了）から1年以内に行う必要があります。

↓

（2）**調査：**
- 当事者の主張を聴き、争点や審問に必要な証拠の整理等を行います。

↓

（3）**審問：**
- 公開の審問廷で、証人尋問等が行われます。

↓

（4）**合議（公益委員会議）：**
- 公益委員による合議で、事実を認定し、この認定に基づいて不当労働行為に当たるか否かを判断し、当事者に命令書を交付します。

↓

（団体交渉拒否事案における救済命令）
① 救済命令：労働組合側の申立てを認め、これを救済する命令
　　例：「団体交渉を拒否してはならない」、「○○について誠実に団体交渉せよ」
② 棄却命令：労働組合側の申立てを棄却する命令

↓

（不服申立手続き）
- 都道府県の労働委員会の「命令」に不服がある場合、国が設置する中央労働委員会に対し、「再審査申立て」ができます。
- 都道府県の労働委員会の「命令」に不服がある場合、また、中央労働委員会の「命令」に不服がある場合、裁判所に対し「取消訴訟」を提起することができます。

第7章 ● 従業員の労務管理に関する問題

《団体交渉における使用者としての対応方法》
団体交渉に応じなければならない（Q68）ことはわかりましたが、では、具体的に、どのように対応して進めればよろしいでしょうか。

　義務的な団交事項について、団体交渉を申し入れられた場合は、交渉に応じる必要がありますが、もちろん要求内容まで受け入れる必要はありません。以下で詳述するように、慌てることなく落ち着いて誠実に交渉を重ね、合意に至りそうもなければ、交渉を打ち切りましょう。

1　準備段階における注意点

(1) 団体交渉における使用者の義務

　使用者は、団体交渉をすることを正当な理由なく拒むことはできません（労働組合法7条2号）。ただし、使用者は、労働者の労働条件に全く無関係の事項についてまで、交渉する義務はありません。義務的な団交事項とは、組合員である労働者の労働条件その他の待遇や当該団体的労使関係の運営に関する事項であって、使用者に処分可能なものであるとされていますので、まずは、義務的団交事項かどうかの判断が必要です。

　また、使用者には、誠意をもって団体交渉に当たらなければならない義務があります（カール・ツアイス事件—東京地判平元.9.22労判548号64頁）。したがって、交渉のテーブルにはついても合意達成の意思のないことをはじめから表明するといった交渉態度は、この誠実交渉義務違反とされるので注意が必要です。もっとも、労働組合の主張を丸のみする必要はありません。十分な討議をしても双方の主張が対立したまま、意見の一致をみないのであれば、交渉を打ち切ることに問題はなく、誠実交渉義務違反にはなりません。

323

（2）団体交渉までの事前準備

　義務的団交事項の団体交渉を申し入れられ、交渉に応じなければならない場合でも、慌てて行動するべきではありません。落ち着いて、十分な準備をする必要があります。

　例えば、初回の団体交渉の期日までに、書面のやりとりなどを通じて、次のような事項を決定しておくとよいと考えられます。

①　団体交渉の申入れに対して

　通常は、労働組合から団体交渉の申入れがなされますが、当該申入れには、団体交渉の日時場所が指定されていると思われます。

　しかし、それに従う必要があるわけではありません。使用者としても、準備のために合理的な時間を必要とするでしょう。指定された日時場所に不満がなければそれはそれで結構ですが、タイトなスケジュールを指定されている場合等は、まずは、回答に時間的猶予を求める旨の回答書を出しておけば足ります。

　また、申入書に記載された交渉の議題が抽象的であったり、不明確であったりする場合は、これを具体的にするよう求めておくとよいでしょう。

②　団体交渉の場所

　団体交渉の場所については、使用者の施設や組合の施設ではなく、公的施設等を借りるのがよいと考えられます。使用者の施設や組合の施設だと交渉が延々と続く可能性があるからです。

③　団体交渉の交渉時間

　交渉時間は、2時間程度に区切るのがよいと考えられます。施設を借りている時間が終了するタイミングで、施設管理者から、終了の合図をもらえると、延々と交渉が続いてしまうことを避けることができるでしょう。早めに行って会場のセッティングをする時間を考慮すれば、開始時間より早く施設を予約しておくとよいでしょう。

④　団体交渉の時間帯

　時間帯は、就業時間外にするのがよいと考えられます。就業時間内で

第7章 ● 従業員の労務管理に関する問題

あれば業務に支障が出ることも考えられ、当該時間の賃金支払いの問題
も生じ得るからです。

⑤　出席者の人数

　出席者の人数には制限をかけるべきであると考えられます。大人数を
引き連れて圧力をかけられても困るからです。通常は、労働者の人数に
加えて2、3名の範囲での限定であれば、合理的であると考えられます。

⑥　録音やビデオ録画

　もちろん、録音やビデオ録画を求められても応じる必要はありません。
もっとも、後の記録のために残しておきたいという希望がある場合は、
双方録音するなどという対応をしてもよいと考えられます。

2　面談期日における注意点

　次に団体交渉の面談期日を迎えるにあたっての注意点について確認し
ましょう。

（1）面談スタートまで

　まず、交渉場所には早めに行き、机等のセッティングも検討しておく
べきです。例えば、相手方との距離感や出席する者同士の位置関係等、
交渉しやすい配置を確認しながら机や椅子の位置を調整するとよいで
しょう。

　使用者の座る場所は、入り口の近くに使用者側を集めるとよいと考え
られます。何らかの理由で、使用者側が退席しようとする際に、退席し
やすいと考えられるからです。

　組合としては、組合員から、「頼りにならない」「なにもやってくれない」
などと思われてはならないため、過激な発言や態度をとることがありま
す。冷静に制して、それでも収まらない場合は、合理的に考えれば、交
渉を継続することは困難でしょうから、退席しても構いません。退席す
る際の合図等はあらかじめ使用者間で決めておくことをおすすめします。

325

また、面談中、メインで発言をする担当、軌道修正をしたり補足的な意見を述べたりする担当、メモをとる書記担当等、あらかじめ役割分担をしておいた方がよいでしょう。

（2）面談中

　面談は、①お互いの挨拶（場合によっては名刺交換等）、②使用者側、組合側の出席者の自己紹介等、③組合側からの団体交渉事項の確認、④当該団体交渉事項に対する使用者側の回答を口火とし、あとは⑤組合側の主張の陳述や質疑応答という流れになるのが一般的であると考えられます。

　団体交渉は、使用者側に主張したいことがある組合側が申し入れてスタートするのですから、基本的に初回の団体交渉では、主張したい側である組合の主張をじっくりと聞くことがメインになると考えられます。もちろん、組合側からの質問等が飛んでくるでしょうから、あらかじめ想定問答を準備して、しっかりと打ち合わせておく必要があります。

　使用者側としては、伝えることはしっかりと伝える必要がありますが、無駄に挑発等する必要はありません。組合の主張をじっくりと聞き、主張の内容、真に言いたいこと、不満に思っているポイント等を整理するとよいと考えられます。交渉を継続するか、落としどころを探るかの判断の前提として、組合側の主張が法的に認められる可能性があるのかどうか、訴訟になった場合に、裁判所が認容する可能性がどれほどあるのかなどは、今後の方向を判断するのに極めて重要なファクターとなります。そのような分析を行うという観点からも、組合の主張をじっくりと聞き、事実関係や主張を整理することは重要になると考えられます。

（3）初回面談の終了および第2回交渉以降の注意点

　面談の議論が尽きてきたら、あるいは終了時刻が近づいてきたら、面談の終了を切り出しましょう。そして、次回までにお互いが行うべきこと、確認するべきこと、検討するべきことなどを確認するなどして、面

第7章 ● 従業員の労務管理に関する問題

談を終了します。

　面談期日の間にじっくりと今後の対応を検討し、組合の主張を認めてもよいところ、認められないところ、譲歩の余地のあるところ、ないところ等を確認し、想定質問を練り直すなどの準備をして、次回以降の面談期日を迎えることになります。

　場合によっては、面談期日の間に、組合と書面によるやりとり等をすることも有効なこともありますので、これも検討に値すると考えられます。

　2回目以降も、同様の要領で、面談期日を重ね、どこかの段階で折り合いがつき、合意に至れば、労働協約を締結することになります。労働協約の締結の際には、他の労働者への影響も十分に考慮しなければなりませんので、注意しましょう。

　面談期日を重ねても、合意に至る可能性がなければ、交渉を決裂させるより他はありません。もちろん、誠実に交渉を尽くした結果ですので、誠実交渉義務違反にはなりません。

《再雇用による賃金の減額の適法性》

定年退職後の従業員について、再雇用を実施しているのですが、賃金を減額することが通例になっています。再雇用となる従業員から、業務内容が変わらないので、再雇用前の賃金を請求すると言われているのですが、応じなければなりませんか。

　賃金や手当の差異が、不合理なものと認められた場合には、減額分に相当する賃金の支払いを命じられる可能性があります。
　最高裁判例の事例では、賃金総額で20％程度の減額が許容されましたが、法改正の動向も踏まえつつ、業務内容や責任の範囲に差異を設ける準備を整え、さらに、基本給や手当ごとに比較されて判断されるため、自社の手当の支給要件などをしっかりと確認しておくべきでしょう。

1　高年齢者雇用安定法による再雇用制度

　高年齢者雇用安定法は、①65歳までの定年制の実施、②65歳までの継続雇用制度（定年後再雇用制度）の実施、③定年制の撤廃のいずれかについて、事業主が実施するように求めています（同法9条）。
　ほとんどの企業が再雇用制度を採用していますが、その際に正社員であった時よりも条件が切り下げられることがほとんどです。
　厚生労働省が公表しているQ&Aでは、以下のような内容とされており、新たに契約条件を定めることが否定されているわけではありません。ただし、合理的な裁量の範囲の条件を提示している場合という限定も付されており、どの程度であれば許容されるのかは不明確です。

【高年齢者雇用安定法Q&A（高年齢者雇用確保措置関係）】
Q1-9　本人と事業主の間で賃金と労働時間の条件が合意できず、継続雇用を拒否した場合も違反となるのですか。

第7章 ●従業員の労務管理に関する問題

> Ａ１-９　高年齢者雇用安定法が求めているのは、継続雇用制度の
> 導入であって、事業主に定年退職者の希望に合致した労働条件で
> の雇用を義務付けるものではなく、事業主の合理的な裁量の範囲
> の条件を提示していれば、労働者と事業主の間で労働条件等につ
> いての合意が得られず、結果的に労働者が継続雇用されることを
> 拒否したとしても、高年齢者雇用安定法違反となるものではあり
> ません。
>
> （厚生労働省HP：https://www.mhlw.go.jp/general/seido/anteikyoku/kourei2/qa/）

　近年、同一労働同一賃金を実現すべきとの議論もあり、業務の内容が
変わらない場合に、賃金に差異を設けることについて疑義が生じていま
す。この点については、参考となる最高裁判例がありますので、それを
確認しておきたいと思います。

2　長澤運輸事件—最二小判平30.6.1民集72巻2号202頁

　この事件の概要としては、定年後再雇用された期間の定めのある従業
員（以下「嘱託社員」といいます）が、期間の定めない従業員（以下「正
社員」といいます）との労働条件の相違が当時の労働契約法20条に違
反するものとして争われた事件です。

【労働契約法20条】

（期間の定めがあることによる不合理な労働条件の禁止）

　第二十条　有期労働契約を締結している労働者の労働契約の内容で
　ある労働条件が、期間の定めがあることにより同一の使用者と期
　間の定めのない労働契約を締結している労働者の労働契約の内容
　である労働条件と相違する場合においては、当該労働条件の相違
　は、労働者の業務の内容及び当該業務に伴う責任の程度（以下こ
　の条において「職務の内容」という。）、当該職務の内容及び配置

329

> の変更の範囲その他の事情を考慮して、不合理と認められるもの
> であってはならない。

※　労働契約法20条は、2018年7月の働き方改革関連法による改正後の「短時間労働者及び有期雇用労働者の雇用管理の改善等に関する法律」8条に整理・統合されます（2020年4月1日（中小企業については2021年4月1日）施行）。

　同条は、①業務内容や責任の程度、②職務の内容および配置変更の範囲、③その他の事情が同一の場合について、労働条件の相違が不合理なものであってはならないと定めています。

　この規定は、正社員と嘱託社員の労働条件が均衡（バランス）がとれているものであることを求めています。同一労働同一賃金という表現からすると、全く同一、平等であることを求められているかのような印象がありますが、そのような場合には、「均等」という表現が用いられており、「均衡」と「均等」という言葉は使い分けられています。

　長澤運輸事件では、上記の①および②は同一であることを前提にしつつ、③その他の事情については、労働組合との交渉経過、退職金の支給の有無、老齢厚生年金の支給が予定されていることなど幅広い事情を考慮しています。

　なお、嘱託社員と正社員の労働条件の比較方法としては、賃金総額で判断するのではなく、基本給や手当ごとに個別に判断するという基準が用いられました。

　結論としては、賃金総額が、正社員の80％から76％まで減額された点について、基本給などほとんどの部分について、不合理な相違ではないとし、全出勤日に出勤した場合に支払われる精勤手当が嘱託社員に支払われない点が不合理であるとされ、その差額（精勤手当の支給を前提とした時間外労働手当を含む）を支払うように命じました。

　事案の特徴としては、退職金の支給があったこと、労働組合との交渉を経たうえで定められた賃金であり、当初の提案よりは改善されたものであったこと、老齢厚生年金の支給までの措置として調整金月額2万円が支給されていたことなどがあります。

330

第7章●従業員の労務管理に関する問題

3 定年後の賃金の引き下げについて

　改正された短時間労働者及び有期雇用労働者の雇用管理の改善等に関する法律9条において、①職務の内容（業務内容や責任の程度）および、②職務の内容および配置変更の範囲について、通常の労働者と相違がない場合には、差別的取扱いが禁止され、均衡待遇ではなく、均等待遇が求められることになります。したがって、定年後の再雇用においても、少なくとも、①業務内容や責任の程度または、②職務の内容および配置変更の範囲のいずれかについては、通常の労働者と相違させておく必要があります。

　通常の労働者との相違を設けた場合においても、長澤運輸事件においては、退職金の支給や調整給による生活補償なども重要な考慮事項とされていたと考えられます。例えば、退職金の支給などがない場合には、基本給部分などに差異を設ける大きな理由はないと判断される可能性は否定できません。

　また、手当部分については、手当ごとに不合理であるか判断されることになるため、その支給要件について正社員のみに支給する合理的な理由がなければ、たとえ基本給部分が相当な範囲であると認められたとして、支給の有無が不合理と判断される手当が複数存在した場合には、手当部分について減額が認められない事態も生じるおそれがあります。

　基本給はともかく、手当部分については、嘱託社員と正社員という区別で支給の有無を決定しているような場合は、区別の理由が合理的でない限りは、許容されない傾向があります。社員の種類という区別ではなく、手当の性質ごとに支給対象者を限定するような工夫をしておかなければ、手当の減額は認められない可能性が高いので、賃金規程の見直しなどを実施しておくべきでしょう。

331

《社有車・自家用車の業務使用と使用者の責任》

従業員が社有車を利用する場合、自家用車を業務に使用する場合など、自動車を業務で使用する場合の注意点を教えてください。

　従業員が社有車や自家用車を業務上に使用する場合、同自動車において交通事故を起こした場合、会社が当該責任を負う場合があります。また、社有車を私的利用した場合にも、会社が責任を負う場合もあり得ます。会社が責任を負った場合に損失を防ぐために、保険加入の有無を把握しておく必要があります。

1　一般に従業員が業務中などに事故を起こした場合の会社の責任の所在

（1）使用者責任について

　民法715条1項は、「ある事業のために他人を使用する者は、被用者がその事業の執行について第三者に加えた損害を賠償する責任を負う。ただし、使用者が被用者の選任及びその事業の監督について相当の注意をしたとき、又は相当の注意をしても損害が生ずべきであったときは、この限りでない」と規定しています（実務上、この規定に基づく責任を「使用者責任」と呼びます）。

　会社に勤務している従業員等が業務中に交通事故を起こして、第三者に怪我をさせた場合など、いわゆる不法行為責任を負担する場合に、この規定が適用され、会社もその従業員等と連帯して責任を負うことになります。

（2）運行供用者責任について

　このほか、自動車損害賠償保障法3条は、「自己のために自動車を運行の用に供する者は、その運行によつて他人の生命又は身体を害したときは、これによつて生じた損害を賠償する責に任ずる。ただし、自己及び運転者が自動車の運行に関し注意を怠らなかつたこと、被害者又は運

第7章 ● 従業員の労務管理に関する問題

転者以外の第三者に故意又は過失があつたこと並びに自動車に構造上の欠陥又は機能の障害がなかつたことを証明したときは、この限りでない」と規定しています（実務上、この規定に基づく責任を「運行供用者責任」と呼びます）。

会社が従業員に業務として、社用車を利用する業務に従事させている場合、上記の民法の規定のほか、この規定により、会社のために利用されている場合には、会社に運行供用者責任が発生する場合があります。

会社が負担する責任は、社有車と自家用車で変わるため、場合を分けて解説します。

2　社有車の場合について

従業員等が社有車で交通事故を起こし不法行為責任を負う場合について、①**業務中**と②**業務時間外**であるかによって変わり得るため、それぞれの場合ごとに解説します。

①　業務中について

会社としては事業として従業員に車を使用させている場合には、「事業の執行について」、または「自己のために自動車を運行の用に供する者」のいずれにも該当するため、使用者責任および運行供用者責任のどちらについても責任追及される可能性があります。

②　業務時間外について

まず、使用者責任について解説します。民法715条１項の規定からすれば、一見すると業務時間外である以上、「事業の執行について」と言えず、使用者責任が生じないようにも思えます。もっとも、「事業の執行について」という要件について、判例上は、「広く被用者の行為の外形を捉えて客観的に観察したとき、使用者の事業の態様、規模等からしてそれが被用者の職務行為の範囲内に属するものと認められる場合で足りる」という判断基準を用いています（最三小判昭39.2.4民集18巻2

333

号252頁）。

　例えば、会社のロゴや社名が入った自動車を利用している場合、業務時間外であったとしても、その事故は、会社名の自動車が引き起こしており、事故の外形上からすると使用者責任が生じることになります。外形上の状況によって判断されるため事案に応じた判断が必要となりますが、業務時間外であるからといって会社の責任が生じないとは限りません。

　次に、運行供用者責任について解説します。かかる場合には、社有車による事故である以上、業務の時間中か時間外といった区別は問題とされず、原則として、会社に運行供用者責任が発生します。ただし、例外的に、従業員が会社に無断で私的に使用していた場合等については、会社のために利用させていたわけではないことから、運行供用者責任が発生しない可能性があります。もっとも、このような場合であっても、会社が従業員の無断使用を黙認していた等の事情があった場合には会社の責任が認められる可能性があります。

　会社は、使用者責任または運行供用者責任のいずれかさえ認められれば、損害賠償責任を負担せざるを得ないため、たとえ、業務時間外の事故であっても、会社に責任が生じる可能性はあります。

3　自家用車の場合について

　同様に、従業員等が自家用車で交通事故を起こし不法行為責任を負う場合について、①**業務中**と②**業務時間外**であるかによって変わり得るため、それぞれの場合ごとに解説します。

①　業務中について

　社有車の場合と同様に、原則として、会社側に使用者責任または運行供用者責任が生じるものといえます。業務中である以上、事業の執行において使用していたものであり、かつ、会社のために利用しているものといえるためです。

334

第7章 ● 従業員の労務管理に関する問題

② 業務時間外について

このような場合には、原則として、使用者責任または運行供用者責任が生じないものといえます。会社の事業執行とは無関係であり、かつ、会社のための利用とはいえないからです。

もっとも、使用者責任について、裁判所は行為の外形に基づき判断するという基準を用いているため、必ずしも使用者責任を負わないとは限りません。

4　通勤・退勤中の事故について

通勤・退勤時の事故についても、原則として、使用者責任や運行供用者責任が発生します。通勤・退勤は、業務と連続していることが通常認められるため、業務執行中と同様に考えられるからです。

もっとも、業務との連続性が断絶している場合には、会社側に責任が生じません。業務との連続性があるか否かについては、合理的な通勤・退勤経路であるか否かという点が考慮されます。例えば、退勤途中に友人に会いに行き、共に食事をとった後の帰り道で交通事故にあった場合等、私的な行為を挟んだ場合には、業務との連続性が断絶したものと判断される可能性があります。このような場合には、会社側に責任が生じない場合も想定されます。

5　その他の注意点について

会社が損害賠償責任を負担せざるを得なくなった場合、事故の規模がどの程度になるか、損害賠償の額がどの程度になるかといった点は、あらかじめ分かるわけではありません。このようなリスクが顕在化した際に、事業活動においては問題なかったとしても、想定外の賠償責任により本来の事業に影響を与えるおそれがあります。

このような場合に備えて、保険に加入しておけば、賠償金については

335

保険で賄い、事業活動への影響を低下させることができます。特に、自家用車の場合、保険加入の有無は所有者である従業員次第になります。

　したがって、自家用車を会社の事業に利用させる場合は、会社に賠償責任が生じた場合でも保険で賄えるように、保険加入の有無を把握してから、利用させるべきでしょう。場合によっては、会社が保険加入をするといった対応をすることも必要になります。

第7章●従業員の労務管理に関する問題

《過労運転による交通事故による会社の責任》

従業員が勤務中に交通事故を起こしてしまいました。シフトを確認すると、その従業員はろくに休日もとれておらず、業務の疲労もあったようです。こういう場合に、会社が刑事責任を追及されることはあるのでしょうか。

従業員による交通事故であっても、使用者である企業にも刑事責任が発生する可能性があります。そのため、「過労運転」とならないように、適正な労務管理が必須です。「過労運転」についての判断基準は厚生労働省の告示などをしっかり確認し理解することが肝要です。

1　従業員に対する会社の責務

　労働力の提供と、その対価である賃金の支払を内容とする雇用契約の根拠は民法にあります。
　ところで、民法623条は「当事者の一方が相手方に対して労働に従事することを約し、相手方がこれに対してその報酬を与えることを約することによって、その効力を生ずる」と規定していることから、使用者は、「賃金を支払えば、それ以外に難しい義務を負う必要はない」と考えることもできます。
　しかしながら、労働者が従事する「業務」の中には、炭鉱での採掘や高所での建築作業など、労働者の生命や身体に危険を及ぼす可能性があるものもあり、使用者は労働者をこのような危険から保護しなければならない、との考え方があります。
　実際、自衛隊の職務中に死亡事故が発生し、自衛隊員の遺族が国に対し損害賠償などを請求した事件において、最高裁判所は、「国は、……公務員の生命及び健康等を危険から保護するよう配慮すべき義務（……）

337

を負つているものと解すべきである。……けだし、右のような安全配慮義務は、ある法律関係に基づいて特別な社会的接触の関係に入つた当事者間において、当該法律関係の付随義務として当事者の一方又は双方が相手方に対して信義則上負う義務として一般的に認められるべきものである（最三小判昭50.2.25民集29巻2号143頁）」旨、判示し、使用者である国に対し損害賠償を命じています。

このような最高裁の判断以降、使用者は「賃金を支払う」だけではなく、雇用契約から付随的に発生する義務として、「安全配慮義務」をも尽くさなければならない、という考えが浸透するに至りました。

現在では、労働契約法5条が「使用者は、労働契約に伴い、労働者がその生命、身体等の安全を確保しつつ労働することができるよう、必要な配慮をするものとする」と規定していますので、「安全配慮義務」は、法律上も使用者の義務として明記されたわけです。

2　過労運転下命（道路交通法違反）の罪

平成23年6月、高速道路で発生した玉突き事故について、運送会社の営業所長などが起訴されるという事件がありました。

なぜ、実際に運転をしていたわけでもない使用者側の人間が、「刑事責任」を問われるのでしょうか。

刑事責任は「法を犯した個人が罰せられる」という大原則によって成り立っています。

犯罪者の親戚だからといって刑事責任が問われる、といったような前近代的な発想は、日本ではもはや存在しません。

しかしながら、道路交通法は、「直接運転をしていない使用者」を対象に「過労運転下命罪（道路交通法75条1項4号、同法66条、117条の2の2第10号）」という刑事罰を設けており、3年以下の懲役か50万円以下の罰金が科されることになります。

もともと、過労、病気、薬物の影響などの理由で正常な運転ができな

第7章 ● 従業員の労務管理に関する問題

いおそれがある状態での運転は、すべての人が禁じられているところ（道路交通法66条）、そのような状態にある者に対し、使用者などが業務に関し運転することを命じることをも禁止したわけです。

まさに、前述の「安全配慮義務」の考え方が、刑事責任の観点からも取り入れられている証左です。

3 「過労運転」

では、過労、病気、薬物の影響などの理由で正常な運転が不可能となるような「過労運転」とは、具体的にどのような状態かが問題となりますが、厚生労働省ホームページにある「自動車運転者の労働時間等の改善のための基準（改善基準告示）について」の中の「トラック運転者の労働時間等の改善基準のポイント」が参考になります。

当該告示では、以下のような基準を示しています。

【トラック運転者の労働時間等の改善基準のポイントが示す拘束時間】
① トラック運転者の拘束時間（運転時間や休憩時間を含む）は、1カ月に293時間以内（ただし、労使協定があれば、320時間まで延長可）。
② 1日単位では、13時間を超えてはならない（延長する場合であっても最大16時間）。
③ 勤務終了後、継続して8時間以上の休息期間が必要。
④ 1日の運転時間は、2日（始業時刻から48時間）平均で9時間以内。
⑤ 連続運転時間は、4時間以内。

このほかにも、例えば、「休息期間」とは、トラック内などは含まれず、ドライバーの自宅内での期間であることが必要であるとされたり、なかなか厳しい条件が定められています。

339

使用者が、このような「拘束時間」を超える業務を命じていると、労働者が自動車事故を起こした場合には「過労運転」と判断され、過労運転下命罪が適用されることがあるので注意が必要です。

第7章 ●従業員の労務管理に関する問題

《交通事故を起こした従業員への損害賠償請求》
会社所有の自動車を運転中に交通事故を起こした従業員へ修理代や生じた損害の補填を求めることはできるのでしょうか。身元保証人への請求についてはどうなるのでしょうか。

　　従業員に対して損害の補填を求めることはできます。
　　ただ、「損害の公平な分担という見地から信義則上相当と認められる限度において」請求ができるとされているため、よほどの事情がない限り、損害の全額を従業員に負担させることはできません。
　　身元保証人への請求については、「身元保証ニ関スル法律」があるため、同法による期間制限等に反していないか注意が必要です。

1　従業員が起こした交通事故により会社に生じる損害

　従業員が交通事故を起こした場合、①会社が直接受ける損害として、事故で破損した社有車の修理代や、その社有車を修理する間、車両が使用できなくなることで生じる休車損害（営業損害）などが考えられます。
　また、②被害者の方の車の修理費や代車費用、怪我をされたのであれば治療費などを、会社が従業員に代わって賠償しなければならないことがありますので（使用者責任、民法715条）、そこで支出を強いられることが考えられます。
　①の場合は、会社としては、従業員から賠償をしてもらいたいということですから、会社から従業員に対する損害賠償請求の問題であり、②の場合は、会社として使用者責任を負ったわけですが、それを従業員から回収したいということですから、会社から従業員に対する求償請求の問題となります。
　いずれにしても、会社から従業員へ請求することに変わりはありませんが、法的性質が異なっています。

2　従業員に対する請求は、信義則上制限され得ること

　①の場合はもとより、②の場合であっても、使用者責任が、従業員の不法行為を肩代わりする責任であることからすれば、会社が肩代わりした全額を従業員に対して請求することに何ら問題がないように考えられます。実際、古くはそのように考えられていたようです（東京地判昭44.10.22判タ242号275頁等）。

　しかし、最高裁はそのように判断しませんでした。

　従業員が起こした追突事故に関連して、使用者責任に基づいて被害者の車の修理費および休車補償として計7万9600円を支払い（②の損害）、自社で所有していたタンクローリーの修理費および休車期間中の逸失利益として計33万1450円の被害（①の損害）を受けたとして、会社が従業員に対して、前者は民法715条3項による求償（立て替えた費用を本来負担すべき者へ請求すること）を、後者は民法709条に基づく賠償を請求した訴訟がありました。

　訴訟は、最高裁まで争われましたが、最高裁において「使用者が、その事業の執行につきなされた被用者の加害行為により、直接損害を被り又は使用者としての損害賠償責任を負担したことに基づき損害を被つた場合には、使用者は、その事業の性格、規模、施設の状況、被用者の業務の内容、労働条件、勤務態度、加害行為の態様、加害行為の予防若しくは損失の分散についての使用者の配慮の程度その他諸般の事情に照らし、<u>損害の公平な分担という見地から信義則上相当と認められる限度において</u>、被用者に対し右損害の賠償又は求償の請求をすることができるものと解すべきである」と判断されました（下線は筆者。茨城石炭商事事件—最一小判昭51.7.8民集30巻7号689頁）。

　つまり、会社が従業員に対して、その損害の全額を当然に請求できるとはしませんでした。

　同判例では、会社の事業が石油等の輸送・販売という危険性を伴う業務であったが、経費節減のために対物保険および車両保険には加入して

第7章 ● 従業員の労務管理に関する問題

いなかったこと、従業員は、会社の命令で、臨時にタンクローリーを運転させられていたこと、事故状況も渋滞に巻き込まれた際、急停止した先行車に追突したものであって過失が重大なものでないこと、従業員の給与は月額4万5000円であって、勤務成績は普通以上であったことを指摘して、賠償または求償の請求は、損害額の4分の1を限度とすべきとしました。

この判例は、現在も変更されておらず、具体的事案にもよりますが、従業員に対して損害の一部のみの請求を認めるとする裁判例が多くなっています（東京地判平28.10.31判例秘書登載（フォークリフト運転中に倉庫のシャッターを破損した事例。損害の2分の1を限度として請求を認めている）等）。

3 なぜ制限されるのか

具体的な法律構成はともかく、法的には、会社が事業活動によって利益を得ている以上、事業活動から生じる損失も負担すべきであることや、会社が危険を伴う事業を行っているのであれば、危険を防止したり、危険発生時の対策を講じることができたはずであることなどから、そういった立場にない従業員に、その損害のすべてを負担させるべきではないと評価されています。

そのため、会社としては、自社の企業活動で、起こり得る事故があるかどうか、もしも起こり得る事故があるのであれば、それをどのように防止するか、また事故が起こってしまった際にどうするかなどの予防に向けた事前の対策をとっておく必要があるでしょう。

例えば、交通事故であれば、対人保険のみならず、対物保険や車両保険に加入することや、保険金額について交通事故のリスクを加味した設定を行うといったことが考えられるでしょう。

343

4 身元保証人への請求はできるが、「身元保証ニ関スル法律」に注意

　身元保証人とは、入社時に誓約書等に身元保証人として両親などにサインさせたものが多く、被用者（従業員）の行為によって使用者（会社）の受ける損害を賠償することを約束する保証契約を会社と締結していることが一般的です。

　保証契約の内容によって差異はあるでしょうが、多くは一切の損害を想定した契約でしょうから、身元保証人に対して、従業員の交通事故によって会社が受けた損害についても請求することはできます。

　ただし、身元保証人については、「身元保証ニ関スル法律」によって特別の定めが置かれているため、同法の定めよりも身元保証人について不利益な契約は無効となり請求できません（身元保証ニ関スル法律6条）。

　まず、身元保証の期間は5年を超えることができず（同法2条1項）、また、期間の定めのない身元保証契約の有効期間は3年なので（同法1条）、その点は注意が必要です。

　もっとも、期間が満了した場合に更新することはできます（同法2条2項）。ただ、一度に定められる期間について、5年までの期間制限があることは変わりません。

　また、身元保証人には、将来に向かった契約の解除権があります（同法4条）。保証を行った従業員に、①業務上不適任または不誠実であり、保証人に責任を負わせるおそれがあることを知ったとき、②従業員の業務または任地の変更によって身元保証人の責任を重くしたり、監督することが困難になり得るとき、身元保証人は将来に向けて契約を解除することができます。なお、会社には、①や②の事実を身元保証人に遅滞なく通知する義務があります（同法3条）。

　そして、従業員に対する請求が制限されれば、その範囲までの請求しかできないことに加えて、同法5条では、「裁判所ハ身元保証人ノ損害賠償ノ責任及其ノ金額ヲ定ムルニ付被用者ノ監督ニ関スル使用者ノ過失

第7章 ● 従業員の労務管理に関する問題

ノ有無、身元保証人ガ身元保証ヲ為スニ至リタル事由及之ヲ為スニ当リ用キタル注意ノ程度、被用者ノ任務又ハ身上ノ変化其ノ他一切ノ事情ヲ斟酌ス」としており、さらなる制限となる根拠が用意されています。要するに、従業員に対しての請求が信義則上制限され得るだけではなく、身元保証人に対しての請求については、さらにいろいろな事情を考慮して制限がなされることがあります。

　したがって、身元保証人が損害賠償の保証をしているからといって、こちらについても全額が請求できるとは限らないため、注意が必要となります。

《過労自殺事案における会社側の責任と労災認定》

Q74 当社の従業員が自殺してしまい、遺族から、従業員は自殺の前にうつ病に罹患しており、会社が働かせすぎたことが原因だといわれています。社内においてどのような調査を始める必要があるのでしょうか。会社や取締役として責任を負うのでしょうか。

A 従業員の方の自殺がいわゆる労働災害としての過労自殺にあたるのか否かが問題となります。自殺の原因となるような精神障害を発病していたかどうか、その原因となり得るような長時間労働などをさせていたか否かなどを調査する必要があります。違法な長時間労働等によって自殺したと認められれば、会社は損害賠償等の責任を負うことになります。また、取締役個人としても、労働者の労働時間を管理する義務や適正な労働時間管理体制を構築する義務を怠ったとして損害賠償等の責任を負うことがあります。

1　会社および取締役の責任

　会社と従業員との関係は、使用者と労働者の関係にあたりますが、最高裁判所の判例で「使用者は、その雇用する労働者に従事させる業務を定めてこれを管理するに際し、業務の遂行に伴う疲労や心理的負荷等が過度に蓄積して労働者の心身の健康を損なうことがないよう注意する義務を負う」（最二小判平12.3.24民集54巻3号1155頁）とされ、いわゆる「安全配慮義務」を負担しています。

　安全配慮義務は、従業員の健康管理への注意も含まれているため、労働者に長時間労働をさせ、それが原因で労働者が自殺したと認められるような場合には、会社は遺族に対し、損害賠償の責任を負うことになります。

　これに加えて、会社の取締役個人も、一定の場合には責任を負うこと

第7章 ● 従業員の労務管理に関する問題

があります。

　会社の取締役には、会社の規模に応じて、労働者の労働時間を管理する義務、もしくは適正な労働時間管理体制を構築する義務があります。この二つの義務の違いを分かりやすく言えば、前者は、取締役が労働者の労働時間等の管理を直接行えるような小規模な会社の取締役の責任であり、後者は、取締役が労働者の労働時間等の管理を直接行えないような大規模な会社の取締役の責任であると整理できます。

　いずれにしても、会社内で長期間労働が横行し、現実に労働者の健康が害されており、また今後も労働者の心身の健康が損なわれるおそれが明らかな状況で、取締役がこのような事情を認識していたにもかかわらず、取締役としての義務を怠って適切な管理ないし管理体制の構築を行わなかったような場合には、取締役も責任を負う可能性があります。

2　過労自殺の認定基準

（1）精神障害の発病があったか否か

　以上を踏まえて、いわゆる労働災害に該当する過労自殺について、労災の認定の基準を説明します。

　認定の基準となる通達として、「心理的負荷による精神障害の認定基準について」（平23.12.26基発1226第1号）があり、ここは、「業務によりICD-10（疾病及び関連保健問題の国際統計分類）のF0からF4に分類される精神障害を発病したと認められる者が自殺を図った場合には、精神障害によって正常の認識、行為選択能力が著しく阻害され、あるいは自殺を思いとどまる精神的抑制力が著しく阻害されている状態に陥ったものと推定し、業務起因性を認める」とされています。そこで、ICD-10のF0からF4に分類される精神障害の発症の有無が問題となります（次頁**図表20**参照）。

　認定基準においては、このうち、業務に関連して発病する可能性のある精神障害は、主としてF2からF4とされ、特に多いのは、F3の気

347

図表20　ICD-10（疾病及び関連保健問題の国際統計分類）

F 0	症状性を含む器質性精神障害（F00 − F09）
F 1	精神作用物質使用による精神及び行動の障害（F10 − F19）
F 2	統合失調症、統合失調症型障害及び妄想性障害（F20 − F29）
F 3	気分［感情］障害（F30 − F39）
F 4	神経症性障害、ストレス関連障害及び身体表現性障害（F40 − F48）

分［感情］障害であるといえます。このF３の中にはいわゆる「うつ病」に類する疾病が含まれています。

　そして、実際に精神障害の発病があったか否かは、精神障害の診断に関するガイドラインに基づいて、主治医の意見や診療録等の資料、関係者からの聞き取り、その他の情報から医学的に判断されることになります。

　仮に、従業員の方がうつ病を発病していたとした場合、今度はそれが業務上の疾病であるといえるかが問題となります。

（2）業務上の疾病であるといえるか

　認定基準においては、業務上の疾病であるといえるかは、

① **対象疾病を発病していること**

② **対象疾病の発病前おおむね６カ月の間に業務による強い心理的負荷が認められること**

③ **業務以外の心理的負荷および個体側要因により対象疾病を発病したとは認められないこと**

以上三つの要件をいずれも満たす場合をいうとされ、①から順に判断していくことになります。ここでは、①は満たしていたことを前提に、②について検討します。

　②を満たすかどうかは、対象疾病の発病前おおむね６カ月の間に、「心理的負荷による精神障害の認定基準について」の具体的な事例を整理した「業務による心理的負荷評価表」において、強度が「強」と判断される心理的負荷があったか否かで判断されます。

第7章 ● 従業員の労務管理に関する問題

　評価表に従って、具体的な事実の心理的負荷の程度を確認し、「強」に該当する事実が発生していないか、「中」以上の出来事が二つ以上ないかなどを確認します。「強」に該当する事実としては、例えば、「1カ月以上にわたって連続勤務を行った」などといった事実があった場合が挙げられています。

　また、「中」が複数ある場合は、それらの出来事を組み合わせて総合的に心理的負荷が「強」とならないか判断します。例えば、月80時間程度となるような時間外労働や、転勤命令が下っていた場合、上司からのパワーハラスメントがあった場合などは、「中」に該当する要素とされており、複数の要因が組み合わされた結果、全体として「強」の心理的負荷があったものとして評価される可能性があります。

　そして最後に、業務以外の心理的負荷および個体側要因が認められない場合（例えば、親族の死亡など、私生活上の心理的な負荷がないか）、業務以外の要因と発病との関係が医学的に明らかと判断できない場合、のいずれかに該当すれば、業務と災害との関連性が肯定され、労働災害として認定されることになります。

3　今後の調査および注意する点について

　まず、今後の調査においては、**2**で述べたようないわゆる過労自殺の認定基準を満たすか否かを調査する必要があります。

　そこで、従業員の方の業務の内容・困難性、業務量および職場における他の従業員等のサポートの有無、時間外労働の量などを調査します。具体的には従業員の方の作成した企画書、報告書、日報、週報、月報、メールその他の業務内容や困難性を知ることのできる書類等を調査し、タイムカードや入退室の履歴、パソコンへのログイン・ログアウトの履歴、メールやFAXの送信時間、業務用携帯電話の履歴等の時間外労働を知ることのできるものを調査しましょう。

　また、関係者からの聞き取りも重要です。前述のように、その事実単

349

独では心理的負荷が「中」や「弱」とされる出来事でも、複数の出来事を合わせて評価すると「強」の心理的負荷があったとしていわゆる過労自殺として認定される可能性がありますので綿密な事実の調査が必要となります。

また、今回、遺族の方から自殺の原因として指摘されているのは、長時間労働のようですが、今後の流れによっては、上司からの強い指導やパワハラ、あるいは人事上の処遇なども合わせて原因として指摘される可能性があります。そこで、このような長時間労働以外で自殺の原因となるようなものがなかったか併せて調査しておくことも考えられます。

また、今後、注意すべき点としては、適法適切な労働時間の管理を徹底するということなりますが、特に注意すべき点として、現場レベルで、違法な長期間労働の隠蔽が行われないようにするという点が挙げられます。経営陣として、適法適切な労働時間の管理を指示し、タイムカードや入退室の履歴、パソコンへのログイン・ログアウトの履歴なども精査していても、タイムカードを切ってから残業をしたり、あえて時間内ではパソコンで行う仕事を優先させ、時間外はパソコンをログアウトさせてパソコンを使わない業務をするようにしたり、通常の執務スペース以外で残業をしたりといったことが横行すると、適切な労働時間の管理ができず、場合によっては思わぬ責任を負う可能性があります。

そこで、抜き打ち的に現場に行って調査する（調査させる）など、時間外労働の記録が実態をきちんと反映しているかどうかを確認する必要があります。

第7章 ● 従業員の労務管理に関する問題

《労働時間の範囲》

 待機時間や仮眠時間までもが労働時間として扱われるという話をよく聞きます。具体的にどのような場合には労働時間として認められてしまうのでしょうか。

 労働基準法上の労働時間（同法32条）とは、「労働者が使用者の指揮命令下に置かれている時間」をいいます。
具体的には、①業務提供の有無、②労働契約上の義務付けの有無、③場所的・時間的拘束性（労務の提供を一定の場所で行うことが余儀なくされ、かつ時間を自由に利用できない状態）の有無・程度を総合考慮した上で労働時間にあたるか否かが判断される点に留意が必要です。

1　労働時間が問題となる背景

　原則として、企業は、労働者を1日8時間（労働基準法32条2項）、1週40時間（同条1項）を超えて労働させることはできません。
　ここでいう、1日8時間、1週40時間の時間の枠を、法定労働時間といいます。
　労働基準法上の労働時間に該当すると、使用者は労働組合等と同法36条が定める協定（通称「三六協定」）を締結しなければ、法定労働時間を超えて労働者を労働させることができなくなります。
　また、法定労働時間を超えて労働した場合には割増賃金が発生します。
　さらに、過重労働が原因で精神障害等健康被害が生じたといえるか否かも、法定労働時間をどの程度超えていたのかが判断のメルクマールとなります（平23.12.26基発1226第1号「心理的負荷による精神障害の認定基準について」参照）。なお、過重労働による健康被害について労災認定がなされ、その後に会社に対して損害賠償請求がなされた場合、1億円を超える損害賠償請求が認められる場合もあり得ますので注意が必要です（1億8989万4235円の損賠賠償請求等が認容された事例：大

阪地判平20.4.28労判970号68頁)。

　このように、労働時間は使用者・労働者双方にとって非常に重要な要素となるものの、労働時間の管理が十分になされていない状況が続いていたため、「労働時間の適正な把握のために使用者が講ずべき措置に関するガイドライン」と題する労働基準局長通達が発出され、現在も維持されています（平29.1.20基発0120第3号）。

　同通達は、使用者は労働時間を適正に把握するなど労働時間を適切に管理する責務を有していることは明らかであるとし、労働時間の適正な管理のために使用者が講ずべき措置として、「労働者の労働日ごとの始業・終業時刻を確認し、これを記録すること」を求めています。

　そして具体的な記録方法として、原則として、①「使用者が、自ら現認することにより確認し、記録すること」、②「タイムカード、ICカード等の客観的な記録を基礎として確認し、記録すること」、のいずれかの方法による記録を使用者に求めています。

2　労働時間についての考え方

（1）労働時間の定義

　労働時間（労働基準法32条）とは、「労働者が使用者の指揮命令下に置かれている時間」をいい、「労働時間に該当するか否かは、労働者の行為が使用者の指揮命令下に置かれたものと評価することができるか否かにより客観的に定まるものであって、労働契約、就業規則、労働協約等の定めのいかんにより決定されるべきものではない」とされています（三菱重工長崎造船所事件―最一小判平12.3.9民集54巻3号801頁）。

（2）注意を要する点

　「労働者が使用者の指揮命令下に置かれている時間」か否かについては、客観的に判断されるものです。具体的には、就業規則上で労働時間についての定め（例えば、「当社の労働時間は午後12時から午後1時ま

第7章 ● 従業員の労務管理に関する問題

での昼休憩を除いた、午前9時から午後4時までとする」との定め）を
するなどとしただけで、労働時間が6時間となるわけではありません。

（3）「労働者が使用者の指揮命令下に置かれている時間」か否かを判断するための考え方

「『労基法上の労働時間』に該当するか否かの判断は、①当該業務提供の有無、②労働契約上の義務付けの有無、③場所的・時間的拘束性（労務の提供が一定の場所で行うことを余儀なくされ、かつ時間を自由に利用できない状態）の有無・程度を総合考慮した上、社会通念に照らし、客観的に見て、当該労働者の行為が使用者の指揮命令下に置かれたものと評価することができるか否かという観点から行われるべきものである」とされています（ロア・アドバタイジング事件—東京地判平24.7.27労判1059号26頁）。

（4）具体例

① 通勤時間・出張のための移動時間

基本的には労働者が使用者の指揮命令下に置かれているとまでは評価できず、労働時間に該当しません。

ただし、出張のための移動時間中に物品の運搬を行っていた事例で、使用者の指揮命令下に及んでいるとの評価がなされ、労働時間に該当すると判断した裁判例があります（前掲東京地判平24.7.27）。

② 実作業前後の準備時間

1）労働時間に該当するとした例

実作業に当たり、作業服および保護具等の装着が義務付けられ、また、保護具の装着を事業所内の所定の更衣所等において行うものとされていた事案で、保護具の装着および更衣所等から準備体操場までの移動は、使用者の指揮命令下に置かれたものと評価することができるとし、また、資材等の受出しおよび散水の時間もあわせて労働時間と判断された判例（前掲最一小判平12.3.9）があります。

353

2）労働時間に該当しないとした例

鉄道会社の駅務員が行う業務引継の時間が労働時間に該当するか否かが争われた裁判例では、①出勤点呼後に休憩室等で時間を過ごし、始業時刻になるのを見計らって勤務場所に出向く者が相当数いたこと、②駅務員が交代する際、納金業務のように、特段の事情がなければ前任者との間で引継を要しない業務もあったこと、③引継が必要な業務であっても、多くは所定の書面やホワイトボード等に引継事項を記載するかまたは口頭で行われるものであったこと、④書面等による引継は、勤務開始時刻後に書面等を確認する方法で行うことができるものであり、口頭による引継は、ごく簡潔なものであることが多く、頻繁に行われるものではなかったこと、⑤被告（会社側）が始業時刻前にこの引継を完了させるよう指示していたことを認めるに足りる証拠はないとの理由から、業務引継の時間は労働時間に該当しないとの判断がなされました（東京地判平14.2.28労判824号5頁）。

③ 仮眠時間

実作業に従事していない仮眠時間（以下「不活動仮眠時間」という）であっても、労働者が実作業に従事していないというだけで、使用者の指揮命令下から離脱しているということはできません。

当該時間に労働者が労働から離れることが完全に保障されていて、初めて労働者が使用者の指揮命令下に置かれていないと評価することができることとなります。

したがって、不活動仮眠時間であっても労働からの解放が完全に保障されていない場合には労働基準法上の労働時間にあたるというべきであり、当該時間において労働契約上の役務の提供が義務付けられていると評価される場合には、労働からの解放が保障されているとはいえず、労働者は使用者の指揮命令下に置かれていると評価され、不活動仮眠時間であっても労働時間にあたることとなります。

ただし、仮眠時間中、労働契約に基づく義務として、仮眠室における待機と警報や電話等に対して直ちに相当の対応をすることを義務付けら

第7章 ●従業員の労務管理に関する問題

れ、実作業への従事がその必要が生じた場合に限られるとしても、その必要が生じることが皆無に等しいなど実質的に前述したような義務付けがされていないと認めることができるような事情が認められる場合においては、労働基準法の労働時間にはあたらない場合もありえます（最一小判平14.2.28民集56巻2号361頁）。

④　**待機時間・手待ち時間**

客が途切れた時などに適宜休憩してもよいが、現に客が来店した際には即時その業務に従事しなければならないという時間について、労働時間か否かが争われた裁判例では、休憩時間とは認められず、いわゆる手待時間にすぎないとして、労働時間に該当するとの判断がなされました（すし処「杉」事件—大阪地判昭56.3.24労経速1091号31頁）。

コラム　　　　　　　　　　　　　　　　　　　　　　　**電話当番**

　企業によっては、交代での電話当番を定め、昼休憩中の電話対応を労働者にさせる例が見受けられます。

　電話当番にあたった労働者については、電話当番中の時間も労働時間となります。このような役割を設ける場合は、電話当番後に昼休憩を当番労働者にのみ別途設けるなどの対応をする必要があります。

355

《従業員の降格・降職と賃金減額》

役職のある従業員を降格・降職させようと考えています。降格・降職に伴い、役職手当や給与の減額も考えているのですが、どのような条件であれば可能でしょうか。

降格・降職を実施するための就業規則の規定を確認し、懲戒として実施するのか、人事権の行使として実施するのか明確にすべきです。また、賃金減額を伴う場合は、その有効性が厳格に判断されるため、降格・降職の理由や減額の程度を慎重に検討してください。
　なお、賃金の減額を伴う場合、原則として、従業員の自由な意思に基づく同意を得る方法で実施することが適切でしょう。

1　降格・降職について

　ある従業員について降格を考えているとのことですが、降格（またはこれに類似する降職）については、2種類の根拠に基づき行うことが考えられます。
　一つは、懲戒処分としての降格・降職です。こちらの場合は、懲戒の種類として降格・降職が定められていることが必要です。また、就業規則に定められた懲戒事由に該当することが認められなければならず、懲戒処分について客観的な合理性および社会通念上の相当性が必要となります。
　もう一つは、人事権の行使としての降格・降職です。従業員の賃金については、職能資格制度などのこれまでに獲得した能力に対する評価と、役職などの責任の程度に応じて定められる部分があると考えられており、前者の職能資格制度に対する処分が降格と呼ばれ、後者の役職を解くことなどを降職と呼ぶことがあります。
　賃金制度の構築に関しては、労働基準法に抵触しない限りは、自由な制度設計が可能であるため、会社ごとに制度が異なるのは当然です。法

第7章 ● 従業員の労務管理に関する問題

律などによって厳密な意味で降格や降職の言葉が区別されているわけではありませんので、会社ごとに使い方が異なるかもしれません。端的に、降職が役職を解くことであり、降格が等級を下げたりするような役職を解くことを伴わない賃金の減額などにつながる処分と考えていただければよいと思います。会社によっては、これらが明確に区別されることなく運用されている場合もあるかもしれません。

　人事権の行使として実施する場合の根拠については、就業規則の根拠がいると考えている裁判例と労働契約に内在する権限の行使であることを理由に個別の根拠は不要との見解もあります。しかしながら、基本的には、降格・降職の権限が使用者にあることや、行使する場面を明確にするために就業規則に明記しておくべきと考えられます。

2　降格・降職に伴う賃金の減額について

　賃金の減額を伴わない限りは、ある意味人事異動に類似するとも考えることもできるため、責任者たる地位などの役職を解くことのみであれば、人員配置の問題であり、使用者の裁量が広く認められると考えられています。

　しかしながら、降格・降職を行う場合には、賃金も減額しなければ、他の役職者とのつじつまが合わなくなってしまうため、賃金を減額せざるを得ないことも多いでしょう。また、役職者と一般社員で異なる賃金テーブルなどを用意している場合には、一般社員の賃金テーブルを適用した結果、減額とならざるを得ないこともあります。そのため会社としては、降格・降職を行う場合、賃金の減額と切り離して実施することは困難でしょう。

　懲戒処分としての実施である場合は、懲戒権の濫用に該当しないことが必要ですが、人事権の行使として実施する場合であっても、裁量権の逸脱があり権利濫用とされた場合には無効と判断されるため、いずれの方法による場合であっても降格・降職の効力が否定される可能性があり

357

ます。結局のところ、どの程度の事情があれば、相当と認められるのか、裁量の範囲内と認められるのかという点が重要と考えられます。

3　降格・降職としての許容範囲について

賃金については、労働条件のうち最も基本的かつ重要なものと考えられているため、一方的な変更については、厳格に判断される傾向にあります。このことから、人事権の行使が使用者に広く認められるとしても、賃金減額の重要性の方が重視されることが一般的です。

人事権の行使である場合には、その動機や目的、必要性、過去の運用、減額の程度、労働者の帰責性などを総合考慮して、賃金の減少を相当とする客観的合理性があるかによって、その効力を判断するものと考えられています。

役職手当については、役職としての責任が要求されることから支給が決定されているものであるため、役職者としての責任を果たせないような事情が認められる場合には賃金の減額との関連性も強く、減額の必要性も高いと考えられるため、減額に相当な理由が認められやすいと考えられます。

一方、基本給などを減額することは、降格・降職の原因となる事由との関連性は必ずしも明確ではないことが多く、これまでに積み上げてきた成果や経験に対する評価をなかったものにするほどの事情が認められる事例は必ずしも多くないでしょう。

4　賃金減額の方法について

賃金の減額の方法に関する基本的な考え方は、従業員による自由な意思に基づく同意があることが必要とされています。既に発生した賃金を放棄させる場合なども同様の考え方がされています。ポイントは「自由な意思」に基づく同意が必要とされている点であり、単なる同意とは異

358

なります。

　従業員は、解雇されるよりはマシだとか、使用者に気を遣って、本心では同意したくなくても、賃金の減額に同意することを余儀なくされることがあります。そのため、単なる同意とは異なる要件が求められています。

　このことは、降格・降職に伴う賃金減額の場合にも該当します。降格・降職を一方的に行い賃金減額が有効と認められそうにない場合は、従業員としっかりと話し合い、真摯な同意を得る方法で降格・降職を実現するように留意しておくべきでしょう。

　従業員から、同意が得られない場合には、なぜ納得が得られないのか、会社が検討した降格・降職の理由が相当であるのか慎重に検討した上で、一方的に実施するかを決定するべきと考えられます。

《割増賃金と管理監督者の範囲》

 支店長から5年分の残業代を請求されました。すべて払う必要があるのでしょうか。当社では、支店長は管理監督者として深夜を除く割増賃金の対象外としてきたのですが問題ありますか。

 「支店長」の肩書があることのみをもって残業代の支払を拒むことはできません。肩書だけではなく、人事や企画などの重要な会社の経営上の意思決定に経営者と一体となって関与しているような立場にあって、出退勤について管理されておらず、その地位・役職にふさわしい額の手当等が付与されているような管理職であれば、労働基準法上の「管理監督者」に該当する者として、深夜を除く割増賃金の支払対象から外れます。

また、残業代を含む給与（退職金を除く）は2年の経過によって消滅時効が成立します。

1 法定労働時間と法定外労働時間

労働基準法は、人を雇用して業務に従事させている者（使用者）は、原則として、休憩時間を除き1週間に40時間を超えて（1日あたり8時間を超えて）労働をさせることを禁止しています（いわゆる、「法定労働時間」です。労働基準法32条。ただし、一部の特例あり）。

なぜ、1週間に40時間まで（1日8時間まで）しか働いてはならないのか、この「法定労働時間」が設定された趣旨については色々な考えがありますが、人間はおおむね、①まず、**生活をしていく上で必要な金銭を稼ぐための時間**（労働する時間）、②次に、**食事、睡眠、休息など、人が生きていく上で必須となる活動を行うための時間**（生活する時間）、③憲法25条が規定する「健康で文化的な最低限度の生活」、すなわち、**娯楽や教養のための時間**（社会的、文化的な時間）という、三つの時間が必要であると考えられており、24時間を3等分すると8時間ずつと

第7章 ●従業員の労務管理に関する問題

なることから労働時間として8時間が割り当てられたとされています。

　もっとも、いかなる場合にも1週間40時間、1日8時間までというルールを適用すると、効率の良い企業運営は困難となりますし、現実に発生する時季による繁忙や緊急な業務にも対応できなくなってしまいます。

　そこで、使用者と労働者との間の協議によって、法定労働時間を超えて労働できる時間を定め、労使協定（俗に「三六協定」と呼ばれます）を締結し、これを労働基準監督署に届けることで、いわゆる「法定外労働時間」を設定することができることとしました（労働基準法36条）。

2　割増賃金

　「三六協定」に基づいて労働者に「法定労働時間」を超えて労働させる場合、給与に加えて、基本給の25％分の残業代（正確には「割増賃金」といいます）を支払うことになります。例えば、1時間あたりの基本給が1250円の労働者に対しては、その労働時間が40時間を超えた1時間目から、1時間あたり1563円を支払わなければなりません（50銭未満は切り捨て処理をし、それ以上は1円に切り上げます）。

　「法定外労働時間」や「割増賃金」に関する規定は強行法規かつ取締法規であるため、もし「割増賃金」を支払わなかった場合、違反した使用者に対しては刑事罰（6カ月以下の懲役または30万円以下の罰金）が科せられる場合があります（労働基準法119条1号）。

　最近では、大手広告会社がこれまでの未払い残業代約24億円を支払ったなどというニュースもあり、他方では、大手宅配便会社が残業代未払いを理由に労働基準法違反として立件（送検）されたというニュースもあります。

　使用者としては、「あ、忘れていた！」では済まない問題であることを肝に銘じなければなりません。

361

3 管理監督者とは

　ところで、世間では「管理職は残業代が出ない」という誤った考えが横行しています。

　確かに、労働基準法には、「監督若しくは管理の地位にある者」は、労働時間、休憩および休日に関する規定を適用しない（深夜労働を除く割増賃金が発生しない）という規定があります（労働基準法41条2号）。

　しかしながら、この「監督若しくは管理の地位にある者（管理監督者）」とは、単に、課長や部長といった「肩書」だけで決まるものではありません。

　裁判例上、この「管理監督者」に該当するかどうか（割増賃金を支払わなくてよいかどうか）は、実に厳しい基準で考えられています。

　例えば、「管理監督者」該当性の基準について東京地判平20.1.28労判953号10頁は、「管理監督者に当たるといえるためには、店長の名称だけでなく、実質的に以上の法の趣旨（注：経営者との一体的な立場において、一定の地位や権限を与えられているから、管理監督者に労働基準法上の労働時間に関する規定が適用されなくとも、同法の基本原則に反する事態を避けることができるという趣旨）を充足するような立場にあると認められるものでなければならず、具体的には、①職務内容、権限及び責任に照らし、労務管理を含め、企業全体の事業経営に関する重要事項にどのように関与しているか、②その勤務態様が労働時間等に対する規制になじまないものであるか否か、③給与（基本給、役付手当等）及び一時金において、管理監督者にふさわしい待遇がされているか否かなどの諸点から判断すべきであるといえる」と詳細な判断基準を示しました。

　要するに、一般の労働者が通常行っているような日常業務とは異なり、人事や企画等の重要な会社の経営上の意思決定に経営者と一体となって関与しているような立場にあって、出退勤について管理されておらず、その地位・役職にふさわしい額の手当等が付与されているような管理職が、労働基準法上の「管理監督者」として認められるわけです。

362

第7章 ● 従業員の労務管理に関する問題

部長、リーダーなどと呼ばれていても、決定権限もなくタイムカードで出退勤を管理されていて遅刻や早退が給与計算上の減給対象となるのであれば、「管理監督者」には該当しません。

また、たとえ、その支店の管理を任されていたとしても、業務の後処理などで他の労働者より長い時間、勤務しているにもかかわらず、給与の額が他の労働者と変わらないのであれば、「管理監督者」には該当しません。人事・総務、企画、財務に関する経営上の意思決定に関与するという点については、企業全体に及ぶ必要はないとの見解もありますが、それでも広汎な裁量は必要でしょう。

結局のところ、「管理監督者」とは、極めて限られた労働者をいうのであって、「支店長」という肩書があるだけでは、割増賃金を払わなくてもよいということにはならないようです。実際、裁判例上、「管理監督者」が認められたケースはごくわずかです。

4　消滅時効

以上のとおり、「支店長」という肩書を与えていたという理由だけでは、割増賃金の支払を拒絶することはできません。

もっとも、割増賃金を含む給料というものは、その本来の支払時期から2年の間、請求しないと「消滅時効」が成立し消滅してしまいます（労働基準法115条。なお、ここでの「請求」とは、単に会社に対し「割増賃金を支払え」と要求するだけではなく、終局的には、裁判所に対し訴訟を提起することが必要です）。

したがって、設例の場合、請求された5年分の割増賃金のうち、5年前から3年前までの分の割増賃金については、「消滅時効」を主張（援用）し、2年分で"手打ち"としてみましょう。

なお、民法改正による消滅時効期間の変更に伴い、労働基準法が定める賃金の消滅時効についても見直しが議論されているため、労働基準法の法改正の動向には今後注目する必要があります。

363

《公益通報した従業員の懲戒解雇の可否》

Q78 自社工場で製造している加工食品の産地偽装を従業員Ｙがマスコミに公表したことがきっかけで会社は倒産の危機にあります。Ｙを懲戒解雇しても構わないでしょうか。

A 懲戒解雇の判断は慎重に行うべきです。Ｙの行為は公益通報者保護法（以下「法」といいます）の保護対象となる可能性があります。
　法の保護要件を充足する場合、公益通報をしたことを理由とする解雇は"無効"とされます（法３条）。
　もっとも、Ｙがいきなりマスコミに駆け込んだという場合、法の保護対象外と判断される可能性もあります。

1　公益通報者保護法の内容

(1)　公益通報

　法は保護の対象となる通報を「公益通報」として定義しています（法２条１項）。同条項は長文ですが、①労務提供先に使用され、事業に従事する労働者が、②不正の目的でなく、③公益を害する事実である当該労務提供先の犯罪行為や法令違反行為についてなされる通報であるという趣旨を明らかにした条文と解されています。

(2)　通報の主体

　公益通報者保護法の通報主体（保護の対象となり得る者）は労働基準法９条に規定された「労働者」です（法２条１項）。派遣社員や下請業者の従業員が労務提供先の違法行為について通報した場合等も対象となり得ます（同項２号、３号）。
　労働者は事業者の業務を遂行する中で、事業者の法令違反等を把握可能な立場に置かれ得るものです。しかし、労働者と事業者は対等な関係ではなく、事業者が優越的な地位にあるということです。労働者は事業

者から指揮命令等の統制を受けており、労働者は事業者に対し誠実義務等を負っています。

そのため、労働者が事業者の法令違反を発見しても、行政機関等に当該違反事実を通報することによる「公益」と「事業者の利益」は相反する状態に置かれてしまいます。

そこで法は、公益通報を行ったことを理由とする解雇は無効、その他の不利益取扱いも禁止と定め、公益のために通報した労働者を一定要件の下に保護しているのです。

（3）通報の目的

公益通報として保護されるためには、当該通報が「不正の目的でないこと」が必要です（法2条1項柱書）。自分や他人の利益を図る目的や、他人に損害を加える目的では保護されず、専ら公益を図るための通報であることが要求されるということです。

（4）通報対象事実

公益通報の対象となる事実は、犯罪行為や、行政処分の対象となる違法行為の事実です（法2条3項参照）。

対象法令として、法の別表に刑法、食品衛生法等の七つの法が列挙されているほか、個人の生命・身体の保護や消費者の利益擁護、環境保全、公正な競争の確保、その他国民の生命・身体・財産その他の利益の保護に関わる法律として“政令で定めるもの”も対象とされています。この“政令”が「公益通報者保護法別表第八号の法律を定める政令」であり、食品表示法や不正競争防止法を含め、平成30年5月現在、450以上の法律が列挙されています。

（5）通報先

通報先は、①労務提供先等、②行政機関、③その他外部通報先の三つに分類されます。法の保護対象となるための要件は、通報先が①～③の

どれにあたるかによって異なります。

① 労務提供先等

事業者等の労務提供先や、労務提供先があらかじめ社内通報窓口として定めていた者等の場合、公益通報として保護されるための要件は最も軽く、「通報対象事実が生じ、又はまさに生じようとしていると**思料する場合**」と規定されています（法3条1号）。

② 行政機関

通報対象事実について処分・勧告等の権限を有する行政機関を指します。この場合の保護要件は、「通報対象事実が生じ、又はまさに生じようとしていると**信ずるに足りる相当の理由がある場合**」とされています（法3条2号）。

「信ずるに足りる相当の理由がある場合」とは、単なる憶測や伝聞ではなく、裏付けとなる内部資料や関係者による信用性の高い供述がある場合等を指すものと解されています。

③ その他外部通報先

外部通報先は「その者に対し通報することが当該通報対象事実の発生やこれによる被害拡大防止のために必要と認められる者」でなければなりませんが、報道機関はこれに含まれると解されています。

その他外部通報先の場合、保護されるための要件が最も加重されています。「通報対象事実が生じ、又はまさに生じようとしていると**信ずるに足りる相当の理由がある場合**」で、かつ、次頁**図表21**のいずれかに該当しなければなりません（法3条3号）。

2 設問について

（1）通報主体・通報の目的

通報者Yは従業員であるため、「労働者」に該当するでしょう。Yの目的が不正なものか否かは、調査によって把握しなければわかりません

第7章 ● 従業員の労務管理に関する問題

図表21　外部通報先に通報した場合の保護要件（法3条3号）

①や②の公益通報をすれば解雇その他の不利益取扱いを受けると信ずるに足る相当な理由がある場合
①の通報では当該通報事実に係る証拠が隠滅、偽造、変造されるおそれがあると信ずるに足りる相当の理由がある場合
労務提供先等から①や②の公益通報をしないことを正当な理由なく要求された場合
書面で①への通報を行った日から20日を経過しても調査を行う旨の通知がない場合、または正当な理由なく調査を行わない場合
個人の生命または身体に危害が発生し、または発生する急迫した危険があると信ずるに足りる相当な理由がある場合

ので、ヒアリングを実施することになるでしょう。

（2）通報対象事実該当性

　Yの通報内容である「自社が製造する加工食品の産地偽装」が事実であることを前提にすると、設問は以下の法令に反しており、通報対象事実にあたるものと考えられます。

　本件の加工食品における原材料の原産地が表示を義務付けられている場合、原産地の偽装は食品表示法に違反します。

　食品表示法は、食品の製造、加工、輸入、販売等を業として行う者に対し、食品表示基準に従った表示のない食品を販売してはならないこと（同法5条）等を規定しています。国内で製造したすべての加工食品は原則として「使用した原材料に占める重量の割合が最も高い原材料」の原産地表示が義務付けられており（平29.9.1消食表第407号参照）、食品表示基準で表示が義務付けられている原産地の虚偽表示に対しては、罰則も規定されています（同法19条）。

　また、原産地の偽装は不正競争防止法でも規制の対象とされています（不正競争防止法2条1項14号、罰則規定：同法21条2項1号）。さら

367

に、当該虚偽表示が一般消費者に対し優良誤認を生じせしめるようなものである場合、景品表示法違反として措置命令等の対象にもなり得るところです（景品表示法5条1号、7条1項、措置命令違反に対する罰則：同法36条1項）。

（3）通報先について

　Yが通報したのはマスコミ（＝その他外部通報先）であり、最も要件が加重されているところです。Yが、会社または会社があらかじめ定めた通報窓口、行政機関等に対する通報を先に行っていない場合、①会社に先に通報したのでは、解雇その他の不利益取扱いを受けると信ずるに足りる相当な理由がある場合、②証拠が隠滅、偽造、変造されるおそれがあると信ずるに足りる相当の理由がある場合、③個人の生命または身体に危害が発生し、または発生する急迫した危険があると信ずるに足りる相当な理由がある場合、のいずれかに該当しなければなりません。

　本件は、原産地の偽装という事案であるため、③に該当する可能性は高くありませんが、①②については該当する可能性があります。

　①②の要件を充足する方向に傾く事情は、個別の事案ごとに判断しなければなりません。あくまで参考ですが、例としては次頁**図表22**のようなものが挙げられます。

（4）公益通報者保護の対象外の場合

　公益通報者保護制度の要件に該当しない場合でも、労働契約における一般ルール（労働契約法16条・解雇権濫用法理）により、解雇が無効と判断される可能性があります。

　大阪地判平24.8.29労判1060号37頁は、公益通報者保護法の適用は問題となっていませんが、「大阪市環境局河川事務所の職員らが河川清掃時に拾得した現金を配分する映像を、自らも現金を受け取った職員が、**現金授受の瞬間等を撮影した映像をマスコミに提供した**」という事案です。

　同判決は職員がマスコミに告発したことを、「原告が本件内部告発を

第7章 ● 従業員の労務管理に関する問題

図表22　法3条3号に該当する例（参考）

会社が社内規定に通報者に対する不利益取扱いの禁止や通報者の秘密の保護を明記せず、ガイドラインに準拠した実効性のある内部通報制度が整備・運用されていない場合
過去に不祥事について労務提供先等に通報した従業員が不利益な取扱いを受けたケースや証拠隠滅されたケース等が実際にあった場合
当該犯罪行為等について経営者の関与がうかがわれる場合
当該犯罪行為に社内の多数の者が関与している場合
既に発生している犯罪行為等が重大であるため、経営陣の処分につながるなどの事業者に対する極めて大きな影響がある場合

行った結果……その是正が図られたものであって、この点は、**懲戒処分の選択に当たり原告に有利な事情として考慮すべき**」と評価し、「処分量定上原告に有利な事情をも考慮すれば……懲戒処分歴のない原告に更生の機会を与えることなく直ちに懲戒免職とした本件処分は重きに失する」と判示しています。

3　まとめ

　会社の不祥事を外部に漏らされることは、会社に多大な損失をこうむらせかねないものです。設問の会社は倒産の危機に追い込まれているとありますので、Ｙの通報内容が不正な目的である場合や、全くの虚偽である場合等には、懲戒解雇が許容される可能性は高いでしょう。

　しかし、通報内容が事実かつ公益目的である場合、公益通報者保護法の適用を受ける可能性や解雇権濫用法理等に照らし、解雇の判断はとりわけ慎重を要するところです。

　ガイドラインに準拠した社内通報窓口の整備・運用は、労働者が安易にマスコミに流すことの防止にもつながりますので、導入しておくことをお勧めします。

369

《社内PCの調査・モニタリングと従業員のプライバシー》

勤務時間中にインターネット掲示板に会社の誹謗中傷を書き込んだ従業員を特定するために社内のPCの調査、モニタリングをしたいのですが、本人に伝えることなく実施しても構わないでしょうか。

 事前の予告なくして調査やモニタリングをすることは、従業員らのプライバシー保護および個人情報保護法の観点から違法と評価されるおそれがあるため、就業規則としてインターネット利用規程を設け、モニタリング実施前に対象となる社内PCを利用した従業員から同意書をもらうようにすることを推奨します。

1 企業の社内ネットワークシステムの私的利用の可否

会社は、就業規則としてインターネット利用規程を設けることで、社内ネットワークの私的利用を制限することができます。

例えば、従業員が会社のコンピューターネットワークを私的に利用してウェブサイトを閲覧し、インターネット掲示板に誹謗中傷の書き込みを行ったりすることは、職務時間中になされたものであれば職務専念義務違反に該当しますし、書き込みの内容が会社の秘密事項に関わるものであれば企業秩序違反行為にあたり、懲戒事由に該当するといえるからです。

私的利用が許容されるのは、ごく軽微な私的利用にとどまるものと解されます。

2 従業員に対するネット私的利用の監視、調査の可否

本設問で問われているインターネット掲示板に会社の誹謗中傷を書き込む行為は、会社の社会的評価を下げたり、社内の企業秩序を乱し得る

第7章 ● 従業員の労務管理に関する問題

行為であるので、調査行為の一環として従業員のPCをモニタリングすること自体の合理性は認められると思われます。

　他方で、社内のPCであっても、インターネットの利用状況や閲覧履歴等は、従業員個人の領域といえることから、従業員のプライバシー侵害の問題が生じることとなるため、その考慮が必要となります。

　この点について、従業員のウェブサイトの利用行為ではありませんが、会社がインターネット利用規程を置かないまま、従業員の電子メールをモニタリングしたことについて、「監視の目的、手段及びその態様等を総合考慮し、監視される側に生じた不利益とを比較考量の上、社会通念上相当な範囲を逸脱した監視がなされた場合に限り、プライバシー権の侵害となると解する」として、モニタリングが違法と評価される可能性を示した裁判例があります（F社Z事業部事件—東京地判平13.12.3労判826号76頁）。

　この裁判例では、メールのドメインネームやパスワードが社内で公表されていた事情等も考慮され、「期待し得るプライバシー保護の範囲は、通常の電話装置における場合よりも相当程度低減され」るという価値判断も示されています。それは他方で「監視の目的、手段及び態様」によってはプライバシー保護の程度、範囲が変動し得るともいえます。そのため、本設問のようにモニタリングを本人に伝えることなく実施した場合、モニタリングの手段、態様において相当性を欠き違法であると判断が出されるリスクが想起されます。

　また、会社が個人情報保護法2条5項に定められているところの「個人情報取扱事業者」に該当するならば、その会社が特定の個人である従業員のインターネット利用状況をモニタリングすることは個人情報の取得に該当し得ます。この場合、会社は、個人情報保護法15条、18条1項に基づき、モニタリングの目的をあらかじめ特定・公表するか、情報の取得時には速やかに従業員本人に対して利用目的を通知または公表しなければなりません。

　したがって、本設例におけるモニタリングは、従業員本人に（利用）

371

目的を伝えていない点で個人情報保護法に違反していると評価されます。

3　インターネット利用規程の設置

　会社が従業員のインターネット利用状況をモニタリングするための方法として、会社はインターネット利用規程を設けることをお勧めします。

　社内でインターネットを利用する上での遵守事項を設け、業務遂行に必要なものへの限定されること、私的目的による使用の禁止、社外ウェブサイト等の掲示板で会社の機密事項や会社および社内外の人物を誹謗中傷する旨の書き込みの禁止といった内容を明記します。

　さらに、規程上に、遵守事項が守られているか否かの調査としてモニタリングをする定めを置くことで、モニタリング制度の公表並びにモニタリングによって得た個人情報の利用目的の特定および公表をすることができます。そして、事前にモニタリングの対象となる従業員から、モニタリングに対する同意書を作成させる等の手続きを明文化することで、労使関係および個人情報保護法の問題をクリアできます。

第7章 ● 従業員の労務管理に関する問題

《職務専念義務と会社用電子メールのモニタリング》
従業員が使用している会社用の電子メールを監視または調査することに問題はありますか。

　モニタリング調査に関する規定がある場合にはそれに従って実施できます。また、規定がない場合でも、調査の必要性とプライバシー侵害の程度を比較して許容される場合があります。なお、調査に関する規定がある場合でもプライバシーへの配慮は必要です。
　業務時間中の私的行為をどこまで禁止するのかという点は、曖昧になりがちですので、自社における企業秩序をどのように考えるか明確にしておくことをお勧めします。

1　職務専念義務や私的利用の禁止

　会社がパソコンを用意して業務に従事させている場合、そのパソコンで勤務時間中に業務と無関係なホームページを閲覧したり、私的な用事を済ませるために利用したりするなど、私的な利用をしてしまうことも起こり得ます。
　従業員がどのような利用をしているのか逐一確認しながら、私的利用をしている場合に注意するなどというのは、パソコンの利用が業務に必須であり数多く稼働している場合には、対応しきれることなど到底できません。そこで会社では、パソコンなどの情報端末（近年では、スマートフォンなども含まれます）について、私的利用の禁止をするなどしている場合が多くあります。
　そもそも、パソコンを業務時間中に私的利用することを、なぜ禁止しておくのでしょうか。労働契約における義務違反となるのでしょうか。
　労働者は、労働時間中には、職務専念義務があるため、会社のために行う労働以外に注力してはいけないものとされています。なお、休憩時間については、自由利用ができるため、当然ながら職務専念義務を負う

373

ものではありません。

かつては、職務専念義務の問題として、相当高度の職務専念義務を求められていた時代もあります（例えば、労働組合員の組合員バッジの取り外し命令を適法とした事例。国鉄鹿児島自動車営業所事件—最二小判平5.6.11集民169号117頁）。近年では、一切の業務と関連性のない行為が許されないというわけではありません。例えば、就業中にある程度の私的行為、例えば喫煙コーナーにおける喫煙、飲み物の購入、簡単な私的会話等は許容されているのが現実であって、私用メールについても、労働契約上の義務と何ら支障なく両立する行為の範囲にとどまる限り、職務専念義務違反にはならないとして、1日に2通程度のメールをやりとりしていた行為は違反と評価されませんでした（グレイワールドワイド事件—東京地判平15.9.22労判870号83頁）。

調査の結果として、処分を課すほどではないケースもあり得ますが、調査してみなければ分かりません。違反の可能性がある場合に、調査する権限を持っていなければ違反の程度を把握することすら困難であるため、一定の場合には、監視することも許容されると考えられています。

2 モニタリング（監視）の実施について

まず、いかなる根拠に基づいてモニタリングを実施するかですが、就業規則にモニタリング権限が定められていた場合には、当該規定を根拠にすることが考えられます。

では、規定がない場合には一切モニタリングは許容されないのでしょうか。過去にこの点について判断した裁判例があります（Ｆ社Ｚ事業部事件—東京地判平13.12.3労判826号76頁）。

会社の施設を利用して私的な電子メールを送信する行為について、一切のプライバシー権がないとはいえない、としつつも、私的電話の場合と比べ制限されるものであること、会社が保守を行っていることが通常であることなどを理由に、具体的な状況に応じた合理的な範囲での保護

を期待し得るにとどまるとしました。本件においても、監視した側とされた側の利益を比較した上で、社会通念上相当な範囲を逸脱した場合に限り、プライバシー権の侵害となることを前提に、セクシュアルハラスメント行為の調査という目的があったことや、個人的な好奇心等による私的な理由で監視を行っていたわけではないことなどから、プライバシー侵害とはいえないと結論付けました。

したがって、モニタリング権限を明記した規定がない場合であっても、違反事由に関する調査目的があることや私的にではなく企業秩序維持目的で実施したものであること、侵害の程度が小さくなるように配慮されていること（例えば、監視の実施者や閲覧者の範囲を限定しておくことなど）などを検討のうえ、モニタリングを実施することができる場合もあるといえます。なお、モニタリングの規定が存在する場合であっても、対象者のプライバシー権との関係に対する配慮が必要とされているため、調査の必要性とプライバシー侵害の程度との比較は必要でしょう。

3 モニタリングにより発覚した事情を理由とした処分について

調査の結果、職務専念義務に違反していることが発覚した場合、労務の提供を怠っていたと評価できれば、ノーワークノーペイの原則に照らして、賃金を控除することが可能と考えられます。ただし、労務提供を怠っていた時間が正確に把握できなければなりませんので、懈怠していた時間が不明瞭な場合は計算ができません。

その他の処分としては、私的利用を禁止する規定やそれに基づく懲戒処分の根拠規定があれば、懲戒処分を実施することが考えられます。

しかしながら、懲戒処分には合理的な根拠が必要なだけでなく、社会通念上の相当性も必要とされているところ、電子メールの送信行為などが業務に具体的な支障を及ぼす程度ではない場合には、懲戒処分も無効とされることになります。

現実的には、私的利用の禁止を遵守するよう譴責や戒告を実施するこ

とからはじめ、繰り返される場合に徐々に処分を重くしていくほかない
と思われます。

　とはいえ、単に職務専念義務違反や労働時間中の行動だけに着目する
と、前述したような、喫煙行為であれば許されるのか、飲み物を買いに
行く行為であれば許されるのかという点は曖昧になっていくおそれがあ
ります。企業秩序として許容する範囲を検討して、社内に浸透させてい
くことも重要ですし、私的利用の禁止規定の実効性を確保していくため
には、懲戒処分の公表規定なども設けておいた上で、懲戒処分されたこ
とを公表することで、類似の事例を抑止していくことも検討に値するで
しょう。

第7章 ●従業員の労務管理に関する問題

《外国人を雇用する場合の注意点》

Q81 在留資格を有する外国人を雇用する場合の注意点を教えてください。

　自社の業務に照らして就労可能であるか確認するため、外国人の在留資格および在留期間を確認してください。また、国ごとに異なる制度がとられているため、社会保険等に関する日本の福利厚生に関する制度を説明することが望ましいとされています。なお、外国人を雇用した場合には、厚生労働大臣への届出が必要です。

1　外国人と在留資格

　日本人のみで構成されている企業においては、あまり意識されていませんが、日本国内で過ごしている外国人全員が、日本国内の企業で就労できるわけではありません。

　そもそも、外国人が日本へ入国するためには、「在留資格」に基づいて入国しており、日本国内における活動がある程度制限されています。「在留資格」は、入国する外国人の目的や、その外国人がこれまで重ねてきた経歴などを加味して、「出入国管理及び難民認定法」（以下、「入管法」といいます）に基づいて定められることになります。したがって、どんなに人柄がよく、働きたがっている外国人であっても、「在留資格」が日本国内での労働を認めていなければ、企業としては、採用を控えなければならないことになります。例えば、観光のための在留資格で入国した後にこっそりと働き続けて日本に長期滞在するといった状況は許されていないのです。

　外国人の場合、「在留資格」ごとに就労できる業務の種類が異なります。就労可能である主な在留資格の種類は次頁の**図表23**のとおりです。

　在留資格が認められた当初は、比較的短期間の在留期間が認められ、その後更新していくにつれて、長期間の在留期間が認められるようになっていくことが一般的です。

377

図表23　就業が可能となる主な在留資格

在留資格	就労可能な職種の例	在留期間
法律・会計業務	弁護士、公認会計士等	3月または1年、3年、5年
医療	医師、歯科医師、看護師	3月または1年、3年、5年
技能	調理師、建築技術者、スポーツ指導者等	3月または1年、3年、5年
興業	俳優、歌手、ダンサー等	15日または3月、6月、1年、3年
技術・人文科学・国際業務	システムエンジニア、通訳、デザイナー等	3月または1年、3年、5年

　多くの企業では、「技術・人文科学・国際業務」が用いられています。やはり、外国人へ期待される業務としては、通訳、翻訳といった分野が多いからでしょう。

　以上のほかには、例えば、「短期滞在」「留学」「研修」などの資格において日本に滞在している外国人は、「資格外活動許可」を得ていなければ、アルバイトとして働いてもらうこともできません。

　なお、例外的に、「永住者」「日本人の配偶者等」「永住者の配偶者等」「定住者」といった在留資格を有している場合は、就労に制限がありませんので、比較的自由に雇用することができます。

　就労することができない在留資格で就労させていたり、在留資格において就労可能とされている職種以外の業務を行わせていたりした場合は、「不法就労」となってしまいます。

　直近の改正では、「特定技能（1号または2号）」も追加されました。日本語能力に加えて、技能試験に合格した外国人を対象として、一定の分野の業種に関して、外国人材の受け入れが広げられました。

2　不法就労や不法滞在について

　在留資格と併せて気を付けなければならないのが、これらの在留資格には、期限が定まっているということです。外国人が「不法滞在」によ

第7章 ● 従業員の労務管理に関する問題

り強制送還されたといったことはニュース等でもたまに耳にするかもしれません。「不法滞在」とは、一般的には、在留期間を超過して日本に滞在している場合を指しており、「オーバーステイ」とも呼ばれます。

不法滞在である間は、在留資格を有していないということになります。したがって、不法滞在中に就労させた場合は、従前は業務を行うための適切な在留資格を有しており、たとえ業務に適切な能力を有しているとしても、「不法就労」に該当することになります。

したがって、外国人の雇用を行う場合には、「不法就労」と「不法滞在」を助長しないように留意しなければなりません。これらの「不法就労」や「不法滞在」を助長した事業主は、不法就労助長罪（入管法73条の2第1項違反）等に該当し、3年以下の懲役または300万円以下の罰金に処せられる可能性があります。

---

3 外国人への労働関係法規の適用関係および労働施策総合推進法に基づく届出等

外国人を雇用する際に最も注意が必要となるのは、在留資格に関する点ですが、その他、外国人を雇用する際に注意すべき点をいくつか整理しておきます。

まず、日本国内で就労する外国人労働者に対しては、労働契約において別段の定めをおかない限り、労働契約に関する日本の労働関連法規が適用されることになります（法の適用に関する通則法12条）。したがって、当然ながら、日本国内で就労させる場合には、労働基準法等の労働関連法令を遵守する必要があります。

そのため、外国人について、国籍のみを理由として労働条件について差別的取扱いをすることは許されていません（労働基準法3条）。業務内容が同一であるにもかかわらず、日本国籍を有するものと差別をしてはなりません。さらに、外国人を雇用する場合にも、労働条件通知書の交付は必要となりますし（同法15条）、社会保険および労働保険への加

379

入についても日本人と同様に加入する義務があります。

　そして、外国人の雇用については、労働施策総合推進法（旧雇用対策法）および同法施行規則並びに「外国人労働者の雇用管理の改善等に関して事業主が適切に対処するための指針（以下「外国人雇用指針」といいます）」が定められています。この指針には、外国人雇用を行う際の留意点を含めて、注意事項が様々な観点から整理されており、初めて外国人を雇用する場合には非常に有用です。外国人雇用指針は、日本人であれば当たり前と思われている点に対しても、外国人への説明を尽くすよう求めています。例えば、労働条件の明示などを母国語または平易な日本語で説明することをはじめとして、税金、労働・社会保険料等の賃金からの一部控除の取扱いや、労働・社会保険による保険給付の請求手続き等について、外国人労働者が理解できるように説明し、実際に支給する額が明らかになるよう努めることとされています。これらは、外国人との間で、トラブルになりやすい金銭に関する事情ですので、しっかりと理解を得ておく必要があります。

　最後に、外国人を雇い入れた場合または外国人が離職した場合には、ハローワークを通じて厚生労働大臣へ届出を行わなければならず（労働施策総合推進法28条）、届出の懈怠や虚偽記載を行った場合は、30万円以下の罰金に処される可能性があります。届出事項は、労働保険の被保険者資格を有している場合は当該資格の取得届や喪失届を提出することで十分ですが、そうではない場合は所定の届出書に必要事項を記載して提出する必要があります。

4　雇用時の確認方法

　外国人を雇用するためには、「不法就労」や「不法滞在」を助長しないように、雇用の際に「在留資格」および「在留期間」を確認することが必須です。

　確認するためには**図表24**に記載した書類等を活用することが考えら

第7章 ● 従業員の労務管理に関する問題

図表24 在留資格・在留期間を確認できる書類等

確認（または取得）書類	確認項目
パスポート	適法な入国確認、届出記載事項
在留カード	在留資格、在留期間、届出記載事項
就労資格証明書	在留資格と就労させる業務の合致

れます。

　在留資格のうち「技術・人文科学・国際業務」などは、対応可能な業務は広汎ですが、入国した外国人が大学で専攻した科目等との関連性がなければならないとされています。そのため、同じように「技術・人文科学・国際業務」を有している外国人がいたとしても、大学の専攻科目等が異なったりすると就労できる業務が実際には異なることがあります。そこで、就労させようとしている業務内容と在留資格の適合性を確認するための書類として、「就労資格証明書」の提出を受けることで、従事させる予定の業務について、次回の在留期間が更新される見込みであるか否かを確認することができます。

《賃金債権差押えの実務》

裁判所から従業員の給与を差し押さえるという通知が来ましたが、従業員からは事前に何も伝えられておらず、どうすればよいのかわかりません。給与支払い日も近づいているのですが、どうすればよいのでしょうか。

裁判所からの差押通知が送達されたことにより、債務者は債権者に対して弁済を禁止されます。もっとも、当該差押債権が給与等の賃金債権である場合には、賃金債権の4分の3（手取り額が基準となります）は差押えすることができません。したがって、差押えによる弁済禁止の効果は、差し押さえられた賃金債権の4分の1の部分についてのみ生じているため、使用者は、従業員に対して、残りの賃金債権の4分の3を支払うことができます。

1 債権執行とは

　債権執行とは、債権者（ここでは「差押債権者」ともいいます）が債務者の持っている債権を差し押さえ、これを換価して、債務の弁済に充てる手続きをいいます。

　例えば、AがBに対して貸金債権100万円を、BがCに対して貸金債権100万円を持っているが、Bが弁済期日になっても100万円を支払わない場合、AとしてはBの持っている財産から債権回収をしたいと考えます。そこで、Aは裁判所に申し立てて、BのCに対する貸金債権100万円を差し押さえ、Aがその100万円の債権を行使するなどして自己の債権への弁済に充てるわけです。

第7章 ● 従業員の労務管理に関する問題

2 債権差押えとは

　債権執行をするには、まず、債権者は債務者が持っている債権を差し押さえます。

　債権差押えとは、債権者が、裁判所に申立てをし、裁判所の命令により、債務者に対して、債務者の持っている債権の取立て等の処分を禁止し、さらに第三債務者による弁済を禁止することをいいます（民事執行法（以下、本設問において、単に「法」とします）145条1項）。これは、第三債務者が、裁判所からの差押命令を受け取った日から差押えの効力が生じます。

　少し難しくなってきましたので、上の例で説明しますと、Aが債権者、Bが債務者、Cが第三債務者にあたります。Aの債権執行の申立てにより、裁判所からの差押命令を受け取った第三債務者Cは、その受け取った日から、Bに対して借金の返済をすることが禁止されます。そして、Bも、Cに貸金の取立てをしたり、BのCに対する貸金債権を誰かに譲ったりすることはできなくなります。

　ちなみに、「第三債務者」といっても、3人目の債務者という意味ではありません。当事者以外の者を「第三者」というように、Cは当事者であるAとB以外の第三者であって、Bとの関係では債務者であるため、「第三債務者」と呼ばれるのです。

3 差押禁止の範囲

　どんな債権でも、すべての範囲について差押えが許されるわけではありません。給料、賃金、俸給、退職年金および賞与などは、その4分の3を差し押さえることはできないとされています（法152条1項2号）。よって、差押えの効力は残りの4分の1についてのみ生じています。これは、債務者の給与などの生活に必要な債権のすべてに差押えを許してしまうと、債務者が生活できなくなってしまうことが理由です。

383

したがって、裁判所から、従業員の給与債権の差押命令を受けとった使用者は、給与支払い日における給与の4分の1については差押えがなされているため、従業員に支払うことは許されません。しかし、4分の3については差押えがなされていないため、従業員に支払いをすることができます。

なお、ここでの「給与支払い日における給料」というのは、所得税等を差し引いたあとの、いわゆる「手取り額」のことを意味します。

「差押命令を受け取った月の給与の4分の1を支払っていけないことは分かったけど、翌月からはどうしたらよいのか？」という疑問があるかと思います。これについては、「給料その他継続的給付に係る債権に対する差押えの効力は、差押債権者の債権及び執行費用の額を限度として」、将来の給料にも差押えの効力が及ぶとされています（法151条）。ですので、使用者は差押命令が届いた月以降も、差押債権者が債権を全額回収するまで、給料債権が差し押さえられ続けることに注意が必要です。

4　陳述催告とは

債権者は、裁判所に対し、第三債務者に対して、差し押さえられる債権の存否、種類、額等について、差押命令の受領から2週間以内に、書面で陳述するべき旨の催告を申し立てることができます（法147条1項）。これを「陳述催告」といいます。

債権者は、債権執行をするにあたり、債務者が第三債務者に対して持っている債権の存否や内容を正確に知っているとは限らないのです。そこで、この陳述催告を利用して、債権者は、差し押さえようとする債権がそもそも存在するのか、どんな種類の債権なのか、金額はいくらのものなのかなどを調査したうえで、その後にいかなる手続きをとるかを判断することができます。

ここで、使用者が陳述催告において、給与債権の額をわざと少なく申告したりしたらどうなるでしょうか？　この場合、「故意又は過失によ

第7章 ● 従業員の労務管理に関する問題

り、陳述をしなかったとき、又は不実の陳述をしたときは、これによつて生じた損害を賠償する責めに任ずる」（法147条2項）にあたり、使用者は債権者から損害賠償を請求される可能性が生じます。

5 差押命令に違反したらどうなる？

以上の解説を読んでいただければ、使用者は、なぜ裁判所から従業員の給与債権の差押命令なんてものが自分に届いたのか、自分はどうしたらいいのかが理解できたかと思います。

さて、差押命令が届いた後、従業員から「社長！ 給料は全額支払ってもらわないと困ります！」と言われた場合に、使用者が差し押さえられた部分も支払ってしまったらどうなるのでしょうか。

この場合、使用者は既に給与債権が差し押さえられたことを知っていたのですから、従業員に支払ったことを理由に、差押債権者からの取立てを拒むことはできません。したがって、使用者は、差押えがされていた給与債権の4分の1と同じ金額を、「もう一度」、差押債権者に支払う必要があります。つまり、使用者は差し押さえられた部分の給料について「二重払いの危険」が生じるわけです。

「でも、取立てなんて無視しても問題ないのでは？」と思うかもしれません。しかし、使用者が給与債権の差押命令を受けたにもかかわらず、差押債権者からの支払請求を拒み続けた場合には、差押債権者は裁判所に対して、「使用者に差し押さえた分の給料を支払わせろ！」という訴えを提起することができます。これを「取立訴訟」（法157条）といい、この手続きによって「二重払いの危険」は現実的なものとなるわけです。さらに、訴訟になれば費用も時間もかかるため、使用者の受ける不利益は大きくなるばかりです。

以上から、裁判所から給料の差押命令を受け取った場合には、勝手に支払ったりせず、その内容に従っておくのがよいといえるでしょう。

385

《代替休暇制度》

 従業員から、残業代はいらないから代わりに休みがほしいと言われています。たしかに、長時間働いた後なので、休みたい気持ちも分かります。残業代を払うのではなく、代わりに休みを与えることを制度としてもよいのでしょうか。

 月60時間を超える時間外労働があった場合に、当該60時間を超えた部分に対しては、割増賃金の支払いに代えて代替休暇を与える制度を採用することができます。なお、労使協定の締結が必要です。
　なお、2023年4月には中小企業に対する月60時間を超える時間外労働に関する猶予措置も終了します。

1 原則的な取扱いについて

　従業員の方がいうように、働いた時間に相当する時間について休ませてほしいというのは、労働時間に対して休息（時間）を与えるという非常に合理的な要求であるように思われます。
　残業代が発生するほどに労働した場合に、残業代を支払いつつ、有給休暇を与えることはできますが、有給休暇を与えたからといって残業代が発生しなくなることはありません。このことは、有給休暇の権利を消化させずに、特別に休暇を与えた場合であっても変わりません。
　そのため、労働者が要求している、残業代の代わりに休みがほしいという要望にこたえることは原則としてできないということになります。

2 代替休暇制度について

　労働基準法は、残業代の変わりに休みを与える制度について、例外的に認めています。労働基準法37条3項および同法施行規則19条の2が

第7章 ●従業員の労務管理に関する問題

関連する規定です。

　労働基準法は、1カ月60時間を超える時間外労働に対して、5割増の残業代を支払うことを定めています。改正された際に、中小企業に対する適用猶予措置がとられているため、適用猶予が終了するまでは中小企業以外の大企業のみ対象となっています（中小企業の定義については、289頁**図表19**参照）。ただし、2023年4月にはこの適用猶予も終了しますので、全事業者が対象となる日も近づいています。

　この5割増の残業代のうち、上乗せされた2割5分の部分に対応する時間について、労働組合または労働者の過半数代表者との間で協定を締結することによって、上乗せ分の残業代の支払いに代えて代替休暇を与えることができる旨が定められています。

　労使協定において、以下の事項を定めることが必要とされています。

① **代替休暇の時間数の具体的な算定方法**

② **付与する代替休暇の単位（1日、半日）**

③ **代替休暇を与えることができる期間**

④ **代替休暇の取得日の決定方法、割増賃金の支払日**

　半日単位については、始業時間の相違などから、明確に半日の単位が何時間なのかは各社で様々になっています。代替休暇の制度を検討する場合には、半日の単位というものも併せて検討しておくべきでしょう。

　代替休暇を与えることができる期間について、厚生労働省の公表している例では2カ月などとされていますので、必ずしも賃金計算期間に合わせる必要はないと考えられます。とはいえ、取得するか否か不明なままでは、60時間を超える残業時間が生じた月の賃金額が決定しないことになるため、賃金計算期間の締日までに2カ月以内に取得する意向があるか確認し、取得予定日は確定しておくべきでしょう。

　この制度を用いれば、従業員からの要望のうち、中小企業ではなく、60時間を超えて働いた部分に限っては、要望にこたえることができるといえます。

387

3 中小企業に対する適用猶予の終了予定について

　労働基準法の改正により、高度プロフェッショナル制度（一定の収入を超えた専門的知見を必要とする職業に対する労働時間規制の緩和）、時間外労働の上限規制とその違反に対する罰則の導入（月45時間、年360時間を原則、特別事情がある場合でも年720時間、時間外労働と休日労働の上限が単月100時間、複数月平均80時間までの規制）、有給休暇の取得の義務化（使用者により5日指定することを義務化）などが導入されましたが、この改正には、中小企業における割増賃金の適用猶予措置の終了（2023年3月31日まで）も含まれています。

　そのため、中小企業においても月60時間を超える時間外労働が生じた場合は5割の残業代を支給しなければならなくなることに加えて、前述した代替休暇制度を中小企業においても採用することが可能となります。

　なお、労働時間等の設定の改善に関する特別措置法により、労使間で委員会を組成しておくことで、一部の労使協定に代えて委員会での決定を取り入れることができます。

　また、同法には、勤務間インターバル制度（終業時間と次の始業時間の間に休息期間を置くこと）の導入が努力義務として定められています。

第**8**章

会社法と会社の組織運用等
に関する問題

おもな法令
民法
会社法
会社法施行規則　ほか

《定款の紛失》

会社の定款を紛失してしまい必要な登記手続きができずにいます。定款を整えて必要な登記を行うためにはどうすればよいのでしょうか。

会社設立後、20年以内であれば公証役場に問い合わせを行い、原始定款の謄本の交付を受けることができる場合があります。

1 原始定款紛失の場合の対応策

　零細の中小企業や、創業何十年の老舗企業の場合、様々な理由で「定款」を紛失してしまっていることが往々にしてあります。

　会社の定款は、平成18年に施行された会社法において取締役会の設置・非設置、監査役の有無、役員の賠償責任制限など、様々な設計をすることができるようになったことから、いわば「会社の憲法」としての重要性が再認識されているところです。

　では、定款を紛失した場合、どのようにリカバリーすればよいのでしょうか。

　まず、会社を設立した後、5年以内であれば、法務局に会社の設立登記申請書類一式と原始定款の写しが保存されていますので、法務局で閲覧や謄写することができます（商業登記規則34条）。

　また、会社を設立した後、20年以内であれば、会社設立の手続きの一つである「定款認証」を行った際の公証役場に原始定款が保存されています（公証人法施行規則27条）。

　したがって、公証役場に問い合わせを行い、定款謄本の交付を請求することができます。

　しかしながら、これで把握できるのは、原始定款ですので、その後の変更については、自社内で行った株主総会の議事録や登記簿謄本の変更

第8章 ● 会社法と会社の組織運用等に関する問題

事項などを確認していく必要があります。

2 会社設立後20年以上経過している場合

　雲をつかむような話になりますが、まず、法務局に赴き、会社設立後、これまで変更したことがある事項（資本額、目的、住所、取締役、監査役、代表取締役など）に関するすべての登記簿謄本（履歴事項全部証明書）を発行してもらいます。本店を移転して、管轄法務局が変わっている場合には、元の本店があった管轄法務局において閉鎖登記簿なども含めて発行してもらいます。

　そして、もし、「設立時の株主総会議事録」が残っている場合には、過去の変更履歴とあわせて、例えば、「この会社は、設立以降、取締役の数は○名のまま推移しているようである」といった手掛かりから、定款に記載する「取締役の定数」などを復元する作業を行うことになります。

　設立時の株主総会議事録すらないようなどうしようもない場合には、まず、登記簿謄本（履歴事項全部証明書）を参考に定款案を作成（模索）し、株主総会の特別決議（3分の2）をもって改めて定款を承認し、これを正式な定款とする、といった方法によるしかありません。

　原始定款の謄本が入手できないような場合に、以上のような復元を行うことは、素人ではとても困難でしょうから、ここは法律のプロである弁護士などに依頼して、法務局で登記簿謄本（履歴事項全部証明書）の記載内容を手掛かりに定款を"復活"させていきましょう。

391

《取締役会・株主総会の開催》

当社は取締役や株主の数が多くなく、取締役会や株主総会の開催もおざなりになっています。形だけでも開催し続けなければいけないものなのでしょうか。開催しなければならないのであれば、簡略化して実施する方法はありますか。

　取締役会・株主総会ともに、全く開催しないことは会社法に違反する行為となり法的リスクを抱えた会社運営となります。会社法上、毎年事業年度の終了後一定時期には、定時株主総会を招集しなければなりませんし（会社法296条）、代表取締役は3カ月に一回以上、自身の職務執行状況を取締役会に報告しなければならず、この報告は省略もできませんので（会社法363条2項、372条2項）、取締役会設置会社は、少なくとも3カ月に一回以上は、現実に取締役会を開催しなければなりません。

　簡略化については、取締役会・株主総会共に一定要件の下、①招集手続き、②決議、③報告の簡略化手続きが設けられています。

1　各種手続きの概観

　株主総会、取締役会の招集手続きは、会社の形態やいかなる議決権行使方法を選択したかによって要件が異なっています。決議の方法や、代表取締役等の報告の要否についても同様です。今回は以下のA～C社の事例を基に解説していきます。

【事例】
- 　A社は代表取締役のＸ1が50％の株式を、取締役であるＸ2～Ｘ6がそれぞれ5％の株式を、その他25パーセントの株式を数十名の一般株主が保有する公開会社であり、取締役会設置会社である。

第8章 ● 会社法と会社の組織運用等に関する問題

> ・ B社はＹ１〜Ｙ10が10％ずつ株式を保有する非公開会社であ
>   り、取締役会を設置している。代表取締役のＹ１と取締役Ｙ２〜
>   Ｙ７は東京本社に常駐しており、取締役Ｙ８〜Ｙ10は大阪支社
>   に常駐している。
> ・ Ｃ社は代表取締役のＺ１が50％、いずれも取締役のＺ２、Ｚ
>   ３がそれぞれ25％の株式を保有する非公開会社である。取締役
>   会は設置しておらず、Ｚ１〜Ｚ３のほかに取締役はいない。

（1）招集手続きの原則と例外

① 株主総会について

　株主総会の招集手続きの主な内容は、招集の決定と株主への通知の二
つがあります。招集の決定は取締役（または裁判所の許可を得た少数株
主）が行い、総会の日時・場所や総会の目的、欠席者に書面等による議
決権行使を認める場合におけるその旨等の内容を決定し、株主全員に通
知します。

　簡略化手続きとして主に挙げられるのは、❶株主全員の同意の下に招
集手続きを省略する、❷招集通知を書面ではなく口頭・電話で行う、❸
全員出席株主総会の三つですが、会社の形態によっては用いることがで
きないものもあります。

・Ａ社の場合

　Ａ社は公開会社ですので、株主総会の招集通知は総会の日の２週間
前に発出しなければなりません（会社法299条１項）。その通知は書
面で行わなければならず（会社法299条２項２号、327条１項１号）、
計算書類や事業報告も提供しなければなりません（会社法437条）。
よって、❷の口頭・電話での招集を用いることはできません。

　欠席株主の書面・電磁的記録による議決権行使を認めない場合で、
株主全員の同意がある場合には、❶の招集手続き省略を用いることが
できます（会社法300条）。また、❸の株主全員が総会の開催に同意し
て出席している場合、２週間前の通知などの招集手続きがなくても、

393

総会を開催することができるとされています（最二小判昭60.12.20
民集39巻8号1869頁）。

　もっとも、A社は役員兼株主のＸ１～Ｘ６以外に、一般株主を数十
名抱えている会社ですので、株主全員の出席や同意を必要とする❶❸
の手続きを用いるのは現実的には困難でしょう。

・B社の場合

　B社は非公開会社ですので、招集通知は総会の日の１週間前に発出
すれば足ります（会社法299条１項）。もっとも、B社は取締役会設
置会社であるため、A社と同様、招集通知は書面で行わなければなら
ず、❷は用いることができません（会社法299条２項２号）。

　❶❸の省略手続きは用いることができますし、B社の場合、株主は
Ｘ１～Ｘ10の10名のみ、その全員がB社の役員とのことですので、
招集手続き省略の同意は容易に取り付け得るでしょう。Ｙ８～Ｙ10
が大阪支社に常駐しているとの点で、株主全員が一堂に会する機会は
多くないと思われますが、この点は後述のテレビ電話会議を利用する
ことで、全員出席を確保することが考えられます。

・C社の場合

　C社は非公開会社で取締役会も設置していない会社です。あらかじ
め定款に定めておけば、招集通知の発出期限を１週間より短くするこ
ともできます（会社法299条１項）。❷の口頭・電話による招集を行
うこともできますし、❶❸も用いることができます。C社の株主はＺ
１～Ｚ３の３名のみですので、いずれの手続きも現実的に行い得るで
しょう。

② 取締役会について

　取締役会の招集は各取締役が行うことが可能というのが原則ですが、
定款または取締役会で特定の取締役を招集権者と定めた場合、その取締
役が招集することになります（会社法366条１項）。多くの場合は、代
表取締役が招集権者として定款に定められることが多いでしょう。

　招集通知は原則として取締役会の日の１週間前までに各取締役に発出

394

第8章 ● 会社法と会社の組織運用等に関する問題

しなければなりません。日時や場所を通知することは、各取締役に出席の機会を確保するため当然求められるところですが、議題や参考資料等の送付の要否に対する法的な規制はありません。また、書面で通知する他、口頭・電話・電子メール等の方法による通知も有効とされます。

取締役会の招集手続きも株主総会の場合と同様、取締役（および監査役設置会社の監査役）全員の同意がある場合省略することができます（会社法368条2項）。

取締役全員がたまたま揃っている状況で、全員による協議決定を行った場合、招集手続きを省略することについて明示的な同意がなくても、これを取締役会の承認とすることも有効とされています（最二小判昭31.6.29民集10巻6号774頁）。

（2）決議方法
① 株主総会について

株主総会は、組織の運営、管理等様々な事項について会社の意思決定を行っていきます。その方法が株主総会決議であり、通常は総会の場において、各議案に対する賛否の決をとることになります。

この決議を省略する方法として、実際に総会を開催せずに書面で行う方法（いわゆる書面決議、会社法319条1項）があります。

これは、取締役または株主が株主総会の目的事項について提案した場合で、当該提案に株主全員が書面または電磁的記録で同意したときは、その提案を"可決する旨の総会決議があったものとみなされる"というものです。

招集決定等の手続きも不要になりますが、株主全員から書面（または電磁的記録）で同意をとり付けないといけませんので、A社のように株主を多数抱える会社では現実的でないでしょう。

なお、この同意書面（または電磁的記録）は、10年間本店に備え置かなければなりません（会社法319条2項）。また、実際に総会自体は開催していないとはいっても、総会決議があったものとみなされるもので

395

ある以上、株主総会の議事録は作成しなければなりません（会社法318条1項、会社法施行規則72条4項）。

② **取締役会について**

取締役会は、その会社の取締役全員で構成される業務執行に関する意思決定機関です。その決議は、議決に加わることのできる取締役の過半数が取締役会に出席の上、その出席した取締役の過半数による賛成によって行われる、というのが原則です（会社法369条1項）。

この決議も定款に定めておくことで、書面決議による省略ができます（同法370条）。取締役が取締役会の目的事項について提案した場合で、当該提案に取締役（議決に加わることができる取締役に限ります）全員が書面または電磁的記録で同意したときは、その提案を"可決する旨の取締役会決議があったものとみなされる"というものです（監査役が当該提案に異議を述べた場合は除きます）。

事前に定款で定めておかなければ用いることができない点が、株主総会の場合との大きな違いでしょう。

（3）報告

① **株主総会の場合**

書面決議は、あくまで株主総会の決議を簡略化するものですので、取締役の株主に対する報告事項がある場合には、原則として、その報告のための株主総会を開催しなければなりません。

この報告も株主全員から書面（または電磁的記録）による同意を得る方法により省略することができます（会社法320条）。株主全員に対し、あらかじめ総会の報告事項を通知し、株主全員から書面または電磁的記録による同意が得られた場合には、当該事項が株主総会に報告されたものとみなされるのです。

② **取締役会の場合**

取締役会の場合も、取締役が取締役会に報告すべき事項があるなら、報告のために取締役会を開催しなければなりません。この報告について、

取締役、会計参与、監査役または会計監査人が取締役全員（監査役設置会社の場合、取締役と監査役の全員）に対し、取締役会への報告事項を通知したときは、当該事項の取締役会への報告を省略することができます（会社法372条1項）。

　ただし、代表取締役・業務執行取締役は3カ月に1回以上、自己の職務執行状況を取締役会に報告しなければならず（同法363条2項）、この報告は省略ができないものとされています（同法372条2項）。

　取締役会設置会社は代表取締役を定めておく必要がありますので（同法362条3項）、少なくとも3カ月に1回以上は現実に取締役会を開催し、代表取締役が自身の職務執行状況を報告しなければならないということです。

2　テレビ電話会議の活用

　株主総会・取締役会ともに、会社の規模が大きくなればなるほど、株主全員や取締役の全員が一堂に会することは困難となり、全員出席総会等の省略方法はとりづらくなるでしょう。

　他方で、インターネット等の通信環境は近年劇的な革新を遂げており、遠隔地間の同時中継を行うことも容易となっています。株主・取締役らの出席を確保する手段として、テレビ電話会議を活用することが考えられます。

　会社法施行規則72条3項1号、101条3項1号は、株主総会、取締役会の議事録に記載すべき事項を規定した条文ですが、「当該場所に存しない取締役、執行役、会計参与、監査役、会計監査人又は株主が株主総会（取締役会）に出席をした場合における当該出席の方法を含む」として、テレビ電話会議等の方法で、株主総会・取締役会の場所にいない者を参加したものと取り扱うことが前提とされています。これを活用した場合、議事録にその旨を明記しておくことが必要です。

397

《利害関係を有する取締役の取締役会への参加》

取締役会において、利害関係のある取締役が参加していました。取締役会で意見を述べ、実際に賛否の際にも人数にカウントしていたのですが問題あるのでしょうか。

　原則としては、そのような取締役会決議は無効であり、当該決議に基づく代表取締役の業務執行行為等の効力について個別的検討を要します。

　例外的に、特別利害関係を有する取締役が加わってされた議決であっても、当該取締役を除外してもなお議決に必要な多数が存するときは、その効力は否定されないとされています（最二小判昭54.2.23民集33巻1号125頁）。このようなときには、当該決議に基づく代表取締役の業務執行行為等は瑕疵を帯びないことになります。

1　取締役と会社との関係

　取締役は、会社との関係で善管注意義務ないし忠実義務、具体的には会社との利害対立状況において私利を図らない義務を負っているとされます（会社法330条、民法644条、会社法355条）。

2　取締役の議決権行使の制限等

　取締役会設置会社では、3人以上の取締役の全員で構成される取締役会が、その決議により会社の業務執行の決定を行うところ（会社法362条2項1号、4項）、個人的信頼に基づき選任された取締役相互の協議・意見交換により一定の結論を得るため、取締役会では代理出席は認められないとされ、各取締役の関与が重視されています。

　しかしながら、上記のとおり、取締役は会社のため忠実に職務を執行する義務を負っているため（善管注意義務ないし忠実義務）、決議につ

き特別利害関係を有する取締役については、議決権行使が排除されるという事前予防措置がとられています。さらに、議決権行使の排除にとどまらず、取締役会における意見陳述権もなく、退席を要求されれば指示に従わなければならないとされています。当該取締役が議長の場合には、公正を期する必要上、当然に議長の権限も失うとされています（東京高判平8.2.8資料版商事法務151号142頁）。

3　取締役が決議につき特別利害関係を有するとされる主たる場合

特別利害関係を有する場面としては、主として以下のものが挙げられます。

① 　譲渡制限株式の譲渡承認（会社法139条1項）
② 　競業取引・利益相反取引の承認（同法365条1項）
③ 　会社に対する責任の一部免除（同法426条1項）
④ 　監査役設置会社以外の会社における会社・取締役間の訴えの会社代表者の選任（同法364条）
⑤ 　代表取締役の解職決議
　（判例は、当該代表取締役が私心を去って会社に対し忠実に議決権を行使することは困難だから特別利害関係を有する者に当たるとされています（最二小判昭44.3.28民集23巻3号645頁））

なお、代表取締役の選定につき候補者自身が議決権を行使することは、業務執行の決定への参加にほかならず、特別利害関係には当たらないと解されています。

4　特別利害関係のある取締役が議決権行使した場合の、取締役会決議の効力

取締役会の決議の内容・手続きに瑕疵がある場合については、特別の訴えの制度は設けられていません。したがって、瑕疵の性質いかんにか

399

かわらずその決議は当然に無効であり、誰から誰に対しても、いついかなる方法でも、無効を主張できます。もっとも、⑦軽微な手続き上の瑕疵により決議が当然に無効になると解すべきではありませんし、⑦無効（不存在を含む）な決議に基づく代表取締役等の行為が当然に無効となるわけでもありません。

　本件と関連するものとしては、中小企業等協同組合法に基づく企業組合の事例において、特別利害関係を有する役員（理事）が加わってされた議決であっても、当該役員（理事）を除外してもなお議決に必要な多数が存するときは、その効力は否定されないとされています（最二小判昭54.2.23民集33巻1号125頁）。誤って参加させてしまっていた場合には、この判例が想定する状況であったか検討してみるべきでしょう。

　特別利害関係人が決議に参加してしまった取締役会の決議に基づいて代表取締役が取引や契約を行った場合に、この効力にまで取締役会決議の無効が影響するとすれば、取引相手に不利益を与えるおそれがあります。取引相手からすれば、会社の内部的な手続きである取締役会の決議が適法に行われたか否かについては知るすべもなく、自らにとって無関係な事柄といっても過言ではありません。そのため、取締役会決議が無効であったとしても、取引相手がそのことを知っていた場合に限って、その契約や取引の効力が無効となると考えられています（相対的無効、利益相反取引に関して最大判昭43.12.25民集22巻13号3511頁）。

5　議決権行使した取締役の会社に対する責任

　取締役は、会社に対し、その任務を怠ったこと（任務懈怠）により生じた損害を賠償する責任を負います（会社法423条1項）。ここで取締役の任務懈怠とは、会社に対する善管注意義務・忠実義務の違反をいいますので、特別利害関係を有するにもかかわらず議決権行使した取締役は、会社に対する責任を負う余地もあります。

第8章 ● 会社法と会社の組織運用等に関する問題

《行方不明の株主への通知》

 長年連絡がとれていない株主がいます。株主総会を開催する際に、いつも困ってしまうのですが、行方不明の株主が保有する株式をどうにかできないでしょうか。

 株主総会の招集通知は、原則として株主名簿に記載された住所に送付することで、招集手続きを適法に履践したことになります。
　もし、株主名簿上の住所に株主総会招集通知を送付しても、長年、不達が続いているような場合には、条件次第では、その株主が保有する株式を強制的に買い取ることもできます。株主が行方不明などの場合には、相続などが発生することによって、さらに権利関係が複雑化する前に対処するべきでしょう。

1　株主への「通知」手続きの意義

　株式会社における株主は、「資金は出資するが会社の経営は取締役に任せる（資本と経営の分離）」という株式会社の性格に基づき、普段は、会社の経営にタッチすることはありません。
　もっとも、誰を取締役にするか、利益をいくら分配するかなど、会社における重要な決断については、株主は株主総会に出席し議決を行う権利があります。このような会社の経営にとって重要な事項を決定する権利を「共益権」と言い、また、会社の経済的利益について分配を要求する権利を「自益権」といいます。
　そして、このような権利を適切に行使するためには、会社から正確な情報を受領し、また、権利を行使する機会が保障されていなければなりません。
　そのため、会社法は、株主総会を招集する際や、新たな株式発行（募集株式など）を行うなど、一定の重要な事項を実施する場合には、会社に対し、株主に「通知」を行うことを義務付けています。
　もっとも、株主が引越しなどで住所を移転した後、会社に住所変更を

届けていない場合や、株主に相続が発生し、新たに相続人が株主となったなどの場合には、会社は、どこに通知を行えば会社法上の義務を果たしたと言えるのかが、問題となります。

この点、会社法は、株主へ通知を行う場合には、**株主名簿に記載された株主の住所**に宛てて送付すれば、通常到達すべきであった時に到達したとみなすこととし、その限度において、会社の義務を限定することとしています（会社法126条）。

2　所在不明株主の株式への対処法

ところで、質問のように、株主が行方不明になってしまい、株主名簿上の住所に通知を送付しても到達しない（「宛て所に尋ねあたらず」で返送されてしまう）場合があります。

会社法上は、前述のとおり、義務を果たしているので「良し」とすることもできるのですが、このような行方不明の株主に対しいつまでも通知を送付し続けなければならないというのは無意味ですし、事務的にも煩雑となります。

そこで会社法は、**通知が継続して5年間到達せず、かつ会社からの剰余金の配当を継続して5年間受領していない株主**の株式について、取締役会の決議をもって競売したり、売却したり、また会社が強制的に買い取ったり（ただし、市場価格のない株式については取締役全員の同意と裁判所の許可が必要です）することを可能としました（会社法197条）。

この結果、会社は、行方不明の株主に株式の売却代金を支払い、強制的に株主としての地位を失わせることができるようになりました。

なお、そもそも行方不明の株主であるなら上記の売却代金を支払うこともできない、というジレンマも考えられます。

このようなときは、売却代金を支払わなければならない旧株主（債権者）が行方不明であることを理由に、当該売却代金を法務局に供託するという方法があります。

【民法】

四百九十四条 債権者が弁済の受領を拒み、又はこれを受領することができないときは、弁済をすることができる者（……）は、債権者のために弁済の目的物を供託してその債務を免れることができる。弁済者が過失なく債権者を確知することができないときも、同様とする。

このように、行方不明の株主に対しては、手続きを経て、強制的に株主の地位を失わせることができますので、参考にしてみてください。

【所在不明株主の株式売却許可申立事件（東京地裁の管轄の例）】

1 申立手続き

(1)申立人……株式を発行した株式会社。取締役が2名以上いるときは、取締役全員の同意が必要。

(2)手数料……収入印紙1000円。

(3)管 轄……東京都の区部（23区）および島嶼（伊豆諸島・小笠原諸島）に本店所在地がある株式会社は、東京地方裁判所（本庁）。それ以外は東京地方裁判所立川支部。

2 必要書類

(1)履歴事項全部証明書、(2)株主名簿、(3)5年間分の株主総会招集通知書および返戻封筒、(4)5年間分の剰余金配当送金通知書および返戻封筒、(5)(取締役会設置会社で株式会社が買い取る場合は) 取締役会議事録、(6)(当該株式会社以外の者が買い取る場合は) 買受書、(7)官報（公告）、(8)催告書および発出したことが分かる資料、(9)株価鑑定書、⑽(取締役が2名以上いるときは)全取締役の同意書など。

403

《株主総会における議決権の委任》

株主総会の決議事項に反対することが想定される株主がいます。今のところ、株主総会における決議を通すだけの株主の賛成票が集まるかどうか未知数です。否決されるわけにはいかないのですが、何か打つ手はありますか。

株主総会の議決権の行使について、賛成派の委任状を取得しておくことをお勧めします。

1 株主総会決議

株主総会の決議には、①普通決議、②特別決議、③特殊決議の3種類があり、それぞれ決議要件が定められています。

例えば、普通決議であれば、議決権を行使することができる株主の議決権の過半数を有する株主が出席し（いわゆる定足数）、出席した当該株主の議決権の過半数をもって行うとされます。まずは、今回決議したい事項がいずれの決議要件を満たす必要があるのかということを確認しておく必要があります。

そして、当然、決議を通したい会社側としては、まずは、株主に出席してもらい、賛成の議決権を行使してもらいたいということになるでしょう。

2 議決権の代理行使

株主総会において、各株主は、原則として、その有する株式一株につき一個の議決権を有します。株主の議決権の行使は、それを行使するか否かを含めて、原則として各株主の自由に委ねられています。

ところで、株主は、代理人によってもその議決権を行使することがで

きます（会社法310条1項）。

　会社としては、株主総会に出席することができない株主には、欠席されるよりも、代理人によって賛成の議決権の行使をしてもらうと助かるということになりますので、これを使わない手はありません。しかも、あらかじめ賛成の議決権を行使してくれることが分かっていれば、株主総会当日の運営も容易になります。

　代理人による議決権の行使をするには、株主または代理人は、会社に対し、代理権を証明する書面、すなわち委任状を会社に提出しなければなりません（同法310条1項）。なお、定款等により株主の代理人となるものを限定している場合があります。その有効性については、議論があるところではありますが、多くとられている規定は、代理人を株主に限るといった内容です。したがって、定款を確認して、誰が代理人になることができるのかについても確認しておくべきでしょう。

　手続きとしては、招集通知の際に委任状用紙を株主に対し送付する形で委任状を勧誘し、返送された委任状に基づき会社の使用人等が議決権を代理行使する例が多いです。

　なお、会社の提案に反対する株主が委任状勧誘を行うこともあり、これが、いわゆるproxy fightと呼ばれるものです。なお、委任状の勧誘について、すべての会社が全く自由に行えるというわけではなく、上場会社株式についての委任状勧誘は、委任状勧誘府令に従わなければならないとされており、様々な情報の事前開示や参考書類の必要的記載事項等が定められています（金融商品取引法194条、金融商品取引法施行令36条の2）。

3　書面による議決権行使

　株主総会の招集者は、株主総会に出席しない株主が書面によって議決権を行使することができる旨を定めることができます（会社法298条1項3号）ので、委任状以外の方法として、この制度を利用することも考

405

えられます。

この定めをした場合は、招集者は招集の通知に際して、株主に対し、株主が議決権の行使について参考となるべき事項を記載した書面（株主総会参考書類）と議決権行使書面を交付しなければなりません。株主は、議決権行使書面に必要な事項を記載して、提出することにより、自身が株主総会に出席することなく、議決権を行使することができます。

議決権行使書面の様式は、法務省令（会社法施行規則）により定められていますので、何でもよいというわけではありません。例えば、各議案についての賛否（棄権の欄を設ける場合にあっては、棄権を含む）を記載する欄、賛否のいずれの記載もない書面が会社に提出されたときは、各議案についての賛成、反対または棄権のいずれかの意思の表示があったものとする取扱いの内容、議決権の行使の期限、議決権を行使すべき株主の氏名または名称および行使することができる議決権の数などを定めなければいけません（同規則66条）。

もっとも、議案に反対の株主は、当然、反対の議決権を行使するでしょうから、反対票の見込み数が多いのであれば、議決権行使書面の利用がかえって会社に不利に働くかもしれません。

4　利益供与

招集通知を送っても何らの反応もなく、議決権を行使しない株主に対して議決権を行使するインセンティブを与えるため、何かちょっとしたモノを与えることは許されるのでしょうか。

例えば、賛否を問わないが、とにかく議決権を行使してくれた株主に500円のQuoカード1枚を与えるなどということは許されるのでしょうか。

会社法では、株式会社は、何人に対しても、株主の権利の行使に関し、財産上の利益の供与をしてはならないと規定していて、いわゆる利益供与が禁じられています（会社法120条1項）。

500円Quoカード1枚を与えることは、この利益供与にあたるので

しょうか。東京地判平19.12.6判タ1258号69頁は、次のように述べて、利益供与にあたるとしています。利益供与の趣旨、判断基準等がわかりやすく述べられていますので、紹介しておきます。

「会社法120条1項……の趣旨は、取締役は、会社の所有者たる株主の信任に基づいてその運営にあたる執行機関であるところ、その取締役が、会社の負担において、株主の権利の行使に影響を及ぼす趣旨で利益供与を行うことを許容することは、会社法の基本的な仕組に反し、会社財産の浪費をもたらすおそれがあるため、これを防止することにある。

そうであれば、株主の権利の行使に関して行われる財産上の利益の供与は、原則としてすべて禁止されるのであるが、上記の趣旨に照らし、当該利益が、株主の権利行使に影響を及ぼすおそれのない正当な目的に基づき供与される場合であって、かつ、個々の株主に供与される額が社会通念上許容される範囲のものであり、株主全体に供与される総額も会社の財産的基礎に影響を及ぼすものでないときには、例外的に違法性を有しないものとして許容される場合があると解すべきである。

……本件についてこれをみると、被告が有効な議決権行使を条件として株主1名につきQuoカード1枚（500円分）を交付したことは、前記……に認定のとおりであり、これは議決権という株主の権利の行使に関し、被告の計算において財産上の利益を供与するものとして、株主の権利の行使に関する利益供与の禁止の規定に該当するものである。

……本件贈呈は、その額においては、社会通念上相当な範囲に止まり、また、会社の財産的基礎に影響を及ぼすとまではいえないと一応いうことができるものの、本件会社提案に賛成する議決権行使の獲得をも目的としたものであって、株主の権利行使に影響を及ぼすおそれのない正当な目的によるものということはできないから、例外的に違法性を有しないものとして許容される場合に該当するとは解し得ず、結論として、本件贈呈は、会社法120条1項の禁止する利益供与に該当する」

この裁判例では、社会通念上許容される範囲であれば許容される場合があるとされていますが、500円のQuoカード1枚であっても許容され

407

ていないことからすると、賛成の議決権行使と引き換えに交付するような場合は、許容される余地はないと考えて差し支えないでしょう。したがって、モノで賛成の議決権を獲得するのではなく、賛成の議決権行使をしてもらうことによる株主へのメリットや、反対されてしまった場合に生じる今後の会社運営への影響などを理由に賛成決議に投じてもらえるように、誠実に説明を尽くすほかないと考えられます。

第8章●会社法と会社の組織運用等に関する問題

《株主総会で議長をするときのポイント》
株主総会の議長として問題なく議事進行ができるか心配です。何か気を付けるポイントはありますか。

議長選任の手続を確認しておくべきです。さらに、議長の権限を把握した上で、シナリオを準備しておきましょう。動議の中でも、とり上げなければならない必要的動議が行われた際には、採決を実施することが必要です。

1 議長の選任 〜まずは定款の定めの確認を〜

会社法上、議長は必須ではないと考えられています（会社法施行規則72条3項5号参照）が、議長が株主総会を運営することが通常であると思います。

それでは、そもそも、議長は誰が選任するのでしょうか。これについては、会議の進行役を定める権限はその会議体に帰属すると考えられるため、議長は、原則として株主総会が定めるものと考えられています。

多くの会社は、社長等を株主総会の議長とする旨定款で定めていると思いますが、その場合は、定款によることになります。もっとも、先述のとおり原則として議長は株主総会で定めるものですから、株主総会でその者を不信任として、別の議長を選任することも可能です。議長不信任動議が適法に提出された場合、議長は、一度は、当該動議を総会に諮らなければなりません。なお、この不信任動議の審議に際しては、議長を交代する必要はないと考えられています。

議長となり得る者の資格については、株主であることを要するとする説、株主または取締役であることを要するとする説など諸説がありますが、一般的には、株主総会自身が決定するのであれば、特に制約する必要はないと考えられます。

なお、議長の資格のない者によって採決が行われた場合、決議の外観

409

があったとしても、法的に不存在であるとして、株主総会決議不存在確認請求を認めた裁判例が存在します（東京地判平23.1.26判タ1361号218頁参照）。

2　議長の権限　〜原則として議長に合理的な裁量あり〜

　株主総会の議長は、当該株主総会の秩序を維持し、議事を整理する（会社315条1項）とされます。すなわち、議長は、株主総会の秩序維持権と議事進行権を有します。

　判例上、議長の権限としては、議事進行方法は、議長の合理的な裁量に委ねられていると解されています（東京地判平16.5.13金判1198号18頁）。

　それでは、議長の具体的な権限の例を見ていきましょう（**図表25**）。議長には、次のような権限があると考えられています（中村直人編著『株主総会ハンドブック第3版』（商事法務、2015）375頁以下を参照）。

3　退場命令

　株主総会の議長は、その命令に従わない者その他当該株主総会の秩序を乱す者を退場させることができます（会社法315条2項）。

　退場命令は、その者の議決権を奪うのに等しいものですから、原則として、その者に対して警告の上、それでも従わない場合に退場を命じることができると解されています。もちろん、暴力をふるうなど著しく秩序を乱すような場合は、直ちに退場を命じることができます。退場命令に従わない場合は、その者について、不退去罪や業務妨害罪を構成する可能性があります。

4　シナリオ作成

　株主総会の進行にあたっては、シナリオを作成し、それに沿って進め

第8章 ● 会社法と会社の組織運用等に関する問題

図表25　議長の権限一覧

①	開会の宣言	
②	株主資格の確認、持込品の制限、手荷物検査	
③	傍聴の許可、外国人の同時通訳の同行、警察の臨場要請、ガードマンの配置	
④	株主席や役員席の配置等の会場設営	
❺	株主の着席位置の決定	合理的理由がある場合に限り、認められる
⑥	議案の審議方法の決定	
⑦	議案の上程	
⑧	事前質問に対して、一括回答とするか否かの決定	
⑨	株主の発言のタイミングの指定	
⑩	発言希望者がある場合に誰に発言を許可するかの決定、質問に対する回答者の指名	
⑪	1人あたりの発言時間の制限、長引く発言の制止	
⑫	1人あたりの質問数の制限	
❸	質疑を打ち切って採決すること	議題の合理的な判断のために必要な質問が出尽くすなどして、それ以上議題の合理的な判断のために必要な質問が提出される可能性がないと客観的に判断されるときに、質疑を打ち切ることができる
⑭	採決方法（挙手、規律、拍手、投票等）の決定、修正動議がでた場合の採決順序	
⑮	採決結果の確認	
⑯	閉会の宣言	

ていくことが通常であると思います。シナリオのおおむねの流れとしては、①議長就任宣言、②開会宣言、③出席状況報告、④発言する際の注意事項の説明、⑤監査役の監査報告、⑥計算書類等の説明、⑦決議事項

411

の説明、⑧審議、⑨採決、⑩閉会といった流れになります。スムースな進行のために、綿密なリハーサルをする必要があります。

5　動議への対応　～議場に諮るべき動議か否かの判断が重要～

必ずしもシナリオどおりに進まないこともあります。株主から動議が提出された場合にはこれに対応しなければなりません。

動議には、議事進行上の動議（手続き的動議）と議案の修正動議（実質的動議、会社法304条）の二種類があります。

まず、議事進行上の動議の処理について、議事進行上の権限が議長にあると解すれば、議事進行上の動議（手続き的動議）の処理についても、議長が決定してもよいと考えられます。もっとも、議事進行上の動議（手続き的動議）のうち、議長不信任動議、調査者選任動議（同法316条）、延期・続行の動議（同法317条）、会計監査人の出席要求動議（同法398条2項）の4種類については、議長は、必ず議場に諮らなければならないので注意が必要です（必要的動議）。

議案の修正動議（実質的動議）については、議案の修正動議が適法に提出されている以上、議場に諮って決議する必要があるので注意が必要です。これを無視して議事を進行した場合には、決議取消しの理由となるとする判例があります（最三小判昭58.6.7民集37巻5号517頁）。なお、修正動議が提出された場合でも、修正動議を先に審議せずに、まずは、修正動議を議案としてとり上げるか、あるいは、これをとり上げないで原案を先議するかを、議場に諮り、原案を先議することで可決されたときは、原案を先議し、原案が可決されたときは、それをもって、当該議題を終了するという対応も可能であると考えられます。

株主総会が問題なく進行できる見込みがある場合には準備をすることはなくとも、株主の数が多くなり、想定すべき事態が予想しがたくなってきた場合には、以上のような点に留意しながらシナリオを準備することが望ましいと考えられます。

412

第8章 ● 会社法と会社の組織運用等に関する問題

《株主総会における取締役の説明義務》

 株主総会において取締役には説明義務があると聞きましたが、どこまで説明すればよいのですか。

 　原則として、取締役（会計参与、監査役および執行役も含まれます）は、株主総会において、株主から特定の事項について説明を求められた場合には、当該事項について必要な説明をしなければなりません。もっとも、本文で述べるような拒絶事由に該当すれば説明する必要はありません。

1　説明義務

　株主総会は、会議体ですので、会議において討論することが期待され、この討論には、質疑応答が含まれることになります。

　会社法は、これを取締役等の説明義務という形で、規定化しています。すなわち、株主総会において、取締役は、株主から特定の事項について説明を求められた場合には、当該事項について必要な説明をしなければなりません。ただし、①当該事項が株主総会の目的である事項に関しないものである場合、②その説明をすることにより株主の共同の利益を著しく害する場合、③その他正当な理由がある場合として法務省令で定める場合には説明をする必要がありません（会社法314条）。

　法務省令で定める場合とは、(1)株主が説明を求めた事項について説明をするために調査をすることが必要である場合（当該株主が株主総会の日より相当の期間前に当該事項を株式会社に対して通知した場合、当該事項について説明をするために必要な調査が著しく容易である場合は除く）、(2)株主が説明を求めた事項について説明をすることにより株式会社その他の者（当該株主を除く）の権利を侵害することとなる場合、(3)株主が当該株主総会において実質的に同一の事項について繰り返して説明を求める場合、(4)これらのほか、株主が説明を求めた事項について説明

をしないことにつき正当な理由がある場合です（会社法施行規則71条）。

2 拒絶事由

（1） 議題に関連しないものである場合

　取締役の説明は、当該株主総会において株主が議決権を行使するための判断材料の提供のためにあるといえますから、議題と関係しない質問については、回答する必要がありません。

（2） 株主の共同の利益を著しく害する場合

　説明により会社から情報が漏れることで、会社に不利益が生じ、株主全体に不利益が及ぶ場合が想定されており、具体的には、生産コストの詳細な説明を求められた場合、会社のノウハウの具体的内容の説明を求められた場合、継続中の訴訟事件に関して詳細な説明を求められた場合等、会社の企業秘密に係る事項についての説明を求める場合が典型例とされます。

（3） 説明をするために調査が必要である場合

　取締役の説明義務は、株主総会の場で株主からの質問を受けて初めて発生するものですから、その場で即座に回答することが困難で、時間をかけて調査しなければ議題や議案の判断材料とするための回答ができない場合があることも考えられます。本拒絶事由は、このような場合を想定しています。もっとも、取締役として、当然事前に調査をしておくべきであったのにこれを怠った場合まで拒絶事由とされるものではありません。客観的に見て、通常の取締役であれば説明することができる事項について調査を要することを理由に説明を拒絶した場合は、説明義務違反になりえます。

第8章 ● 会社法と会社の組織運用等に関する問題

（4）第三者の権利を侵害することとなる場合

　第三者の権利を侵害することになる場合は、説明を拒絶することができます。例えば、会社が取引先との間で和解契約を締結し、当該和解契約の条項中に、和解契約の内容を公表しない旨の条項を入れることがあります。このような場合に、株主から、当該和解契約の内容を質問された場合は、これに回答すると当該和解契約の相手方の権利を侵害するおそれがありますから、このような場合には、説明を拒絶することができます。

（5）実質的に同一の事項について繰り返して説明を求める場合

　既に株主に対して説明済みの事項については、議決権行使のための判断材料として必要な情報は提供されているわけですから、説明が不十分であったなどの事情がないかぎり、説明をする必要はないため、拒絶事由となります。

（6）正当な理由がある場合

　列挙事項以外にも説明の拒絶を正当化し得る事情がある場合に備えたいわゆるバスケット（包括的）条項です。例えば、いやがらせや株主総会運営の妨害の場合、調査のために不相当な費用がかかる場合、説明をすることにより自己または会社が刑罰を受ける危険がある場合が想定されているとされます。

3　義務違反の効果

　株主総会等の招集の手続きまたは決議の方法が法令もしくは定款に違反し、または著しく不公正なときは、株主等は、株主総会等の決議の日から3カ月以内に、当該決議の取消しを請求することができます（会社法831条1項1号）。

　説明義務に違反してなされた決議は、同法314条違反ということにな

415

りますから、決議の方法が法令に違反するということで、株主総会決議の取消事由に該当します。

ところで、裁判所は、株主総会等の方法が法令に違反するときであっても、その違反する事実が重大でなく、かつ、決議に影響を及ぼさないものであると認めるときは、株主等からの取消しの請求を棄却することができます（同法831条2項）。株主の質問に回答していなくても、違反事実が軽微であり、決議に影響を及ぼさないと評価できるのであれば、裁判所の裁量で取消しの請求を棄却することも考えられます。しかし、適切な説明がなされていたなら、株主総会決議の結果に影響したのかどうかの事後的な判断は困難であるため、裁量棄却を認めることには原則として慎重であるべきとされます。

なお、正当な理由がないのに、株主総会において、株主の求めた事項について説明をしなかったときは、100万円以下の過料の対象となります（同法976条9号）。

株主総会の取消しを導かないためや過料の制裁を回避するためにも、取締役の説明義務の範囲を理解した株主総会運営を心掛ける必要があります。

第8章 ●会社法と会社の組織運用等に関する問題

《総会屋対策》

 反社会的勢力らしき株主から脅迫されて、融資名目で金銭を交付してしまいました。会社の資産ですので取り返さなければと考えているのですが、どのような対応が適切でしょうか。

 反社会的勢力らしき株主から脅迫されたとしても、決してこのような者からの金銭要求には応じず、警察などの力を借りて粛々と法的手続きに則り対処するのが肝要です。

既に反社会勢力らしき株主に対して金銭を交付してしまっても、このような株主に対する金銭交付を隠蔽することで、経営者がさらに賠償責任を負う可能性もあります。内々で解決しようとせず、警察機関との協力や裁判所を利用して対応に当たりましょう。

1 総会屋と利益供与

今回の質問のような企業を対象とするゆすり行為は世界に共通してみられる現象ですが、日本の企業社会では古くからの悪習として、株主総会の進行の補助や妨害を行わないことの見返りとして金品を要求する特定の筋の方々（いわゆる総会屋。法曹業界用語では「特殊株主」などといいます）に対する利益供与が繰り返されていました。

いわゆる総会屋には会社提出議案について「異議なし、賛成」と叫び、積極的に会社を支持する発言を行うことで株主総会を迅速に終わらせるという者もいれば、企業のスキャンダルを探し出して株主総会で公表すると企業を脅すものや株主総会で不規則発言を繰り返すことで、株主総会を混乱させるものなど、その行動は多岐にわたりますが、いずれも株主総会での活動を通して、最終的には会社から金銭を獲得することを目的とする点では共通しています。

総会屋に対する利益供与はおよそ健全な企業経営とはいえませんが、

企業の体裁を保ちつつも株主総会を平穏に終わらせたいというという経営者側の事なかれ主義と、株主総会を通して企業から金銭を巻き上げたいという総会屋の意向が見事に合致し、かつては悪しき文化の一つとなっていました。

2 株主の権利行使に関する利益供与罪

しかしながら、総会屋に対する利益供与は会社財産の不当な流出にほかならず、また総会屋に支払われた資金が反社会的勢力に流れるなど社会問題となりました。そこで昭和56年の商法（現会社法）改正以来、このような利益供与行為は罰則をもって禁止されるようになり、その後さらに処罰範囲が広げられていきました。

このような規制強化を背景として、総会屋である集団に多額の利益供与を行った経営者に約583億円もの賠償責任を認めた「蛇の目ミシン事件判決」（東京高判平20.4.23金判1292号14頁）がなされる等、総会屋に対する判断は厳しくなっていきました。

そして現会社法では、株式会社は何人に対しても、株主の権利行使に関連して、会社の負担の下で財産上の利益を与えてはならず（会社法120条1項）、総会屋が企業に対して利益供与を要求した段階で犯罪とする（会社法970条3項）仕組みを設けています。このような利益供与を禁じた法改正を経て、現在では総会屋の数も激減し、警視庁の発表によればその総数は平成30年末現在では210名となり、現在では総会屋の活動は沈静化したかに思えます。

3 西武鉄道総会屋利益供与事件

しかし、近年においても総会屋の活動は根絶するには至っていません。平成16年には西武鉄道が総会屋に対し利益供与したとして同社の元役員が逮捕・送検される事件（西武鉄道総会屋利益供与事件）が起き

第8章 ● 会社法と会社の組織運用等に関する問題

ました。

これは、大要以下のような事件です。西武鉄道が所有する神奈川県鎌倉市内の土地の売買をめぐり、ある不動産会社がその取得に乗り出しましたが、当初、西武鉄道側は売却の意思を見せませんでした。しかし、ここに不動産会社の顧問を務める大物総会屋が、西武鉄道側の弱みを握っていることをちらつかせつつ不動産の売却を迫ると事態は急変し、最終的に西武鉄道側は実勢価格よりも大幅に安い約1億1300万円で件の土地を売却し、大物総会屋側に転売差額約9000万円の利益をもたらすこととなります。

このような事件を起こしていながら意外かもしれませんが、この事件が発覚するまでの西武鉄道の株主総会は過去十年ほど荒れることはなく、総会屋筋の話では食い込みにくいと評判の企業であり、また、この事件でも当初は大物総会屋からの要求を毅然として断るなど、総会屋に強い企業との見方がなされていました。

4　総会屋から利益供与を要求されたら

公開会社の場合は、株式を公開している以上、自社株式が誰に渡ろうとも本来会社にとっては関係のない話であり、教師も警察官も、反社会的勢力であってもみんな株式を買えてしまう、これが株式公開というものです。したがって、株式を公開している以上、自社の株式が反社会的勢力の手に渡ってしまう危険性は常にあります。

また、譲渡制限を行っている会社であっても、譲り受ける株主の属性を調べることなく譲渡承認をしていると、反社会的な人物が取得することもあり得ます。

しかし、だからといって反社会的勢力からの不当な要求・脅迫に臆する必要は全くなく、仮に、好ましくない者が株主になったとしても、義務にないことを求められても応じないことが肝要です。不用意にこのような要求に応じた場合には、株主に対する利益供与になりかねません。

419

株主といえども、脅迫などといった犯罪行為に訴えてくる者に対して、対話は不可能です。取締役会で何時間話し合っても答えは出ませんので、告訴するなど警察の力を借りるべきです。

　いかなる形であっても、反社会的勢力から利益供与を要求された場合には、決してそのような要求には応じず、警察や顧問弁護士等に相談し、法的手続きに則って粛々と対処していきましょう。

第8章 ● 会社法と会社の組織運用等に関する問題

《株式の相続と会社ができる対応》
弊社の株主の中に高齢の方がいるのですが、株主が死亡してしまった場合に、株式は相続されてしまうのでしょうか。よく知らない相続人の方々が株主となってしまうと困るのですが、何か対策はありませんか。

定款を改正して、「相続人等に対する売渡しの請求に関する定款の定め」を設けることができます。ただし、会社の財務状況などによって、別の方法をとった方が好ましい場合もあります。

1 何も対策しないとどうなるのか？

　相続人は、原則として、相続開始の時から、「被相続人の財産に属した一切の権利義務」を承継します（民法896条本文）。株式は、「被相続人の財産に属した一切の権利義務」に含まれますので、株主が亡くなると、その相続人が、株式を相続することになります。

　「よく知らない相続人の方々が株主となってしまうと困る」ような会社の株式は、「譲渡制限株式」であることが一般です。「譲渡制限株式」とは、「株式会社がその発行する全部又は一部の株式の内容として譲渡による当該株式の取得について当該株式会社の承認を要する旨の定めを設けている場合における当該株式」と定義されます（会社法2条17号）。

　株式を譲渡制限株式とすることで、会社は、会社や他の株主にとって好ましくない者が株式を取得し、経営に関与することを防ぐことができます。

　ところが、相続は、「譲渡」ではないため、株主が亡くなり、相続が発生した場合、株式は、亡くなった株主の相続人が相続することになります。

421

> ### 📝 コラム .... 準共有
>
> 　「相続」というと、例えば100株の株式を所有していたＡさんが亡くなり、その子供のＢさんＣさんが法定相続した場合、Ｂさん50株保有の株主・Ｃさん50株保有の株主という状態になるのではと思うかもしれません。しかし、株式の場合はそうではなく、「準共有」という状態になり、100株の株式のうち１株ずつを、Ｂさん50%、Ｃさん50%という割合で共有することになります。この準共有状態は、遺産分割が完了するまで続きます。

　会社は、相続人から、合意により株式（自己株式）を取得することは可能です（会社法162条）。しかし、相続人が合意しない場合、会社や他の株主にとって好ましくない者が株主となることを防止することはできません。

　相続が発生した場合、①「よく知らない相続人の方々」が株主となることのほか、②相続人が遺産分割でもめ始めて最終的に誰が株主になるか分からない状態が続く、③相続人が全国各地に散らばっていたり、海外にいたりして連絡がとれず、株主総会が開けない、④相続人が反社会的勢力で会社の経営に口出ししてきた、というような、会社にとって頭の痛い様々なトラブルが発生してしまいます。

2　会社法に定められた対策

　上記のようなトラブルを未然に防止するため、会社法は、「相続人等に対する売渡しの請求に関する定款の定め」の制度を設けました（会社法174条）。この制度は、会社に、相続人に対する売渡請求権の行使により、強制的に株式を取得することを認めるもので、会社や他の株主にとって好ましくない者が株式を取得し、経営に関わってくることを防ぐことを目的としています。

第8章●会社法と会社の組織運用等に関する問題

「相続人等に対する売渡しの請求に関する定款の定め」を設けるには、株主総会の特別決議による定款変更を行います（同法466条、309条2項11号）。

この定款変更手続きは、株主に相続が発生した後であっても行うことができるとするのが立法担当者の見解であり、同見解に立った下級審判例もあります（東京地決平18.12.19資料版商事法務285号154頁、同抗告審東京高決平19.8.16資料版商事法務285号146頁）。ただし、株主になった相続人の不利益を考慮してこの見解に反対する学説も有力です。最高裁判例がない以上、相続が発生する前（株主が亡くなる前）に定款変更をしておくのが安全です。

実際に相続が発生した後、売渡請求の手続きを行うには、株主総会の特別決議により、売渡しに係る株主数や売渡請求の相手方の氏名等を決定する必要があります（会社法309条2項3号、175条1項）。

売渡請求の対象の相手方を、相続人の一部とすることも可能とする高裁判例（東京高判平24.11.28資料版商事法務356号30頁）があるため、相続人のうち、会社にとって好ましくない者だけ株主から排除することも可能と思われます。

売渡請求の対象となる相続人は、株主総会で議決権を行使することができません（同法175条2項）。

「売渡請求」であるため、会社は、相続人に対し、株式の売買代金を支払う必要があります。売買価格は、会社と相続人の協議によって定めることが原則ですが（会社法177条1項）、協議が調わないときは、会社または相続人は、裁判所に売買価格決定の申立てをすることができ（同条2項）、裁判所の審理を経て売買価格が決定されることになります。売買価格の決定の際、裁判所は、売渡請求の時における「株式会社の資産状態その他一切の事情」を考慮しなければならないとされています（同条3項）。

売買価格（買取価格）は、売渡請求が効力を生じる日における、会社の分配可能額を超えてはならないとされています（同法461条1項5号。

423

財源規制）。売渡請求を行った事業年度において欠損が生じた場合には、取締役等に補填責任が生じます（同法465条1項7号）。

売渡請求は、会社が、相続等があったことを知った日から1年以内に行わなければなりません（同法176条1項）。また、売買価格決定の申立ては、売渡請求の日から20日以内に行わなければ、売渡請求自体が無効になります（同法177条2項、5項）。

3 相続人に対する売渡請求に関する問題点

「相続人等に対する売渡しの請求に関する定款の定め」を設けるにあたって、留意しなければならないことは、この制度は万能ではないということです。

「相続人等に対する売渡しの請求に関する定款の定め」のリスクとして、次のものがあります。

① 「相続人等に対する売渡しの請求に関する定款の定め」を定款で設けた後、オーナー株主（支配株主）に相続が発生した場合、非支配株主（少数派株主）は、支配株主の相続人に対し売渡請求を行うことで、会社の経営を掌握することができてしまいます（売渡請求の相手方となった支配株主の相続人は、売渡請求の決定のための株主総会で議決権を行使することができません）。

② 買取価格（売買価格）には上記のような財源規制がかかるため、会社の財務状況次第で、売渡請求ができない可能性もあります。売渡請求を行うであろう株式数に応じて、あらかじめ資金を確保しておく必要も生じてきます。

③ 裁判所に売買価格決定の申立てがなされると、裁判手続きのための諸々のコスト（弁護士費用、株式価値の鑑定評価のための公認会計士・税理士費用など）がかかってきます。また、市場価格のない同族会社の株式の評価には、相当な時間がかかります。

これらリスクを踏まえて、「相続人等に対する売渡しの請求に関する

第8章 ● 会社法と会社の組織運用等に関する問題

定款の定め」を導入する否か、検討すべきことになります。

　リスクの方が高いと思われる場合には、支配株主の保有から持株会社による保有に切り替える、高齢株主の株式を他の株主に譲渡してもらう、会社の経営にふさわしい者に相続させる旨の遺言書を書いてもらうといった選択肢も検討に値します。

　高齢株主の株式の承継に関する意向を踏まえながら、適切な対策をとることが肝要です。

《株券発行の廃止》

 弊社では現在株券を発行しているのですが、これを廃止したいと考えています。どのような手続きをとればよいですか。

 株券発行する旨の定款の定めを廃止する定款変更決議をする必要があります。

さらに、定款変更決議をしたときは、会社は、定款の定めを廃止する旨、その定款が効力を生ずる日、および効力発生日に株券が無効になる旨を、当該効力発生日の2週間前に公告（株券を現に発行していた場合に限ります）し、かつ、株主および登録質権者に各別に通知しなければなりません。

その後に本店所在地を管轄する法務局への登記申請が必要となります。

1 現在は株券不発行会社が原則

従来は、すべての株式会社が株券を発行しなければなりませんでしたが、平成16年の商法改正によって、株式会社においても株券を発行しないことが認められるようになりました。

そして、平成18年に施行された会社法では、それまで原則は株券を発行しなければならないとされていたのに対し、原則は株券を発行する必要がなく、例外として株券を発行することができるとされました。また、平成21年に上場株券が電子化されることになったことに伴い、すべての上場会社は株券不発行制度の利用会社となりました。

会社が株券不発行会社なのか発行会社なのかは、その会社の商業登記簿謄本を見れば確認することができます。

株券発行会社であり実際に株券を発行している場合には、株式譲渡等の取引には株券を現実に交付等する必要があり、株券発行・管理にコストがかかる上、株式の取引が煩雑になる傾向がありました。株券発行会社であっても非公開会社である場合には、実際に株券を発行する必要は

第8章 ● 会社法と会社の組織運用等に関する問題

必ずしもなく、従来から小規模な株式会社では株券発行会社でありなが
ら、実際には株券を発行していない会社（株券不発行会社ではなく、株
式「未」発行会社とでもいえるでしょうか）も多く存在しました。

これに対し、株券不発行会社では、株主名簿で株主の管理を行ってい
るため、株券発行や管理にかかるコストをおさえ、株券の紛失・盗難・
偽造を防ぐことができるだけでなく、株式取引を簡素化することが可能
となります。その反面、株主であることが対外的に証明しづらい、株主
名簿を厳格に管理する必要があるといったデメリットが生じます。

このように各々に一長一短がありますが、株主に係る情報等を厳格に
管理することは株式会社に要求される当然の事柄であるといえ、株式取
引が一般に広く行われるようになった現代社会においては、取引を簡素
かつ迅速に行うことができる株券不発行会社の方がより時代の流れに
合った体制といえます。

2 株券不発行会社への変更手続き

具体的な株券不発行会社への変更手続きを説明します。

① 株式に係る株券を発行する旨の定款規定の廃止並びに効力発生日に
つき株主総会で特別決議を行います（会社法214条、218条1項柱書、
309条2項11号、466条）。

実際には、株主の理解を得るため事前に、株券不発行会社に移行し
ても株主各位には、何らリスクが生じないことを説明しておくことが
望ましいといえます。

② 次に、株券不発行会社に移行する旨を株主らに知らせる必要があり
ます（同法218条1項、3項、4項）。これは会社の定款に定められ
た公告方法によって、株券不発行会社となる効力発生日から2週間前
までに行う必要があります。実際に株券を発行している会社である場
合には、各株主へ通知を行うことも必要となります。

427

③ 最後に、株券を発行する旨の定款の定めを廃止する場合には、定款記載事項に変更が生じるため、当該変更事項に係る登記の変更登記申請を行わなければなりません。その際には、変更登記申請書、株券不発行会社に移行する旨の決議を行った時の株主総会議事録、株券を発行していなかった場合には株式の全部について株券を発行していないことを証する書面、株券を発行していた場合には公告をしたことを証する書面や、委任状等が必要となります。当該手続きは、株券不発行会社とする旨の定めの効力発生日から2週間以内に行う必要があります（同911条3項10号、915条1項）。

3 行方不明の株主がいる場合の対処法

　会社が株主に対してする通知等は、実際には到達していなくても株主名簿に記載されている住所または株主が通知した場所に宛てて行うことで足ります（会社法126条1項）。その通知等は、通常到達すべきであった時に株主に到達したものとみなされます（同法126条2項）。そのため、会社が株主名簿の記載等に従って通知を発送しているかぎり、実際には株主の元に届かず、宛先不明で会社に返送されたとしても、有効に通知が行われたものとして扱われます。

　株券不発行会社となる効力発生日から、株券は無効となりますが、会社法上、株券提出手続きを行うことは求められていません。しかしながら、株券不発行会社への移行を知らない者が株券発行会社と誤認し、無効な株券を有効と誤信して取引するトラブルを防ぐために、通知の際に株券の任意提出を求めて株券を回収しておくこともあります。

　なお、株券不発行会社に移行した場合、当該会社は、その定款変更をした日の翌日から起算して1年を経過するまでは、株券を喪失した際の救済措置制度である株券喪失登録簿の作成・備置きをする必要があります（同法221条、231条1項）。

第8章 ● 会社法と会社の組織運用等に関する問題

《株主からの譲渡制限株式の譲渡承認・買取請求》
弊社の株式は譲渡制限株式なのですが、最近株主間の仲が険悪になり、株主の一人が「俺はもう抜けるから、株式の譲渡を承認しろ。それができないなら株式を時価で買い取れ」と言い出しています。このような請求に応じなければならないのでしょうか。

　譲渡の対象とされている株式数やその割合を把握して、株式が第三者に譲渡されてしまう影響について検討すべきです。
　株式を回収してしまいたい場合、最終的には裁判所が決定する価額での購入を余儀なくされることを想定して、譲渡を承認するか、買い取ってしまうか検討する必要があります。
　なお、付随的な問題として株主兼取締役などである場合には、退任の時期や退職金の額についても協議して解決しておくべきでしょう。

1　株式会社の株主について

　かつては、会社の設立時には7名以上の発起人が必要であり、そのメンバーが株主になっており、設立が古い会社では必要以上に株主が多くなっている場合があります。

　会社の設立完了後、速やかに必要な株主に株式を集めることができていればよいのですが、株式を集めることができていない場合は、会社の運営にほとんど関与していない株主が残っているような場合もあります。

　また、運営に関与する株主に株式を集約している場合であっても、運営方針に違いが出てきたり、後継者の選択について意見が相違したりした場合に、株主間の意見が統一できなくなるような事態が生じます。

　そのようなときに、設問のような形で、株主から株式の買取を求められることや、逆に株式を買い取るから株主から外れてくれと要求が行われたりすることがあります。

中小企業においては、株式が無関係の第三者の手に渡ると、株主全員の同意による株主総会手続きの省略などが行いにくくなり、会社運営の迅速性などに影響があり、必ずしも望ましくない場合もあるため、できる限り、会社の運営に携わるメンバーで株式を保有し続けるべきでしょう。

2 譲渡制限株式について

非公開会社の場合、すべての株式が譲渡制限株式であることが一般的です。したがって、第三者への譲渡を行う場合には、会社（定款の定めによって承認機関は異なります。代表取締役または取締役会とされている例が多いでしょう）の承認が必要となります。

会社運営から抜けたい株主が、設問のように第三者への譲渡を求めてきた場合、どのような選択肢があるでしょうか。

一つは、具体的な譲渡先として第三者を指定してきた場合、それを承認するという選択肢があります。譲渡される株式数が少なく、今後の株主総会の運営などへの影響が小さい場合（3分の2を超える株式を確保できていれば、多くの株主総会の承認が必要となる事項は対応できます）で、株式の買取に必要な現金が用意できないときは、この選択も現実的な対応といえます。ただし、第三者へ譲渡された株式はその後も転々流通する可能性があり、場合によっては反社会的勢力（またはそれに類する人物）の手に渡ることもあり、リスクがないわけではありません。

その他の選択肢としては、譲渡を承認せずに否決するという選択肢があります。この場合、譲渡承認を求めた株主は、株式の譲渡先を新たに指定することを求めたり、株式の買取請求を行ったりすることができます。株式の譲渡先として、会社が希望する人物を指定できるため、反社会的勢力への流通などを懸念せずに行えますし、買い取ってしまった場合にもその心配はありません。

ただし、これらの場合は、株式譲渡の対価をどのように決定するかが定まらず、紛争になることもあります。裁判所での手続によらない限

第8章 ● 会社法と会社の組織運用等に関する問題

り、株式譲渡は相対取引で行われることになるため、価格の決定は株式の譲渡人と譲受人の間の合意で決定することになります。

設問の株主は、「時価」による買取りを希望していますが、非公開会社の株式については、流通が前提となっていないため、上場企業の株式のように価格が明確ではありません。一般的に参照されやすいのは、税務上の評価として、相続税計算時の非公開会社株式の評価額です。しかしながら、この相続税評価額で提示したからといって、株主が納得するとも限らず、合意に至らなければ、株式の買取りは実現しません。

株式の譲渡承認請求に対して、買取人を指定していたり会社が買取を表明している場合で、株式の価格について協議しても価格が定まらない場合には、裁判所に株式の価格を決定するように申し立てることができます。

裁判所は、非公開株式について、純資産額から1株当たりの価格を算定する方法、会社が得る収益を考慮した収益還元法によって算定する方法、類似の業種や規模の会社と比較して算定する方法などを併用しながら、事例に適切な算定方法を選択して最終的な価格を決定することになります。これらの評価は、相続税評価額とは異なる点もあり、私人間において取引する場合の時価を算定するものといえます。

上記のほか、株式の9割以上を保有している株主は、株式を売り渡すよう請求することも可能です。少数株主から株式を買い取って運営を行いやすくすることができます。この場合でも株式の価格については、相互に協議して定めることができればそれによりますが、合意できない場合は、裁判所が決定することになります。

3 具体的な対応について

まず、株式数を検討して、今後の会社運営への影響を検討しましょう。検討すべき事項としては3分の2を超える株式を把握できているか、譲渡した株式が流通するおそれが低いかといった点です。株式の支配割合

が低くなってしまう場合には、株式の買取による解決を目指す方が適切でしょう。

　株式を買い取る場合には、協議して金額を決定する必要があります。もし、株式価格が折り合わない場合、最終的には、純資産額、収益還元法、類似会社比較法などによって時価が定められることも見据えて、公認会計士等によって株式評価額を算定し、目安としておくことも検討に値します。

　協議の結果は、時価に相当する価額である必要はないため、低い金額で合意に至ることもあります。また、譲渡を希望する株主が取締役などを兼任している場合、退任などについても併せて協議することが多く、役員の退職金を併せて決定するよう求められることもあります。

　退職金と株式の譲渡価額の合計額が整えば、合意が成立することになりますが、退職金としての支給の方が税額を抑えることができるなどの理由から、額面上は退職金の方を多く支給することで株式の相対的な取引額を抑えることもあります。

第8章 ● 会社法と会社の組織運用等に関する問題

《取締役が不在になった場合の対応》

 当社唯一の役員であった取締役が亡くなり、会社の役員がいなくなってしまいました。社長の家族とも話し合い、私が取締役となって会社を運営していくことになったのですが、どのような手続きをとったらよいのでしょうか。

 まず、裁判所に対して、一時的に役員の職務を行う者（仮取締役）の選任請求を行います。次に、裁判所の決定により選任された仮取締役が株主総会の招集手続きを行い、開催された株主総会において新たな取締役として選任してもらうことになります。
　なお、株主が全員、確定している場合においては、株主全員の同意や出席があれば、仮取締役の選任および株主総会の招集手続きを省略できる可能性があります。

1 取締役が不在ということ

　取締役は、会社の経営戦略を練ったり、従業員を雇用・管理したりするなどして会社を運営（会社業務を決定）しており、その存在は必須です。
　ところが、今回、唯一の取締役が死亡してしまったため、会社の業務を決定・執行する者がいなくなってしまいました。これでは、従業員もトップを失って迷走してしまいますし、また、新たな契約等も締結できませんから、会社の取引先にも多大な迷惑をかけてしまい、会社の存続すら危ういものになってしまいます。
　そこで、取締役の不在による業務の支障・停滞を取り除くために、一日も早く、後任の取締役を選任する必要があります。
　なお、平成18年5月1日に施行された会社法下では、原則として取締役会の設置は任意であり、設置しない場合の取締役の人数に定めはないため、単独でも問題ありません（会社法326条1項）。

433

一方、会社法施行前の旧商法下においては、株式会社は3名以上の取締役による取締役会の設置が義務付けられていました。そのため、1人の取締役で運営されていた設問の会社は、会社法施行前に設立された有限会社である可能性があります（旧有限会社法25条には「有限会社には1人または数人の取締役を置くことを要す」と定められていました）。

　もっとも、会社法の施行によって有限会社を設立することはできなくなり、施行以前の有限会社は、特例有限会社として、有限会社の商号を使用しながらも株式会社として存続することになりました。そのため、設問の会社が特例有限会社であっても、本解説の内容に変わりはありません。

2　取締役は誰が選任するのか？

　取締役は株主総会の決議によって選任されます（会社法329条1項）。では、その株主総会を早く開いて、後任の取締役を選任すれば問題は解決しそうです。

　ところが、株主総会は、招集権限のある者が法定の手続きに従い招集しなければなりません。そして、「招集権限のある者」とは、取締役会を設置していない会社の場合、取締役であると定められているのです（同法296条3項）。

　つまり、設問の会社では、取締役が欠けたため、株主総会を招集して新たな取締役を選任しなければならないところ、そもそも、株主総会を招集できる取締役がいないため、株主総会を招集することができないという事態に陥ってしまっているのです。

　そこで、取締役が欠けた場合は、「招集権限のある者」によって株主総会を招集できるようにするために、裁判所に対して仮取締役の選任を請求することになります（同法346条2項）。

　なお、招集権限のない者によって株主総会が開かれた場合は、その決議は決議取消しの訴えの対象となります（同法831条1項1号）。

第8章 ● 会社法と会社の組織運用等に関する問題

決議取消しの訴えは、決議の日から3カ月以内に、株主等、提訴権を有する者が提起しなければいけませんが、取消しの判決が確定すると、決議は遡って無効となり、その効力は第三者に対しても及びます（同法838条）。

3 仮取締役の選任が不要な場合はあるのか

仮取締役の選任を裁判所に申し立てるとなると、手間も時間もかかります。仮取締役の選任は、株主総会を招集するためのものですから、招集手続きを省略できる場合があれば、そもそも、仮取締役の選任も不要となり得ます。

この点、株主総会の招集手続きがなぜ求められているのかというと、それは、株主に出席の機会を与え、株主の権利を保護するためです。

したがって、株主全員が出席していれば、株主の権利は保護されていますから、招集手続きは省略することも可能となります。

例えば、設問の会社でも、株主全員が顔見知りで、連絡すればすぐに全員集まることができ、しかも後任の取締役に誰も異議がないというような状況でしたら、早速、皆で集まって、後任の取締役を選任すればよいでしょう。

では、死亡した取締役が会社の株式を保有しており、相続人が複数いるような場合はどうでしょうか。

この場合、遺言で株式の相続人が決められていなければ、株式は共同相続人の準共有となります（会社法106条。422頁の**コラム**参照）。そこで、遺産分割協議等で速やかにすべての株式の帰属を決めることができれば、株主が確定するため、仮取締役を選任することなく、株主総会を開催できる可能性があります。

435

4 仮取締役の選任請求手続きについて

　仮取締役の選任請求は「法律上の争訟」（裁判所法3条1項）ではないため、非訟事件と呼ばれる手続きに従います。非訟事件の手続きは、会社法第7編第3章および非訟事件手続法に定められています。

　非訟事件手続きを仮取締役の選任請求について具体的に見ると、次のとおりです。

　申立人は、従業員等、利害関係人に限られていますので、これらのいずれかの者が行う必要があります（会社法346条2項）。申立ては、会社の本店の所在地の地方裁判所に対して、書面で行います（同法868条1項、876条、会社非訟事件手続規則1条）。仮の役員は、必要があるときに選任されるため、裁判所へ提出する申立ての書面において、選任の必要性や選任の目的などを説明するため、取締役の死亡により会社の業務執行が滞っていることや、新しい取締役を選任するために株主総会を開催すること、新しい取締役の候補者が誰であるかなどを記載します。

5 選任された後の流れ

　仮取締役が選任されて株主総会が開かれ、無事新しい取締役が決定すれば、仮取締役の任務は終了します。

　また、裁判所は、仮取締役の報酬の額を決定することができ、業務内容等にもよりますが、数十万円以上必要となることが多いようです。

　もちろん、仮取締役の報酬を支払うのは、会社となります。

【会社法】

（株主総会の招集）

第二百九十六条　1・2　〈略〉

3　株主総会は、次条第四項の規定により招集する場合を除き、取締役が招集する。

436

第8章 ● 会社法と会社の組織運用等に関する問題

（選任）

第三百二十九条　役員（取締役、会計参与及び監査役をいう。以下
　この節、第三百七十一条第四項及び第三百九十四条第三項におい
　て同じ。）及び会計監査人は、株主総会の決議によって選任する。

2・3　〈略〉

（役員等に欠員を生じた場合の措置）

第三百四十六条　〈略〉

2　前項に規定する場合において、裁判所は、必要があると認める
　ときは、利害関係人の申立てにより、一時役員の職務を行うべき
　者を選任することができる。

3　裁判所は、前項の一時役員の職務を行うべき者を選任した場合
　には、株式会社がその者に対して支払う報酬の額を定めることが
　できる。

4〜8　〈略〉

（株主総会等の決議の取消しの訴え）

第八百三十一条　次の各号に掲げる場合には、株主等（……）は、
　株主総会等の決議の日から三箇月以内に、訴えをもって当該決議
　の取消しを請求することができる。……。

　　一　株主総会等の招集の手続又は決議の方法が法令若しくは定款
　　　に違反し、又は著しく不公正なとき。

　　二・三　〈略〉

2　〈略〉

437

《役員報酬の減額》

決算期の途中ですが、会社の業績が振るわないため、役員報酬を減額しようと考えています。その場合、会社としてどのような手続きを経ればよいでしょうか。また、会計上、税務上はどのように処理すればよいでしょうか

　会社としてとるべき手続きとしては、取締役の同意を得た上で、役員報酬の減額を株主総会で決議してください（株主総会で役員報酬の支給限度額を定め、各人別の支給額は取締役会で決議することとしている場合には、取締役会の決議で構いません）。
　会計上、税務上の処理としては、法人税が加算されないようにするために、会計期間開始の日から３カ月を経過する日までに減額決定をするか、役員報酬の額を減額せざるを得ない客観的かつ特別の事情を具体的に説明できるようにした上で減額決定をしてください。

1　会社としてとるべき手続き

(1) 会社法上の取締役の報酬などの決定について

　まず、前提として、会社法上の取締役の報酬等の決定について解説します。

①　取締役の抽象的報酬請求権

　会社と取締役間の任用契約には、一般的には明示または黙示的に報酬給付の特約がなされない限り無報酬です（大阪高判昭43.3.14金判102号12頁等）。なぜなら、会社と取締役との関係は委任もしくは準委任の関係にあって、民法の委任に関する規定に従いますが（会社法330条）、この委任は無償を原則とするからです（民法648条）。
　このように、取締役は会社に対して抽象的な報酬請求権しか有しておらず、このままでは会社に対して報酬を請求できません。

第8章 ● 会社法と会社の組織運用等に関する問題

② 取締役の具体的報酬請求権

もっとも、この抽象的報酬請求権は、会社法361条の規定により、その額につき株主総会の決議または、定款で定められた場合に限って、会社に対する具体的報酬請求権となります（東京地判昭42.4.8判タ208号186頁、前掲大阪高判昭43.3.14、東京地判昭47.11.1判時696号227頁）。

「定款または株主総会の決議」でその額を定めなければならない理由は、報酬の内容や額の決定を代表取締役や取締役会に任せておくと、お手盛りの弊害が生じてしまうため、株主保護の見地から定められています。

このような趣旨からすれば、お手盛りの弊害が生じなければよいので、株主総会で「基本報酬の総額の最高限度額を1億円（月額）」といった決議は適法と考えられています。また、必ずしも株主総会において個別の取締役の報酬についてまで決める必要はなく、総額または最高限度額を定められれば、最高限度額内での各取締役の報酬額は取締役会の決定に委ねられます（最三小判昭60.3.26判時1159号150頁）。取締役会から代表取締役にそのような決定を一任することもできます（名古屋高金沢支判昭29.11.22下級裁判所民事裁判例集5巻11号1902頁）。

> ✏️ **コラム** ━━━━━━━━━━ **実務上の報酬決定過程**
>
> 報酬額そのものを定款に定めると、その変更の都度定款変更の手続きを要することになるので不便です。そこで、実務上は、定款に「（報酬）第○○条　取締役の報酬は、株主総会の決議により定める」と規定し、株主総会決議をもって取締役の報酬総額を決定したうえで、その後報酬枠が不足するなど、報酬額改定の必要が生じた場合にのみ、株主総会において「取締役報酬額改定の件」として付議しています。

（2）取締役の報酬請求権の変更について

では、報酬額の決定後、任期中に会社側が報酬額を変更することはできるのでしょうか。

結論からいいますと、報酬額の決定後、会社側が取締役会において報

439

酬額を変更する決定を行ったとしても、当該決定は無効です。当該役員は、これに同意しない限り当初の契約内容に従った報酬の請求権を失うものではありません（最二小判昭31.10.5集民23号409頁、名古屋地判平9.11.21ジュリスト1185号113頁）。これは、会社側の決定が株主総会の決議によるものであっても同様であり、また、役員の職務内容に著しい変更があり、それを前提に株主総会決議がされた場合であっても異なりません（最二小判平4.12.18民集46巻9号3006頁）。

　もっとも、取締役と会社との間の委任契約の内容として、一定の事由が発生した場合に報酬額が減額される旨の定めがある場合には、当該定めに従って減額することは可能です。

　内規においてこの定めがある場合、当該内規を了知したうえで取締役に就任した者や、当該内規を制定する際にこれを了承した取締役も同様です。

　内規上明確な定めがない場合でも、そのような慣行があり、当該取締役が当該慣行に基づく報酬額の変動に同意していたと認められる場合には、個別の変更に対する同意がなくても報酬額の減額が認められる余地があります。

　ただし、当該慣行について当該取締役の同意を認定するには、取締役にとって取締役報酬の減額が予測可能なものであり、そのような変更について取締役就任の際に当該取締役の黙示の同意があったと推認できる程度のものが必要とされます（福岡高判平16.12.21判タ1194号271頁参照）。

（3）小括

　このように報酬の減額を行うには、社内規定等に根拠がない限り、原則として報酬減額の対象となる取締役の同意をとらなければなりません。

2　会計上の処理

　企業会計上も役員報酬は費用として処理します。役員報酬は、債務が

第8章 ● 会社法と会社の組織運用等に関する問題

発生したときを起点として認識することを前提として、発生した期間に相当する費用として処理されることになります。そのため、支給が翌期であっても、当期の職務執行に対する役員賞与は、原則として当期において費用計上することになります。

3　税務上の処理

せっかく役員報酬の減額改定を行ったとしても、損金としての算入が否認されてしまい、結果として法人税額が増額してしまうと、元も子もありません。

そこで、会社としては、法人税額を上げないためにも、改定前に支給する役員給与と改定後に支給する役員給与が、それぞれ定期同額給与に該当するようにし、損金に算入されるようにしなければなりません。

コラム　　　　　　　　　　　　　　　　　　　　定期同額給与

定期同額給与とは、以下に掲げる給与をいいます。

① 　1月以下の一定の期間ごとに、事業年度内の支給額が同額であるもの（法人税法34条1項1号）

② 　次に掲げる改定がされた場合において、当該事業年度開始の日または給与改定前の最後の支給時期の翌日から給与改定後の最初の支給時期の前日または当該事業年度終了の日までの間の各支給時期における支給額が同額であるもの（法人税法施行令69条1項1号）

　ⅰ　定時改定

　　会計期間開始の日から3カ月を経過する日までにされた改定をいいます（同令69条1項1号イ）。

　ⅱ　臨時改定

　　役員の職制上の地位の変更、職務内容の重大な変更による改定をいいます（同令69条1項1号ロ）。

　ⅲ　業績悪化改定

　　「経営の状況が著しく悪化したことその他これに類する理由」

441

による改定です（同令69条１項１号ハ）。
③ 継続的に供与される経済的な利益のうち、その供与される利益の
　額が毎月おおむね一定であるもの（同令69条１項２号）

　本件で、会計期間開始の日から３カ月を経過する日までであれば、上
記**コラム**の②ⅰの定期改定を提示し、対象となる取締役の同意を得て、
株主総会の決議や総会後の取締役会の決議で行えば、定期同額給与に該
当するといえますので、法人税が増額されることにはつながりません。
　それ以外の場合でも上記**コラム**の②ⅲの業績悪化改定事由による改定
といえる場合には、定期同額給与に該当することになりますので、法人
税が増額されることにはつながりません。もっとも、法人の一時的な資
金繰りの都合や単に業績目標値に達しなかったことなどは、「経営の状
況が著しく悪化したことその他これに類する理由」には該当しないの
で、注意が必要です。会社としては、役員給与の額を減額せざるを得な
い客観的かつ特別の事情を具体的に説明できるようにしておき、減額決
定を行う必要があります。

> ### 📝**コラム**・・・・・・・・・・「経営の状況が著しく悪化したこと
> 　　　　　　　　　　　その他これに類する理由」
>
> 　法人税基本通達９－２－13において、「経営の状況が著しく悪化
> したことその他これに類する理由」とは、経営状況が著しく悪化した
> ことなどやむを得ず役員給与を減額せざるを得ない事情があることを
> いうとされています。財務諸表の数値が相当程度悪化したことや倒産
> の危機に瀕したことだけではなく、経営状況の悪化に伴い、第三者で
> ある利害関係者（株主、債権者、取引先等）との関係上、役員給与の
> 額を減額せざるを得ない事情が生じていれば、これも含まれることに
> なります。

442

第8章 ● 会社法と会社の組織運用等に関する問題

《経営判断に関して取締役が負う責任》

取締役である私の経営判断で新規事業に乗り出したところ、この事業が失敗して会社に大きな損害を与えてしまいました。株主から責任追及を受けています。責任を負うのでしょうか。経営判断に際して、参考になるような基準があるのでしょうか。

取締役の業務執行は、不確実な状況において、迅速な決断を迫られることが多いため、取締役の経営判断には広い裁量が認められます。取締役の経営責任は、行為当時の状況に照らして、合理的な情報収集・調査・検討等が行われたか、および、その状況と取締役に要求される能力水準に照らして不合理な判断がなされなかったかを基準とするとよいでしょう。

1 取締役に対する責任追及

取締役は、その任務を怠ったときは、株式会社に対し、これによって生じた損害を賠償する責任を負います（会社法423条1項）。

取締役と会社との関係は、委任に関する規定に従う（会社法330条）ので、「任務を怠ったとき」（任務懈怠）とは、会社に対する善管注意義務・忠実義務の違反のことをいいます（民法644条、会社法355条）。

2 経営判断の原則

このように、取締役は、善管注意義務に違反する業務執行行為により会社に損害を生じさせた場合、当該損害を賠償しなければなりません。

しかし、経営者は、不確実な状況の下で、迅速な決断を迫られます。それにもかかわらず、判断を誤って事業を失敗させてしまったことについて結果責任的に責任を負わされたのでは、誰も取締役になろうとする

443

者がいなくなってしまいます。また、責任を負わされることに萎縮する
あまり、取締役がリスクのある経営判断をしなくなってしまっては、結
局のところ株主の利益になりません。

そこで、取締役の経営判断について、善管注意義務が尽くされたか否
かは、①行為当時の状況に照らし合理的な情報収集・調査、検討等が行
われたか、②その状況と取締役に要求される能力水準に照らし、不合理
な判断がなされなかったかを基準にされるべきであって、事後的・結果
論的な評価をするべきではないと考えられています。これが一般に「経
営判断の原則」と呼ばれるものです。もちろん、取締役には、法令や内
規に違反した業務執行をする裁量はありませんから、法令や内規違反が
ある場合には、経営判断の原則は問題となりません。

このように、結果的に事業が失敗して会社に損害を生じさせてしまっ
たとしても、取締役は結果責任を問われるものではありませんから、合
理的な情報収集・調査、検討等をし、萎縮することなく、不合理ではな
いと言える意思決定をされるとよいと思います。

3　信頼の抗弁

取締役の情報収集・調査等と言いましたが、一体、どこまでやればよ
いのでしょうか。

これについては、弁護士、技師、証券アナリスト等の専門家の知見を
信頼した場合には、当該専門家の能力を超えると疑われるような事情が
あった場合を除き、善管注意義務違反にはならないとされています。こ
ういった考え方が採用されていることから、重要な判断をするに当たっ
ては、取締役らの判断に先立って法律事務所の意見書等を取得しておく
等、専門家の知見を基に判断するといった方策を講じておくことも重要
です。

また、他の取締役・使用人等からの情報等については、特に疑うべき
事情がない限り、それを信頼すれば善管注意義務違反にならないのが原

444

第8章●会社法と会社の組織運用等に関する問題

則であるとされています。

4　事実認識と意思決定過程・内容を別に考えるとわかりやすい

　経営判断の原則が訴訟等で争われた際に、具体的にどのような基準に基づいて、善管注意義務違反を判断するのかについては、いろいろな考え方があります。経営者がこれから行おうとする判断のセルフチェックを行う際には、さしあたり、①事実の認識と②意思決定過程・内容に係る判断基準を明確に区別して、善管注意義務違反になるのかどうかを検討するという判断基準を用いるとわかりやすいのではないかと思います。

　東京地判平5.9.16判時1469号25頁は、①前提となった事実認識に<u>不注意な誤り</u>があり、または②意思決定の過程が<u>著しく不合理</u>であったと認められる場合に善管注意義務違反を負うとして、事実の認識と意思決定過程・内容を区別しています。

　この判断基準を誤解を恐れずに分かりやすく表現すると、事実認識は慎重に、それに基づく意思決定は（合理的な範囲で）思い切って、というおおむねの方針が立てられるのではないかと思います。「判断過程の不合理さ」という表現では、想像しづらいかもしれませんが、これは経済的合理性の観点からは理由が説明できないような結論の導き方をした場合等が規定されています。例えば、社長の親戚であるからとか、倒産すること自体は認識しつつも貸付けを継続するなどといったケースがあげられます。

　同裁判例は、経営判断の原則について、その趣旨を丁寧に論じており、参考になります。

【東京地判平5.9.16判時1469号25頁　判決要旨】
　「取締役は会社の経営に関し善良な管理者の注意をもって忠実にその任務を果たすべきものであるが、企業の経営に関する判断は、不確実かつ流動的で複雑多様な諸要素を対象にした専門的、予測

445

的、政策的な判断能力を必要とする総合的判断であるから、その<u>裁量の幅はおのずと広いものとなり、取締役の経営判断が結果的に会社に損失をもたらしたとしても、それだけで取締役が必要な注意を怠ったと断定することはできない。</u>会社は、株主総会で選任された取締役に経営を委ねて利益を追求しようとするのであるから、適法に選任された取締役がその権限の範囲内で会社のために最良であると判断した場合には、基本的にはその判断を尊重して結果を受容すべきであり、このように考えることによって、初めて、取締役を萎縮させることなく経営に専念させることができ、その結果、会社は利益を得ることが期待できるのである。

　このような経営判断の性質に照らすと、取締役の経営判断の当否が問題となった場合、取締役であればそのときどのような経営判断をすべきであったかをまず考えたうえ、これとの対比によって実際に行われた取締役の判断の当否を決定することは相当でない。むしろ、裁判所としては、実際に行われた取締役の経営判断そのものを対象として、その前提となった事実の認識について不注意な誤りがなかったかどうか、また、その事実に基づく意思決定の過程が通常の企業人として著しく不合理なものでなかったかどうかという観点から審査を行うべきであり、その結果、前提となった事実認識に不注意な誤りがあり、又は意思決定の過程が著しく不合理であったと認められる場合には、取締役の経営判断は許容される裁量の範囲を逸脱したものとなり、取締役の善管注意義務又は忠実義務に違反するものとなると解するのが相当である。」（下線は筆者）

第8章 ● 会社法と会社の組織運用等に関する問題

《他の取締役に対する監視・監督義務》

取締役が不祥事を起こしてしまいました。今まで、会社として、取締役の業務執行を監視、監督するなどという発想はありませんでしたが、考えを改めないといけないかもしれません。何かする必要がありますか。

　取締役の業務執行の中には、他の取締役の業務執行について、監視・監督する義務があります。
　これを怠り、株主や会社に損害を与えた場合には、取締役が損害賠償責任を負うことがあり得ます。また、不祥事に対する世間の目は厳しく、会社の存亡に関わる事態にすら発展することも少なくありません。
　これを機に、いわゆる内部統制システムを構築し、会社の利益を守ることが必要です。なお、会社法上の大会社にあたる場合は、内部統制システムを構築することは義務でもあります。

1　他の取締役の業務執行に関する監視・監督義務について

　取締役会設置会社の取締役会は、会社の業務を監督する職務を負っています（会社法362条2項2号）。
　そのため、判例上、取締役会の構成員である個々の取締役は、代表取締役等による業務執行を監視する義務を負うと解されています（最三小判昭48.5.22民集27巻5号655頁等）。なお、非取締役会設置会社の取締役も、善管注意義務・忠実義務の一つとして、同様の義務を負うとされています（新潟地判平21.12.1判時2100号153頁等）。
　したがって、他の取締役の不祥事を見過ごしてしまった取締役は、この監視・監督義務の違反を問われ得ることになります。

447

2　いわゆる信頼の原則（または権利）

　そうはいっても、他の取締役の業務執行を逐一監視することが要求されているわけではありません。通常、会社の業務は、各取締役や使用人の間で分担されるものですし、効率的かつ合理的な経営の観点からも適当ではないでしょう。

　そこで、他の取締役または使用人が担当する業務については、その内容につき疑念を差し挟むべき特段の事情がない限り、適正に行われていると信頼することが許され、仮に当該他の取締役または使用人が任務懈怠をしたとしても、監視義務違反の責任は負わない（大阪地判平12.9.20判タ1047号86頁等）とされています（いわゆる信頼の原則（または権利））。

　この信頼の原則（または権利）が適用されれば、善管注意義務などの違反にはならず、損害賠償責任を負うこともありません。

　そして、いわゆる内部統制システムが整備されていれば、そのシステムに従ったことで、信頼の原則が適用され、監視・監督について善管注意義務違反を問われずにすむことが多いでしょう。逆に、内部統制システムの整備義務違反があった場合には、そのこと自体に対して善管注意義務違反を問われることもあり得ます。

3　内部統制システムとは

　最近よく聞く言葉ですが、会社法上に「内部統制システム」という文言が出てくるわけではありません。

　会社法348条3項4号に「取締役の職務の執行が法令及び定款に適合することを確保するための体制その他株式会社の業務並びに当該株式会社及びその子会社から成る企業集団の業務の適正を確保するために必要なものとして法務省令で定める体制の整備」という文言があり、この体制を「内部統制システム」と呼ぶことが多いのです。

448

第8章 ●会社法と会社の組織運用等に関する問題

内部統制システムを構成する体制として、具体的には、

① 取締役・使用人等の職務の執行が法令及び定款に適合することを確保するための体制（いわゆる法令遵守体制）

② 取締役等の職務の執行に係る情報の保存・管理の体制

③ 損失の危険の管理（リスク・マネジメント）体制

④ 取締役等の職務の執行が効率的に行われることを確保する体制

⑤ 企業集団の業務の適正の確保に関する体制

⑥ 監査機関（監査役・監査等委員会・監査委員会）の職務の執行に関する体制

⑦ 監査機関のない会社における取締役の株主への報告体制

が挙げられています（会社法348条3項4号、会社法施行規則98条等）。

また、その決定内容および当該体制の運用状況は、事業報告に記載されることによって示され（同規則118条2号）、決定内容および運用状況の相当性が、監査役の監査対象となります（同規則129条1項5号）。

なお、大会社の場合には、同体制の整備が義務付けられています（会社法348条4項）。

4 具体的に何をすべきなのか

上記体制を整備すべきということが分かったとしても、実際に何を、どの程度行えばいいかというとわかりにくいかもしれません。

例えば、会社の業務に関係する法令について取締役・使用人に周知するために研修会を開くとか、職務分掌規程等を定めて部署を分けて監視し合うとか、内部通報制度を整備するとか、そういったことが内部統制システムとして考えられます。

逆に、個別の業務執行に係るコンプライアンスの審査に終始することは、こういった体制の整備とはいえないでしょう（コーポレートガバナンスコード。原則4-3②等参照）。

どの程度厳しい目をもって、リスク管理体制を構築するかについて、

他の取締役の職務執行について不祥事があったという事案ではありませんが、株式会社の従業員らが、営業成績を上げる目的で、架空の売上げを計上したために、有価証券報告書に不実の記載がされてしまい、株主が損害をこうむったことにつき、会社の代表取締役らに損害賠償請求の訴えがなされた事案について、リスク管理体制構築義務違反の過失がないとされた例（最一小判平21.7.9集民231号241頁）がありますので、どういった体制が構築されていたのかご紹介します。

　まず、問題となった株式会社（以下「Ｘ社」といいます）の業務は、顧客である販売会社に対し、事務ソフト等を販売し（以下「本件取引」といいます）、販売会社がエンドユーザーである大学等に対し、さらにこれを販売するというものでした。

　Ｘ社は本件取引に際し、社内で、以下のような流れで事務処理をしていました。

① 　事業部の営業担当者が、販売会社と交渉し、合意に至ると販売会社が注文書を営業担当に交付し、営業担当は、その注文書をＡ課に送付し、同課で受注処理を行った上で、営業担当を通じて販売会社に検収を依頼する。

② 　その後、事務ソフトの稼働確認を担当するＢ部の担当者が、販売会社の担当者らと共に、納品された事務ソフトの検収を行う。

③ 　Ａ課は、販売会社から検収書を受領したうえで売上げ処理を行い、Ｘ社の財務部に売上報告を行う。

　この①〜③の流れで本件取引を処理したうえで、Ｘ社の財務部または監査法人から半期に一度、販売会社に対して売掛金残高確認書の用紙を郵送し、確認のうえ返送するように求めていました。

　このような体制の中、事業部を統括する事業部長は、販売会社と合意に至っていない時点で注文書を偽造し、さらに販売会社の検収書を偽造し、納品された事務ソフトの検収が実際に行われたかのような資料を作成することで、Ａ課を欺き、Ｘ社の財務部に架空の売上げ報告をさせました。

第8章 ● 会社法と会社の組織運用等に関する問題

　しかも、事業部長は、半期に一度行われていた、販売会社に対する売掛金残高確認の際にも、販売会社に対して、郵送ミスであるから開封せずにいてほしい、回収に行く、などと連絡し、販売会社に郵送された売掛金残高確認書を回収し、偽造の上で、Xの財務部または監査法人に郵送することで、正常な売掛金であると誤認させました。

　結局、X社が販売会社に対して未回収の売掛金残高に関する協議を行った際に、互いの認識の齟齬が発覚し事業部長の不正は発覚しました。

　原審までは、事業部が幅広い業務を分掌し、A課やB部が、事業部に直属しており、事業部長が企図すれば、不正行為を行い得るリスクがあったにもかかわらず、対処しなかったのは問題であるなどとして、リスク管理体制の構築すべき義務を怠った過失があるとされましたが、最高裁は、上記のような職務分掌が定められ、監査法人および自社の財務部が、それぞれ定期的に販売先に売掛金残高確認を行うなど、「通常想定される範囲の架空売上げの計上等の不正行為を防止し得る体制」が整えられていたと判断し、事業部長の行為は通常容易に想定しがたい方法による不正行為であって、不正行為防止のリスク管理体制設置の義務違反はないとしました。

　同判例では、通常容易に想定しがたい方法による不正行為までを予想して、リスク管理体制を構築する必要はないとした点に意味があるでしょう。そのため、具体的な事情によりますが、通常想定されるレベルの不正防止の体制を策定しておけば、リスク管理体制を構築すべき義務を怠ったとはされないでしょう。

　もっとも、同様の手法による不正行為が行われたことがあったなど、疑うべき特段の事情があれば、その限りでないとも判示していますので、その点は注意が必要です。

451

《取締役の解任》

 役員（取締役）として残しておくと不祥事を起こしそうな者がいるので、変更したいのですがどうすればよいですか。

 取締役の解任は、解任される取締役の同意や不祥事等の解任事由が存在しなくても、株主総会の決議をもって行うことが可能ですが、解任に正当な理由がない場合には、事後的に、取締役から損害賠償請求をされる可能性があります。

また、解任の手続きにおいて法令・定款の違反が認められるような場合、解任の効力が無効となるおそれがあるため、法令・定款上の手続きを遵守する必要があります。

1　取締役の解任

取締役の解任とは、会社側が一方的に、取締役の地位を剥奪することをいいますが、会社と取締役との関係は委任契約であるため（会社法330条）、取締役は、いつでも、株主総会の決議により解任することができるとされています（同法339条1項）。

したがって、取締役の解任については、解任される取締役の同意や不祥事等の解任事由が存在しなくても、解任の効力が生じることとなります。

なお、解任の効力発生時期について判断した判例は存在しませんが、解任の効力は当該取締役に対する解任の告知によって生じるとした裁判例が存在する一方、取締役会による代表取締役の解任決議について、解任決議により直ちに解任の効力が生じるとした裁判例もあります。いずれの見解によるか確定していない状況ですので、解任決議後には、行方不明などで告知できないなどの事情がない限りは、解任決議後に解任の告知をしておくべきでしょう。

第8章 ● 会社法と会社の組織運用等に関する問題

2 解任の要件

　取締役の解任は、原則として普通決議、すなわち議決権を行使することができる株主の議決権の過半数を有する株主が出席し、出席した当該株主の議決権の過半数をもって行えば足ります（会社法341条）。ただし、定款で、より加重な決議要件（例えば、特別決議等）を定めることも可能です（同条括弧書き）。

　なお、累積投票により選任された取締役の解任については、議決権を行使することができる株主の議決権の過半数（3分の1以上の割合を定款で定めた場合にあっては、その割合以上）を有する株主が出席し、出席した当該株主の議決権の3分の2（これを上回る割合を定款で定めた場合にあっては、その割合）以上にあたる多数をもって行わなければならないという特別決議が必要となります（会社法309条2項7号、342条6項）。

　また、種類株式として、取締役の解任の拒否権を与える株式や種類株主総会において取締役を選任することができるとする株式を発行している場合、前者では、株主総会決議に加え、当該種類株主総会決議が、後者では、当該種類株主総会決議が必要となります。

3 会社の損害賠償責任と正当な理由

　上記**2**における解任の要件を満たしたとしても、解任された取締役は、会社に対し、その解任について「正当な理由」がある場合を除き、解任によって生じた「損害」の賠償を請求することができます（会社法339条2項）。

　これは、株主の解任の自由と取締役の任期満了までの利益の期待の調和を図ったものですが、「正当な理由」については、会社がその存在を立証する必要があり、「損害」の範囲は、当該取締役が解任されなければ得られたであろう利益（報酬など）が中心となります。

453

「正当な理由」の存否について、確たる基準は存在しませんが、概要としては、以下のように整理することができます（詳細については**Q100**もご参照ください）。

（1）「正当な理由」の存在が肯定される事情
① 取締役に職務執行上の法令・定款違反の行為をした場合
② 心身の故障のため職務執行に支障がある場合
③ 職務への著しい不適任（経営能力の著しい欠如）

（2）「正当な理由」の存在が否定される事情
　　単なる主観的な信頼関係喪失

4　解任までの手続き

以上のとおり、会社としては、取締役の解任につき正当な理由があれば、解任に対する損害賠償責任を負わず、いつでも株主総会決議により取締役を解任することが可能ですが、解任の手続きにおいて法令・定款の違反が認められるような場合、株主や取締役は、株主総会決議の取消しの訴えを提起することが可能であり（会社法831条1項）、株主総会決議の取消しの訴えにより決議を取り消す判決が確定した場合には、株主総会の決議は効力を失い解任が無効となる可能性があります。

以下では、取締役会が設置されている一般的な株式会社における解任手続きについて検討します。

① **取締役会における株主総会の招集の決定**
　・ 招集の対象：解任予定の取締役を含む各取締役
　・ 招集の時期：取締役会開催予定日の1週間前（会社法368条1項）
　　 （定款で、これを下回る期間を定めることが可能）
　・ 招集の方法：口頭または書面等（紛争防止の観点から書面等が望

ましい）

- ・ 招集通知における記載内容：取締役会の開催日時・場所（議題は記載不要）

② **取締役会の決議**

取締役会の決議は、議決に加わることができる取締役の過半数（これを上回る割合を定款で定めた場合にあっては、その割合以上）が出席し、その過半数（これを上回る割合を定款で定めた場合にあっては、その割合以上）をもって行いますが、解任予定の取締役は特別の利害関係を有するため、議決に加わることはできません（会社法369条1項、2項）。

また、招集手続きの適法性を証明するため、取締役会議事録を作成しておく必要があります（同法369条3項）。

③ **株主総会の招集**

- ・ 招集の方法：書面の発送（会社法299条1項、2項）。
- ・ 招集通知の時期：株主総会の日の2週間前までに通知（同法299条1項）

（書面または電子的方法による議決権行使を認めない公開会社でない会社においては、1週間前までに通知）

- ・ 招集通知における記載内容：株主総会の日時場所、議題、書面または電子的方法による議決権行使を認める場合はその旨、法務省令で定める事項

④ **株主総会の決議**

前記**2**の解任の要件をご参照ください。

5 まとめ

以上のとおり、会社は、一方的に取締役を解任することが可能ですが、当該取締役から損害賠償請求や株主総会決議の取消訴訟の提起を回避するため、解任の正当な理由を検討し、適切な手続きを行う必要があります。

《取締役解任における「正当の理由」》

解任した取締役から損害賠償請求を受けています。応じる必要がありますか。どのような理由があれば払わずに済むでしょうか。

解任に「正当の理由」があれば、当該取締役に対する損害賠償義務は生じません。解任に「正当の理由」がなければ、当該取締役に対する損害賠償をする必要があります。

1 取締役の解任

会社は、取締役を、いつでも、かつ理由の有無を問わず、その取締役を選任した株主総会の決議により解任することができます（会社法339条1項、341条、347条1項、会社法施行規則78条）。

解任された取締役は、その解任について正当な理由がある場合を除き、会社に対して、損害の賠償を請求することができます（会社法339条2項）。

要するに、会社が損害賠償に応じなければいけないかどうかは、原則として、解任に「正当の理由」があるかどうかによることになります。

「正当の理由」がない場合に、会社が賠償するべき損害の範囲は、取締役が解任されなければ在任中および任期満了時に得られた利益の総額となります。これについて、任期満了までに得られたはずの役員報酬が含まれることは当然と考えられますが、退職慰労金と賞与についても、当該取締役が、任期満了まで続けていたら支払いを受ける可能性が高いと認められれば、損害に含まれると考えられます。

なお、公開会社でない株式会社においては、取締役の任期を、定款の定めによって、最長10年とすることができ（会社法332条2項）、実際に任期を10年とする会社も散見されます。この場合は、残存任期が長期になるおそれがあり、それに伴い損害賠償の額が極めて高額になるおそれがあるので、注意が必要です。

第8章 ● 会社法と会社の組織運用等に関する問題

2 解任の「正当の理由」の具体的内容

どのような場合に「正当の理由」があるといえるのかは、株主総会による解任の自由の保障と役員等の任期に対する期待の保護との調和を考慮して判断されます。

具体的には、取締役に職務執行上の法令・定款違反行為があった場合や、心身の故障のため職務執行に支障がある場合は、解任に正当な理由があると解されるべきことには、ほとんど争いがありません。

また、職務遂行への著しい不適任や能力の著しい欠如も正当な理由となると考えられます。どの程度であれば、著しい不適任や能力の著しい欠如といえるかについての判断は、基本的にはケースバイケースの判断となり、容易ではないと考えられますが、税理士である監査役を解任したことに正当な理由があるとした東京高判昭58.4.28は、次のとおり、監査役が税理士として行った税務処理上の助言に過誤があったから、監査役として著しく不適任との判断を示しており、一つの参考になると考えられます。

【東京高判昭58.4.28判時1081号130頁】
　「監査役は善良なる管理者の注意を用いて事務を処理する義務を負い（商法二八〇条、二五四条三項、民法六四四条）、取締役の職務の執行を会計のみならず業務全般にわたって監査する権限（同法二七四条・二七五条）を行使するについても、これに必要な識見を有することが期待されるところであるから、監査役たる控訴人自身が前記のような明らかな税務処理上の過誤を犯したことは、被控訴会社に与えた実害の有無、程度にかかわらず、監査役として著しく不適任であるといわざるを得ない。……前示のような税務処理上の過誤を犯した控訴人をそのまま被控訴会社の監査役の地位に留め置くべきであるとすることは無理であり、ひっきょう（注：結局のところ）、被控訴会社が控訴人を被控訴会社の監査役から解任したこ

457

とには正当な事由があるというべきである。」（下線は筆者）

3 経営判断の失敗

　経営判断の失敗が解任の理由として挙げられることが多いですが、多くの見解は、経営判断の失敗は、解任の「正当の理由」にはならないとするものです。これが「正当の理由」として認められてしまうと、任期満了まで在任すれば得られたであろう報酬等が得られなくなってしまうため、取締役の経営判断に萎縮的効果を及ぼしてしまい、ひいては会社の利益にならないからです。

　一方で、次のとおり、経営判断の誤りも「正当の理由」になり得ると判断した裁判例（広島地判平6.11.29）も存在し、場合によっては、経営判断の失敗も「正当の理由」になることもあると考えられます。もっとも、当該裁判例のケースは、解任された取締役は、投機性の高い取引を独断で行い、会社に多額の損失を発生させたケースですので、やはり、経営判断の失敗が「正当の理由」になるケースは稀ではないかと考えられます。

【広島地判平6.11.29判タ884号230頁】
　「取締役と会社との関係は委任契約に基づくものであり、がんらい、委任契約はいつでも解除しうるものであるが、それによって生ずる地位の不安定から取締役を保護するため、解任に正当事由のない場合に会社の損害賠償責任を認めたのが商法二五七条ただし書きの趣旨であり、これは株式会社に特別に課された法定責任と解すべきである。しかし、株主は企業の実質的所有者であり、業務執行が取締役会に委ねられているのも、専門的な知識を有する者に委ねた方が株主の利益になると考えられたからであって、経営面について株主の企業所有権を制約したものではないから、たとえ、経営事項

第8章 ● 会社法と会社の組織運用等に関する問題

ということで取締役の損害賠償責任が肯定されない場合であっても、がんらい自由であるべき解任権を不当に制約されるべきではなく、解任の正当事由というものも、この観点から決せられるべきである。したがって、右にいう正当事由には、取締役として不適格であったり、業務執行に支障を生じるような事情があることは勿論、経営判断の誤りによって会社に損害を与えた場合も含まれるものというべきである。……

　以上によれば、原告を取締役から解任したことに正当の事由があるものということができるから、本訴請求のうち、任期満了前の解任を理由とする損害賠償請求も理由がない。」（下線は筆者）

459

《退任後の取締役の競業》

退任した取締役が独立して新会社を設立して、従業員と取引先を奪われました。何か請求できませんか。

取締役の退任後の競業は、原則として自由です。もっとも、退任後の競業禁止特約が有効に締結されている場合等、損害賠償請求等をすることができる場合もあります。

1 在任中の競業避止義務

　株式会社と取締役との間の関係は、委任の規定に従います（会社法330条）。したがって、取締役は、その職務執行について、善良な管理者の注意義務を負います（民法644条）。また、取締役は、会社のために忠実にその職務を行う義務を負っています（会社法355条）。

　この忠実義務の一つの形として、会社法は、取締役に競業避止義務を負わせています。すなわち、取締役は、自己または第三者のために会社の事業の部類に属する取引をしようとするときは、株主総会または取締役会の承認を受けなくてはなりません（同法365条1項）。「会社の事業の部類に属する取引」、すなわち、競業とは、会社が実際に行っている取引と目的物および市場が競合する取引をいいます。

　これは、会社が実際に事業の目的として行っている取引を基準として判断されます。取締役が、会社が実際に行う事業と同種の事業を行う場合でも、会社が進出を具体的に計画していない限り、地理的に市場が競合していなければ、問題ありません。また、会社の取締役が同種の事業を目的とする会社の代表取締役等になること自体は、会社法365条の問題にはならず、実際に取引を行う場面において、本条の問題となります。一方で、株式を保有しているなどして、競業を行う会社を実質的に支配しているような場合は、競業取引を行ったと解釈されることもあり、実質的に、競業取引の実行行為者であるかどうかが重要となるといえます。

競業避止義務違反をした場合の効果はどのようなものでしょうか。取締役が競業の承認を得ないで競業取引をしたときは、当該取引によって得た利益の額が会社に生じた損害と推定され、当該取締役は、会社に対して損害賠償責任を負うことになります（同法423条1項、2項）。なお、競業取引を行った場合でも当該取引自体は有効です。

2　退任後の競業避止義務

さて、1で見たとおり、競業避止義務の根拠は、会社と取締役との間の委任契約です。退任した取締役にも、もちろん職業選択の自由および営業の自由（憲法22条）がありますので、退任後に自らの知識、経験、能力、ノウハウを生かして、競業を行うことは自由です。もっとも、在職中に自ら開発したものではない会社の営業秘密を利用して競業を行えば、不正競争防止法に違反する可能性があります（不正競争防止法2条1項7号、6項）。

3　競業禁止特約

退任後の競業を禁止する取締役と会社との間の特約が交わされることがあり、このような特約で取締役の競業行為を制限することも可能ではあります。しかし、上述のとおり、職業選択の自由および営業の自由により、競業も自由なのが原則です。したがって、広汎な競業禁止特約は、公序良俗に反して無効になります（民法90条）。

競業禁止特約が、有効か無効かの判断については、①取締役の社内での地位、②営業秘密・得意先維持等の必要性、③地域・期間など制限内容、④代償措置等の諸要素を考慮し、必要・相当性が認められる限りにおいて有効とされます。

競業禁止特約が有効とされれば、当該特約違反を根拠に損害賠償請求等をすることができます。

461

では、具体的にどのような場合に、有効になるのでしょうか。

この点については、例えば次の裁判例のように、考慮要素を総合判断することになりますので、ケースバイケースの判断となります。競業禁止特約を定める場合には、あらかじめ考慮要素を慎重に検討する必要があると思われます。

【東京地判平24.1.13労判1041号82頁】

「原告の退職前の地位は相当高度ではあったが、原告は長期にわたる機密性を要するほどの情報に触れる立場であるとはいえず、また、本件競業避止条項を定めた被告の目的はそもそも正当な利益を保護するものとはいえず、競業が禁止される業務の範囲、期間、地域は広きに失するし、代償措置も十分ではないのであり、その他の事情を考慮しても、本件における競業避止義務を定める合意は合理性を欠き、労働者の職業選択の自由を不当に害するものであると判断されるから、公序良俗に反するものとして無効である」

【東京地決平7.10.16労判690号75頁】

「債権者の監査役の職務内容が実定法上委任契約終了後の競業避止義務を肯定し得るようなものであったことの主張疎明はされていないから、本件における競業避止義務特約は、もともと当事者間の契約なくして実定法上委任契約終了後の競業避止義務を肯定し得る場合についてのものではなく、競業避止義務を合意により創出するものであることになるところ、監査役についてまで競業行為を禁止することの合理的な理由が疎明されておらず、使用者が確保しようとする利益が何か自体明らかではなく、競業行為の禁止される場所の制限がなく、同債務者に対して支払われた退職金がその金額が一〇〇〇万円にとどまり、同債務者の専任講師としての貢献が大きかったことに照らし、右退職金が監査役退任後二年間の競業避止義務の代償であると認めることはできないことからすれば、競業禁止

期間が退職後二年間だけ存するという比較的短期間に限られたものであることを考えても、目的達成のために執られている競業行為の禁止措置の内容が必要最小限度にとどまっており、かつ、右競業行為禁止により労働者の受ける不利益に対する十分な代償措置を執っているということはできないから、同債務者と債権者との間の本件役員誓約書及び本件役員就業規則における退職後の競業避止義務に関する条項の内容の約定は、公序良俗に反して無効といわざるを得ない。

　債務者Ｙは、昭和六一年四月から平成五年一二月まで代表取締役の地位にあったのであり、債権者においてＸが実権を把握していたにせよ、代表取締役として債権者の営業秘密を取り扱い得る地位にあったものといえるから、これに照らして考えると、委任契約終了後の競業避止義務を肯定し得る場合に当たり得るものと考えられ、競業禁止期間が退職後二年間だけ存するという比較的短期間に限られたものであることを併せて考えると、競業行為として禁止される職種や場所の点で問題があることを考えても、限定的な内容のものであるということができ、秘密保持義務確保の目的のために必要かつ相当な限度を超えているとは認められないから、前記競業避止義務特約が公序良俗に反して無効であるということはできない。」（下線は筆者によるほか、実名は変名表記）

4　在任中の従業員への勧誘

　取締役が退職後に会社と同種の事業を行うことを計画してその開業準備行為を在任中に行うことは、善管注意義務・忠実義務に違反しないかぎり、競業避止義務に違反するものではありません。それでは、退任後に会社の競業を開始することを計画している取締役が、在任中に部下等の他の従業員に対して、退職して自己の事業に参加するように勧誘する

463

ことは、取締役の忠実義務違反となるのでしょうか。

これについて、在任中に部下に対して退職勧誘をすれば当然に義務違反となるとする見解もありますが、もちろん、従業員にも職業選択の自由がありますから、妥当ではありません。取締役と当該従業員との間の従来の関係など諸般の事情を考慮して、不当な態様のものに限り、義務違反になります。

例えば、退職勧誘を忠実義務違反と主張することを権利濫用と認めた例として、高知地判平2.1.23があります。

【高知地判平2.1.23金判844号22頁】

「被告Y₁は、形式的には、Aが後任の取締役として就職した昭和五九年七月二三日まで、原告の取締役としての権利義務を有していたものというべきであるけれども、同被告が、退職の意思を強く表明した同年一月八日以降において、原告が、後任取締役を速やかに選任すべき義務を真摯に尽くしていたならば、原告のその当時の株主構成からみて、同被告が退職した同月二五日までに後任取締役を選任できていたものと認められるのに、同被告から同年二月中旬に後任取締役を早急に選任するよう要求されたにもかかわらずその努力をすることなく放置し、そのことの反面として、同被告の職業選択の自由（営業の自由）を妨害しているものと評価できること、被告Y₁が原告を退職した前記認定の事情からすれば、原告と被告Y₁の信頼関係は破れており、商法二五八条の前記の立法趣旨に鑑みれば、同被告に原告の権利義務を継続させることは実質的にみて不適当と考えられること、B興産（注：被告Y₁設立の会社）の営業活動の手段方法に違法不当な点は見出せないこと、被告河野が原告を退職した理由はもっともなものであり、同被告に違法不当な手段方法を弄して原告の顧客を奪い、敢えて原告に損害を加えようとの積極的な害意はなかったこと、被告Y₂及び同Y₃の退職理由も首肯できるものであり、右両名にも右のような害意はなかったこと、C及

第8章 ● 会社法と会社の組織運用等に関する問題

びDは自由な意思で原告を退職してB興産に勤務したものであり、被告らが原告から右両名を引き抜いたものではないこと、E（注：原告会社の代表取締役）と親族関係にない原告の被傭者が相次いで退職していったのは帰するところ経営者たるEの責任というべきであること、以上の諸事情が認められ、これら諸事情を勘案すれば、原告が、商法二五八条一項を根拠にして、原告退職後の被告Y₁になお原告に対する忠実義務及び競業避止義務があることを主張するのは、民法一条に則り、信義則に反する主張として許されないというべきであり、したがって、原告が、商法二六六条一項五号に基づき、同被告に損害賠償を請求することは、権利の濫用として許されないものと解するのが相当である」（下線は筆者によるほか、実名は変名表記）

《取締役に対する退職慰労金》

 退任して独立した元取締役が、退職慰労金を支払うよう請求してきました。当社では退職慰労金制度は採用しておらず、これまでに支払った取締役はいません。退職慰労金を支払う必要があるのでしょうか。

 定款の定めもなく、株主総会の決議もないのであれば、原則として、支払う必要はありません。

1　退職慰労金の発生根拠

　取締役の報酬、賞与は、定款の定めがない限りは、株主総会の決議によって決定しなければなりません（会社法361条）。

　退職慰労金は、終任した取締役に対し支払われるもので、在職中の職務執行の対価として支給される限り報酬等の一種ですから、定款の定めがない限りは、株主総会の決議によって決定されなければなりません。

　よって、定款の定めもなく、株主総会の決議もなければ、取締役に退職慰労金請求権は発生しません。

　なお、いわゆる使用人兼務取締役の場合は、使用人、すなわち労働者としての地位を有しますから、就業規則等で労働者の退職金の定めがあれば、労働者として退職金を請求することができます。

2　中小企業の場合

　いわゆる同族経営やオーナー企業等の中小企業の場合にまで、定款の定めもなく、株主総会の決議もないから、退職慰労金は認められないと、杓子定規に判断してもよいものでしょうか。

　長年オーナー経営者に献身してきたものの、関係をこじらせて退任せ

第8章 ● 会社法と会社の組織運用等に関する問題

ざるを得なくなった取締役が退職慰労金を求めたとします。定款の定めがないことや株主総会決議がないことは、そのオーナー経営者に、遵法意識のかけらもないためであるにもかかわらず、まさにその定款の定めがないことや株主総会決議がないことを理由に退職慰労金請求を認めないということでは、すわりが悪いようにも思えます。

そこで、そのような退任取締役を救済する方向での裁判例も数多く存在します。

例えば、株主全員の同意を認定することにより、株主総会決議と同視し、退職慰労金の支給を認めた裁判例として、大阪地判昭46.3.29があります。

【大阪地判昭46.3.29判時645号102頁】

「……本件約束は取締役退職慰労金を含むものであるところ、株主総会の決議を経ていないから無効であると主張するので、この点につき検討することとする。

本件約束は被告会社の取締役退職慰労金を含むものであることは前記認定のとおりである。…被告会社は…株式会社というのは名前だけのものであり、その実態はそれ以前の個人的営業時代と何ら変わらないものであつて、原告とA（注：被告会社のオーナー経営者）の二人が主として後者が中心となつて営んでいた個人的営業であつた。

……ところで、株式会社における所有と経営の分離を前提として商法第二六五条は取締役、会社間の取引につき取締役会の承認を要する旨規定し、また同法第二六九条は取締役が受けるべき報酬につき定款にその額を定めていないときは株主総会の決議をもつてこれを定めるべき旨規定し、取締役が会社の犠牲において自己の利益を追求する弊害が生じないよう制限しているが、本来法規はあくまでそれが志向する社会的実態を基盤として、その上に生ずる諸々の利害の調整を規律するものであるから、具体的事案をめぐる法規適用の場面においては、当該法規が志向する社会的実態をはなれて運

467

用、解釈することは許されるべきものではないと解するのが相当である。右の見地にたつて本件をみるに、前記認定のように被告会社は一応株式会社として存在しているが、その実態は原告とAとの個人的営業であつて、この場合株式会社における所有と経営の分離という現象自体が存在しない。もし、この場合に前記商法第二六五条、第二六九条を形式的に適用すれば、被告会社の実態にははなはだ即しないものとなる。なお被告会社が、もし前記商法の規定により、本件約束による義務を免れることになれば、右会社の実態からして、原告がその営業から離脱した後、A一人が右規定に藉口して個人的利益を不当に保護される結果になるのみであつて、正義、衡平の観念に反すること著しいものがあるといわなければならない。従つて、本件約束は原告が被告会社の取締役としての地位を兼ねた立場で締結したものであるところ、取締役会の承認をうけていないから無効であるとか、取締役退職慰労金を含むものであるところ、株主総会の決議を経ていないから無効であると、被告は主張するが、被告会社の実態からみて、前記商法の規定の趣旨および正義、衡平の観念に照らし、被告の右主張は許されないものと解するのが相当である」（下線は筆者によるほか、実名は変名表記）

また、従業員としての地位も有していたと認定する裁判例として、千葉地判平元.6.30があります。

【千葉地判平元.6.30判時1326号150頁】
「被告は、予備校と塾を二本柱とする会社であるところ、稲毛、勝田台、二和向台、新検見川に教室を設け事業展開をしていたこと、……原告は、取締役就任前は稲毛教室の教室長兼教務部長として、講師（英語の授業）、広告企画、教材の仕入、社員採用等の人事関係の仕事に従事していたが、取締役就任後は、教室長の地位を退き、新たに本部長に就任し、被告のいわゆるナンバーツーとして、前記

第8章●会社法と会社の組織運用等に関する問題

二本の柱のうちの一つである塾関係の仕事を取り仕切るようになったこと、……取締役就任後は、徐々に授業の担当は少なくなり、昭和六三年からは授業を担当しなくなったこと、……被告では、役員会と称する会合で主たる業務内容の意思決定等を行っていたが、原告は被告代表者とともにこれに参加していたこと、……原告は取締役就任前は一か月金三六万五〇〇〇円の給与を受けていたが、取締役就任後は一か月金六〇万円の支給を受けるようになったことがそれぞれ認められる。

　以上の認定事実によれば、原告が就任した取締役という地位は、まったくの形式的なものにすぎないというのは相当ではなく、取締役本来の任務も果たしていたと認定するのが相当である。

　しかし、他方で、《証拠略》によれば、（一）　被告は会社組織となっているが実質は被告代表者の個人企業と変わりがない企業であり、原告は被告の株式を所有しない平取締役にすぎなかったこと、（二）　取締役就任後も、就任前と同様授業、広告企画等の仕事を担当していたこと、（三）　原告は取締役就任後も従業員として雇用保険に加入していたし、また、被告は、原告が退職する直前である昭和六三年二月まで原告について退職金の支給を前提にした中小企業退職金共済事業団の積み立てをしていたこと、（四）　原告が取締役に就任してからも原告の源泉徴収票には給料、賞与との記載がなされており、取締役就任後に僅かではあるが原告に賞与が支給されていることが認められる。

　以上の認定事実によれば、原告は取締役に就任したものの、依然として従業員の身分を有していたものと認定するのが相当である。

　以上を総合検討すると、原告の退職時の身分は、いわゆる従業員兼任取締役だと認定するのが相当である。そうだとすると、原告は、従業員の部分については、被告に対し、退職金の請求が可能ということになる」（下線は筆者）

469

このように、中小企業の場合は、裁判所としても、会社法の規定を杓子定規に適用して結論を出すのではなく、ある程度結論の妥当性を考慮したケースバイケースの判断をする傾向が見てとれます。

　そうであるからといって、裁判所の事後的な判断に委ねるような会社運営は会社の法的安定性を著しく損ないますから、会社法の規定に従い、株主総会決議はとっておくべきでしょう。

《グループ会社の法的性格と整理》

 現在、グループ会社が3社あるのですが、それぞれの会社が独立して存在しているという意識はなく、渾然一体となっていて、それぞれの会社は、一つの会社の別の部門くらいの意識です。特に問題がなければこのまま運営してもよいものでしょうか。

 グループを構成する各会社は、それぞれ独立した法人格を有し、権利義務の主体となるため、「一つの会社の別部門」という扱いは相当ではありませんし、できません。

また、人事の面から見ても、異動のハードルが上がる、管理が複雑になるなどのデメリットがあります。

グループ会社である必要がなく、メリットを活かせていないのであれば、合併などの組織再編をして、法人格の整理をすることが望ましいと考えられます。

1　グループ会社の意義と法的規制

現代においては、企業は、単独の会社で事業を行うのではなく、複数の会社等でグループを形成して事業を行っていることが少なくありません。

このようなやり方は、複数の事業を営む場合にそれぞれの事業の業績を正しく評価できる、組織の肥大化を防いでスピーディーな経営判断ができる、機関設計・労働条件などについて事業の特徴に応じた組織構築ができる、事業失敗のリスクが分散できるなど、経営の効率化や企業価値の向上に役立つと考えられます。

他方、会社法は、グループ会社について、子会社・親会社という概念を定義して（会社法2条3号、4号）、様々な調整を規定しています。また、子会社にあたらない場合であっても、関連会社（会社計算規則2条3項18号）に当たる場合は、会計処理に注意する必要があります。

このように、グループ会社の場合、単独の会社で事業を行う場合とは異なる法的規制および会計基準に服することになります。

さらに、グループを構成する各会社等は、あくまで独立して事業を行うため、本体の会社等の立場から見ると、管理監督が行き届きにくくなるといえます。加えて、いわゆる人事総務などのバックオフィスの部門が重複するため、コストが余計にかかることがあると考えられます。

上記のとおり、複数の会社等でグループを形成して事業を行うことは、経営手法として様々なメリットがある一方、デメリットや注意点もあるといえます。

【親会社・子会社・関連会社の定義】

▶親会社…株式会社の経営を支配している会社等（会社法２条４号）

▶子会社…ある会社が経営を支配している会社等（同条３号）

　「経営を支配している場合」＝「財務および事業の方針の決定を支配している場合」（会社法施行規則３条２項）

　　例）会社が他の会社等の議決権の50％超を自己の計算において所有している場合

▶関連会社…ある会社がその財務および事業の方針の決定に対して重要な影響を与えることができる会社等のうち、子会社以外のもの（会社計算規則２条３項18号）

　　例）会社が他の会社等の議決権の20％以上を自己の計算において所有している場合（ただし、子会社ではないもの）（財務諸表等の用語、様式及び作成方法に関する規則８条６項１号）

【親会社・子会社に関する主な規制】

▶子会社による親会社株式取得の原則禁止（会社法135条）

▶相互保有株式の議決権制限（会社法308条１項）

▶株主等の権利行使に関する子会社の計算における利益供与の禁止（会社法120条）

第8章 ● 会社法と会社の組織運用等に関する問題

> ▶会計参与・監査役の子会社の取締役・執行役・使用人との兼任禁止（会社法333条3項1号、335条2項）
> ▶監査役の子会社の会計参与との兼任禁止（会社法335条2項）
> ▶重要な子会社の株式を譲渡する場合、原則株主総会決議による承認が必要（会社法467条1項2号の2）
> ▶企業集団の業務の適正を確保する内部統制システムの構築（会社法362条4項6号）
> など

2 人事管理面から見たリスク

　複数の会社等でグループを形成して事業を行う場合、人事管理面についても注意が必要です。

　人事異動について、一つの会社内における職務内容、勤務地の変更であれば、「配転」となります。これに対し、グループ会社間であっても、他の会社の業務に当該会社の指揮命令下で従事させる場合、「出向」または「転籍」となります。

　それぞれ有効要件と効果が異なるため、正しく区別されなければ、人事異動が有効と認められない可能性があると共に、不法行為に基づく損害賠償責任を追及されるリスクがあるといえます（**図表26**）。

図表26　配転・出向・転籍の要件・効果の整理

	要件	効果	
		労働契約関係	指揮命令権
配転	法的根拠＋権利濫用でないこと	変更なし	変更なし
出向	法的根拠＋権利濫用でないこと	出向元および出向先の双方との間に成立	出向先
転籍	労働者の同意	転籍先との間に成立	転籍先

473

配転と出向を比較した場合、就業規則・労働契約上の根拠規定や採用時の同意といった法的根拠があり、権利濫用にあたらない場合には命令可能である点で共通します。ただし、配転は会社内の人事異動であるのに対し、出向は会社間の人事異動であることから、労務提供先の変更に伴い労働者に生じ得る不利益（雇用の継続、労働条件、キャリア等）に対する配慮が必要であると考えられます。そのため、出向の方が有効と認められる要件が厳しいといえるでしょう。

また、出向の場合、出向中の労働関係がやや複雑になります。出向元および出向先の双方との間に二重の労働契約が成立すると解されているところ、出向元と出向先のどちらの就業規則がどのような範囲で適用されるのか、どちらの会社が労働関係法上の責任主体となるのか、出向先との間に具体的にどのような権利義務関係が生じるのか等について問題となります。賃金支払、勤怠管理、人事等の当該事項について実質的な権限を有しているのはどちらか、個別具体的に検討していくことになり、労務管理により高度な注意が必要とされます。

転籍の場合、転籍元との労働契約関係は終了して、転籍先との間で労働契約関係が設定されるので、出向に比して、人事異動後の効果はすっきりします。しかし、転籍は、労働契約関係も指揮命令権も転籍後の会社に変更されるため、労働者に生じる不利益に配慮する必要性がより高いと解されます。そのため、転籍にあたって労働者から個別具体的な同意が得られない場合、就業規則等に「転籍を命じることがある」等の包括的な根拠規定があっても、転籍命令の有効性が否定されるリスクが小さくないと考えられます（三和機材事件―東京地判平7.12.25参照）。

以上からすると、グループ会社の場合、一つの会社である場合よりも人事異動のハードルが高くなるといえます。

【三和機材事件―東京地判平7.12.25労判689号31頁】
事案の概要：
　倒産後、会社再建のために新会社を設立して業務移管した際、業

第8章 ● 会社法と会社の組織運用等に関する問題

務移管に先立って転籍を含む出向についての取扱いを定める出向規程を設ける就業規則変更を行い、当該変更後の就業規則に基づき、転籍出向命令を発した事案。

労働者は、転籍出向命令を拒否し、新会社への出勤を拒んでいることを理由に解雇されたため、解雇を無効として、労働契約上の地位確認および解雇以降の賃金の支払、不法行為に基づく損害賠償請求を求めて提訴した。

判示内容：

「変更された就業規則に基づく業務命令として従業員に対して転籍出向を命じうるためには、特段の事情がない限り、こうした不利益を受ける可能性のある従業員の転籍出向することについての個々の同意が必要であると解するのが相当」であるとした上、当該労働者の転籍出向命令拒否が信義則違反・権利濫用に当たるとはいえないとして、解雇は無効であると判断した。

また、不法行為責任の成立を認め、解雇前に受領していた平均賃金額、当該会社における昇給の実情、賞与支給基準等諸般の事情を斟酌して、慰謝料として700万円の支払を命じた。

3 組織再編による整理

上記のとおり、グループ会社であることは様々な会社法上の規制および人事管理の側面から見た煩雑さが存在するところ、渾然一体となって運営されている場合は、これらの規制がないがしろにされているおそれがあります。

このような状況を改善するためには、各社を合併するなどの組織再編手続きを実施して、法人格を統一化し、各事業部門として再編成するような方法が考えられます。

475

《M&A（合併と買収）》

 資金に余裕があるので、M&Aを考えています。どのような流れで進めればよいでしょうか。また、対象会社がどのような法的問題を抱えているのかよくわかりません。

 概略をいえば、対象会社を選定したら、基本合意を締結し、基本合意に基づき対象会社の詳細な調査を行い、調査の結果問題がなければ、本契約を締結し、契約に従ったクロージングをしてM&Aが完了という流れになります。法的問題については、通常は、法務Due Diligenceを専門家に依頼し法的リスクなどを洗い出し、M&Aを進めるのか、買収価格はいくらにするのかなどの判断材料とします。

1　会社の買収とは

M&Aとは、Merger and Acquisitionの略で、日本語でいえば、合併と買収です。M&Aとヒトコトに言っても、方法は一つではありません。一般にM&Aと呼ばれるものの中には、次のような方法が含まれると考えられます（**図表27**）。

図表27　M&Aの主な手法

方法	内容
吸収合併、新設合併	一つの法人格になる
株式譲渡、新株引受	株式を取得し株主となる。グループ会社となる
株式交換、株式移転	100％子会社を作る
事業譲渡、会社分割	事業を譲り受ける

会社としては、この中から、メリット、デメリットを検討し、どの方法によるのかを決定します。なお、このほかにも、ゆるやかな提携として、販売提携、生産提携、業務提携など、様々な企業提携の形はありま

第8章●会社法と会社の組織運用等に関する問題

すが、これらは、一般的には、M&Aには含まれないと考えられます。

2　M&Aの流れ

　さて、具体的な流れについて見てみましょう。多くの場合、M&Aの仲介事業者（信託銀行などが関与する場合もあります）を通じて、対象となる企業の紹介を受け、関心のある企業を選定していきます。

　対象会社を選定し、具体的に紹介を受けたら、まずは、①対象会社との間で基本合意書を締結します。今後、企業にとって大切な情報を、開示しながらM&Aを進めることになるので、この際に、秘密保持契約も同時に締結するのが一般的です。②そして、通常は、対象会社の詳細な調査、すなわちDue Diligence（以下、「DD」と略します）を行います。③このDDにより、対象会社の抱えるリスクの洗い出しなどを行い、この結果に従い本契約を締結し、最後に登記などの契約に従ったクロージング手続きを行います。

　以下では、それぞれのフェーズについて、簡単に見ていきましょう。

3　基本合意

　基本合意書は、M&Aの基本的な合意が得られた段階で交わされる書面で、これにより、今後のスケジュールを確定します。

　もちろん、ケースバイケースですが、そのほか、後に行うことになる買主によるDDへの協力義務、クロージングの条件、独占交渉権の設定（買主としては、DDなどかなりの費用と労力をかけてM&A交渉をするのですから、当然、売主が他の会社とも交渉して、他の会社に買収されてしまうということでは困ります）等が定められます。

　今後DDをすることにより、重要な情報を開示することになりますので、秘密保持契約を同時にかわすことも重要であると考えられます。

477

4 デューデリジェンス

DDとは、何のことでしょうか。簡単に言えば、会社の詳細な調査のことです。対象会社を外部から調査するのは限界があるため、基本合意書に従い、対象会社の協力を得て、詳細な調査を行うのです。

DDには、調査のアプローチによって、法的リスク等を調査する法務DD、財務諸表上の適正性等を調査する財務DD、ビジネスモデルの将来性やシナジー効果等を調査する経営ビジネスDD等に分類されます。通常は、法務DDは弁護士が、財務DDは公認会計士や税理士が、ビジネスDDは経営コンサルタント等が担当することになります。

DDの主な目的は、そもそもM&Aを進めてよいのか、リスクは何なのか、買取価格をどう設定するのか、の判断材料とすることにあります。

法務DDでは、経営者に対するインタビュー、Q&Aによるやりとり、資料の徴求等を通じて例えば、会社の沿革（適法に成立している会社なのか等）、株主の状況（現在の株主は誰なのか、真の株主なのか等）、組織の状況（権限規程、社内規定等）、許認可関係（事業に必要な許認可に問題はないか等）、知的財産権関係（知的財産権の管理は適切になされているのか、他社の知的財産権の侵害はないか等）、契約関係（支配権者が変わることによって終了する重要な契約はないのか等）、労務管理（労務管理は適切になされているか、残業代請求等をされるリスクはないのか等）、環境問題（責任をとわれるおそれのある環境汚染行為はないか等）、係争関係（訴訟等の対象会社が抱えているトラブルの状況）など、あらゆる側面から法的問題の洗い出しをする必要があります。

5 本契約

DDの結果（通常は、DDを担当した専門家からレポートが提出され、報告を受けます）を踏まえて、M&Aを進めることに問題がないと判断した場合、本契約を締結することになります。ここがM&A実施に向け

第8章 ● 会社法と会社の組織運用等に関する問題

たヤマ場です。もちろん、DDの結果、当初は把握していなかったリスク等が明らかになったり、思ったほどシナジー効果がなさそうなことが明らかになったりで、やはりM&Aを進めないという選択肢もあり得ます。

　本契約で定める条項は、１で紹介したM&Aの方法のうちのどれを選択するのかによって異なりますが、買収価格や支払方法、役員に関する事項、一定の事態が生じた場合にはM&Aを中止することができる停止条件、表明保証条項等、多岐にわたります。

　表明保証条項は、M&A取引においては当然のように出てくる条項ですが、一般的な契約条項に入っていることは少なく、あまり馴染みがないかもしれませんので、簡単に説明しておきましょう。

　M&A取引においてはスピードが重要視されるため短期間でDDや情報収集をしなければならず、買主において対象会社の内容を完全に把握しておくことには困難が伴います。その一方で、M&Aは、基本的に会社が対象となる取引ですから、紛争化した場合の当事者がこうむる経済的不利益も甚大なものになります。

　そのような経済的不利益を回避するための法技術の一つが、表明保証条項です。

　表明保証とは、契約当事者が、ある時点における、契約目的物に関するある事実について、真実かつ正確であることを表明し、これを保証することをいいます。

　例えば、対象会社には、ある時点の貸借対照表に表示されている債務以外にはいかなる債務も存在しないことが真実かつ正確であることを、売主が、表明、保証し、取引後に簿外債務が明らかになった場合など、当該表明および保証に違反した場合は、これによって生じた損害等の補償を買主にしなければならないという条項です。

　買主としては、懸念されるリスクをできる限り挙げ、これを盛り込むことによってリスクを売主に転嫁させることができます。一方で、売主としては、記載された事実についてリスクを負担することになりますが、代わりに売却価格を高値で維持することができるという経済的なメ

479

リットがあります。

　この表明保証は、スピードが求められるM&A取引において、売主と買主との間で、適正なリスク分配を行わせる法技術といえるでしょう。

6　クロージング

　本契約を締結した後は、最後に、登記手続き、株式譲渡手続き、定款変更手続き等、契約に従ったクロージング作業をし、一応、M&Aの流れは終了です。もちろん、異なる企業が一つになるわけですから、雇用条件の統一はどうするのかなど、この後にも、ビジネスを軌道に乗せるためにしなければならない作業はたくさんあります。

第8章 ● 会社法と会社の組織運用等に関する問題

《株主代表訴訟》

Q105 株主から株主代表訴訟を提起されました。どのような手続きであるのか十分に分かっていませんが、どう対応したらよいのでしょうか。明らかに不当な請求であると思うのですが、株主代表訴訟にはどのように対応すればよいでしょうか。

　株主から会社の監査役に対し、経営上の失態を犯したことなどを理由として、ある取締役の責任を追及するよう要求がなされた後、監査役が一定期間内に当該取締役の責任を追及する訴訟を提起しない場合には、株主自身が当該取締役の責任を追及するための訴訟を提起することが可能となります。

　もっとも、これらの責任追及が、取締役に対する単なる嫌がらせ目的であるような場合には、裁判所に対し、①裁判の却下を求める主張をしたり、②訴訟が係属している間、訴訟を提起した株主に対し一定の担保を供託するよう命じる決定を求めたりすることができます。

1 株主代表訴訟

　会社の取締役は、会社から「会社をうまく経営してください」という依頼を受けて職務を行っているわけですが、その職務を行う上で会社に損害を与えた場合にはその責任を負わなければなりません。

　そこで、会社法は「株主代表訴訟」という会社の利益、ひいては株主の利益を回復・確保するための制度を設けています。

　ここで「株主代表訴訟」とは、株主が会社を代表して、取締役等の会社の役員に対しその職務上の責任を追及するために提起する訴訟をいい、正しくは「責任追及等の訴え」といいます（会社法847条）。

　取締役の職務によって会社が損害をこうむったのであれば、本来、その被害者である会社自身が取締役の責任を追及することになります。し

481

かし、多くの会社においては、「責任を追及する側の取締役」も「責任を追及される取締役」も同僚や身内みたいなものですから、厳しく責任追及することを期待することはできません。

とはいえ、このまま取締役の責任追及を放置すれば、会社がこうむった損害は放置されたままになりますし、それにより株主の利益が侵害される（剰余金の配当が減るなど）こともあり得ます。

そこで、会社法は、「取締役の責任追及」について、株主にイニシアチブを与え、これにより、会社と株主の利益の回復を図ることとしました。

もっとも会社法は、いきなり株主による訴訟提起を認めてはおらず、取締役の責任追及は、まず株主が会社（監査役）に対し、「取締役の責任追及」を行うよう求めるところからはじまります（これを「取締役の責任追及請求」といいます）。

そして、会社法847条３項が定める一定の期間（60日）以内に会社が「取締役の責任追及」のための訴訟を提起しない場合、改めて、当該「取締役の責任追及請求」を行った株主が、会社のために株主代表訴訟を提起することが可能となります。

2　不当な目的による株主代表訴訟を排除する方法

ところで、この「株主代表訴訟」ですが、かつては、「株主代表訴訟を提起されたくなかったら、○○をよこせ」といった不当な目的に使われたり、経営を撹乱したり、経営陣に対する個人的な復讐等のために悪用されるような時期がありました。

いわゆる、"特殊株主"や"総会屋"と呼ばれる方々が、会社や株主の利益を回復・確保するためと偽り、また、訴訟を提起する際の印紙代が低額ということもあり本来の法の趣旨から外れた目的で「株主代表訴訟」が濫訴されたため、これらの不当な"輩"から会社を保護する方向にシフトチェンジする必要性が生じたわけです。

ここで会社法は、「株主代表訴訟」について、「責任追及等の訴えが当

該株主若しくは第三者の不正な利益を図り又は当該株式会社に損害を加えることを目的とする場合」は、訴訟を提起・維持することを認めない旨、規定することとしました（会社法847条1項ただし書）。

　要するに、「株主代表訴訟」において株主の「不当な目的」が判明した場合には、果たして取締役が責任追及されるような行動をしたのかどうかを判断することなく、株主に「不当な目的」があることのみをもって、当該訴訟を却下することとしたわけです。

　不当な「株主代表訴訟」を提起された取締役側の訴訟戦略としては、「訴えの却下を求める本案前の答弁」という反論・防御方法をとることになります。

3　担保提供命令の申立て

　さらに、会社法836条は、「不当な目的」を持った株主による「株主代表訴訟」を排除するために、「立担保制度」という仕組みを設けました。

　この「立担保制度」とは、「株主代表訴訟」の被告となった取締役側が、当該訴訟が株主の「悪意」によって提起されたものであることを疎明（裁判官の「間違いない」という心証には至らずとも、「確かだろう」という推測を獲得すること）することに成功した場合、裁判所が株主側に対し、相当額の担保金を提供するよう命じる制度です。

　この仕組みにより、印紙代が安価であることをいいことに「不当な目的」を持って「株主代表訴訟」を繰り返すような株主に対し、「相当額の担保金を提供させる」、さらに「訴訟で負けた場合には、後日、取締役側への損害賠償のために使われてしまうかもしれない」というプレッシャーを与えることができ、これによって、濫訴を防止することができるわけです。

　なお、ここで「悪意」とは「株主が株主代表訴訟で主張する権利などが、事実的、法律的根拠を欠いていることを知りながら、または、嫌がらせのため、取締役を害することを知って代表訴訟を提起することを指

483

すもの（ミドリ十字株主代表訴訟抗告審決定—大阪高決平9.8.26判タ974号219頁）」と判示されています。

　もちろん、中には、取締役の責任が追及されてしかるべき事案もあります。

　しかしながら、このような場合であっても、取締役側が株主の「不当な目的」を明らかにすることに成功すれば、株主に対し相当額の担保金の提供を命じさせることが可能です。

　このようなバランスをとることにより、会社と株主にとって本当に意義のある「取締役の責任追及」が審議されるように工夫しているわけです。

　そして、相当額の担保金の支払が命令されたにもかかわらず、一定期間内に当該担保金を供託しない場合、「株主代表訴訟」は終了します。

第8章 ● 会社法と会社の組織運用等に関する問題

《種類株式を活用して株主ごとに異なる取扱いをする場合》
会社の株式（100％）を三人の息子が相続することになるのですが、相続争いは避けたいと考えており、三男に会社の経営を任せたいと考えています。何か生前に対策することはできるでしょうか。

　定款を変更し、現在、発行済普通株式の3分の2を「議決権制限株式」に変更し、長男と次男には、それぞれ3分の1ずつ「議決権制限株式」を、三男には「普通株式（議決権付株式）」を相続させる旨の遺言を作成し、創業者の死後は三男のみが議決権を行使できる仕組みを整えておくという方法があります。
　また、非公開会社であれば、議決権などの株主の権利について、保有する株式の数に関わりなく、一部の株主にとって不平等な内容を定め、その代償として当該株主への剰余金の配当を多額にするという仕組みも可能なので、三男に会社の経営を集中させ、長男と次男はお金で解決するということも可能です。

1　株主平等原則

　株主は、その保有する株式の数に応じて株式会社を所有していると考えられています。
　すなわち、全部で100株発行されている株式会社において、10株を保有している株主は、会社の10分の1を所有していると考えることができるわけです（もちろん、だからといって会社の財産の10分の1をよこせ、という要求はできません）。
　他方で、取締役等の経営者は、会社を所有する株主から「会社の経営を頼む」という依頼を受けて（株主総会で取締役として選任されるということです）経営を行うことになります。
　このように、株式会社という制度が、お金を出資する株主は特に経営の能力をもっていなくても、経営については経営のプロである取締役等

485

に任せることで数多くの資本家から出資を募ることが可能となるような
システムを構築したわけです（これを「所有と経営の分離」といいます）。

このようなシステムから当然に導かれる効果として、株主＝無個性＝
お金に近い存在となるわけですから、株主の扱い方としては、個人とし
ての個性や能力等にとらわれることなく、その保有する株式の内容と数
に応じて対応すればよいということになります。

ここで、「株式の内容と数に応じて対応する」とは、同じ内容の株式
であれば同じ権利を与えなければならないことを意味し、会社法109条
は、「株式会社は、株主を、その有する株式の内容及び数に応じて、平
等に取り扱わなければならない」と定めています（これを「株主平等原
則」といいます）。

2 種類株式の活用

上記のとおり、株式会社には、株主に対し、「株式の内容及び数に応
じて、平等に取り扱う」義務が課せられています。

もっとも、「株式の内容に応じて」とあるように、いかなる場合でも
株式1株を平等に取り扱うわけではありません。

例えば、会社法は「種類株式」という、「株主平等原則」を発展させ
た制度を規定しています。

この「種類株式」とは、普通株式と比較して、権利の内容が異なる（あ
る事項について優先権を持たせていたり、劣後させていたり）株式を意
味し、会社法108条は、9種類の「種類株式」を発行することができる
旨、規定しています。

【会社法108条　種類株式】

① 剰余金の配当に優劣を設けた株式

② 残余財産の分配に優劣を設けた株式

③ 株主総会で議決権を行使できる事項に制限を設けた株式

第8章 ● 会社法と会社の組織運用等に関する問題

④　譲渡制限を設けた株式
⑤　株主による株式の取得請求権に制限を設けた株式
⑥　一定事由の発生を条件として会社が株主から一方的に取得できる株式
⑦　会社が株主総会決議でその種類の株式の全部を取得できる株式
⑧　一定の決議事項について、当該種類株主の種類株主総会の決議がないと会社の決議として認めない旨の株式
⑨　種類株主総会の決議で、取締役会・監査役の選任ができる株式

　前述の「株主平等原則」との関係では、内容を変更した特別な株式を発行しても、当該特別な株式を保有する株主の間（種類株主の間）で不平等に取り扱われなければ、株主平等原則に反することはないのです。

　このような「種類株式」の例として、①であれば、剰余金について普通株式を保有する株主より優先的に配当することができる株式（優先株式）が挙げられますし、また、①と③を掛け合わせた株式として、剰余金の配当を優先的に受けられるが議決権はないという株式（無議決権株式）を挙げることができます。

　設問の場合、これらの「種類株式」の制度を利用し、例えば、長男および次男が会社の経営に興味がないのであれば「議決権がない株式」を発行してこれらの株式を相続させ、三男には「議決権がある株式」を相続させる（株式の数としては、それぞれ3分の1ずつ）という遺言を作成することで、株式をめぐる無用な相続紛争を避けることができ、かつ会社の意思決定も三男が円滑に行うことができることになります。

　さらに、これらの「議決権がない株式」に「剰余金の配当を優先する権利」を付与すれば、経営には興味ないがお金には興味がある長男および次男を納得させることも十分にできるでしょう。

487

3 株主ごとに異なる取扱いを行う方法

また、会社法は、株式を譲渡する際に株主総会や取締役会の承諾を条件とする非公開会社に限り、株主ごとに異なる取扱いをすることができるとも規定しています（会社法109条2項）。

これは「株主平等原則」の大きな例外であり、権利の内容が異なる株式の話ではなく、「株主」ごとに「この株主さんには、保有する株式の種類や数にかかわらず、こういう権利を付与する」、「この株主さんだけは、保有する株式の種類や数にかかわらず、こういうときの決議には参加できないようにする」という取扱いをすることができるという制度です。

そして、この制度の利用方法としては、会社の定款を変更して、会社法105条1項各号に規定する権利の内容、すなわち、①剰余金の配当を受ける権利、②残余財産の分配を受ける権利、③株主総会で議決する権利を「株主」ごとに変更することになります。

例えば、同じ「普通株式」を保有していたとしても、定款をもって「誰々の株式については、議決権を制限する」旨を規定することで、剰余金等の配当は受けることができるが、取締役を選任する等の経営には関与できない特定の株主を誕生させることができるわけです。

設立当初において、ある特定の株主との間で、出資して利益はもらうが経営には口を出さないといった信頼関係が存在するような場合には、この制度を利用する価値が十分にあります。

設問においても、定款を変更し、会社の取締役を務める予定の株主のみ議決権がある旨の規定を設けることで、現経営者の死後、その株式は3分の1ずつ相続したとしても、三男に経営を集中させることができることでしょう。

第8章 ● 会社法と会社の組織運用等に関する問題

《株式会社をたたむときに必要な手続き》

Q107 株式会社をたたもうと思っています。どのような手続きを行えばよいですか。また、期間はどのくらいかかりますか。

株主総会での決議等により会社を解散させた上で、会社の取引関係等を終了させ、債権・債務や残余財産の処理（清算）、また関係各所への届出や登記等の手続きを行うこととなります。期間としては最短で約2カ月半、清算に要する期間が長ければ数年かかることもあります。なお、債務超過の状態である場合には、解散ではなく、破産または特別清算等の手続きが必要です。

1 解散と清算による会社の消滅

株式会社をたたむには、会社の解散、清算等の手続きが必要です。なお、債務超過の状態である場合は、解散ではなく、破産または特別清算等の手続きが必要です。

(1) 株式会社の解散

株式会社の解散には、会社法に定められた解散の原因・理由となる事実（「解散事由」）が必要です（会社法471条）。定款で定めた会社の存続期間の満了や、定款に定めた解散事由の発生といった事実がない限り、自らの意思で会社をたたもうとする場合は、株主総会の特別決議（同法309条2項11号）によることとなります。もっとも、解散によって直ちに会社が消滅するのではなく、後述する会社の財産関係の清算の完了によって会社の法人格が消滅し、法的な手続きが完了します。つまり、ここでいう「解散」とは、今後は売上げを上げることをしないようにして会社の業務を終了させ、会社に残った財産を整理・処分して会社の財産を空っぽにするため会社の消滅に向けた手続きに入るといった意味になります。

489

会社が解散すると、それまでの会社の取締役が「清算人」（代表取締役が代表清算人）となります。なお、定款で定める者や総会決議で選任された者が清算人となることもできます（同法478条1項、483条4項）。

清算人は、会社の解散の時点で継続中の事務や取引を終了させ、会社の「清算」（債権の取立て、債務の弁済、残余財産の分配等）を行います（同法481条）。解散前の会社において取締役が会社を運営していたのと同じように、解散した会社の清算という目的に向けた業務を執行するイメージです。

解散にあたっての対外的な手続きとしては、会社が解散し清算手続きに入ったことを公示するため、解散してから2週間以内に解散登記と清算人の登記をするとともに、解散から2カ月以内に官報に解散公告を出します。また、税務署と都道府県税事務所に、会社が解散した旨の異動届出書を提出します。社会保険、労働保険や給与支払に関する税務についても、所轄の年金事務所やハローワーク、税務署に届出書等の必要書類を提出しなければなりません。

また、解散から2カ月以内に、事業年度開始日から解散日までの確定申告（解散確定申告）を税務署へ提出します。

（2）清算

清算人は、就任後、まずは清算手続きに入った会社（「清算株式会社」）の財産を調査し、会社が清算株式会社になった日における財産目録・貸借対照表を作成します（会社法492条1項）。そして、これらを株主総会に提出し、承認を受ける必要があります（同条3項）。

次に、債権者に対して会社が解散したことを知らせます。一定の期間（2カ月以上）内に、その会社の債権を持っていることを申し出るべき旨を官報に公告するとともに、会社に知れている債権者には個別に連絡します（同法499条1項）。この間に、調査によって明らかになった会社の財産を換価し、申出期間の経過後に、申し出た債権者と会社に知れている債権者の全員に弁済します。債務の弁済まで少なくとも2カ月の

第8章 ● 会社法と会社の組織運用等に関する問題

申出期間を経なければならないことから、会社を消滅させる手続き全体で見ると少なくとも約2カ月半以上の期間を要することとなります。

そして、会社の債務の弁済後に、保有する株式数に応じて残余財産を株主に分配することになります（同法504条3項）。会社資産を換価して金銭により交付する方法のほか、金銭以外の現物を交付することもできますが、株主が現物ではなく金銭の交付を請求した場合は、その現物の価額に相当する金銭を交付しなければなりません（同法505条）。

このように、会社の財産を換価した上で債権者への債務の弁済と株主への残余財産の分配を行うこととなりますが、財産が多数あり換価に時間を要する等の事情があれば、それだけ清算に時間がかかり、すべての手続きを完了して会社を消滅させるまでに数年かかることもあります。

上記の清算に関する事務の終了後、決算報告を作成し、株主総会の承認を受ける必要があります（同法507条1項、3項）。この承認を受けることで、清算人が会社に対して負う任務懈怠による賠償責任（清算に関する任務を怠ったことで生じた損害を賠償する責任）は免除されたものとみなされます（同条4項本文）。

なお、清算株式会社について債務超過の疑いがある場合は、上記の清算手続き（「通常清算」）ではなく、「特別清算」という手続きによることになります（後述）。

（3）清算終了後の手続き

清算事務の終了と決算報告の株主総会による承認をもって、清算は終了し、会社の法人格は消滅しますが、会社の消滅を世間に公示するために、決算報告を承認した株主総会の日から2週間以内に清算が終了した旨の登記（清算結了登記）をしなければなりません（同法929条1号）。

税務上の手続きとしては、税務署と市区町村に清算を結了する旨を記載した異動届出書を提出し、また、清算の確定申告をする必要があります。

以上で会社をたたむ手続きは完了しますが、清算の終了の登記の時から10年間、会社の帳簿と重要な資料を保存しなければなりません（同

491

法508条1項)。

2 休業と休眠会社のみなし解散

　会社を休業状態にする方法もあります。この場合、取引関係の終了や債権・債務の処理等によりそれまでの会社の業務を終了させた上で、市区町村と税務署に休業する旨を記載した届出書を提出すればよく、解散や清算の手続きをする必要はありません。

　また、その会社に関する最後の登記の日から登記をしないまま12年間を経過すると、「休眠会社」であるとの公告がされ、この公告から2カ月以内に届出またはその会社に関する登記をしない場合は会社が解散したものとみなされます（「みなし解散」、会社法472条）。

　しかし、休業するとはいえ会社の法人が存続している状態が続くため、毎年税務申告を行う必要があるほか、自治体によっては法人住民税（均等割）が課税される可能性があります。また、役員の任期等が満了する限りは、登記する必要がありますので、登記の懈怠が生じることも避けられませんので、過料の制裁を受けるおそれもあります（同法976条1号）。このような事態を避けるためには、上記**1**で述べた会社の解散・清算の手続きを踏み、きちんと会社を消滅させる必要があります。

3 債務超過の場合─倒産手続き

　会社をたたむ時点で会社の債務が財産の総額を上回っていると思われる場合は、上記**1**、**2**の手続きではなく、いわゆる「倒産」に向けた手続きによることとなります。

（1）私的整理

　債権者との話合いによって各債権者への返済額等を決定し、会社の債務の問題を解決するものです。大口債権者を中心とした債権者委員会が

492

第8章●会社法と会社の組織運用等に関する問題

主導する場合のほか、債務者である会社の代理人の弁護士が主導する場合もあります。法に定められた倒産手続きよりも簡易・迅速であり、また関係者限りの手続きであるため、公告などを行うような手続きよりも、倒産の事実を世間に知られにくいという利点があります。

　一方で、裁判所等の公的機関の主導で行われるものではないこと、法に定められた手続きがないことから、手続きが不透明なものとなる場合もあり、また債権者間に不公平が生じる可能性があります。また、債権者全員の合意が必要であるため、1人でも合意に応じない債権者がいれば、この私的整理による解決はできません。

（2）破産手続き

　債権者間の公平を図るため、法に定められた手続きに従って債務者の財産を金銭にして債権者に返済する手続きであり、会社の倒産の場合にも個人の破産の場合にも用いられます。裁判所の監督のもと、破産管財人（主として弁護士が選任されます）を中心として、会社の負債と財産を管理・調査し、財産を換価して、債権の内容と金額に応じて平等に弁済（破産手続きにおいては、「配当」といいます）することとなります。債権者への配当が1回または複数回行われ、手続きの最後に行われる「最後配当」、債権者集会への計算報告の後、裁判所による破産手続き終結の決定の公告をもって、破産手続きは終了します。

（3）特別清算

　株式会社の場合、破産手続きよりも簡易な特別清算という方法もあります。これは、上記1の会社の解散・清算のうち、会社に債務超過の疑いがある場合等における清算についての特別手続きですが（会社法510条2号）、株主総会決議等により会社を解散させるところまでは同じです。

　通常清算と同じく清算人の主導により行われますが、裁判所の監督の下に行われる点（同法519条1項）、債権者が手続きに参加する点など、債務超過の状態において債権者への平等な弁済を行うために通常とは異

なる手続き・制度となっています。また、破産手続きでは会社の財産を債権の内容と金額に応じて平等に分配するのに対して、特別清算では債権者の決議（多数決）により配当額を定めることができ（同法563条以下）、事案に応じた柔軟な解決が可能になっています。

判 例 ・ 裁 判 例 索 引

裁判所・結果	言渡し日付	出典資料	事件名	本書の頁
名古屋高金沢支判	昭29.11.22	下級裁判所民事裁判例集5巻11号1902頁		439
最二小判	昭31.6.29	民集10巻6号774頁		395
最二小判	昭31.10.5	集民23号409頁		440
最三小判	昭39.2.4	民集18巻2号252頁		333
最三小判	昭39.5.12	民集18巻4号597頁		21
浦和地判	昭40.12.16	労判15号6頁	平仙レース事件	278
東京地判	昭42.4.8	判タ208号186頁		439
大阪高判	昭43.3.14	金判102号12頁		438, 439
最三小判	昭43.4.2	民集22巻4号803頁		50
最大判	昭43.12.25	民集22巻13号3511頁		400
最二小判	昭44.3.28	民集23巻3号645頁		399
最一小判	昭44.6.26	民集23巻7号1264頁		50
東京地判	昭44.10.22	判タ242号275頁		342
大阪地判	昭45.2.27	判時625号75頁	パーカー万年筆事件	238
奈良地判	昭45.10.23	判時624号78頁	フォセコ・ジャパン・リミティッド事件	307, 311, 315
大阪地判	昭46.3.29	判時645号102頁		467
最三小判	昭47.1.25	判時662号85頁		3
東京地判	昭47.11.1	判時696号227頁		439
最三小判	昭48.5.22	民集27巻5号655頁		447
最三小判	昭50.2.25	民集29巻2号143頁		338
最二小判	昭50.12.26	民集29巻11号1890頁		50
最一小判	昭51.7.8	民集30巻7号689頁	茨城石炭商事事件	342
最三小判	昭52.12.13	民集31巻7号1037頁	富士重工業事件	297
最二小判	昭54.2.23	民集33巻1号125頁		398, 400
大阪地判	昭56.3.24	労経速1091号31頁	すし処「杉」事件	355
東京地決	昭57.11.19	労判397号30頁	小川建設事件	276
東京高判	昭58.4.28	判時1081号130頁		457
最三小判	昭58.6.7	民集37巻5号517頁		412
東京地判	昭58.6.10	判タ517号142頁		10
名古屋高金沢支判	昭58.9.21	労民34巻5〜6号809頁		292
最三小判	昭59.9.18	集民142号311頁		51
最二小判	昭60.3.11	労判452号13頁		302
最三小判	昭60.3.26	判時1159号150頁		439
最二小判	昭60.12.20	民集39巻8号1869頁		394
最二小判	昭61.7.14	集民148号281頁	東亜ペイント事件	273
千葉地判	平元.6.30	判時1326号150頁		468
東京地判	平元.9.22	労判548号64頁	カール・ツアイス事件	323
高知地判	平2.1.23	金判844号22頁		464
最一小判	平2.2.22	集民159号169頁		16
東京地判	平2.4.17	労判581号70頁	東京学習協力会事件	308
名古屋高判	平2.8.31	労判569号37頁	中部日本広告社事件	309

495

裁判所・結果	言渡し日付	出典資料	事件名	本書の頁
東京地判	平3.2.25	判時1399号69頁		304
大阪地判	平3.10.15	労判596号21頁	新大阪貿易事件	307
最二小判	平4.12.18	民集46巻9号3006頁		440
最二小判	平5.6.11	集民169号117頁	国鉄鹿児島自動車営業所事件	374
東京地判	平5.9.16	判時1469号25頁		445
東京地判	平6.11.25	判時1524号62頁	フリーラン事件	305
広島地判	平6.11.29	判タ884号230頁		458
東京地決	平7.10.16	労判690号75頁	東京リーガルマインド事件	307, 462
東京地判	平7.12.25	労判689号31頁	三和機材事件	474
東京高判	平8.2.8	資料版商事法務151号142頁		399
東京地判	平8.3.25	判タ938号226頁		10
東京高判	平8.5.29	労判694号29頁	帝国臓器製薬事件	274
最三小判	平9.7.1	民集51巻6号2299頁	BBS事件	233
大阪高決	平9.8.26	判タ974号219頁	ミドリ十字株主代表訴訟抗告審決定	484
名古屋地判	平9.11.21	ジュリスト1185号113頁		440
最三小判	平10.2.24	民集52巻1号113頁		163
名古屋地判	平10.3.18	判タ976号182頁		207
最三小判	平10.12.18	民集52巻9号1866頁	資生堂東京販売事件	216
東京地判	平11.8.9	労判767号22頁	立川労基署長（東芝エンジニアリング）事件	293
東京高判	平11.10.28	判時1704号65頁		206
最一小判	平12.3.9	民集54巻3号801頁	三菱重工長崎造船所事件	286, 352, 353
最二小判	平12.3.24	民集54巻3号1155頁		346
京都地判	平12.4.18	労判790号39頁	ミロク情報サービス事件	274
大阪地判	平12.9.20	判タ1047号86頁		448
大阪地判	平12.10.24	判タ1081号241頁		165
東京高判	平12.12.27	判タ1095号176頁		104
東京地判	平13.12.3	労判826号76頁	F社Z事業部事件	371, 374
大阪高判	平13.12.25	ジュリスト臨時増刊1224号38頁		258
最一小判	平14.2.28	民集56巻2号361頁		355
東京地判	平14.2.28	労判824号5頁		354
最一小判	平14.9.26	民集56巻7号1551頁		169
東京地判	平14.10.18	判例秘書登載		197
東京地判	平14.12.13	判タ1109号285頁		89
東京地決	平14.12.27	労判861号69頁	明治図書出版事件	274
東京地判	平15.9.22	労判870号83頁	グレイワールドワイド事件	374
東京高判	平15.12.11	労判867号5頁		316
東京地判	平16.5.13	金判1198号18頁		410
福岡高判	平16.12.21	判タ1194号271頁		440

裁判所・結果	言渡し日付	出典資料	事件名	本書の頁
大阪高判	平18.4.14	労判915号60頁	ネスレ日本事件	274
東京地決	平18.12.19	資料版商事法務285号154頁		423
東京地判	平19.4.24	労判942号39頁	ヤマダ電機事件	308
大阪高判	平19.6.21	判例秘書登載		258
東京高決	平19.8.16	資料版商事法務285号146頁		423
東京高判	平19.8.28	判タ1264号299頁		258
東京地判	平19.12.6	判タ1258号69頁		407
東京地判	平20.1.28	労判953号10頁		362
東京地判	平20.3.28	労経速2015号31頁	東京コムウェル事件	309
東京高判	平20.4.23	金判1292号14頁	蛇の目ミシン事件	418
大阪地判	平20.4.28	労判970号68頁		351
東京高決	平20.7.1	判タ1280号329頁		63
東京地判	平20.12.10	判時2035号70頁		148
京都地判	平21.4.23	判タ1310号169頁		88
最一小判	平21.7.9	集民231号241頁		450
東京地判	平21.10.28	労判997号55頁	キャンシステム事件	309
新潟地判	平21.12.1	判時2100号153頁		447
東京地判	平22.3.9	労経速2073号15頁	ヤマガタ事件	309
最一小判	平22.3.25	民集64巻2号562頁	三佳テック事件	308
東京地判	平23.1.20	判時2111号48頁		6
東京地判	平23.1.26	判タ1361号218頁		410
大阪地判	平23.3.4	労判1030号46頁		306
最一小判	平23.3.24	民集65巻2号903頁		102
東京地判	平23.6.15	労判1034号29頁		305
東京地判	平24.1.13	労判1041号82頁		306, 462
東京地判	平24.7.27	労判1059号26頁	ロア・アドバタイジング事件	353
大阪地判	平24.8.29	労判1060号37頁		368
東京高判	平24.11.28	資料版商事法務356号30頁		423
東京地判	平24.12.21	判時2196号32頁		96
東京高判	平25.12.11	判例秘書登載		316
最一小判	平27.2.26	集民249号109頁	L館事件	285
東京地判	平27.4.15	判例秘書登載	アマナイメージズ事件	133
福井地判	平28.3.30	判時2298号132頁		298
東京地判	平28.3.31	労経速2283号3頁	野村證券事件	309
大阪地判	平28.6.15	判時2324号84頁		62, 64
東京地判	平28.10.31	判例秘書登載		343
知高判	平29.1.25	判例秘書登載	審決取消請求事件	155
最二小判	平30.6.1	民集72巻2号202頁	長澤運輸事件	329

〈著者紹介〉

弁護士法人 ALG & Associates

東京オフィスを中心に宇都宮、埼玉、千葉、横浜、名古屋、大阪、神戸、姫路、福岡に
支部を置き、80名以上の弁護士が所属する弁護士法人（2019年11月現在）。
弁護士法人ALG & Associatesでは、企業の立場に寄り添って、実態を踏まえたうえで
事件に取り組むことを心がけ、中小企業の経営に関わる紛争、不動産取引その他企業取
引にまつわる紛争のほか、労務に関して未払残業代請求、問題社員への対応、ハラスメ
ント問題、解雇処分に対する異議などの紛争を取り扱っている。また、日々発生する法
律に関する大小様々な疑問点の解消、法改正に即した制度設計にあたっての助言・指導
まで幅広く取り扱っている。

〈編者紹介〉

弁護士　家永　勲

立命館大学法科大学院卒業　東京弁護士会所属
弁護士法人ALG & Associates　執行役員　企業法務事業部長
執行役員として法律事務所の経営に携わる一方で、東京オフィス企業法務事業部におい
て事業部長を務め、多数の企業からの法務に関する相談、紛争対応、訴訟対応に従事。
日常に生じる様々な労務に関する相談対応に加え、現行の人事制度の見直しに関わる法
務対応、企業の組織再編時の労働条件の統一、法改正に向けた対応への助言など、企業
経営に付随して生じる様々な法的な課題の解決にも尽力している。
近著に「労働紛争解決のための民事訴訟法等の基礎知識」（労働調査会）、月刊誌エルダー
への連載「知っておきたい労働法Q&A」（高齢・障害・求職者雇用支援機構）、労政時
報等へ多数の論稿がある。

執筆弁護士

東京オフィス　企業法務事業部長　執行役員 弁護士　家永　勲
東京オフィス　企業法務事業部　弁護士　増谷　嘉晃
東京オフィス　交通事故事業部長　弁護士　日向　祥子
東京オフィス　交通事故事業部長代理 弁護士　河上　知子
大阪支部　大阪支部長 弁護士　長田　弘樹
大阪支部　弁護士　櫻井　温史
大阪支部　弁護士　高橋　旦長
大阪支部　弁護士　隅田　唯
大阪支部　弁護士　加茂　和也
大阪支部　弁護士　松本　昌浩
大阪支部　弁護士　平山　響
大阪支部　弁護士　石川　智也
名古屋支部　執行役員 弁護士　谷川　聖治
名古屋支部　名古屋支部長 弁護士　井本　敬善
名古屋支部　弁護士　稲垣　美鈴
名古屋支部　弁護士　今尾　昇平
名古屋支部　弁護士　川口　岳宏
名古屋支部　弁護士　村松　周平
名古屋支部　弁護士　坪井　晃一朗
福岡支部　福岡支部長 弁護士　今西　眞
福岡支部　弁護士　有松　尚広
福岡支部　弁護士　税所　知久
福岡支部　弁護士　中島　徹信
横浜支部　横浜支部長 弁護士　豊田　進士
横浜支部　弁護士　山本　真司
埼玉支部　埼玉支部長 弁護士　辻　正裕
埼玉支部　弁護士　沖田　翼
埼玉支部　弁護士　橋本　雅之
千葉支部　千葉支部長 弁護士　金﨑　美代子
千葉支部　弁護士　大木　昌志
千葉支部　弁護士　大西　晶
神戸支部　神戸支部長 弁護士　小林　優介
姫路支部　姫路支部長 弁護士　西谷　剛
姫路支部　弁護士　川上　展弘

中小企業のためのトラブルリスクと対応策 Q&A

令和元年 12 月 20 日　初版発行

著　者　弁護士法人 ALG & Associates
編　者　家　永　　勲
発行人　藤　澤　直　明
発行所　労働調査会
　　　　〒170-0004 東京都豊島区北大塚 2-4-5
　　　　TEL：03-3915-6401
　　　　FAX：03-3918-8618
　　　　http://www.chosakai.co.jp/

©2019 弁護士法人 ALG & Associates
ISBN978-4-86319-643-8　C2032

落丁・乱丁はお取り替えいたします。
本書の一部あるいは全部を無断で複写複製することは、法律で認められた場合
を除き、著作権の侵害となります。